HEART
心視野

HEART
心視野

# WIDEN THE WINDOW

Training Your Brain and Body to Thrive During Stress and Recover from Trauma

# 減壓·療傷·自癒的
# 正念調節法

美軍、政壇、商業界、心理治療師……各界菁英都在用的心智鍛鍊，
幫你克服人生難關，潛能發揮100%

伊莉莎白·A·史丹利——著
Elizabeth A. Stanley, Ph.D.
姚怡平——譯

獻給家人，心懷感激與愛。

獻給受苦者，
願他們拓展身心容納之窗。
獻給各行各業的武士，
願他們憑藉智慧與勇氣，拓展集體的身心容納之窗。

# 目錄

# 好評推薦

「創傷知情療癒，近年來受到重視，因為我們發現創傷沒有被療癒，生命無限重播相同劇情，這本極少把身體經驗、創傷、正念覺察，寫得如此精采的好書！在書中，我們療癒自己、找回自己！」

——李怡如Sangeeta，《366正念卡》作者、正念減壓（MBSR）與正念瑜伽老師

「存在於社會的創傷與壓力的苦難，比我們想像的還要普遍，感謝作者以她的生命經驗與獨特軍人背景，告訴我們正念訓練如何可能幫助人們擴展身心容納之窗，找回內在的力量與寧靜。」

——溫宗堃，正念減壓師資培訓師暨督導

「心智就像肌肉一樣，是可以訓練的。此書教你如何擴展身心容納之窗，在壓力下保持靈活與彈性。」

——蔡佳璇，臨床心理師、哇賽心理學執行編輯

「在心理韌性與彈性的陪伴下，我們更能走過修復心理傷口的路途。而在培養韌性與彈性的路上，正念是你不該錯過的好工具。」

——蘇益賢，臨床心理師

「這本富有活力的書，可幫助你掌握自己的人生。失調時，必須找回並發展自身的核心能力，藉以改善健康、表現與生活品質。伊莉莎白·史丹利巧妙規畫內心的冒險旅程，訓練人們的注意力與能力，讓人在高壓處境下保持良好狀態。現在，活出自己百分之百的人生吧！」

——喬·卡巴金（Jon Kabat-Zinn），《正念療癒力》（*Full Catastrophe Living*）作者、正念減壓創始人

「『咬緊牙關繼續前進』的文化，嚴重損害了我們，因此務必找出療癒的方法，才不會只是存活，而無法茁壯。伊莉莎白·史丹利提出方法，創造出更好的措施，讓個體和集體能在世界好好生存。只要你在乎自身的未來，這本書可說是必讀之作。」

——提姆·萊恩（Tim Ryan），美國眾議員、《治癒美國》（*Healing America*）作者

「匆忙文化造成創傷與壓力，限制我們自身的能力，無法過著充實又健康的人生。本書是清楚易懂的指南，描繪人們受到衝擊時的生理機能，還提出通過時間考驗的務實方法，使我們得以透過認知與注意力，重新掌控生理機能。」

——嘉柏·麥特（Gabor Maté），《當身體說不的時候》（*The Body Says No*）作者

「跟人生中的所有事物一樣，重點不只是應對，而是在於如何處理壟罩在自己身上的壓力。史丹利博士撰寫的傑出大作，能讓我們理解、體會、控制壓力與創傷。」

——查克・海格（Chuck Hagel），前美國國防部長

「細膩且深入的重要傑作，處理現代人的創傷與困境，為個人與社會提出真正聰明又經過實證的解方。」

——傑克・康菲爾德（Jack Kornfield），《踏上心靈幽徑》（*A Path With Heart*）作者

「在這本先驅之作中，伊莉莎白・史丹利博士請你理解並接受練習，訓練大腦與身體茁壯復原。伊莉莎白是少見兼具老師、學者、武士、吹哨人、療癒師、英雄與智者等角色，她的品格、毅力、勇氣、優雅和慈悲，照亮並指引我們踏上這趟太過人性的旅程，邁向療癒、健全與幸福。」

——羅莉・薩頓（Loree Sutton），退役美國陸軍准將、心理健康和創傷性腦損傷卓越防護中心（Defense Centers of Excellence for Psychological Health and Traumatic Brain Injury）創始董事

「本書極具說服力。史丹利博士有資格講述此重要題材，筆法易懂又吸引人。」

——賈德森・布魯爾（Judson Brewer），《渴求的心靈》（*The Craving Mind*）作者、美國布朗大學正念中心研究與創新部門（Research and Innovation, Brown University's Mindfulness Center）負責人

「史丹利博士憑藉清晰感與聰明智慧，寫出易懂的學術著作，引領我們理解壓力與創傷，並踏上療癒之路。繼喬．卡巴金《正念療癒力》把冥想帶到主流後，又一本重要的冥想傑作。本書著重痊癒與復原，並指出一條明路。超越自我提升，邁向自我認識。」

——蓋瑞．卡普蘭（Gary Kaplan），《全面復原》（*Total Recovery*）作者、卡普蘭整合醫學中心（Kaplan Center for Integrative Medicine）創辦人

「本書堪稱提升表現的範本。內容涵蓋注意力時間、注意力焦點、從震撼快速復原與壓力等。一開始我抱持著懷疑態度，但是等我看清、檢視、理解這門科學有證據支持，又有資料數據證明生理的變化，此時我被說服了。這些成果在所有環境與情況中，都有一定的價值，幫助大家更主宰自己的身體，改善日常表現與整體人生。」

——馬文．史皮斯（Melvin G. Spiese），退役美國海軍陸戰隊少將

「本書中，伊莉莎白．史丹利帶領我們隨她一起踏上深刻的旅程，共同經歷、理解、處理創傷造成的嚴重影響。伊莉莎白透過她個人的旅程，描述她如何脫離麻木的狀態，意識到身體的語言，並理解自主神經系統在身心健康方面扮演的重要角色。她根據經驗制定出創新的療法，提供方法給英勇的創傷倖存者，藉以增進調節能力與韌性。」

——史蒂芬．柏格斯（Stephen W. Porges）博士，印地安那大學金賽研究所創傷壓力研究聯盟（Traumatic Stress Research Consortium in the Kinsey Institute, Indiana University）傑出大學科學家與創辦董事

「史丹利透過她個人的經驗，結合壓力與創傷的科學，帶領你踏上勇敢又精湛的旅程。本書徹底探究社會如何定義毅力與成就，然而，達到高水準的毅力與成就，又是如何削弱底部的根基。史丹利讓我們有機會重新思考，並改變人們為鍛鍊毅力與韌性而採取的方法。若擁有動力，卻飽受自身動力與成就所害，本書為必讀之作。」

——莎拉・波文（Sarah Bowen）博士，《正念型復發防治》（*Mindfulness-Based Relapse Prevention*）作者

「本書經過詳細研究，徹底探討壓力與創傷的原因與療法。本書為潛能之窗狹窄的人帶來希望，提供經過實證的原則與練習，幫助人們脫離一輩子的制約。」

——羅尼・史密斯（Rodney Smith），西雅圖洞見冥想協會（Seattle Insight Meditation Society）創辦老師

「史丹利博士的著作，針對如何處理日常生活壓力與嚴重情緒創傷，提出珍貴見解。對於有痛苦戰鬥記憶的退伍軍人、努力應對心理勞損的人，她的策略有如一線生機。最重要的是，本書帶來希望並指引一條明路，改善心理健康。」

——亞當・史密斯（Adam Smith），眾議院軍事委員會主席

「這本先驅之作筆法親切、引人入勝又懷抱希望，描繪眾多蘊含專業技巧的故事，以扣人心弦的嶄新視角講述壓力與創傷。史丹利闡釋人們為何時常無法認清磨難，並忽視後續造成

的影響，還教導你如何放下不當的制約反應，改採全新的適應策略，藉此增加專注力、提升表現、療癒身心。統合由上到下與由下到上的做法，就能加寬個體與集體的身心容納之窗，發揮人類最好的一面。」

——佩特．奧古登（Pat Ogden），感覺動作心理治療學院（Sensorimotor Psychotherapy Institute）創辦人

「美國文化在壓力與創傷下，付出生理、心理與社會的成本。正好伊莉莎白．史丹利出版著作，人們得以從嶄新角度了解這類現象間的密切相關，還能掌握療癒之道。本書是從事助人工作者的必讀之作。」

——理查．史楚齊哈克勒（Richard Strozzi-Heckler），《柔道領導力》（*The Leadership Dojo*）作者

「本書取自史丹利博士身為長年冥想者、創傷倖存者、老師，以及高壓高創傷者專用正念型計畫研究人員等的個人經驗，其中也包含她受過創傷導向療法訓練的經歷，是一本用字易懂又珍貴的傑作，為蓬勃發展的創傷知情正念領域貢獻一份心力。」

——威洛比．布萊頓（Willoughby Britton），美國布朗大學醫學院臨床與情感腦神經學實驗室負責人

「在講述創傷的傑作中，史丹利博士說明韌性的著作脫穎而出。本書有如重要的連結，讓

人們懂得如何調節壓力，並軟化創傷帶來的侵蝕。本書以證據與理論為基礎，闡述連結與依附造成的密切影響，以及鞏固韌性初期根基的過程。接著，更進一步說明人們在各個年齡層、任何處境都能夠學習強大的技能，充分發揮堅韌的療癒力，只要心智、大腦、身體的內在統合能穩固就行。這本書是治療師與所有尋求療癒、健全的人必讀的作品。」

——彼得．列文（Peter A. Levine），《創傷與記憶》（*Trauma and Memory*）作者

「史丹利在本書深入闡述，由壓力與創傷引發的生存反應，及其對身心造成的影響。她以尖端研究為根本，提出適合專業人士與一般人的練習和策略。當人感到難以承受或受到威脅時，會出現接二連三的反應，此時就能運用本書做法有效應對。大推這本書。」

——南西．納皮爾（Nancy J. Napier），身體經驗創傷療法治療師、身體經驗創傷療法學會（Somatic Experiencing® Trauma Institute）教師

「史丹利打開一扇窗，窗外是充滿希望的嶄新遠景，人類得以痊癒茁壯。社會與組織在處理創傷時，常會忽略、不理或否認創傷，但她提出強而有力的見解扭轉論調，並應用最新理念，闡述創傷如何形成、如何有效修復。她為在工作上冒著生命危險、付出慘重代價的人員，帶來一線希望。」

——傑洛米．杭特（Jeremy Hunter），杜拉克與伊藤雅俊管理研究所執行思維領導力學院（Executive Mind Leadership Institute, Peter F. Drucker and Masatoshi Ito Graduate School of Management）創始董事

推薦序

# 一本科學實證與人生故事的身心療癒法

——貝塞爾・范德寇（Bessel van der Kolk）醫學博士，
《心靈的傷，身體會記住》（*The Body Keeps the Score*）作者

有位知名的研究員友人對我說過：「所有的研究都是自我研究。」人們探究的議題，多半都跟自身的幸福有著密切的關係。有些人曾經歷可怕的事件，並終生探究創傷帶來的影響，設法找出解決辦法。

過去三十年來，有無數本精采的書籍講述創傷壓力，大致可分成兩類：

1. 倖存者的傳記，講述人生旅程的故事。
2. 學術書籍，解釋機制、調查研究和治療處方。

本書兩者兼具並呈現精華。

我從沒讀過哪本書能像本書，以精確的筆法，描繪倖存者跟創傷後遺症共處的複雜情況，還提出全方位的療癒法。

本書內容根據作者的親身經歷與追求健康的旅程，以及科學界對「在創傷壓力下，心智、

腦部與身體會受到哪些影響？」的前提下產生。

雖然史丹利博士不是創傷臨床醫生，卻受過政治學者的訓練，並教授國際安全的課程，因此她提出的洞見與革新，更顯出色卓越。

本書的扎實基礎，來自史丹利博士勇敢訴說自己遭遇多代創傷（multi-generational trauma）、兒虐與家人酗酒的經驗。她在軍中受到創傷，還有指揮階層的騷擾，這遭遇對從軍女性來說太常見了。我之所以喜愛閱讀本書，原因就在於用字精準，史丹利博士善於精確描寫她的創傷後症狀，還有她處理這些狀況時採用的系統化方法。

凡是創傷倖存者都親身經歷過處理創傷後遺症的問題，史丹利博士也不得不處理過多的創傷後遺症，隨後還開發出一套「正念心智健身訓練」（Mindfulness-based Mind Fitness Training, MMFT® 或 M-Fit）。然而，這些問題不能用來定義一個人的樣貌。她就跟我認識的許多倖存者一樣，十分出色、勇敢、堅毅、有能力、自立、目標明確、頑強。這本傑出之作，出自於她超群的智慧、傑出的組織能力，與深刻又勇敢的自我探索。

在這個過程中，她跨出的第一步，就是培養出客觀的好奇心，學著勇敢面對自我。要是少了這種好奇心，就達不到真正的痊癒。她就跟所有倖存者一樣，必須面對內心對自己最輕視、最逃避、最努力忽略的部分，並跟那些部分做朋友。**要從創傷中復原，最重要的一點，或許就是面對自我，找出方法體會自己真正的感受，真正認識自己**。

創傷的本質是什麼呢？創傷不只是隨著時間逐漸消失的不快經驗，它異常駭人，可怕得無法直視。創傷事件的記憶，會裂解成一塊塊小碎片，強烈的情緒、古怪的行為、難以承受的體感、印象、支離破碎的念頭……這些碎片存在於意識知覺之外，會透過生理症狀和自殘行為展現。

受創傷的人為了存活，會做出創傷後的反應。經歷過創傷，看待世界的視角就會產生變化。創傷事件也許存在於過去，但創傷後的反應，會導致人無法充分感受到自己活在當下。沒人會想應對創傷，除非為了活下來不得不做。既然你拿起了這本書，表示你其實很可能非得應對那些問題才得以活下來。

在這個過程中，人們多半都需要他人的協助，比如說，詢求人生教練或治療師來拓展「身心容納之窗」*（window of tolerance），在他們的引領下，遠離過去創傷的陰影，往前邁進。不過，除了向這類專業人士尋求幫助，還必須努力練習照顧自己，自己的生命有賴身體維繫，有良好的健康，才有豐沛的生命。

本書會幫助你進行這類練習，內容為目前的科學認識，奠定了穩固的根基，讓大家了解創傷會對心智、腦部、生理機能、免疫能力造成哪些影響。創傷後的有害感覺、感受和行為，不是來自於理性腦，而是生存腦和深層的自主神經系統。雖然是在意識知覺外運作，但本質上，不管我們喜不喜歡，生存腦和自主神經系統都操控了一切。

身為勇敢武士的伊莉莎白．史丹利，集結豐富的個人經驗和科學研究，統整成一套有系統的療法，並且經過測試，應用在成千上萬受過創傷的士兵、退伍軍人，以及各種高壓環境下的人身上。要在個體或集體上獲得成長，就要把個人所學的最深刻功課，整理成容易理解的內容，分享給同樣踏上復原之路的人們。

---

* 當壓力在可承受的範圍時，個人可以正常發揮能力；一旦壓力過大，超出了「身心容納之窗」，則會發生失調。

第1章

# 滾輪人生的兩大隱形殺手

# 01 現代社會，壓力如影隨形

二〇〇二年夏季，我不停寫著博士論文，想趕在最後期限前完成。我在哈佛大學的指導教授已經定下口試日期，讓我能在九月參與傑出學者研究計畫。一切似乎都在正軌上，有利於順利展開學術生涯。只是有一個小細節，我還沒跟口試委員講——我的論文內容總共有十章和附錄，但還剩下七章要寫。

六月中，我終於辭掉全職工作，專心寫論文。我逼迫自己每天寫十六個小時，連續寫了幾週，沒有一天休息。八月，某天清晨我拿著裝著咖啡的馬克杯，進入書房打開電腦，開啟草稿重讀一遍昨日深夜完成的段落，然後繼續撰寫。

第一個句子才寫到一半，我就把胃裡的東西全都吐在鍵盤上。

我跑去拿紙巾，清理自己弄出的爛攤子。我很快地注意到，某些按鍵的底下永久卡著嘔吐物（尤其空白鍵的狀況最嚴重），再怎麼努力擦，情況也不會好轉。

我刷牙，把濺上嘔吐物、斑斑點點的手臂洗乾淨，找出鞋子和錢包走到外面，把鍵盤丟進垃圾桶，坐進車裡開車去購物中心。停好車時是早上七點五十分，史泰博（Staples）辦公用品商場八點開門，我第一個進門。

新的鍵盤到手，我回到電腦前寫完第一句，這時是早上八點三十分。

## 外表看似很成功，內在卻很失敗

我會嘔吐不是因為腸胃炎，也不是食物中毒。多年來，我都有反胃和沒胃口的症狀。二〇〇二年，我總是過著行程滿檔，時間劃分得很細、井井有條的生活，用一句話來說：「我強迫自己要努力有所成就。」為了維持體力，我迷上了嚴苛的體能鍛鍊。在職場上，我一直很開心，在家裡卻是情緒起伏劇烈，還會大哭。待辦事項充斥腦中，想著事情多得沒完沒了，還想著「萬一」發生最壞的情境。我的外在展現自信的光環，內在卻做好了最壞的打算，身體變得過度警覺又緊繃。對於人群、車流、巨大的噪音與明亮的光線，我異常恐懼又過度敏感，有時失眠，有時做著可怕的惡夢，睡得很少。

回首過去，我發現自己的身體在那天早上傳達了一個訊息，既巧妙又戲劇化，還切中要點：「在那一刻，我的確很厭倦這個狀態，我太需要休息了。」然而，當時的我沒時間想到休息這件事，時間緊迫，論文要快點寫完才行。就算身體發出相當劇烈的訊號，我卻無視，繼續寫論文。

我也是個緊張不安的工作狂。我完成原稿，在最後期限前交出，也順利通過博士論文口試，那年秋天也如期投入研究計畫。

我是怎麼做到的？最後怎麼還真的能吐出哈佛博士論文？為什麼那天早上身體會出現劇烈的訊號？為什麼我多半不自覺的既定反應，是忽略並無視訊號，繼續逼迫自己？

從許多方面來說，為了找出這些問題的答案，我投入這份工作長達十五年。我是教導國際安全的政治學者，所以二〇〇二年的我，自然會認為「鍵盤意外」是身體在暴動，反抗我想要有所表現並獲得成功的心念。當然，這種說法藏有一種推薦的療方——反暴動。換句話說，人就是要埋頭工作，進入意志力與決心的深井，並且堅持到底，否則就是軟弱又懶惰，對吧？

幾十年來，我一直利用這種方式，忽略並無視身體和情緒，還以為具有這種能力應該算是好事，代表我有毅力、自律和決心。從某個角度來看確實是這樣，不過，從另一個角度來看，這種既定的策略反而削弱了我的表現和幸福感，之後會詳細解釋。

當然，承受這種制約的人不只有我，很多人經常會採取這種「咬緊牙關繼續前進」或「堅持到底」的做法。當代美國文化普遍重視這種應對人生的方式，尤其是武士文化。

人們克服極端逆境，或通過重重障礙難關，不屈不撓獲得成功，這些故事我們全都聽過，甚至會推崇。**在現代世界，許多便利事物的存在，幾乎都是為了刺激我們咬緊牙關繼續前進的癮頭**。用這種方法堅定撐過壓力源，可說是令人欽佩。在某些生死攸關的緊迫處境，更是存活的絕對必要因素。可是長遠來看，這種應對人生的方式，有可能會造成有害的後果。

我這一生很習慣咬緊牙關繼續前進，所以才能趕在最後期限前交出論文。再舉幾個例子，我用這種方式做到這些事：

- 在體能要求嚴苛的軍事資格課程中排名前五%，而且當時阿基里斯腱嚴重受傷，還沒完全復原。
- 不小心被拔釘鎚刺到右腳後跟，傷口深達二．五公分，七天後就淋著接近冰點的雨水，以四小時多一點的時間跑完馬拉松。
- 一九九五年《岱頓協定》*（*Dayton Accord*）簽署之後，我隸屬的美國陸軍單位被派到波士尼亞與赫塞哥維納之前，我每週工作一百二十小時，還學會新的外語，達到基本流利程度。

同時，我多年來都過著尷尬的雙面生活，外表看起來很成功（美國社會對於成功通常會下的定義），內在卻覺得自己很失敗，私下難以應付多種症狀，差點就撐不下去。我十分頑強，直到失去視力、離開婚姻，才終於明白還有更輕鬆的做法。本書講述我如何治癒自我的分裂，你也能依法炮製。

## 心智就像肌肉，需要有效鍛鍊

我踏上個人探索之路，努力了解自我描述的身心暴動，還有身心暴動對人生造成的嚴重影響。我也繞進專業探索之路，了解人生逆境、長期壓力與創傷如何影響自己，以及怎麼影響自己的決策和表現。

這一路以來，我針對高壓環境下的工作者，制定一套韌性訓練計畫，稱為「正念心智健身訓練」，後文會詳細探討。

我還跟腦神經學者和壓力研究員共同合作，從事美國國防部和其他機構資助的四項調查研

＊ 一九九五年，波西尼加戰爭中，交戰各方於巴黎簽訂停戰協定，終止長達三年八個月的內戰。

究，針對即將被派到戰場的部隊，進行正念心智健身訓練，測試效能。我不僅訓練他人並給予認證，使他們教導正念心智健身訓練，還教導數以百計的部隊，讓部隊事先做好準備，再赴往伊拉克與阿富汗戰場。還有許多其他軍事領袖、服役人員與退伍軍人，也接受過這項訓練。

我還將這項訓練的概念與技能，教給成千上萬在高壓環境下工作的人員，例如醫護人員、情報人員、消防員、警察和其他執法人員、律師、外交官、社工、學生、教師與學者、高度設防監獄裡的獄友、災難救助人員、運動員、議員、高階政府官員與公司高層主管等。

在邁向健全的旅途上，我運用許多不同的方法和療癒技巧，像是多種療法、瑜伽、冥想、薩滿訓練和心智訓練等。自二〇〇二年末以後，我每天都做正念練習。還完成多次漫長又密集的禁語修行，在緬甸的某家寺院當過比丘尼一陣子。後來，我接受幾年的臨床訓練與指導，拿到身體經驗創傷療法執行師（Somatic Experiencing practitioner）認證。

儘管經驗非常豐富，往往還是覺得沒人能精確且通順地向我解釋：某技巧如何？為何有用？為何沒用？為什麼我對這類技巧的反應跟別人截然不同？

由此可見，我創立正念心智健身訓練，原意與本書的首要目標，就是要分享我發現的過程給大家，將正念心智健身訓練，在科學和智識上的核心概念分享出去。

不過，在這裡要說清楚，本書不是正念心智健身訓練課程，書中內容涵蓋該訓練未直接涉及的其他主題，而且該訓練所有的體驗練習，也必然無法在書中重現。我借鏡近來的科學研究結果解釋，**如何訓練自己在壓力事件與創傷事件發生之前、期間、之後，能表現得更有韌性**。希望你讀完本書後，能更深入地認識自己的神經生物學，並做出更好的決定，在人生之路，不用經歷不必要的焦慮，也不去批評自己的缺陷或選擇。

我的旅程之所以耗費多年，其中一個原因就是沒有立即見效的方法可達到這種轉變。**要重新塑造腦部與身體的迴路，提升表現並增強韌性，需要長時間投入綜合訓練法，並且持續不斷練習。如同肌肉成長與提升心血管功能，需要好幾個月且持續不斷地鍛鍊**，正念心智健身訓練所帶來的好處，也同樣需要長時間持續練習。只要持續不斷練習，某些變化往往很快就能看到，而其他需要更長的時間才能顯現。

然而，光是閱讀本書，還不足以達成這一切。因此，我在本書中對任何事情提出的看法，不希望你照單全收，而是希望你在人生路上親自練習並觀察變化。重新塑造腦部與身體迴路，是一種實踐、實驗的過程，是基本的自然規律，沒有捷徑可走。

本書採用的大量證據，來自軍人、消防員、警察、醫療人員與其他第一線救援者等高壓職業，因為這些人員的壓力、韌性、表現與決策，已有許多同儕審查實證研究。本書其他部分提到的受虐者或創傷者的臨床研究結果，或許看來有些沉重。若不是從事高壓職業的人，或覺得自己過去沒創傷的人，可能對這些內容不會特別有共鳴，但我還是想要強調，只要你活在今日世界，本書就跟你有關。在壓力與創傷發生之前、期間、之後，我們的身心如何作用，我們如何做出決定，背後的科學證據是人人都適用的。

然而，**我希望本書不僅幫助大家更理解壓力、控管壓力，還希望大家更廣泛思考，人們是如何處理壓力與創傷**。

正如前文所提到的，我在二〇〇二年經歷的身心暴動，是自身的制約作用造成的後果，呈現出某些深刻的家族信念、社會信念、文化信念、價值觀、因應策略與習慣。

因此，希望本書能揭露加重人們壓力和創傷的根本結構，這類結構還會損害人們的表現與幸福感，不僅影響個體因應壓力時仰賴的策略，在家庭或關係中的互動方式、養育小孩的方法、訓練或獎勵員工的計畫、經營私人公司和公家機構的模式，都會受到影響，甚至國與國的交流方式，也難逃其害。

這些策略是否符合並能實現我們想要的結果呢？美國文化似乎是想要兩者兼得：美國人想擁有更好的表現、更強的韌性，甚至是更多的快樂，卻不想查看處處阻礙發展的盲點。想要兩者兼得的心態，有時會讓人覺得自己毫無選擇，無力面對工作壓力、健康問題、快速的科技變遷、有害的新聞。

不過，我們跟前述事物的互動方式，是有可能改變的，我們能站在更有自主力量的立場，去理解並應對。最後，**要覺得自己掌握主導權，就必須具備明確的意圖，持續不斷練習技能，從而培養覺知並自我調節，思考人生各個層面的先後次序並做出選擇**。

我不是臨床醫生，也不是腦神經學者。我將我的親身經歷擺在檯面上，包含我這輩子的壓力與創傷經驗、我的復原之旅、我教導成千上萬人以後，獲得的觀察心得和見解。我在許多環境下教導正念心智健身訓練，跟各行各業承受各種壓力與創傷經驗的人們一起合作。因此，本書除了我自己的故事，還納入一些人的故事，為保護隱私，已刻意更改人物姓名和故事中的細節。

雖然本書不是回憶錄，卻必須描寫我親身經歷的壓力、創傷與復原過程。內容重點是壓力與創傷事件造成的影響，以及運用本書技巧完全復原後發生的重大轉變。本書內容全是我努力應對過的狀況，也是從我自己的身心學到的成果。

我生於一九七〇年，軍人世家。我是長女，有兩個妹妹。自從美國獨立戰爭（一七七五年到一七八三年）以來，包括美國內戰的南北兩方，史丹利家族每代都有一個人在美國陸軍服役。二戰和韓戰期間，身為步兵士官的祖父，在亞洲目睹戰爭情景，還在兩場戰事間前往德國，加入戰後占領部隊。父親是裝甲騎兵軍官，服役三十年，期間有將近兩年參與越南戰爭。在史丹利家族，我是第一個沿襲從軍傳統的女性，後來有個妹妹也跟著從軍。

我身為冷戰期間的軍人家屬，上大學前搬了十次家，長年住在海外，甚至在德國還讀過好幾間學校。我的家人酗酒，不時會家暴，我在幼兒期被性虐待，還被跟蹤騷擾、多次人身侵害和強暴，不只是陌生人，直系親屬外的熟人也有。大多數的事件發生在我上大學以前。

服役後，我擔任美國陸軍的海外軍事情報官，曾經駐守在南韓和德國，還兩度被派到歐洲巴爾幹半島。也許是冷戰後裁軍帶來的轉變，我在陸軍的工作一直不符合實際軍階，擔起更資深的軍員該擔任的職位，該職位是比我還高兩個軍階的職位，因此資歷差距帶給我相當大的挑戰。比如說，我才升中尉沒多久，就要充任少校職位好幾個月。

除了密集軍事訓練和派遣造成長期壓力，在我擔任現役軍人期間被性騷擾，檢舉後還被指揮部報復，導致我辭掉軍人工作。後續展開了兩年調查，也就是在我攻讀研究所的期間，由於涉案人員的軍階，我依法被指定為國防部的吹哨者。對方為了報復我，做出不實指控，最後我獲判無罪，對方要為此負起責任。

這些壓力與創傷全都去了哪裡？主要都進入我的體內，在體內劃分*（compartmentalization）、忽略、否認與無視各種身心侵害或背叛累積而成的影響。我埋頭努力，獲得多項成就：

---

* 保持分離或隔離的一種心理防禦機制。

就讀第四所高中時，擔任學生會會長和畢業生代表。取得耶魯、哈佛和麻省理工的學位。獲得美國喬治城大學（Georgetown）的終身聘，在我所屬的領域中，那是美國極具聲望的系所。

從美國社會的角度來看，當時的我很有韌性，也就是說，我有能力耐受高壓並正常工作。然而，在這種強迫努力的狀態下，我的步調無法放慢到看清實際情況。其實，我當時做出的選擇，正無情地減損自身的韌性，雖然咬緊牙關繼續前進的精神，可幫助我達到可觀的成就與莫大的成功，但之後就再也沒有用了。

我壓抑著侵害和背叛所累積的影響很多年，身體背負否認的重擔（長期承受壓力與創傷而未復原，常會產生這類影響，稱作身體化症）。從二十歲出頭到三十五歲左右，我有慢性的呼吸道感染、鼻竇炎、氣喘、咳血、失眠和偏頭痛。

在波士尼亞期間我罹患肺炎，還沒治療就跟一群士兵清理一棟被炸毀的建物。我吸到水泥粉塵，完全停止呼吸，多虧心肺復甦術，才能從瀕死狀態活過來。

二〇〇四年，我的生理狀況徹底崩潰，我在視神經炎三次發作期間失去視力，大約三週完全看不見（後來在二〇一二年才確認是服役期間被壁蝨咬，罹患萊姆病沒及時治療所致）。前述問題中，有些也許乍看跟壓力沒關係，卻都涉及兩項跟壓力有關的根本原因：

1. 全身性發炎。
2. 免疫功能不全。

此外，我將**壓力與創傷壓抑得越久，造成的傷害就越大**，最終引發創傷後壓力症候群

（PTSD）和憂鬱症，身體狀況變得更加複雜。

在此，我想承認「比較心」的存在，拿自己的經驗跟別人的成就和難關做比較，是典型的特質。其實，我教導正念心智健身訓練時，經常發現大家會拿自己的生活壓力源和事件，與其他人做比較，在比較的過程中，一定會輕忽自己的情況，認為自己的狀況「其實沒那麼糟」。後續幾節會闡述，比較心的習慣會如何阻礙你在承受高壓後的復原之路。因此，你在閱讀我的人生故事時，要是留意到自己在做比較，請承認壞習慣的存在，試著把比較心暫時放在一旁。

雖然我的人生和大家的一樣，有獨特的難關和輪廓，但在許多方面，我早年經歷的逆境、軍旅期間的極端高壓，以及後來的PTSD，全都是典型的身心失調者範例。也就是說，為了因應社會環境，我的身心容納之窗已做好適應與調整，以便應對壓力，但長期承受壓力創傷，卻沒充分復原，身心容納之窗因此變窄。此外，我習慣無視身體訊號，繼續逼迫自己，導致身心容納之窗越來越窄。最後，身心出現許多症狀，後果十分嚴重，在處理事情時，我很難用聰明、有條理、健康或快樂的方法。

其實，二〇〇二年吐在鍵盤上的時候，我還不知道身心出了問題，後來花了好幾年的時間，密集重新調理、重組身心，身心關係才終於和諧。身心關係和諧是人類共同的遺產，卻有很多人被制約得做不到。我懷著堅定的信念密集訓練多年，終於能用客觀的好奇心去面對我認為患有疾病的部分，例如：我「虛弱」和「失調」的身體，強烈、不受控和不理性的情緒，私密又羞愧的因應行為。接著，我才看清、理解、療癒、轉變整體的自我，沒有遺漏任何一處。

經歷這個過程，我才終於理解，很多症狀的出現，是因為過去的我會劃分自身的經驗並予以否認。**在事情發生的當下，對我來說，實際經驗太過難以承受，只好存放在意識之外，藏入**

**自己的體內，藏在無意識幫助我因應的信念模式中。唯有等我重新意識到自己的身體狀況，才終於能夠復原，回到健康的水準。**

在這過程中，拓展了身心容納之窗，以後面對更大的壓力，就能表現得更好。終於，我與身心結為同盟，已經不再暴動，也能夠發揮出與生俱來卻無視多年的智慧。我學著信任自我發出的暗示，坦然地面對人生，看見人生真實的樣貌，而不是我想看見的、期望的樣貌，所以能做出有效的選擇來因應。終於，我能在生活中懷著更多的喜悅與輕鬆感、更豐富的創造力，並與人之間往來交流，這是二〇〇二年的我想也想不到的。

## 忽視壓力會演變為創傷

在我們一起往前邁進之前，必須先說明幾個基本定義和原則。第二章會進一步詳細闡述。首先，介紹一個公認的老舊術語——身心系統。本書會使用「身心系統」指稱整個人體組織，包含腦部、神經系統、神經傳導物質（腦部和神經系統的交流管道）、免疫系統、內分泌系統（荷爾蒙），還有身體、器官、骨骼、肌肉、肌膜、皮膚和體液。

人腦的設計是以緊密的整體運作，[*1] 各個部位分別以獨特方式處理資訊並保護我們。雖然這些部位有電路重疊的地方，但是我還是依據個別功能，分別看待這些部位。

從演化的角度來看，**最新的部位是新皮質（neocortex），我稱它為「理性腦」，負責由上而下進行處理，是人在經歷事件後，產生自主又有自覺的認知反應。**理性腦負責做出有自覺的決定，和合乎道德的選擇，且具有推理、抽象和分析的能力，會讓人專注、回想、記憶並更新相關資訊，然後再做出決定。

為支援前文提及的功能，理性腦具備外顯的學習和記憶系統，會考慮資訊的時空背景，方便取用。每當腦袋裡出現源源不斷的思考、比較、評斷和敘述，就是理性腦在運作。理性腦為保護人類，會採取預期、分析、規畫、思考、決定等策略。反之，**生存腦是演化時間較久的邊緣系統**†**（limbic system），也包括腦幹和小腦。在情緒、關係、壓力反應、習慣和基本生存功能上，扮演著關鍵角色。生存腦負責由下而上進行處理，是親身經驗後產生的非自主情緒反應和生理反應**，例如：情緒、體感、發聲與身體的行動傾向等。

生存腦的一大功能，就是神經覺[2]，為一種無意識的處理過程，可快速審視內在和外在的環境，查看有無機會、安全與愉悅，或有無威脅、危險與疼痛。由此可見，生存腦的保護計畫相當簡單，就是靠近機會，避開威脅。

為支援神經覺作用，生存腦隱含學習和記憶系統，快速、自發又無意識，可以繞過理性腦。生存腦往往會透過每次的經驗取得內隱記憶，不具備有自覺的意圖或努力。

有一點很重要，**生存腦不運用言語，所以無法透過思考或敘述跟人溝通交流，而是啟動神經傳導物質和荷爾蒙，進而產生體感和情緒訊號**，分別引發制約的衝動，去靠近機會或避開威脅，所以才會說是由下而上進行處理。

---

* 本書註釋請至以下網址下載：https://reurl.cc/KQnOG9

† 位於腦幹邊緣，指包含海馬體及杏仁體在內，支援多種功能，例如：情緒、行為及長期記憶的大腦結構。

然而，人一旦認知到前述的身體訊號，理性腦就能運用資訊，自覺地做出決定。雖然我們無法直接得知生存腦中的情況，卻看得見生存腦對情緒和生理症狀造成的影響。理性腦加上生存腦，就是人們口中所說的「心智」。

關於腦部，還有一項重點：意識不屬於理性腦，也不屬於生存腦。意識的作用與理性腦的認知活動不同，也和生存腦的壓力與情緒反應不一樣。意識大過於前述事物的總和，所以人類才能留意到念頭、情緒、體感、身體姿勢、溫度和動作。

在正念訓練的幫助下，**人們會懂得引導和維持自己的注意力，讓意識達到穩定平衡的狀態，進而覺察到各種不同的身心經驗，從中學習並進行調整。**

**自主神經系統會連結生存腦與人體其他部位，會在意識知覺之外，自發控制各種生理機能，包括器官的機能運作**。後續幾節會更詳盡探討自主神經系統。目前務必要知道，自主神經系統負責的是對壓力的反應和復原。在壓力反應期間，會引導人體專注在迫切的生存需求上，或暫時擱置耗時較久的作業。在我們跟別人的交流互動模式上，自主神經系統也扮演著重要的角色。

壓力是一種內在反應，當生存腦面臨威脅或挑戰時，身心系統就會有壓力。雖然壓力在現代社會遭受汙名化和美化，但其實壓力就是身心系統在調動能量因應威脅或挑戰，我稱為「壓力刺激」或「壓力反應」。確實，人類天生就會產生壓力，內在平衡會暫時中斷，以順利處理眼前的威脅或挑戰。在度過威脅後，最好能排解壓力，完全回到基準狀態。

**內在受到擾亂後，再回到基準狀態，這個過程叫做「身體調節」。在調節作用下，我們可以在威脅或挑戰發生之前、期間和之後，調動能量和注意力，以便妥善因應。然而，在慢性壓**

**力或長期壓力下，身心系統承受壓力後無法充分復原，反而會一直處於壓力狀態。**

創傷也屬於內在反應的一種，為連續接觸壓力所導致。然而，不是所有的壓力都會造成創傷，在承受壓力期間，若感到無力、無助或無法掌控，就有可能出現創傷。如果眼前的威脅或挑戰，有某些層面含有與早年創傷事件有關的線索或觸發因子，就有可能產生創傷。[3] **受到慢性壓力或創傷，又沒有充分復原，身心系統就會一直處於失調狀態，不會回到平衡狀態。一段時間後，跟身體調適有關的內部系統——腦部、自主神經系統、免疫系統和內分泌系統就會跟著失調。**在這種情況下，「身體調適負荷」*（allostatic load）逐漸失調，生理、情緒、認知、精神或行為會出現各種症狀。

舉例來說，我在二十出頭的年紀，就已經承受二十多年的慢性壓力和創傷，沒有充分復原，身體調適負荷嚴重失衡，出現很多失調症狀，例如憂鬱、PTSD、失眠、慢性反胃、思緒奔騰、過度警覺和慢性生理疾病，還表現出各種拙劣的因應行為。

如果你覺得前文提到的關於成就或痛苦的例子非常極端，是因為在許多層面上，那些例子確實很極端。極端行為通常跟極端失調有關，人們採用自己所知的最佳方法，去掩蓋、壓抑、否認、自我治療或因應極端失調的狀況。

如前文所述，雖然我的一大因應策略是咬緊牙關繼續前進，但還有很多其他的策略，你也許會更有共鳴，像是成癮、菸草、藥物濫用、飲食異常、婚外情、刺激腎上腺素的行為、強迫行為、自殘、家暴或暴力的爆發、孤立、解離、極端拖延或麻痺。本書將進一步探討。

---

* 身體因長期暴露於外在壓力源所累積的生理負荷。

所以在此希望大家也能在生活中認出這種狀況，會對人們產生輕重不一的影響，凡是經歷過洪水、車禍、失業、失去摯愛等痛苦事件或創傷事件，無法重新調整身心系統的人，都會出現這種狀況。在長期壓力下，習慣過度使用身心系統，卻沒充分復原的人們，也會出現這種狀況，比如說，急著趕最後期限，或者長期長時間工作，沒休息幾天。

從前述的定義看來，**壓力會逐漸演變為創傷**。在美國社會，大家往往認為「慢性壓力」（例如過度工作好幾年又沒好好休假）跟「震撼型創傷」（例如恐怖攻擊、性侵害或車禍）是不一樣的，也認為這兩種創傷與「發展型創傷」（例如在虐待或忽視的家庭長大）和「關係創傷」（例如騷擾、歧視、以虐待或成癮模式為基礎的關係）不一樣。

我不想把這幾種創傷混為一談，也不想暗示它們全都一樣。如果考慮到，人們在個體或集體是如何理解與釐清不同種類的事件，就會發現前述事件絕對不是同一件事。儘管如此，如果站在神經生物學的角度，思考腦部、自主神經系統與身體如何經歷不同種類的事件，就會發現這些事件確實相當類似。**大家可能以為上班族在高壓下受到的影響，跟有PTSD的戰場老兵不太有關係，其實兩者比大家所想的還要有關聯**。

在壓力演變為創傷的過程中，我們承受的壓力程度，會影響身心系統（有自覺及不自覺地）看待目前的處境的方式，而對於自己在處境下是否有主導權，也會受到壓力的影響。**越認為自己沒有主導權，高壓經驗對身心系統造成的創傷可能就越大**。這個原則是正念心智健身訓練的基礎。

正念心智健身訓練，**目標是增進自身的能力，無論挑戰、壓力或創傷有多大，在每一種處境下，都能掌握主導權並做出選擇**。以千年的武士文化為基礎，此正念心智健身訓練能培養智慧和勇氣，唯有具備這兩大特質，才能掌握主導權，在高壓下調整適應、正常工作，並在日後獲得復原。

本書會教導你運用主導權，無論是在微觀的身心系統內，還是在宏觀的你與他人，或外在環境之間的互動交流中，都會懂得運用主導權。

## 人類的身心系統跟不上世界變化的腳步

世界變化速度逐漸加快，科技的創新不斷加快速度，尤其是遺傳學、奈米科技、腦神經學、機器人學與人工智慧等領域，都對社會、道德、哲學產生莫大的影響。

雖然在種族歧視、性別歧視、恐同症、性暴力等長久存在的社會型態下，社會運動「黑人的命也是命」（Black Lives Matter）和 #MeToo，為社會帶來一線光明，但是政治的碎片化、假新聞，與對社會制度的不信任程度，也日益成長。

二〇一七年，有五九％的美國成人表示，[4]就自己的記憶，現在是美國歷史的最低點。這是所有世代的美國人共有的感受，甚至是經歷過二戰、越戰與九一一恐怖事件的美國人也有同感。

除了前文的人類衝突，[5]還有人口過多、氣候變遷等問題。自從六千五百萬年前恐龍滅絕以來，現在是規模最大的生物大滅絕，這些壓力導致地球的生物多樣性、健康程度、承載力都受到危害。

雖然前述提到的事件都是舊聞，但是全盤考量後，會發現**人類的身心系統，最初是在二十**

**萬年前設計的，此後多半沒更動過，難怪經常過於虛弱又脆弱，跟不上現代的腳步。**

從幾項指標來看，在暴力、壓力與創傷的程度上，美國現在確實名列前茅。

美國的槍枝死亡率為每十萬人有三・八五人死於槍枝（大多數是自殺），這個數據高過其他社經程度相同的國家，還是加拿大的八倍，甚至是德國的三十二倍。

二〇一二年十二月至二〇一七年十月，美國的大規模射殺案超過一千五百起，[6]至少造成一千七百人死亡、六千一百人受傷。只有葉門的人均大規模射殺率比美國高，[7]而葉門是個國界消失且捲入內戰的國家。

整體來說，二〇一六年，美國居民有五百七十萬人遭受暴力傷害，[8]相當於每一千人中就有二一・一人受害，包含強暴或性侵害、搶劫、加重傷害、一般傷害等。美國的監禁率也是全球最高，[9]矯正機關的收容人數超過兩百三十萬人。

同時，美國有八九%的成人，一生中至少經歷過一次創傷事件，其中多數成人是遭受多起創傷事件。*經歷過創傷事件，不一定會產生創傷。在美國，有四%至六%的男性，[10]以及一〇%至一三%的女性，一生中至少會出現一次PTSD。有經歷過戰鬥的男性和被性侵的女性，終生PTSD率超過三倍。

PTSD很少單獨發生，絕大多數同時有藥物濫用、重度憂鬱症與焦慮症的情況。如果發生PTSD，還有前述其中一種症狀，[11]自殺行為和被親密伴侶家暴的機率就會高出許多。

看起來跟創傷沒關係的其他統計數據，其實也促成了美國創傷程度居高不下。目前美國成人約有四分之一患有心理疾病，[12]當中有將近半數的人一生中至少會形成一種心理疾病，而且與包括癌症和心臟病在內的其他疾病相比，心理疾病造成的失能狀況更嚴重。

此外，心理疾病的確診率也隨著時間日益成長，也許是因為更頻繁呈報，使診斷手冊納入更多心理疾病。研究員長期且多次蒐集同一群體的資料，多半證實了憂鬱症和焦慮症的盛行率逐漸成長，下個世代的終生罹病風險，也呈現一代代的成長。

舉例來說，二〇〇七年的美國青年罹患憂鬱症的機率，是一九三八年的六至八倍。即使現今美國人經歷過經濟大蕭條和兩次世界大戰，他們的重度憂鬱症終生罹病率比一九一五年前出生的美國人多出十倍之多，介於一五％至二〇％之間。[13]

過去七十年來，焦慮症的罹病率也穩定成長。在美國，焦慮症是最常見的心理疾病，影響將近三分之一的成人，因焦慮症求醫的美國人多於背痛或偏頭痛的患者。跟沒有焦慮症的人相比，焦慮症患者的求醫機率是五倍，住院機率是六倍，主要是因為焦慮症患者會看醫生來緩解很像生理疾病的症狀，如心悸、頭痛、睡眠問題和胃腸症狀等。[14]

藥物使用和濫用的情況逐漸成長，多少也是為了處理前述的症狀。有三分之一的美國人，曾在某些時候有酒精濫用或嗜酒的情況，[15]自二〇〇〇年以來，跟暴飲有關的急診室就診次數增加五〇％。[16]美國人占全球人口的四％，卻消耗全球七五％的處方藥。[17]二〇一四年，服用抗憂鬱藥的美國成人超過三千五百萬人，但在二〇〇〇年只有一千三百萬人，也就是說，長期服用抗憂鬱藥的人數已超過三倍。

此外，美國有七百多萬人定期服用非醫療用途的精神科藥物，例如：止痛藥、興奮劑、鎮

---

＊依據《精神疾病診斷與統計手冊第五版》（*DSM-5*）的PTSD診斷原則，該項研究涵蓋A類（Criterion A）事件：經歷災難、意外事故／火災、接觸危險化學品、經歷戰鬥或戰區、遭受肢體暴力或性侵害、意外目睹肢體暴力／性侵害／屍體或屍體部位、因暴力／意外事故／災難，而受家人或好友威脅、受傷或死亡。

靜安眠藥和鎮定劑等。怪不得美國的藥物致死率也是全球最高，[18]自一九九〇年以來，美國的藥物致死率已成長超過六五〇%，導致美國人在二〇一六年和二〇一七年的預期壽命減少，而且低於社經情況相同的許多國家。用藥過量現在已是未滿五十歲的美國人死亡主因，當中有三分之二是死於鴉片類藥物（opioid）。二〇一七年，鴉片類藥物氾濫，導致將近四萬八千人死亡，死亡人數超過危機高峰期時，一年死於愛滋病的患者。

除了濫用鴉片類藥物和酗酒，自殺也是死亡率成長的一大主因，[19]尤其是教育程度較低且住在鄉村的中年白人。現今，最偏鄉地區的自殺率是最都會地區的將近兩倍，因為鄉村住戶的擁槍率較高。整體來說，一九九九年至二〇一七年，美國自殺事件增加三分之一。從一九九九年聯邦政府開始蒐集自殺死亡率數據，死於酒精、藥物、自殺的美國人，在二〇一七年達到最高。自殺仍名列美國十大死因。

這個趨勢當然不只是影響到美國成人，過去十年，因自殺而住院的青少年人數已成長一倍。[20]根據美國大學健康協會（American College Health Association, ACHA）的調查，二〇一六年，美國大學生有六二%表示自己前一年有過「難以承受的焦慮」，而現在大學生尋求諮商服務，最常見的原因就是焦慮。整體來說，二〇一七年，十五歲至二十一歲的Z世代美國人，有九一%表示他們經常要處理壓力引發的生理症狀或情緒症狀，像是憂鬱或焦慮。

美國成人也表示，主觀地感到自己壓力比以前更大、更緊張不安。[21]舉例來說，二〇〇八年至二〇一六年，美國谷歌（Google）的「焦慮」搜尋率增加一倍多，並且教育程度較低、薪資中位數較低、鄉村人口較多的地方，「焦慮」一詞的搜尋率較高。

與此類似，根據美國心理學會（American Psychological Association）的調查，美國人大多認為自己處於中度或高度的壓力，有四四%的人表示，過去五年的壓力程度增加，尤其是職場壓力。儘管認知到壓力達到不健康的程度，卻還是表示自己難以做到促進健康的行為，主因是太忙了。

請思考以下的美國生活方式指標：[22]

- 不到五成的美國成人能達到建議的體能活動量，將近三八%的美國人「完全不活動」。
- 美國成人約三分之一肥胖，另有三分之一過重。
- 美國每五人當中就有一人經常因壓力飲食過量或飲食不健康。
- 有三分之一的美國人至少出現一種失眠症狀，而二〇一七年，有四五%的美國成人表示，過去一個月有晚上睡不著的情況。

為解釋焦慮症與憂鬱症罹病率的成長，[23]研究人員認為可能因素是慢性生理疾病、肥胖、高醣又重糖的飲食、缺乏體能活動，導致負擔加重，這些因素出自於過去的人類環境和現代的生活方式不相稱。其他可能的原因還有不平等、孤立、無意義感、寂寞，且社會資本和社群都減少了，而這些是現代生活的特徵。

舉例來說，跨文化分析奈及利亞的鄉下人與美國都市女性，發現環境越現代化、都市化，憂鬱症的盛行率就越高。與此類似，跟墨西哥移民相比，美國出生的墨西哥裔美國人罹患憂鬱症的比率比較高，似乎是美國生活方式造成的。

一般來說，在已開發國家，都市居民的焦慮症和憂鬱症盛行率，會比鄉下居民還高。

總之，從這些統計數據可以知道，主觀來說，很多美國人的日常生活變不好，這是因為現代世界和人類舊石器時代神經生物遺傳間不相稱。現代人的腦神經構造類似穴居的祖先，有著為了找出眼前的致命威脅（例如獵食者），並存活下來的生物結構。有一點很重要，這套現代人與祖先共通的身心系統，很適合用於短時間的爆發，有利於存活在當下，隨後身心系統會進入復原期，方便進行痊癒、生殖和成長等較長期的作業。

雖然這套系統沒有變化，但是人們所處的世界已有了大幅的調整，現今面對的決定也有大幅的改變。我們很少置身於致命的危險，但身心系統還是仰賴同一套方法來因應「象徵型的威脅」。比如說，想到工作的最後期限逼近、想到校園槍擊案可能發生的地點和時間，就會忍不住焦慮。然而，現代人跟祖先不同，**現代人的身心系統一直處於啟動狀態，也許長達數天、數週、數月，甚至數年，導致長期作業延遲**，因為一直啟動壓力反應狀態，自然而然推遲了排在之後順序的長期作業。

說來矛盾，現代的便利反而造成這類問題惡化，我們要面對頻繁的要求、最後期限和時間壓力，還得利用各項科技，無視天生的極限。我們能二十四小時隨時使用電子裝置，加深「一心多用」的迷思，所以很難離開社群媒體的資訊，斷開辦公室和我們的電子拴繩。

然而，接連不斷的電磁轟炸，通常位於意識知覺之外，也導致身心系統一直保持在開啟狀態。汽車、火車、飛機高速運轉，在公共場所，到處都可見到電視和廣播播放著快速變化的影音，人們一覺得無聊就看電腦和手持式裝置，可以發現人們時常接收電子刺激。即使是電力這種「老套」的東西，也讓人類顛覆自己在睡眠、整合和復原上的生理節律（biorhythm）。此外，為了處理科技顛覆生理節律的情況，人們服用處方藥、娛樂用藥、制酸劑、瀉劑、助眠藥等各種藥物。為了在短期內調動能量並集中注意力，人們服用咖啡因、尼古丁、糖。酒精也幫助人們在一天的尾聲放鬆。換句話說，雖然有了這些便利的物品，就能用更創意的方式顛覆迴路，卻也越來越遠離天生的校準能力和自我調節能力。

最後，與穴居祖先的世界相比，現代複雜多了。不確定、複雜、多變、不明朗，全都屬於「象徵型的威脅」，為因應這種威脅而做出的決定，通常不太會對身體健康造成立即致命的危險。儘管如此，面臨威脅還是會開啟舊石器時代的「戰或逃」（Fight-or-flight）反映迴路，沒有直截了當的發洩途徑能耗盡我們的壓力，也沒有顯而易見的終點能讓我們停下來。**最容易威脅到我們，也讓我們調動最大能量的是，首次遇到、無法預測又無法掌控的壓力源。這三個形容詞恰好可以用來精準描繪現代生活的樣貌！**

難怪人們會集體經歷慢性疼痛、失眠、便祕、性功能障礙、免疫功能不全引發的生理疾病，也難怪人們會見樹不見林，不自覺地優先處理眼前的迫切事物，放棄有利長期快樂、成功與幸福的重要事物。怪不得人們在關係中感到孤立、疏離、不滿，也怪不得人們陷入冷漠、身心俱疲、焦慮、憂鬱、麻木感與沒意義感。

我們疲憊不堪，身心系統還沒提升，卻以提升後的方式運作，導致身心系統筋疲力盡。

不管是誰出現這種不協調的狀況，一定都會受到影響，尤其是高壓環境下的工作者，受到的影響特別嚴重。人碰到危機時，要瞬間又機靈地選出合適的反應，做出某些會在經濟、策略或政策層面造成重大後果的高風險決定，有些後果甚至攸關生死。因此在高壓處境下，務必要懂得保持沉著、公平、慈悲與堅決。然而，越是無視自己的迴路、越耗盡心力，高成效的決策就會離我們越來越遠，遠到無法觸及。難怪在高壓環境下，衝動的決策、不佳的主觀判斷、不道德或暴力的行為、精神損害的情況，越來越引人憂心。

為因應趨勢，蒐集資訊、制定決策，甚至是完成工作，越來越多都轉移給科技工具、機器人、無人機和電腦進行處理。人類之所以一味追求用科技解決問題，有一部分是因為，人類誤以為只要運用更多的科技，就能克服人類生理狀態和現代世界極不相稱的狀況。

這也就表示，在現今世界，複雜的資訊連番轟炸，人類沒能力做出明智的決策。我們暗自渴望自己最後可以離開旋轉不停的滾輪，也半自覺地設想著，若能設法避開內心的情緒、衝動和累得出錯的狀況，情況也許就會好轉。

## 拓展身心容納之窗，保持最佳表現

人類的身心系統很適合因應二十萬年前的威脅，那麼現代人該怎麼做，以面對祖先沒料想過的各種難關，並做出有成效的決定呢？不是內化「機器比人類更有能力處理」這類局限信念為自己的想法，而是憑藉韌性和機智，仰賴智慧和幸福，度過各種難關，該怎麼做到這點呢？這些是我多年前面對的問題，當時我沒有順應基本生理需求，導致身體喪失機能。

這些問題的答案，還有正念心智健身訓練的本質，就是要**學習用全新的方式運用生理狀態**。只要系統化地訓練注意力，就可以拓展身心容納之窗，理性腦和生存腦也會共同合作。其實，負責處理壓力反應的身心容納之窗，在本書可說是至關重要的概念，**身心容納之窗越寬闊，就越容易掌握主導權，在高壓下有效運作，日後也能很快復原**。

人們從穴居祖先承繼而來的神經生物構造，確實不適合現代世界，但只要用特定的方式引導注意力，就可以學著有自覺地調節迴路。只要懂得運用意識調節生理狀態，就可以發揮最美好且獨特的人類特質，例如慈悲、勇氣、好奇心、創造力、跟他人的連結感。我們可以鍛鍊自己做出聰明的決定和選擇，就算面對驚人的壓力、不確定和變化，也可以從容應對。

**待在身心容納之窗裡，就能上下調節壓力程度，在一定時間內保持最佳表現。**[24] 此外，可以有自覺地整合理性腦和生存腦傳來的訊號，不讓其中一個凌駕另一個，或劫持我們的選擇。待在身心容納之窗裡，理性腦和生存腦相互結盟合作，取用內在的智慧，也就是某些人所說的「直覺」。

**因此，身心容納之窗的寬闊與否，會影響到人有多少能力在各種處境下做出靈活又有彈性的決定**，大至在極端壓力或危機下瞬間做出生死攸關的決定，小至在消磨時間、跟情感對象互動、照顧自己身心上，做出平凡的選擇。

人們習慣調節理性腦和生存腦間的關係，也習慣調節腦部、自主神經系統與身體間的關係，這些都會影響身心容納之窗的寬度。

最早，基因和早年社會環境間的交互作用，確立了身心容納之窗，這個過程是從子宮裡開始，一直持續到青春期，因此我們在因應壓力或與他人互動時所採取的既定策略，絕大部分是用來因應早年所處的社會環境，這對身心容納之窗的寬度造成莫大影響。

身心容納之窗也可能在反覆發生的經驗影響下，於一段時間後變窄或變寬，第二章和第三章會探討這類情況。

身心容納之窗寬闊，就更能準確評估安危，這種不自覺的生存腦處理過程稱作神經覺。無論面對的處境是安全還是威脅，都更能彈性又適當地做出因應。身心容納之窗寬闊，表示理性腦功能處於活躍狀態，能應付艱困的經驗，日後還能有效徹底復原，除此之外，也表示更能消化目前環境的所有資訊，不會只關注眼前迫切的威脅。碰到艱困的事件，能更順其自然，也能跟別人保持連結感。

不過，要是承受慢性壓力或創傷無法復原，一段時間後，幾使天生身心容納之窗寬闊，也會覺得窗口變窄。**在系統永遠「開啟」，且從未關閉的狀態下運作，就算是最堅韌的個體，也會覺得自身能力逐漸減弱**。

還有一點很重要，因為人體生理狀態和現代世界不相稱，所以就算任由舊石器時代的迴路處於無意識機制，能力也還是會逐漸減弱。換句話說，若不有意且有自覺地努力調節生理狀態，最後身心容納之窗都會變窄。

窗口變窄後，就會漸漸發現自己置身於窗外，理性腦和生存腦會形成對立、敵對的關係，分別試圖去凌駕、壓倒對方。這時可能會發生劃分情緒、體感、身體的需求和極限，也就是「理性腦凌駕作用」（thinking brain override）。也可能發生情緒和疼痛影響決定，引導我們做出衝動又帶有情緒反應的選擇，稱作「生存腦劫持作用」（survival brain hijacking）。還可能靠食物、咖啡因、菸草等成癮物質，或暴力、自殘等刺激腎上腺素的行為，進行自我治療或掩蓋心理困擾。位在身心容納之窗外，更可能經歷創傷。

如果你跟我過去十年來用正念心智健身訓練培訓過的人員一樣，或者像我當初寫論文般，那麼你現在應該會習慣抑制壓力，或努力想辦法「處理」艱困的處境。

然而，正如本書所探討的，目前的你也許會以為，某些策略能有效處理人生事件，例如：

劃分、壓抑、忽略與忽視、重新包裝成正面，以及抱著「情況其實沒那麼糟」的想法，和堅持到底的心態，而這些也是美國文化宣導的策略。

其實，這些策略反而會造成更大的壓力。本書將闡述這些常見的習慣是怎麼引領你走向失調、損害健康，還扭曲你對事件的感知，造成你錯過重要訊號，無法得知自己走錯路並需要改變路線，甚至導致你疏遠自己與可支援你的人際關係。

下一節會探討人們如何及為何經常強化理性腦和生存腦的對立關係，同時還漠視壓力演變為創傷。第二章會探討身心容納之窗背後的科學原理，說明身心容納之窗最初是如何確立的，一段時間過後又是如何變窄。會幫助你更了解理性腦、生存腦、自主神經系統、身體，還有它們的各種訊號和功能。第三章會教你在何處、何時、如何引導注意力，進而拓展身心容納之窗。在本書的幫助下，你會懂得把自己的身體訊號當成資訊資源去信任，然後根據資訊，運用理性腦，做出最聰明的選擇。千萬不要直接跳到第三章閱讀，你需要第二章的資訊，才能讀懂第三章的方法和技巧。

人類的神經生物結構，是以緊密的整體進行運作，身心系統的各個部分，具有獨特的技能、能力與見解，可以帶來幫助。**唯有理性腦和生存腦結成盟友、彼此合作，才能相輔相成，發揮潛能**。只要懂得培養理性腦和生存腦的盟友關係，不只可以在身心容納之窗裡運作，先前承受的慢性壓力和創傷也可以痊癒復原，隨之拓展身心容納之窗。

## 02 我們常深陷創傷卻不自知

葛雷格（Greg）是個成功的商人，長年從事公司的收購、組織重整與賣出，賺了不少錢。他有豐富的專業人脈，有兩處華麗的住所位在昂貴的地段，跟第四任妻子的婚姻很幸福。

葛雷格一開始對正念心智健身訓練很感興趣，不是為了自己，而是在考慮是否捐贈大筆資金給我創立的非營利心智健身訓練學院（Mind Fitness Training Institute）。這所學院的創立宗旨是要推廣正念心智健身訓練。

越戰期間，葛雷格親眼目睹大規模戰事。現在，他想用自己的財富和成就來「回報」，幫助從伊拉克或阿富汗返鄉、新一代的戰場老兵。我建議他，如果想確認是否援助我們的工作，最好是親自體驗這套訓練。

葛雷格完成訓練課程，持續練習好幾個月，他對我說：「打從越南回國後，從來沒有這麼順利過。」他對於自己的神經生物狀態，有了全新的認識，承認數十年來，自己的身心系統都「高度緊繃」，處在過度反應、過度警覺、過度驚嚇、失眠、高血壓的狀態。他還承認，自己的事業之所以成就斐然，一大主因是他幾乎沒什麼睡。他喜愛工作，特別喜歡大交易案完成後的「亢奮感」，跟他最初在越南體驗到的感覺一樣。他還向我吐露，他結了四次婚，是因為前三次婚姻都忍不住出軌。他說，當時的他「情不自禁」，婚外情和伴隨而來的謊言，也帶來了他熱愛的「亢奮感」。

三十五歲左右的譚雅（Tanya）是很有才能的分析師，在美國情報機構工作。她投身於組織的使命，設法防範美國本土發生另一起恐怖攻擊。

我見到她時，她剛好沒獲得前陣子的晉升，反而是年紀較輕的男同事升職。從那之後，她晚上經常睡不著覺，思緒奔騰。她花更長的時間工作，幾乎沒時間好好生活，就是為了向主管證明她有多敬業，想爭取下一次的晉升機會。

譚雅拿到體育獎學金上大學，不但要應付繁重的經濟學和阿拉伯語雙主修的課業，還要接受嚴苛的訓練，與進了全國排名的某隊伍比賽。當然，拿到體育獎學金，表示她上大學前就兼顧學業和運動多年。

在參與正念心智健身訓練期間，譚雅體認到，沒升職這件事引發「失控感」，是她以前經歷過的感覺。在國、高中時期，她以嚴格限制自己一天攝取四百卡路里的方法應付失控感。她對我說，她「治好」高中時期的厭食症，上大學前回到她身高的正常體重範圍。在那之後，她只要一覺得情況難以掌控，就會進行嚴苛的體能鍛鍊，讓自己覺得情況都在「掌控中」。可是，前陣子她發現自己再度計算卡路里並限制飲食，她感到很驚訝，因為她確信自己在高中以後已經「好了」。

陶德（Todd）是十九歲的步兵，他已經完成在伊拉克的作戰任務，他的單位正在準備前往阿富汗，投入另一件任務。他一點都不喜歡班長，感覺班長老是因為他忘東西而「找他麻煩」。比如說，有時他在集合的時候穿錯制服，有時會忘記自己該做什麼，「搞砸」了全班。他對自己的「行為欠佳」也覺得很煩。

在用正念心智健身訓練培訓陶德的一個月前，他終於為了健忘的事情尋求協助。其實，這不是為了自己，而是因為他的健忘會害全班都受到負面影響。在那之後，他每週都會去所在駐地的健康診所看臨床醫生。醫生診斷他罹患PTSD，開了三種處方藥：一種治療失眠，一種治療PTSD，一種治療背負沉重的裝備、行軍包和武器而得到的慢性膝蓋疼痛和背痛。看了臨床醫生後，他的腦海裡經常浮現伊拉克和童年的畫面，出現了瞬間重歷其境（flashbacks）的情況。

其實，陶德以前過得很苦，因為生父在牢中，父子多年沒講過話。成長時期，陶德跟酗酒的媽媽和嚴苛的繼父住在一起。若陶德在家裡胡搞，繼父常常會「揮皮帶」。在陶德十一歲的時候，也有過瀕死經驗。

陶德有一輛相當寶貝的哈雷摩托車。他超愛那輛哈雷，是用首次出任務存的錢買下的。他很愛沿著海岸騎車，望向海浪，放空腦袋。

有一天特別不走運，搞砸了事情，班長大罵他一頓，他覺得自己一定要發洩壓力。這種時候，他會高速行駛重型機車，他承認，會以至少兩百四十公里的時速，在高速公路的車流裡危險蛇行。他對我說：「越是千鈞一髮，感覺就越好。」之後，他會到最愛的酒吧，一杯又一杯地喝到過頭，還常會去刻意挑釁別人。

這三個人表面上看起來不一樣，出身的社經地位和教育背景各不相同，經歷的壓力事件和創傷事件也完全是不一樣的種類，連應付壓力的方法也沒有相似的地方。

假如葛雷格、譚雅和陶德在接受訓練之前，我直接先向其中一位描述另外兩人的情況，再問他們覺得自己跟另外兩位的經驗有沒有很像的地方，他們應該會覺得不太像，頂多就是一樣都「壓力很大」吧！

儘管葛雷格、譚雅、陶德有明顯的差別，但是三個人擁有的經驗卻相同。他們都跟我一樣，**理性腦和生存腦形成對立關係，逐漸累積身體調適負荷失衡**。為了因應，三個人做出選擇，用自己所知的最好的方法，應對失調和內在的分裂。即使痛苦的樣貌各有不同，但終歸仍是痛苦。

## 理性腦會不自覺將壓力分級

讀完前文的描述，也許你會自覺或不自覺地評估他們是否真的「壓力很大」。在往下閱讀前，請先花一點時間，留意自己是否在某種程度上，會對他們的故事和前一節我的故事進行評斷、比較、評估或排名。舉例來說，他們痛苦的「價值」，承受的壓力和創傷經驗的等級，與對周遭世界採取因應行為而引發的後果。

如果你留意到這類的比較，是你的理性腦在做所有理性腦都會做的事，你要明白這不是什麼問題。如第一節所述，理性腦已形成很深的制約，習慣比較、評估與評斷。我們會比較別人的經驗，也會拿別人的經驗跟自己做比較，這就是理性腦的構造造成的。

其實，要是**制約得很深的理性腦習慣比較和評斷**，**人們就會集體漠視壓力演變為創傷**的過程。本節將探討哪些情況會導致人們漠視這類演變狀態，左右個體和集體的行為。在此，我無意評斷這類情況，只是想揭露與闡明。

對於「壓力」或「創傷」的樣貌，美國文化有著集體理性腦的設想與期望。舉例來說，美國人極有可能把陶德的故事標為「創傷」，但陶德本人並不是這樣想。與此相對，美國人最不可能把譚雅的故事貼上「創傷」標籤，可是譚雅錯失晉升後，確實承受創傷壓力。

前文提到我的鍵盤故事，其實那也是一種創傷，但當時的我並不曉得，還以為自己的故事是「抗壓力」或「恆毅力」的例子，是美國文化大為讚賞的事情。

美國心理學者安琪拉．達克沃斯（Angela Duckworth）及其同事提出「恆毅力」的概念，以描繪決心、有動力、努力工作與不屈不撓堅持到底等特質。

以學生、西點軍官學員、公司業務員、已婚伴侶等族群為對象做研究，結果顯示比起家庭所得和智商程度，「恆毅力」更適合用來預測人最終能否獲得外在的成功。[1]在美國的文化下，達克沃斯的研究引起深刻的共鳴，著作也因此成為暢銷大作，甚至榮獲麥克阿瑟「天才」獎。

具有恆毅力，表示已培養耐受與撐過不適感的能力，藉此達到重要目標，更能把失敗看成是學習的好機會，不會因失敗灰心氣餒。同時也表示擅長在逆境後自行站起並加倍努力，以求獲得最後的成功。這些特質都令人欽佩。不過，有趣的是，恆毅力的實證研究對於背後要付出的代價，卻是避而不談，這也是美國文化的制約。

創傷共有的特色，就是讓自己脫離自身的疼痛，也脫離對疼痛產生的羞愧感，稱作「解離」（dissociation）。解離現象會以許多不同的形式呈現，例如：生理疾病、家暴、霸凌及騷擾他人、成癮、婚外情、自殘行為、暴力行為、刺激腎上腺素的行為等。從葛雷格、譚雅、陶德的故事，就能看出許多的創傷會以不同面貌展現。

用極限精神戰勝物質，藉此獲得莫大成就，是我選擇的解離型態，相較於社經教育程度跟我相仿的人，我的創傷負荷相當沉重，但我的因應行為並不符合一般大眾對「創傷」的認識，反而是社會能接受，同時又能獲得回報的行為。

換個說法，葛雷格、譚雅、陶德和我，無疑都是用自己的方式來展現恆毅力——我曾經失去視力、強迫自己追求高成就，譚雅是患有厭食症的工作狂，葛雷格是追求腎上腺素刺激的花花公子，陶德既愛挑釁又很暴力。

## 壓力與創傷不是各自獨立，而是密切相關

在個體和集體，我們對於「壓力」或「創傷」事件的理解、比較、評斷與評估，是理性腦執行的作業。由此可見，理性腦怎麼認定「壓力」或「創傷」經驗的意義，深受家族、組織、社會常規、信念和價值觀的影響。

集體來看，人們常會認為「壓力」和「創傷」是兩種不同的概念。確實，理性腦認為慢性壓力和震撼型創傷截然不同，而兩者也有別於發展型創傷和關係創傷。此外，具有相關知識技能的專業人士，像是研究人員和臨床醫生，往往也會分別進行研究與治療。

舉例來說，研究壓力的研究人員通常會進行動物研究，鑽研哪些特定的生物機制會強化壓

力反應和壓力相關疾病。也許，研究人員的專長是「菁英表現」領域，比如研究對象是菁英運動員和海豹部隊、遊騎兵、綠扁帽等特種部隊，會想了解如何提升身心能力，才能在要求嚴苛或極端壓力的環境下，仍擁有良好表現。

然而，發展型創傷與關係創傷是家族治療師、社工、兒童心理學者或創傷研究人員的範疇。這類專業人士努力協助人們因應過去或現在的創傷事件，讓感覺好轉，能好好過日常生活。也許，前文提到的研究人員也會研究創傷重演——創傷透過哪些機制持續顯露數年，甚至重演。而其他專業人士中，有些人的專業則是處理家暴、刑事累犯、成癮、飲食失調和自殺行為等。

不同的研究人員和臨床醫生，接受不同的學科訓練，在不一樣的同儕審查期刊發表論文，參加不一樣的研討會，專精的壓力和創傷演變層面不一樣，所以人們自然地認為，壓力與創傷各自獨立，必須採取不同的策略、療癒技巧。群體對於壓力與創傷根本原因的認識有分歧，當然會以為兩者處理著不一樣的事。

儘管如此，如果把壓力與創傷看成各自獨立，就會掩蓋兩者的神經生物基礎是共通的事實。壓力與創傷不是事件本身既有的特性，而是逐漸演變的內在身心反應。人碰到有威脅性或挑戰性的事件時，會落在演變過程中的哪個位置，就要看生存腦如何不自覺地透過神經覺評價事件，而不是看理性腦如何有自覺地評斷、評估或分類事件。

由此可見，每當碰到有威脅性或挑戰性的事件，**我們經歷的到底是壓力還是創傷，要看目前身心容納之窗的寬度**。

舉例來說，十三人的步兵班遭遇突襲，因為十三個人會有十三種寬度不一的身心容納之窗應付突襲行動，也就會有十三種不同的身心反應。突襲事件後，處理該事件引發的壓力或創傷時，也會有十三種不同的制約反應。

此外，**無論是否經歷過壓力或創傷，只要沒完全復原，就會讓身體調適負荷失衡更嚴重。就算處於調節良好的平衡狀態，沒充分復原的話，一段時間過後，終究會有失調症狀，身心系統再也無法正常運作，於是在生理、情緒、認知、精神、行為方面，出現各種症狀**。

由此可見，雖然理性腦通常認為慢性壓力、震撼型創傷、發展型創傷與關係創傷截然不同，但是**這些壓力和創傷全都會對身心系統產生同樣的影響**。

如果說壓力和創傷帶來的影響很類似，那麼為什麼美國文化經常認為壓力和創傷是不同的呢？簡單來說，強大又有抱負的人，往往很難坦承自己的身心系統很脆弱。

有權勢、成就斐然的成功人士，以及其所屬的高地位機構，可以自在坦承自己「壓力大」。的確，大家往往認為「壓力大」是榮譽的勛章，也是成功又有成就的證明。在集體共識上，「壓力大」表示過勞、行程滿檔、忙得要命，肯定是重要人物。想要主宰宇宙，肯定有這些附帶的後果。

不然怎麼會有一堆人炫耀自己昨晚只睡幾個小時？怎麼會有人炫耀自己下班回家，小孩已經睡了的情況發生多少次？怎麼會有一堆人炫耀自己同時處理多個活動或需求？怎麼會有人炫耀自己已經好多年沒好好休假或度過完整的週末？美國文化美化了壓力，即使在抱怨，也是假抱怨、真炫耀。

同時，人們集體在社會中傳達出矛盾訊息：「雖然我們聲稱健康、關係、家庭、社群、工作和生活的平衡十分重要，同時卻獎勵並敬佩不平衡的那些人。」

我們為自己和部屬定下不切實際的最後期限，在職場上加劇失調症狀。我們將獎金發給失調的工作狂或緊張不安、每件小事都要管的主管，給予褲子拉鍊拉不上、老愛騷擾人或打造有害職場的霸道領導者升職機會。

我們也把這個矛盾訊息教給小孩，容許學校老師出一堆作業，孩子白天根本寫不完。如果還要參加課後活動，又要有時間活動身體、自由玩遊戲、睡眠充足，就更不可能白天做完作業。

在不停旋轉的滾輪上，社會鼓勵家長帶小孩去上安排好的課程，甚至是還沒上幼稚園就去參加。許多活動都會宣傳課前和課後課程，家長認為這是經濟實惠的方案，可用來替代日托中心。以兒童為本、勞力密集型、費用昂貴的親職教養，現在已經成為主流的育兒文化模式，今日的職業婦女花在照顧小孩的時間，跟一九七〇年代的全職媽媽一樣。[2]

我認識的家長多半表示，他們不喜歡小孩行程滿檔的生活步調，也不喜歡下午、晚上、一整個週末都在來回接送小孩。迫不及待希望孩子盡快拿到駕照，他們就能擺脫這些忙得要命的麻煩事。家長和孩子都是匆匆忙忙、筋疲力盡、疲憊不堪。

人們嘴上說著想過不一樣的生活，卻擔心萬一沒好好過著滾輪上的人生，就要承受可怕的後果，比如擔心孩子就學期間進入名校的機會降低，擔心自己得到心儀工作、晉升、專業報酬的機會受到阻礙，還擔心自己要是每次都不答應邀約、會議、受邀演講、雞尾酒派對、鄰居的烤肉派對、小孩同學的慶生會，就會損失私人和事業上的人脈。人們甚至替這種現象發明首字母縮略字「FOMO」，意思是「錯失恐懼症」（Fear Of Missing Out）。

然而，如果認為「壓力很大」等同於強大、成功、忙碌、重要，**就會不小心切斷壓力及其最終後果之間的關係**。

集體上，人們往往會忽略自己做出的選擇及美國社會傳達出的矛盾訊息，是如何導致身體調適負荷失衡更嚴重，並因此引發壓力相關的身心疾病，出現其他失調症狀。如果劃分「壓力很大」的生活方式，與它對身心系統、關係、社群和地球造成的後果，就比較不用對自身如何引發不想要的最終結果負起責任。

沒有什麼比創傷更能切斷前文所述的關係。

如第一節所述，生存腦承受壓力的期間，不自覺地感到無力、無助、無法掌控，就會產生創傷壓力。即使受到創傷的事自己也掌控不了，理性腦還是不想承認。

在美國文化裡，即使「壓力很大」也是好事一件，畢竟根據集體共識，「壓力很大」代表成功、強大、不屈不撓、恆毅力、堅強與重要。可是，「受到創傷」呢？等同於無力、裝病、殘破、受損、消極、膽怯、脆弱……沒人想要變成那樣。

結果，群體來看，人們往往**只相信種類最極端的震撼型創傷**，例如：颶風、地震、政治囚禁、酷刑、恐怖攻擊、大規模射殺、戰鬥、強暴、綁架等。如果創傷必須存在於世界上，那麼人們會願意把這類事件劃分為「創傷」。不過，與此同時，群體卻不願承認如貧窮、虐待、歧視、騷擾、忽視等，較為隱晦的「創傷」。[3]

理性腦會對他人和自己的經歷做出評估和評斷。在美國社會，人在經歷戰鬥或強暴後罹患PTSD，理性腦多半會理解這種狀況，可是理性腦對於職場性騷擾，或長久遭受歧視後的PTSD，卻無法理解。因此，童年時期遭受視而不見、情感忽視、未獲關愛等對待後罹患PTSD，理性腦肯定更無法理解。

換句話說，一般人理解的「創傷」，往往只是震撼型創傷造成的「重大」創傷，像是摯愛罹患不治之症。而不是生存腦在日常生活中感到無助、無力、受困、無法掌控時，所產生慢性累積的「微小」創傷，例如：職場上隱晦卻長久存在的社會排斥（social exclusion）或歧視、「黑人駕駛」無端引來的危險，或小孩面對的霸凌行為。**慢性累積的「微小」創傷通常會出現在私人關係、職場關係與社群關係上，通常是發展型創傷或關係創傷**。

這類創傷也會對身心系統造成高壓，因為人的理性腦往往會輕忽和漠視這類創傷造成的實際影響，而別人的理性腦也是抱持同樣的態度。

為了舉例說明，在此簡要概述邊緣化的群體招致的汙名、偏見與歧視所帶來的影響，像是貧窮、性別歧視、異性戀中心主義、種族歧視，往往會如何造成慢性壓力和關係創傷（後續幾節會探討成長創傷帶來的影響）。

務必認清一點，有人可能同時屬於多個邊緣化的群體。雖然公然的暴力確實有可能發生，近來這類暴力也有增加的趨勢，但汙名和歧視還是比較常見，包括態度狹隘、言語貶抑和其他微小的冒犯。

在美國，家庭所得在貧窮線以下的窮人，得到健康報告為「尚可」或「不良」的比率，是家庭所得超過十四萬美元的富人的五倍左右。[4] 窮人因慢性疾病或慢性疼痛造成生理限制的比率，是富人的三倍。窮人罹患肥胖、心臟病、糖尿病、中風與其他慢性疾病的比率，也比富人還要高。四分之一的窮人會抽菸，是家庭所得超過十萬美元的成人的三倍。窮人緊張不安的比率是富人的四倍，「多數的時候或一直」很傷心、絕望或感到一無是處的比率，則是富人的五倍。

與此類似，世紀更替後，沒有大學學歷的白人死亡率逐年增加，與自殺、用藥過量、酒精有關的肝臟問題逐漸成長，「絕望死」（deaths of despair）也有所提升。

性別歧視涵蓋因性別而起的不尊重、歧視和不公平的行為。許多女性認為，日常性別歧視產生的影響，小於公然性騷擾或強暴，或許可以說「沒那麼有害」。然而，察覺到自己受性別歧視，會引發憂鬱、心理困擾、高血壓，也會使經前症狀更嚴重，還會有反胃、頭痛等其他生理症狀。[5] 此外，會造成女性暴飲、抽菸，在感情關係裡自我消音*（self-silencing）。

舉例來說，研究員會在實驗研究中，針對女性受性別歧視引發的各種症狀，檢驗壓力荷爾蒙。[6]

在某項實驗，某位男性會對受試女性說，她沒通過面試。另一項實驗要求受試女性跟男性求職者一起完成某件任務，藉此評估男女求職者的能力。

前述實驗打造四種環境，前兩種環境有明顯的性別歧視跡象，第三種環境的性別歧視跡象不明確，第四種環境沒有性別歧視。當中只有沒有性別歧視的環境不會導致女性的壓力荷爾蒙增加。受試女性之所以沒拿到工作，是因為另一位女性的能力更強。

異性戀中心主義，也就是男同性戀、女同性戀、雙性戀、酷兒（Queer）、跨性別者經歷的受害、恐同、歧視、自我汙名化、隱藏性向認同，會引發心理困擾、焦慮症、憂鬱症、PTSD、社交孤立和飲食異常。[7] 性少數的心理健康問題盛行率也比異性戀還要高。此外，若性少數在職場上承受異性戀中心主義，心理困擾會更嚴重，健康問題也更多，工作滿意度會降低，缺勤率也會增加。[8]

前陣子，有人針對一九八三年至二〇一三年間發表的三百三十三份同儕審查實證研究進行

---

* 在關係中壓抑自我，並照顧他人和取悅他人，以達到親密且滿足關係的需求。

統合分析，發現種族歧視和健康不佳有密切關聯。種族歧視尤其會導致心理健康惡化，例如：憂鬱症、焦慮症、自殺行為、PTSD與心理困擾等，也會引發跟體重相關的生理疾病，例如：糖尿病、肥胖和過重等，甚至會導致經濟不正義（economic injustice）。[9]根據美國家戶所得數據，黑人跟白人之間或拉丁裔跟白人之間，在不同所得水準中，所得差距持續存在了五十年。

重要的是，**任何主義引發的歧視、偏見或騷擾，人們不用親身經歷，身心系統就會受到有害的影響**。只要讀到或看到新聞報導我們認同的群體有人受到邊緣化，這時壓力反應程度就會激增。只要想到或預期自己被邊緣化，壓力反應程度也會隨之激增。

有項實驗清楚證明了這種情況。拉丁裔受試者預期會跟某位白人女性一起接受評估，之後會實際參與。在這段期間，研究員會檢驗拉丁裔的壓力反應程度。[10]

若研究員對受試的拉丁裔說：「那位白人女性對少數族裔有偏見。」拉丁裔在接受評估前血壓會較高，壓力反應程度也較高。在接受評估期間，跟威脅有關的情緒和念頭也會比較多。這項研究凸顯了人們經常警覺並預期歧視的發生，會跟實際經歷歧視一樣有很大的壓力。

綜上所述，有越來越多的實證研究顯示，雖然理性腦對於貧窮、性別歧視、異性戀中心主義、種族歧視造成的日常關係創傷，多半會認為「沒那麼糟」或「沒什麼大不了」。實際上卻是很嚴重的狀況。雖然也許人們不太能意識到壓力，但這些事情還是能夠啟動系統，讓系統永遠不關閉。

## 女性內化痛苦、男性外化痛苦

往下讀之前，請先花些時間以五個形容詞，寫下你對自己的看法，[11] 一行寫一個形容詞。比如說，你也許覺得自己「堅強、成功、樂觀、自立、勤奮」，也許覺得自己「誠實、聰明、友善、體貼、慈悲」。

再想想這五個形容詞的反義詞並寫下。比如，「堅強」的反義詞是「軟弱」、「誠實」的反義詞是「虛假」。第二組形容詞簡要摘述了你的人格陰暗面。

認同合乎自我形象的特質，表示自己也會自然而然地陷入、否定或害怕陰暗面的特質。的確，不管是個體還是集體，我們越強烈認同其中一組特質，就越會否定、否認、壓抑與無視對立的陰暗面。

換句話說，身為完整的人類個體，必然會經歷相對的兩組特質，只要被否定的特質出現，就會體驗到更大的界面張力（internal tension），也就越不擅長應付現實情況。如果覺得自己很「誠實」，只要表現得「虛假」，很可能就會否認自己的這一面。如果覺得自己很「體貼」，實際上表現得很「自私」時，就會忽略自己的自私。如果覺得自己樂觀又快樂，自然會把悲傷、憂鬱或其他負面心情推到一旁，也會認為「我一定有什麼地方出了錯」。

當然，如果覺得自己強大、自立、有恆毅力、堅韌和堅強，當生存腦感到無力、無助、無法掌控時，就會很難接受這種經驗。

儘管如此，要是堅定認同其中一組特質，被否定的特質就更有可能不自覺地掌控自己。俗話說：「我們抗拒的，就會長存。」

當具有挑戰性或威脅性的事件發生時，人是否會經歷壓力或創傷，其實不完全視理性腦而定，畢竟神經覺是生存腦的職責。由此可見，壓力和創傷不會直接影響理性腦將某事件歸類、判定為「壓力」事件或「創傷」事件。

為什麼人們經歷的壓力創傷跟理性腦的歸類評斷，通常是間接關係呢？因為理性腦的評斷若不合乎生存腦的神經覺，我們就會把兩者打造成對立關係，這種內在分裂總是會導致身心系統的壓力與創傷惡化。

如果理性腦只容許和接受某些具威脅性或挑戰性的事件，或某些合乎自我形象的情緒，對於其他實際經歷的具威脅與挑戰的事件和人類的情緒，卻一律抱持否認態度，就會引發內在分裂。

理性腦不願有自覺地承認內在有「軟弱」、「柔軟」或「不理性」的情緒，並不代表我們沒有那些情緒，生存腦還是會產生這些情緒。

其實，所有情緒遲早都會出現在人類的身心系統裡，各種情緒是人與生俱來的一部分。然而，理性腦不想要的情緒，只要理性腦不願承認它們的存在，對立關係就會永久存在。同時，我們把自己推出身心容納之窗，逐漸讓身體調適負荷失衡更嚴重。這種狀態持續得越久，失調症狀就會越多。

理性腦和生存腦之間認可某一組特質並否定相對特質的對立關係，實際上是怎麼形成的呢？最常見的是，我們會設法忽視、否認、壓抑、劃分、逃避、自我治療或掩蓋那些被否定的特質與隨之而來的疼痛。理性腦不想注意痛苦，往往關注未來，例如：要達成的人生目標、想賺取的財富和名聲、要累積的財產、想塑造的美好身材、要達到的下一個高峰、要營造的關係、想實現的願望清單等。

問題是，**理性腦為了否定初期痛苦、虐待、壓力、創傷而採取的策略，生存腦、神經系統和身體通常都不會配合**。

也許你已經留意到了，葛雷格、譚雅、陶德和我的故事中，有共同的傾向。我和譚雅的因應方式，通常是內化壓力和創傷，我強迫自己追求高成就，而譚雅極端限制卡路里、過度運動，藉此掩蓋痛苦。我們倆也出現內化心理疾患——我是PTSD和憂鬱症，譚雅是厭食症。反之，葛雷格和陶德的因應方式，通常是外化壓力和創傷——葛雷格透過高風險的生意和婚外情刺激腎上腺素，婚姻都以失敗收場，而陶德是衝動駕駛，還濫用酒精跟暴力，藉此刺激腎上腺素。

儘管如此，我們四個人做的事情全都是一樣的，採取的因應策略都會讓理性腦覺得更有掌控感，一律否定、壓抑、劃分、自我治療和無視壓力與創傷。我們以自己的方式，仰賴社會能接受的出口和因應策略，使自我認同不至於受到危害。

其實，女性內化痛苦、男性外化痛苦的模式，在美國文化相當普遍。美國文化或其他眾多文化，教導女孩和女人「不要掀起事端」，還認為憤怒是不恰當的情緒。[12]根據研究顯示，女性體驗到憤怒的頻率跟男性一樣，但是之後女性會比男性還要更羞愧尷尬。社會不能接受女性的憤怒，一旦女性生氣，比較容易被形容成「惡毒」、「有敵意」、「有攻擊性」和「愛辯」。

此外，女性真的生氣的話，更可能哭泣並感到焦慮，因為悲傷和恐懼算是較恰當的情緒。怪不得女人習慣把痛苦往肚裡吞。在美國社會，很多女性為了獲得「不惜代價的和平」，無視自己的痛苦、從事自殘行為、出現內化行為障礙，而且人數多得不成比例。很多女性有憂鬱症、焦慮症、冒牌者症候群*、飲食失調和自體免疫疾病。

反之，社會教導男孩和男人要好勝、要有攻擊性，[13]認為恐懼與悲傷是不恰當的情緒。社會讓大家以為睪固酮會導致男性身體天生具有攻擊性，還用「男生就是這樣」的論調，一筆勾銷校園霸凌、性騷擾、性侵害和家暴的行徑。

「堅強」的男性不脆弱、不憂鬱、不害怕，尤其會「搶先一步」踩在自大、傲慢或攻擊的立場，外化痛苦在別人的身上。然而，藏在底下的，其實是被否定的痛苦、羞愧、恐懼、悲傷與不足感。

怪不得男性習慣外化他們否定的痛苦，並施加在別人的身上。在美國社會，男性犯下暴行、從事刺激腎上腺素的冒險行為、出現外化行為為障礙的人數多得不成比例。很多男性有陣發性暴怒疾患（Intermittent-Explosive Disorder, IED），容易暴怒攻擊，也有注意力不足過動症（ADHD）、酗酒和藥物濫用等。

不管是哪種性別，只要認為自己很成功、有能力、有恆毅力、堅強與堅韌，往往就會否定自己的創傷，為什麼呢？因為「創傷」是「自我認同」的陰暗面，而無助、脆弱、軟弱、無力或無法掌控，這些對立面就是所謂的創傷。這種情況在男性身上最顯著，因為在美國文化，男性承認自己失去主導權，往往等同於沒有男子氣慨。

儘管如此，無論男女，所有人都已經受文化的社會化，大家偏好、重視和認同「陽剛」特質，犧牲「陰柔」的特質。兩極對立的現象，出現在好幾種層面上——堅強相對於軟弱、理性相對於感性、強大相對於無力、加害者相對於受害者、自立相對於依賴、控制相對於受控，甚至是心靈相對於身體、「壓力很大」相對於「受到創傷」。

美國家庭治療師泰瑞．瑞爾（Terry Real），把這種現象叫做「大分歧」（The Great Divide），[14]把前者的特質劃為「陽剛」，後者的特質劃為「陰柔」。然而，兩類特質間的關係，在文化上並不平等，「陽剛」輕視「陰柔」，視之為次等。

因為大家都陷入這類兩極對立的情況，所以無論男女往往會否認自身的痛苦，放大生理症狀來表現痛苦，稱作「身體化症」。根據大量的實證研究，身體化症是壓抑情緒、承受壓力與創傷造成的，[15]戰場老兵與童年創傷、性創傷的倖存者，特別容易罹患身體化症。**壓抑的痛苦會迂迴表現在生理疾病、慢性疼痛、胃腸功能障礙、背部問題、睡眠問題等生理症狀上**。身體化症也跟自殺行為有關。[16]葛雷格、譚雅、陶德和我的故事，都有證據顯示我們患有身體化症。

在高壓或地位高的環境工作，特別容易透過身體化症表現內心的困擾，原因在於這些人認為，針對生理上的困擾尋求協助，不會像心理或情緒上的困擾般被汙名化。[17]

二〇〇三年，聯軍入侵伊拉克的前兩週，研究員針對美國陸軍第八十二空降師士兵進行研究，[18]該項研究也許最能呈現高壓環境下的文化趨勢。雖然士兵不管有沒有戰鬥經驗，ＰＴＳＤ的罹患率都很接近，但士兵表現內心困擾的方式，有經驗和無經驗的士兵有所不同。比較戰場新兵和老兵的反應後發現，快被派到戰場時，老兵因應壓力的方式，普遍是否認情緒症狀，例如：焦慮、易怒、憂鬱和自殺念頭等，生理症狀也較多，例如：慢性疼痛、暈眩、昏倒、頭痛、胸痛、消化問題、失眠和性功能障礙等。

＊ 無法將個人成就歸功於自己的能力，認定是運氣好，並害怕被他人識破自己是騙子。

## 否定陰暗面，只會讓身和心產生對立

迄今，大家對壓力與創傷普遍表現出的反應，通常是「咬緊牙關繼續前進」。也就是說，對於壓力、創傷事件或事件引發的失調症狀，予以否認、否定、掩蓋、忽視、壓抑、自我治療和劃分。

人們往往將否認看成是堅毅、不屈不撓和恆毅力的表現，特別是男性主導的環境更會如此，堅忍克己、處變不驚的表現成為主流。人們敬重「負傷前行」的人、「負傷上場」的運動員，他們都是繼續往前行進，不讓痛苦、傷害或困擾影響自己的人。

在美國社會，無意識的常規和習慣產生強大的影響力。其實，如同個體往往會否定自身的創傷，群體通常會複製個體的情況，也會否定創傷。然而，遺憾的是，**若群體否定創傷，營造的環境就會讓更多個體受到創傷，還會導致文化上的壓力長久存在，使個體繼續否定自身的創傷。**

美國人通常會根據自身的成就、實質的創作或發明、對職場和社群的「附加價值」，來評價自己和別人。美國是蓬勃發展的自由市場經濟體，市場非常重視生產力、效率、速度、不屈不撓、恆毅力、財富和利潤，所以美國人也是這樣。資本主義把矛盾訊息傳遞給整個美國社會——重視並提升生產力和利潤，卻一律漠視、否認和忽略賺取利潤要付出的高昂成本和後果。

在股東和華爾街人士的身上能看見這種現象，他們多半會刺激市場行為，像是只看「盈餘」獎賞公司領導者，漠視利潤所要付出的「市場外部成本」，例如：士氣低落、不道德的行為、員工罹患壓力相關疾病、工作環境不安全、騷擾和歧視文化與對環境造成有害影響等（在經濟體中，外部成本會影響到眾人甚至是地球，而那些人並未付出成本）。

舉例來說，近來有一項研究顯示，有害又不道德的勞工，享有更長久的工作年資，[19]在產量上有更高的生產力，所以這些員工才會被選中，在組織裡想待多久就待多久。

其實，將性騷擾、環境汙染和有毒的工作環境看成「外部成本」，就是此現象表現的症狀——劃清界線，接納、重視現實中某個偏好的層面，從中獲得好評，卻否認、否定、抹殺現實中隨之興起的其他層面。

美國電影製片哈維・溫斯坦（Harvey Weinstein），曾經掌管一家成功的電影工作室，在他的領導下，賣座電影數以百計，後來因八十多起強暴和性侵害的指控而黯然下台。美國紐約州檢察長艾瑞克・施奈德曼（Eric Schneiderman），曾經擔任檢察官，對抗企業的舞弊貪腐行徑，一戰成名，後來因酗酒和性虐待的指控而辭職下台。曾任美國中情局局長，還是退役將軍的大衛・裴卓斯（David Petraeus），對記者說過「他幾乎不覺得壓力大」，[20]因制定美國在伊拉克和阿富汗的「增兵」策略而廣受愛戴，卻洩漏機密資訊給婚外情對象。

自 #MeToo 運動發起以來，許多觀察人士都主張劃分「藝術家」跟「藝術作品」，在集體上評估藝術家的作品時，設法只關注藝術家產出的作品，不去考量違法行徑。劃分會有個問題存在，人類其實是完整的個體，既擁有創意的天賦或勇敢的領導才能，也會做出虐待、暴力、踰越、易上癮或不道德的選擇。

我們對個人主義的看法，也會強化劃分和否認的做法。當然，個人主義深植於美國治理體制的基本結構，也對個人權利懷有對等尊重態度。尤其美國在越南戰爭和非裔美國人民權運動後，人們也目睹功績原則在美國的教育制度和職場興起。

在這個過程中，美國人開始把人生視為旅程，要在人生的旅程中，培養個人技能和才能、累積成就、交出漂亮的履歷。看重個人功績的觀念，過度強調智商的重要，區分智商跟其他特質。人們重視個人的自主、自立、獨立，罔顧個人其實跟社群密不可分。人們過度關注公民權的個人權利，卻忘了享有權利也要擔負責任。

美國文化的作品也呈現出大眾對個人主義的迷思。自古希臘吟遊詩人荷馬的《奧德賽》（*Odyssey*）以來，西方文明充滿英雄人物故事。[21]自立的英雄通常是男性，之所以做出服務、犧牲或成功的行動，是因為他們在主流社會是孤立或疏離的。想想超人、蝙蝠俠和蜘蛛人吧！超級英雄隔絕自己，藉此拯救所屬的群體。

美國作家艾茵·蘭德（Ayn Rand）的自由主義入門書《源泉》（*The Fountainhead*）裡的建築師霍華德·洛克（Howard Roark）、詹姆斯·龐德（James Bond）、獨行俠與典型的美國牛仔，都是粗暴、強硬、理性、進取且有男子氣概的男性。

最後，劃分也出現在現代的科學方法上。法國哲學家笛卡兒（René Descartes）、英國物理學家牛頓（Isaac Newton）和其他有影響力的科學家和哲學家，處處證明數學不只是純理性的典範，更是目前最值得信任的知識。笛卡兒說過一句名言：「我思故我在。」他認為，思考是人類的存在所具備的核心特色，人可以透過推理和邏輯，掌握所有知識。

這些人認為，「客觀」的現實等同於概念空間，能夠獲得可量測的結果。偏好量化資訊，[22]表示無法量測的現象，如本能、直覺、情緒、夢想和脈絡等，不具備可靠的資訊。這種世界觀隱藏的信念，是相信人可以認識世界，也是在客觀上確信人只要掌握充分的數據、量測或分析，就能有所成就。

這類文化信念會導致身與心、主觀與客觀形成兩極對立，還會認為「內在」的意識和「外在」的事物是相對的。美國文化偏好「理性」想法和「客觀」資訊帶來的知識，[23]不喜歡本能、情感、想像力、同理心或其他「主觀」來源所帶來的知識。其實，雖然本書仰賴並分享實證證據和科學研究，卻也明確地搭配「客觀」資訊跟我的「主觀」親身經驗，畢竟光憑科學和實證研究，還不能獲得完整的理解。

今日還是能見到笛卡兒的思想典範引發的作用，美國人處在這種文化根基，會比較漠視知識的情緒或生理層面，漠視自己的身體、感受和情緒。時至今日，文化根基使美國人集體偏好理性腦的「所知」，不喜歡生存腦的「所知」。

除了文化的影響，美國人習慣否定陰暗面，更惡化理性腦和生存腦的對立關係。

## 能否從壓力和創傷中復原，取決於生存腦

我們被教導將自己看成是個體，跟所受的教養、所屬的社群和彼此是截然不同又獨立自主的。**我們學會去認同理性腦的判斷力，卻也輕忽了生存腦發出的訊號**。我們學會去否定自身選擇造成的影響，不理會自己的身心系統和周遭旁人受到的影響。我們懂得壓力、創傷、焦慮、憂鬱、不快樂、痛苦，只是「經營事業的代價」，自己的成敗全是個人努力的結果。

理性腦與生存腦間的不平等對話，在美國社會非常普遍。人們習慣只根據自己和他人的理性腦傳來的訊號，去傾聽、相信與做出決定。我們從家人、朋友、老師、教練、老闆、名人、媒體、廣告、新聞裡，吸收理性腦的論調。

我們也高度仰賴理性腦型的療法和技巧，讓理性腦更有掌控感，卻漠視或忽略生存腦發出的訊號，甚至嘗試「控管」或「修正」，例如：情緒、生理疼痛和壓力反應等。在美國社會，人們往往同時採用理性腦的方法和處方藥物，或透過食物和多種藥物進行自我治療，藉此掩蓋並大幅減輕失調症狀。

美國普遍採取的理性腦型療法和方法有：

1. 傳統的「談話」療法和團體療法。
2. 認知行為療法和認知處理療法。這兩者很類似，後者是美國退伍軍人事務部診所（U.S. Veterans Affairs clinics）採用的主流療法。
3. 運動心理學和正向心理學的技巧，例如：設立目標、擴展及增進正面情緒、以優點為本的正向心理學。這類技巧全是仰賴理性腦的策略，透過思考，重新評估並建構處境。
4. 找出處境的正面之處。
5. 專注在感激、內在毅力和其他正面特質。
6. 有自覺地培養正面情緒。
7. 藉由想像和排練，在心理上準備好應對未來處境。
8. 專心擬定計畫，以期達到未來目標。

美軍和其他的高壓組織廣為採用的韌性計畫，是以理性腦型的技巧為基礎，是否有實證效能可以減少失調或負面情緒，迄今還沒有證據可證明，[24]而這點並不意外。後續會闡述原因。

不過，個體運用這類技巧後，如果還是無法有效調節自身的壓力和負面情緒，就會把低落的成效內化成自己本身的「問題」。[25]這時，個體很有可能會加倍採取社會能接受的因應策略，使身體調適負荷失衡逐漸嚴重，惡化理性腦和生存腦的對立關係。

同時，生存腦還是在背景中運作，例如：餵養我們的癮、以婚外情和工作狂等行為破壞感情關係、飲食失調、過度依賴多種藥物、以過度運動或運動不足來損害身體、採取刺激腎上腺素的舉動或自殘行為、利用暴力、虐待、不道德或踰越的行為，把潛意識的痛苦外化到旁人身上。接著，當生存腦藉由前述方式綁架我們的行為，通常會使我們感到羞愧、自我批評、自我指責和內疚。

這不就是同一枚硬幣的另一面嗎？如果堅持把自己擁有的成就、成功、創作和勝利，全都看成是個人的功勞，那麼自己碰到的困境、缺陷、成癮、身心疾病、肥胖、關係問題、壞選擇，不也都要怪自己嗎？只要把自己看成是單獨的個體，認為自己的念頭、情緒、痛苦、行為、選擇全都操之在己，每當自己無可避免地表現出人類的缺陷，理性腦當然會感到難受。

受到創傷或有心理困擾這類不合乎自我形象的部分，人們之所以會輕忽、否認、忽視、劃分、合理化、掩蓋和外化，其中一大主因是我們認為這類事情對自己或多或少會產生不良的影響。我們不想要有創傷、負面情緒、成癮、身心疾病、拙劣的因應行為，所以才會理所當然覺得：「我不應該有這種感覺。」或「我一定有什麼地方出了問題。」以前的我確實會這樣想。幸好，理性腦產生的這些信念不是真實的。

在壓力與創傷的範疇，理性腦和生存腦進行了不平等的對話。在這當中，我發現了很有趣的現象，雖然人們比較會聽從理性腦的話，但是生存腦在這個主題其實握有更好的資訊。記住，神經覺是生存腦的職責。生存腦往往握有最佳資訊，用於判斷人們有沒有壓力、創傷或失調。還有一點更重要，**人能不能從壓力與創傷中復原，取決於生存腦**，後續幾節會探討。

由此可見，理性腦型的技巧向來不完整。

如果能理解身心系統天生的運作方式，就能獲得極大的自由感。人類的身心系統天生就是要跟他人建立關係。我們跟家庭、鄰里、學校和職場上的人有著密切的關係，如同國家跟其他國家、全球各地的經濟體、國際機構有著密切的關係。在互相依存的網絡背後，有地球和地球上的資源在支援，因此我們的選擇會影響到相互連結的整個系統。

重要的是，我們掌控不了這套迴路，也絕對不是光憑自己的努力就能左右。身心系統的運作方式，是我們跟所在環境反覆交互作用而成，尤其是童年最親近的人們。我們藉由相互連結的關係，發展出自己習慣採取的策略，方便我們跟別人互動、承受逆境，因應壓力、創傷和負面情緒。

舉例來說，葛雷格、譚雅、陶德和我採取的因應策略各有不同，是我們個別人生的制約作用所致。策略讓我們存活下來，可見是適合的策略。

因此，如果今天我們經歷壓力、創傷、負面情緒、渴望、「不理性的」衝動，或迫切想行使暴力、做出有害的選擇，其實是我們過去的制約造成的，並不能呈現出我們的真實樣貌。

第二章會探討身心容納之窗背後的科學原理，說明身心容納之窗一開始是如何確立，一段時間後又是如何變窄。我想讓大家認識生存腦的運作和背後的原因，幫助理性腦更理解、更同理生存腦，就更能懂得解讀生存腦發出的訊號。

對於生存腦視為極端壓力，但理性腦覺得「沒那麼糟」的事物，為什麼我們會輕忽對待呢？我們為什麼不把復原視為優先，而是一開始就輕忽壓力或創傷的來源呢？我們為什麼錯失槓桿支點，失去原本擁有的復原力與療癒力呢？只要懂得壓力是如何逐漸演變為創傷，全都會明白。

**如果希望感覺好轉，期望在壓力與創傷期間茁壯，想要做出高成效的選擇，最直接了當的方法並不是自我提升，而是自我認識。**

第2章

# 身心容納之窗的背後科學

## 03

# 身心系統能靠練習重新塑造

約一百一十五年前，美軍是率先認清自己必須實施正規體能訓練的組織。早在科學記載體適能訓練的益處以前，美軍就直觀認為，身強體健的部隊擁有毅力、耐力、彈性、速度等能力，打仗時，個體和群體的表現都會因此提升。

一八八〇年代，在美國陸海軍學院開設美國第一個制度化的體適能課程。[1]二十世紀初，美國西點軍校的體適能課程，隨即獲得整體陸軍的支持。一九〇六年，陸軍規定軍人必須接受駐軍和非駐軍體適能課程，每年要舉辦為期三天的耐力考試，以評估軍人的體能合不合乎要求。[2]

陸軍指揮官多半反對這項變革，陸軍參謀長轉而尋求羅斯福（Roosevelt）總統的支持。羅斯福極力支持體適能課程，於是發布行政命令，要求全體陸軍軍官必須通過年度耐力考試，他也親自參加考試，超過合格標準，樹立榜樣。[3]

美軍將體適能課程制度化，後來在準備兩場世界大戰時，才發現徵兵入伍者大部分都達不到體適能的合格標準，於是兩場大戰的軍事訓練，著重在提高徵兵入伍者的體適能。[4]同時，聯邦政府通過立法，要改善公立學校學生的體適能，並在國高中率先試行全方位的體適能課程。

為了提升全體公民的體適能，甘迺迪（Kennedy）政府的美國總統直屬體適能諮議會（President's Council on Physical Fitness），對社會的宣導力道更是達到高峰。[5]同時，美國醫學會（American Medical Association）、美國運動醫學會（American College of Sports Medicine）等多個組織，以宣導科學研究為使命，讓大眾知道體能低落會對健康造成哪些後果。換句話說，軍方早期把體適能課程制度化，促成公立學校的體育課程，與體適能的科學研究。

結果，現在整個社會都知道體適能與訓練方法。知道反覆進行特定運動，鍛鍊到的身體肌肉、呼吸和心血管就會有所變化。還知道身體要產生具體的變化，不能只是跟教練聊一聊，也不能只是閱讀相關書籍，必須實際親自運動，反覆持續好幾週或好幾個月。沒人可以代勞，必須努力付出、親自去做。我們也都很清楚，假如走回頭路、放棄運動，肌肉和心血管很有可能會萎縮。

然而，反覆持續進行特定的運動，最終的目標不是要擅長某項運動，而是培養一輩子都可運用的能力，例如：毅力、耐力、彈性和速度等。舉例來說，透過重訓加強體能，更能長距離背負沉重的背包、抬起掉落的樹幹、救起被樹幹壓住的人、把陷入泥巴的車子推回路面。體適能高也有保護作用，當體力消耗或受傷，可以更快復原。

正念心智健身訓練也有前述的各種情況——體適能仰賴反覆運動，使身體產生特定變化，而**正念心智健身訓練仰賴特定的反覆運動，使腦部和神經系統產生變化**。因此只要持續練習，正念心智健身訓練就能帶來有益的變化，同時會重組過往長期承受壓力與創傷，並且沒充分復原所造成的有害影響。

本節兩大主題——神經可塑性（neuroplasticity）和表觀遺傳學*（epigenetics），是詳實記

* 指後天對基因產生變化。

載重組過程的基礎理論，也呈現反覆的經驗如何造成腦部、身體或基因的表現產生變化。[6]

不過，正念心智健身就跟體適能一樣，不能光憑閱讀和思考，必須實際練習。**正念心智健身訓練的目標也跟體適能一樣，不是要擅長某些運動，而是培養出日常運用的通用能力**，例如：注意力、心理敏捷性、狀況認知、自我調節、身心最佳化和情緒智力等。正念心智健身也有保護作用，**心智健全比較會利用寬闊的身心容納之窗，應對富有挑戰的處境，之後也比較容易完全復原。在這個過程中，不但能降低心理傷害的機會，也能拓展身心容納之窗，因應未來壓力**。

## 重複的經驗讓大腦學習，強化反應

一九九〇年代晚期前，腦神經學領域對成人的腦部一直抱持著相當悲觀的看法。過去的主流意見認為，人類到了成年時期，會受限於已發育好的腦部構造。當時的觀念認為，成人腦部在嚴重受傷或罹患退化疾病後，長不出新的腦細胞（也就是神經元），也無法在神經元之間重建神經元的網路（也就是神經網路）。換句話說，當時大家都認為成人腦部的結構和功能是固定不變的。後來才發現這個觀念是錯誤的。

現在，腦神經學者都知道人腦一輩子會產生變化。[7]**重複的經驗、每個感官刺激、身體動作、獎勵訊號、念頭、情緒、壓力、刺激與反應之間的關聯，都會促使腦部經常自行重組，此概念稱作「神經可塑性」**。成年人的腦部跟年輕人一樣，可以修復受損部位，也可以重新劃分執行某作業的部位並分配新的作業，還能透過「神經生成」（neurogenesis）長出新的神經元和神經網路。

舉例來說，有項常被引用的神經可塑性研究——倫敦計程車司機的記憶和腦部結構。[8]身為倫敦的計程車司機，必須學習「知識」，熟稔市中心九公里半徑範圍內，每一條街道的位置。有潛力的計程車司機用功幾年，就能取得計程車執照，不用看地圖也能載乘客抵達目的地。這可是空間記憶的大考驗！可想而知，在倫敦開計程車開得越久，知識就越扎實。實際上，腦部影像的研究似乎證實，倫敦計程車司機的海馬迴（hippocampus，此部位用於統合外顯記憶），比同年齡、同性別的人還要大。此外，在倫敦開計程車的時間越久，海馬迴的變化就越大。

從這個例子可以得知，腦部跟其他的身體部位一樣，「肌肉」越常用就越強壯，有時還會因此犧牲掉其他的能力。只要有自覺或不自覺地投入某些心理過程並重複進行，腦部會變得更有效率地處理那些過程。一段時間過後，支援某項心理技能的腦部部位，就會重新整頓神經元之間的構造連結，打造出效率更高的神經活動模式。一九四九年，加拿大心理學者海伯（Donald Hebb）發表先見：「多個神經元共同發射，就會組合在一起。」

結果，在重複的經驗下，有些腦部部位會萎縮或擴大，功能也會強化或弱化。[9]腦部終其一生保有這種力量。美國科學作家雪倫．貝格利（Sharon Begley）說得很好：「人腦中，不同部位的相對大小、兩個部位之間的連結強度，這些結構會呈現我們過的人生。腦部就像海灘上的沙子，留有我們印下的足跡，呈現我們做出的決定、學到的技能和採取的行動。」[10]

有趣的是，不用外在世界傳來訊號，腦部也可以產生變化並重組。**其實，只要有重複的思**

**考模式或慢性壓力，腦部就會產生變化**。舉例來說，擔心將來發生某起負面事件，杏仁核就會活化。而杏仁核是生存腦裡負責神經覺的部位，像許多的腦部部位一樣有兩個，會不自覺地審視眼前的威脅，經過一段時間後，擔心變成習慣。[11] 增厚的杏仁核容易受到擔憂的情緒影響，加深焦慮感，激起惡性循環。

我在教神經可塑性的時候，經常以「大峽谷」當作象徵。站在地質學的角度，這個象徵確實不正確，但明確又有說服力。試著想像，大峽谷形成以前，美國亞利桑那州（Arizona）北部沙漠有一塊平坦的台地。下雨時，因為地表是水平的，無法預測雨水的流向。然而，某一刻平坦的地表出現凹陷處，地面變得不平整，凹陷處比台地的其他地方略低一些，下次下雨時，水會流向哪裡呢？當然是流進凹陷處。水往低處流，凹陷處越來越深。雨不斷下著，凹陷處化為小溪，再化為小河，侵蝕速度加快，小河化為河谷。最後，歷經多場暴風雨，因此形成大峽谷。於是，若有下雨，雨水幾乎只會流進大峽谷，山溝已經變得太深。如果要把水引導到其他地方，就需要傑出的工程技術和巨大的心力。

人腦是由許多這類的峽谷所構成的，包含在感知、思考、感覺、回應、行為上習慣採取的方式。人腦的峽谷有可能相當隱而不顯，比如，每次走進室內，會先留意到當下環境任何有問題的地方；人腦的峽谷也有可能相當明顯，比如，每當覺得寂寞或傷心，就會吃一塊餅乾。無論具體的程式碼是什麼，只要腦部的峽谷程式一執行，就會自我強化，所以將來要求程式不再執行，難度會越來越高。

總而言之，**任何的經驗重複了以後，將來要再做就會變得更容易，不去做則會變得更難，這便是神經可塑性**。所以新的習慣很難養成，需要好幾週刻意練習，才會開始養成新習慣。戒除舊習慣，也才因此難如登天，要是有壓力或失調觸發舊習，要戒掉就格外困難。

因為腦部容易被重複的經驗影響，所以神經的可塑性會造成很大的影響，也許有害，也許有益。如果是有害的影響，就會有長期的壓力、創傷、憂鬱、焦慮和PTSD，這些全都跟認知表現衰退有關，而新資訊或新技能的學習、記憶力、注意力，受到的影響尤其嚴重。[12]

**記憶力衰退是失調主要的認知症狀，像是忘記自己為什麼走進房間或鑰匙常放錯地方，這種情況不只是老化造成的，也有可能是失調的跡象。**第二節陶德的故事，就是這類影響的例子，陶德經常穿錯制服現身，還忘記完成任務，拖累全班的表現。

正如陶德的經驗所示，失調有可能造成外顯學習和記憶的部位海馬迴構造產生變化。其實，根據腦部影像的研究，跟同年齡、同性別卻沒創傷經驗的人相比，PTSD患者的海馬迴小多了，包括越戰和波斯灣戰爭的退伍軍人、民事警察、遭受性虐待或身體虐待的倖存者。[13]

反覆經歷慢性壓力與創傷，也很有可能導致神經可塑性適應高壓狀況。如前文所述，腦部常用的「肌肉」會變得強壯，有時還會犧牲其他的能力。舉例來說，根據以美國陸軍士兵為對象的某項大型研究，[14]在伊拉克服過役的人，他們的電腦化認知測驗的成績高過沒在伊拉克服過役的人，認知反應時間也更短。然而，在空間記憶、語言能力和注意力技能方面，外派士兵的表現卻也大幅衰退，而且士兵返家後，認知衰退的現象仍會持續兩個月以上。換句話說，士兵從事派遣任務，腦部要能夠快速反應才行，要在伊拉克生存，這種能力更是必備要件，但也犧牲掉其他心理技能。

神經可塑性也可以帶來有益的影響。比如說，如果部隊外派到戰地前，就先參加正念心智健身訓練，[15]持續的注意力和工作記憶能力就會獲得改善，即使是在壓力很大的派遣前訓練期間，也會有所改善。與情緒調節、衝動控制、內在感受（對身體感覺的覺察）有關的腦部部位，在功能上也會有所變化，而這些部位在壓力的調節與復原上，也扮演著重要的角色。

與此類似，根據四十年的實證科學研究紀錄，短至為期八週的基礎正念干預訓練，長至為期多年的大量練習經驗，這類正念訓練皆具備各種神經可塑性益處，[16]例如：改善注意力、減少思緒漫遊、理性腦中跟正面情緒有關的前額葉皮質（Prefrontal Cortex, PFC）左側放電增加、生存腦中與神經覺、擔憂有關杏仁核變小。前述研究證明了，反覆引導注意力到特定的方向，腦部就會產生有益的變化。

說來有意思，近來有研究探討了有益的神經可塑性和有氧運動間的關聯。根據嚙齒動物的研究，自主運動會讓海馬迴長出新的神經元，有利連入原有的神經網路。[17]

人類也能從自主的體適能鍛鍊中，得到神經可塑性的益處。[18]根據高齡者研究，體適能活動多、心肺耐力高，腦氧就會獲得改善，腦部活動模式更健康，跟執行功能和外顯記憶有關的前額葉皮質和海馬迴裡的「灰質」*（gray matter）體積增加。

舉例來說，隨機指定年長者參加走路或伸展運動課程一年，結果發現走路組的海馬迴成長，伸展組的海馬迴沒有成長。走路組在認知測試上也有較好的表現，大腦衍生神經滋養因子（Brain-Derived Neurotrophic Factor, BDNF）的血中濃度較高，神經生成增加，神經元之間的連結也獲得強化。與此類似，根據兒童研究，體能鍛鍊跟認知表現的改善有密切的關聯，包含感知技能、智商、語言測驗、數學測驗、記憶作業和學業成就。

## 一心多用會破壞理性腦和生存腦的盟友關係

神經可塑性的結果來自重複的經驗，這是自然法則。至於取得的結果是有害還是有益，選擇權通常是掌握在自己的手上。然而，很多人卻花一堆時間待在自動駕駛模式，**任由自身的潛意識習慣來推動大部分的重複經驗**。

有一點很重要，所有的習慣，包括理性腦的習慣，例如擔憂、規畫待辦清單、幻想、把自己跟別人做比較等，都會對腦部的功能和結構造成實質影響，也會提高身心系統的壓力反應程度。所以，要是放任理性腦習慣不自覺地反覆發生，會妨礙到自我調節、狀況認知，甚至是內心愉悅。

有幾種常見的「大峽谷」，我們可能會判定「沒那麼糟」，但實際上，理性腦和生存腦的盟友關係會受到嚴重又有害的影響。

其中一種是「思緒漫遊」（mind wandering）。有大量的實證研究證明，思緒漫遊會導致注意力分散和表現衰退，[19]高壓職業尤其會這樣，注意力分散甚至有可能致命，比如說，某個人也許必須在人群當中偵察，找出恐怖分子，或者必須留意風的細微變化，從風的變化觀察野火模式的改變。**注意力分散，對於聽取即時意見並從中學習的能力就會減弱，即時調整自身行為或糾正行動的能力也會受損**。

士兵有時會對我說：「沒關係的，現在我開車去工作或站在編隊裡，可以心不在焉。可是

---

＊中樞神經系統由構造與組成分為灰質與白質（white matter）。灰質為中樞神經系統對資訊進行深入處理的部位。

在海外進行偵察任務，一有麻煩出現，我就會全神貫注。」然而，根據神經可塑性，這種情況不會發生。士兵確實有可能在首次的偵察任務十分警覺，畢竟腎上腺素會導致專注力提高。不過，在日常生活中，不斷強化既定的自動駕駛模式，在同一個村子偵察幾天後，極有可能因此自滿，回到自動駕駛狀態。自動駕駛狀態越是強化，越有可能進入思緒漫遊，就算碰到極需注意力的處境也不例外。

此外，就算注意力焦點不會立即造成生死攸關的後果，但是習慣性的思緒漫遊卻會導致生存腦付出代價。美國腦神經學者麥特．基林斯沃思（Matthew Killingsworth）和哈佛大學心理學教授丹尼爾．吉伯特（Daniel Gilbert），開發一種經驗抽樣調查的應用程式，會隨機傳送問題到受試者的智慧型手機，詢問受試者目前的活動、心情和思緒漫遊情況。

該項研究調查兩千兩百五十位美國成人，[20]每個人會收到五十個問題，結果證明人無論在做什麼事情，都很常在思緒漫遊。在答題期間，四七%的人表示他們沒在想著自己目前從事的活動。

人會不會思緒漫遊，跟當下在做的事不太相關，在各項活動中（做愛除外），至少有三〇%的人表示自己沒在想著目前在做的事情。有趣的是，**思緒漫遊時感受到的快樂程度，不如專心處理事情的時候，而且所有活動都是如此，就算目前在做的事情令人不快，快樂程度還是高於思緒漫遊的時候。**

無論思緒漫遊到什麼，都是同樣的結果，實在意想不到！當然，大家很容易就能理解，若思緒漫遊到不快事物，例如想到擔憂，快樂程度也許還不如專心處理事情的人。儘管如此，人們還是表示，思緒漫遊到愉快的事情，像是幻想或快樂的記憶，快樂程度還是不如專心處理事情的時候。

整體來看，快樂程度要看人們答題時正在想什麼，而不是正在做什麼。從先前的研究可以得知，負面心情會引發思緒漫遊，[21]這項研究卻顯示，思緒漫遊也會引發負面心情。這是陷入惡性循環了嗎？

「一心多用」也是會破壞理性腦與生存腦盟友關係的理性腦常見習慣。之所以加上引號，是因為**腦部只有在從事高度自發行為時，才能真正做到一心多用**，例如：一邊走路一邊嚼口香糖。如果活動需要理性腦的注意力，就做不到一心多用，事實上是在多件工作之間切換，導致注意力分散。因此，雖然主觀覺得自己同時在做兩件事，其實只是快速來回切換罷了，而且技巧和準確度都遠不如一次只專心處理一件事。

舉例來說，比起專心念書的大學生，一邊念書，一邊使用即時通訊軟體的大學生，讀完一個段落所花的時間多了二五％，而且並未計入即時通訊的時間。[22]與此類似，有某項實驗追蹤二十七位微軟（Microsoft）員工的工作模式長達兩週。[23]研究員發現，勞工中斷主要工作回覆某封電子郵件，過程平均會轉移注意力十分鐘，而且勞工不只是回覆電子郵件，還會翻看其他的應用程式，然後才回到主要的工作。有時，轉移注意力的時間長達數小時之久。根據其他的研究，工作到一半就停下來回覆電子郵件的人，工作速度通常較快，卻也承受更大的壓力、挫折感和時間壓力。[24]

同樣地，一邊開車，一邊使用手機的駕駛，反應時間較長，闖紅燈的機率較高，更難保持在同一條車道，與前車保持適當的安全距離。某項觀察型研究以五萬六千名駕駛為調查對象，發現用手機聊天的駕駛，沒在路口正確停下的機率超過兩倍。研究員做出「邊開車邊講手機的駕駛，比達到酒精法定限度的駕駛還要更糟糕」的結論。[25]

尤其在數位時代，媒體多工（media multitasking）已經是許多人的主要工作習慣。頻繁查看社群媒體的資訊流、訊息或待讀的電子郵件，會刺激多巴胺（dopamine）分泌，有可能因此成癮。

多巴胺是一種神經傳導物質，跟腦部的獎賞系統有關。大部分人平均每天查看智慧型手機一百五十次，平均一次看六分鐘，[26]多巴胺激增，不僅心情會變好，也會覺得自己是高成效的一心多用者，進一步強化一心多用的習慣。多巴胺激增，還會讓我們過度樂觀，使我們在完成手頭工作上變得沒那麼謹慎，更有可能犯錯。

然而，一旦腦部習慣了一心多用的峽谷，習慣表示有新訊息或新電子郵件的手機提示音，在試著只專心從事一件主要工作時，就會覺得無聊或躁動不安。結果，經常一心多用，往往會變得更衝動、更尋求感官刺激。[27]換句話說，一心多用的習慣造成第一節提到的現象——人類舊石器時代的神經生物結構跟現代世界不相稱。

雖然很多人都說：「一心多用可提高生產力。」但是實證研究反而證明了生產力會降低。有項研究針對人們一心多用的程度進行評估，檢驗人們在三個認知測試上的表現。[28]研究員量測受試者在以下三方面的能力：

1. 集中注意力並忽略不相關的資訊。
2. 在不同種類的作業之間快速準確地切換
3. 記得自己之前看過的字母順序，用來檢驗工作記憶。

在三件的認知控制作業中，高度媒體多工者的表現比低度媒體多工者還要差。**高度多工者實際的作業切換速度比低度多工者還要慢。**

有一項相關研究請三百位受試者評估自己一心多用的頻率，[29]與自認的一心多用能力，並完成一心多用測試。自認為是高度多工者的人，工作記憶能力比較低，更容易衝動、尋求感官刺激，還往往評價自己的一心多用能力為「高於平均」，也就是說，在一心多用方面，他們自認為的能力跟實際能力呈負相關。

高度多工者時常搜尋新資訊，不運用也許跟目前活動更有關係、更有價值的手邊資訊。換句話說，高度多工者的生存腦似乎有著過度敏感的神經覺，尤其是杏仁核，會更主動探查外在環境，有可能導致壓力反應過度。由此可見，一心多用會妨礙理性腦和生存腦的盟友關係。

這個設想也經過近來某項腦部影像研究的證實。根據該項研究，高度多工者腦中負責衝動控制和情緒調節的部位前扣帶迴皮質（Anterior Cingulate Cortex, ACC）的灰質密度比較低，[30]研究員認為，重度媒體多工者的ACC灰質密度低，所以認知控制表現比較差，較難調節情緒，也較容易衝動。

重點是，每一次重複的經驗都很重要。不管是有自覺還是不自覺地選擇重複哪種經驗，身心系統都會產生變化。有了這層認識後，就能持續進行體適能和正念心智健身訓練，特意重組腦部和整個身心系統，走向有益的方向。

## 環境和習慣會造成基因改變

神經可塑性是藉由重複的經驗，改變腦部與神經系統的結構和功能。有個類似的過程——表觀遺傳，指重複的經驗可影響到基因的「開啟」和「關閉」。

我在教書時，時常有人對我說，罹患焦慮症或憂鬱症、糖尿病、心臟病、某種癮頭、其他的生理或心理疾病，都是因為「家族有那些基因」，他們「無能為力」。最極端的情況，還會說正念心智健身訓練對自己「永遠沒有效果」，因為自己「對抗不了基因」。

一旦理性腦有這種信念，等於是做好自我應驗預言的準備了。要是認為自身的基因是固定不變的、認為疾病或成癮一定會發生，就更不可能持續從事好習慣對抗遺傳傾向。

以前大家都認為，「有」特定的基因就一定會產生特定的行為或疾病，但是近來有研究拆解這個舊觀念。確實，多個基因加在一起，會共同產生某個結果，因此單一基因的影響力通常微不足道。還有一點更重要，各種實驗研究和實證研究都提出令人信服的證據，證明基因的「開啟」和「關閉」都是仰賴重複的經驗。

換句話說，雖然我們或許有某種遺傳傾向，容易展現某項特徵，但是**該傾向會不會透過基因表現顯示出來，還是要看所在的環境和自身的習慣**。

簡單來說，**環境的訊號和自身的習慣會導致**ＤＮＡ**或周圍蛋白質產生變化，這就是表觀遺傳變化**，可開啟和關閉基因表現，對身心系統造成長遠的影響。人類一生會朝兩個方向累積表觀遺傳變化：[31]

1. 把先前關閉的基因開啟。
2. 把先前開啟的基因關閉。

比如說，根據研究顯示，慢性睡眠不足和輪班工作會對調節晝夜節律和免疫力的基因造成負面影響。[32]

正如重複的經驗會對腦部造成有害和有益的影響，表觀遺傳變化也是有害且有益。好壞與否，全看身心系統碰到哪種重複的經驗。

不意外的是，有害的表觀遺傳變化，是壓力或創傷經驗沒充分復原造成的，尤其是在童年時期。

舉例來說，從驗屍結果來看，相較於沒有兒虐史的自殺死者以及不是死於自殺的死者，童年受虐的自殺死者在腦部出現明顯的表觀遺傳變化。[33]

另有研究以童年創傷者和成年創傷者為調查對象，[34]結果發現，有PTSD的創傷倖存者出現顯著又有害的表觀遺傳變化，沒有PTSD的創傷倖存者就沒有出現這些變化。還有一點更重要，相較於沒有童年創傷的PTSD群體，有童年創傷的PTSD群體的表觀遺傳變化數量多達十二倍。這些研究在在證明，**早期的人生逆境會在身心系統留下長久的神經可塑性和表觀遺傳變化**。[35]

慢性壓力或創傷沒充分復原，所引發的常見表觀遺傳變化，其中一項是出現在免疫系統的功能上。慢性壓力會影響免疫系統裡頭重要的細胞程式——巨噬細胞（macrophage）。[36]不同身體部位的巨噬細胞有不同的名稱，例如：腦部和脊髓裡頭的巨噬細胞叫做微膠細胞

（microglia）。

含微膠細胞在內的巨噬細胞，負責辨識和摧毀身心系統裡的「壞傢伙」，[37]例如感染、累積的損傷和死亡的細胞等。由此可見，巨噬細胞在老化上也扮演著重要的角色。巨噬細胞的作用是分泌細胞激素（cytokine），這種蛋白質在細胞訊息的傳導上扮演著一定的角色。要達到最佳的免疫功能，就必須取得發炎細胞激素與抗發炎細胞激素之間的平衡。

然而，慢性壓力會導致巨噬細胞失調，尤其是童年時期。巨噬細胞會以極高的效率分泌發炎細胞激素（造成發炎），以較低的效率分泌抗發炎細胞激素（停止發炎）。此外，就算感染、毒物暴露、傷口、身體創傷等觸發巨噬細胞的因素已經消失了很久，過度反應的巨噬細胞還是會繼續釋放發炎細胞激素。這點為什麼很重要呢？在臨床上治療與撰寫前述過程的美國醫生蓋瑞・卡普蘭解釋：「巨噬細胞與微膠細胞長久處於過度反應狀態，就會記住那種狀態，更快爆發，也更難平息。」[38]

換句話說，**慢性壓力會導致免疫系統發生表觀遺傳變化，造成身心系統慢性發炎**。

慢性發炎有很多不同的症狀表現，[39]例如：慢性疼痛、纖維肌痛症（fibromyalgia）、慢性疲勞症候群、慢性頭痛與偏頭痛、關節炎、背痛、溼疹、乾癬、心血管疾病、氣喘、過敏、大腸激躁症、胰島素阻抗（第二型糖尿病前驅症狀）。微膠細胞的慢性發炎也會引發神經退化疾病，例如：憂鬱症、焦慮症、PTSD、多發性硬化症和其他的自體免疫疾病、阿茲海默症、思覺失調症等。

舉例來說，陶德和我分別在童年逆境後，經歷過表觀遺傳的影響。我的慢性發炎症狀最後演變成氣喘、過敏、偏頭痛、視神經發炎，陶德的症狀則是慢性膝蓋疼痛和背痛。

**有害的表觀遺傳變化也可能會遺傳給後代**。這類研究多半以嚙齒動物為實驗對象，因為嚙齒動物的壽命較短，研究員可以更容易觀察到跨世代的影響。

有多項實驗顯示，如果母鼠很照顧幼鼠，會養育、舔舐、清潔幼鼠，幼鼠長大後就會變得更堅韌。[40]母鼠呵護養育的幼鼠，在成長為成鼠以後，碰到壓力時，恐懼感和壓力荷爾蒙濃度都比較低，學習成效也較佳，海馬迴老化速度較慢。這些變化都是表觀遺傳的變化，也就是說，被細心關懷的母鼠反覆舔舐，早期的生命經驗會導致調節幼鼠壓力反應的基因開關產生變化。此外，雌幼鼠長大以後，也比較會成為細心關懷的母鼠，透過表觀遺傳，把抗壓力和照顧子代的技能傳給後代。

相反地，如果雌幼鼠初期就跟母鼠分開，長大後就沒那麼堅韌，會出現注意力問題，壓力反應較強，腦部部位裡跟母職行為有關的基因表現會低於正常值，所以這類雌鼠生下幼鼠後，在照顧上也會不周到，舔舐、清潔和以蹲伏姿勢護住幼鼠的行為，比其他的母鼠還少。

有害的表觀遺傳變化不只會透過母職風格傳遞。有項研究讓雄鼠在生命初期接觸創傷症狀，再與沒受過創傷的雄鼠進行比較。[41]有創傷的雄鼠出現憂鬱行為，失去老鼠天生對開放空間的厭惡感，有缺陷的神經覺使這些雄鼠比較不懂得自衛。新陳代謝也開始失調，胰島素和血糖的濃度比沒受過創傷的雄鼠還要低。這些表觀遺傳變化當然是透過精子傳給後代。**第一代的早期生命創傷對新陳代謝和行為產生的失調影響，竟然會延續到第三代**。

然而，如同神經可塑性，表觀遺傳變化也可能會走向有益的方向。的確，本書教導拓展身心容納之窗的習慣，就是運用了這項科學原則，這點在第三章會有更詳盡的闡述，在此先預告幾個例子。

前文已經提過，有氧運動會引發有益的神經可塑性。然而，持續從事體能活動，也會導致腦部應對壓力的方式產生表觀遺傳變化。比如，老鼠的實驗有助於大家理解規律運動何以能減輕焦慮。[42]在這類實驗中，其中一組老鼠可以無限制使用滾輪，另一組不行。六週後，讓兩組老鼠接觸冷水，這屬於壓力很大的體驗。缺乏活動的老鼠，腦部立刻做出反應，一接觸到冷水就進入興奮狀態，神經元快速發射的基因隨之開啟。反之，無限制跑步的老鼠腦部並未出現這類基因，因此有助於控管牠們對冷水的反應。同時，運動的老鼠釋出的伽馬氨基丁酸（Gamma-Aminobutyric Acid, GABA）更多，這種神經傳導物質可以平息神經亢奮。研究員認為，這兩種表觀遺傳變化可提升運動具備的焦慮緩解作用。換句話說，**持續不斷進行體能鍛鍊，就能透過表觀遺傳變化，重組腦部變得更具抗壓力**。

第二個有益的表觀遺傳變化例子，來自正念冥想。舉例來說，染色體尾端的保護蓋——端粒（telomere）是細胞分裂不可或缺的部分，會隨著老化而變短，所以長度可以當成另一種量測指標，測量生物的老化狀況。根據實證研究，相較於經常思緒漫遊的人，不常思緒漫遊且經常活在當下覺知的人，免疫細胞的端粒長度較長，[43]就算為了應對壓力而抑制，長度還是比較長。反之，長度較短的端粒，就跟憂鬱和慢性壓力高度相關。這類研究證明，**慢性壓力和思緒漫遊會導致細胞老化過程加快，而正念可以減緩老化過程**。

其他研究也證明正念冥想會產生很大的緩衝作用，可以對抗發炎。[44]舉例來說，有項研究利用實驗室誘發的發炎反應，讓皮膚起水泡。在該項研究中，完成八週正念減壓課程的個體，他們起的水泡比較小，這是跟完成類似健康改善課程但沒做正念練習的個體做比較。

根據另一項研究，參與正念減壓的年長者，發炎相關基因表現比控制組還低，而研究員是抽血進行免疫細胞取樣來量測。年長者參與正念減壓以後，比較不會感到寂寞，而在其他研究中，寂寞感跟慢性發炎是有關聯的。

表觀遺傳變化會邁向有害還是有益，第三條途徑是睡眠習慣與飲食。第九節會探討慢性睡眠不足造成哪些有害的表觀遺傳。此外，飲食會對體內住在胃腸道的微生物（微生物群系）的健康造成很大的影響，第十七節會探討腸道菌群具備的表觀遺傳。

## 以全新的方式運用生理狀態

我用一整節的篇幅，說明神經可塑性和表觀遺傳學，有兩個理由：

1. 我們必須了解這些情況會對自身的神經生物結構造成多大的影響。尤其是沒意識到其影響力的時候，在神經可塑性和表觀遺傳的作用下，腦部、神經系統、身體會承受莫大的後果，甚至一直到細胞層次都是如此。就算是集體認為「沒那麼糟」的習慣，像是在自動駕駛狀態下心不在焉、擔憂或一心多用，其實在一段時間後，皆會對身心系統產生有害的影響。

影響身心容納之窗寬度的因素很多，例如：基因遺傳、早年所處的社會環境、一生承受的壓力或創傷經驗等，這些其實不是我們能決定的。的確，根據本節提到的研究，這些結構的情況有一部分會往下傳給多個世代。身心系統為因應這類經驗而採取的運作方式，會進行特殊的調整，好讓我們能夠存活。然而，與此同時，慢性壓力或創傷引發的神經可塑性和表觀遺傳變化，長期來看會導致身心容納之窗窄化。

2. 慢性壓力與創傷的作用，會對身心容納之窗的寬度產生重大且長久的影響，尤其在童年期，然而，這並非天生注定。窄窗不會永遠是狹窄，寬窗同樣也不一定一直保持寬敞。一生中，人都能透過任何重複的經驗，改變窗口的寬度，結果也許好，也許壞。其實，我們唯一真正能掌控的事情，就是在何處、何時、以何種方式反覆引導自己的注意力，而且不管是不是有自覺地引導。

不管我們的身心系統目前是什麼結構，不管今日可能會經歷什麼失調症狀，**人們向來都擁有主導權，可透過反覆的選擇改變身心系統的結構**。神經生物結構並非固定不變，只是暫時處於穩定狀態。其實，我們對這類結構的認知越少，越會習慣強化這類結構，使它越能影響我們的人生。

儘管如此，神經可塑性和表觀遺傳學的科學研究，證明這類身心結構容易受到影響。只要是做出選擇，無論是否有自覺，都會強化或改變身心結構，從而塑造出未來的選擇。我們可以選擇讓早期的神經生物結構表現出原本的程式，也可以選擇在程式再也沒幫助時中斷程式，特意重組結構並拓展身心容納之窗。無論過去有多艱困，今日的選擇全掌握在我們的手上。

要學會以全新方式運用生理狀態，就必須為自身的選擇擔起責任。無論我們反覆做哪種事，都會對身心系統造成莫大影響。身心健全就更能茁壯，以處理今日的壓力、創傷、不確定、多變的情況，還能確立結構的狀況，更加茁壯地處理明日的壓力、創傷、不確定、多變的情況。

換句話說，認識神經可塑性和表觀遺傳學，就會懂得怎麼影響身心結構，塑造將來的人生，也就有機會做出重大改變，並拓展身心容納之窗。

# 04 面對壓力，你有什麼反應：戰、逃或僵？

接下來兩節將探討身心系統如何承受壓力、慢性壓力和創傷。本節闡述身體反應，下一節說明腦部反應。

在繼續閱讀以前，請先準備筆記本或日誌本，方便進行之後的反思寫作練習。反思練習會引導你，評估目前自身身心容納之窗的寬度，並且了解身心容納之窗為何是目前的寬度。你在本章所做的反思非常重要，會影響到你在第三章要以何種方式拓展身心容納之窗。越認真看待練習，越能從中獲益，不用擔心會被別人看見，你只需要對自己誠實。

開始練習前，請先列出目前生活中的壓力來源，以便探究身心系統的壓力反應，寫下壓力來源後，請評估各個壓力來源的壓力強度，一分是你覺得有點壓力，十分是你幾乎難以承受的事，現在，請選出一件五分的事。如果列出的壓力來源全都是十分，就選壓力最小的那件，也許是經濟問題，也許是一段很辛苦的關係，也許是有個霸道的主管，無論是哪件事，只要壓力程度是中度就行了（至於A型高成就者*，我說真的，挑一件五分的事就好，不要挑十分的事）。選好後，雙腳平放在地上，可以的話閉上雙眼，想像與壓力來源有關的情境，以客觀的好奇心，探查身心系統的情況。身心系統如同一座實驗室，這是在你的身心實驗室裡進行的實驗。

首先，詳細審視身體的狀態，尤其是胸部和胃部、雙腿和雙臂的肌肉，以及雙手、脖子、下巴、雙眼、嘴巴，留意心率或呼吸率、體溫、姿勢有沒有改變。

接著，詳細審視內心狀態，是沉著冷靜，還是警覺專注，或者你留意到有一些想法在蠢蠢欲動（例如思緒奔騰）？如果發現自己正在思考，就試著辨別出那些念頭的意含，是規畫或擔憂，或是思緒模糊、心煩意亂？最後，請留意有沒有存在任何情緒，例如焦慮或悲傷。想像壓力情境的時候，如果沒有留意到身心所處的情況，那也沒關係。

留意所有的體感、念頭、情緒，記錄下來後，請睜開雙眼，感覺身體底下的椅子正在支撐著自己。你或許會把注意力放在背部和椅子接觸的地方，同時，請留意身心是否有產生任何變化。接著，趕快把你留意到的都寫下來，例如體感、念頭、情緒等。照著做，絕對能從這幾節的內容中獲益匪淺。

我第一次有意識地完成前述的想像練習，其實純屬偶然，我從來都是不自覺地這樣想像，因為我常習慣性的擔憂。然而，我第一次有自覺地投入這個想像練習，是二〇〇四年末，為期三個月的禁語禪修期間。當時，我的視力出了問題，向喬治城大學請病假。先前我的視神經炎兩度發作，症狀是陣發性偏頭痛，視力模糊好幾個月，有複視†狀況。此外，開始禁語禪修的前幾週，老公跟我分居了。

禪修開始後約一個月，神經炎再度發作。可能是因為我沒有去醫院治療，只去看當地的針灸師，所以這次發作的情況嚴重許多，不久後只看得見陰暗的幾片光影，還有幾種形狀。最後，將近三週我的眼前近乎全黑，視力惡化後，我待在自己的房裡，一個人在黑暗中，眼前黑

---

* 指成就導向、擁有動力、常覺得時間不夠用，對自我要求高的人。

† 將一個物像看成兩個。

暗，心情也黑暗。

某天，我躺在床上，留意到眼窩深處和頭顱底部，出現了抽痛灼熱的感覺，還夾雜著一陣陣刺熱的痛感。每當觀察這些感覺觀察到累了，就會休息一下，改成注意外在的聲音，聆聽鳥叫聲和風聲。接著，不知怎的，腦海浮現以下的念頭：萬一這次視力復原不了呢？萬一後半輩子都看不到呢？（留意到了吧，這些問題的開頭都是「萬一」）。

一有這樣的念頭，身心系統隨即忙得不可開交，心跳加速、胸痛劇烈到彷彿要心臟病發作、呼吸快而淺、胃不舒服、流手汗、嘴巴乾。同時，我的理性腦陷入思緒奔騰的狀態：「離婚、一個人、眼睛看不到，要怎麼謀生？需不需要找個室友？放棄當教授？需不需要學習點字？」我的身體越來越緊張，思緒奔騰的情況隨之激增，等到快吐了，才終於振作起來，留意到「我現在覺得很緊張，焦慮就像是這樣」。

領悟到這點後，我決定改為注意自己的身心實驗室。當時的我屬於A型高成就者，第一次做這個練習的時候，並沒有選出五分的事，我想像自己後半輩子再也看不到，感受內心的焦慮，當下一切狀況都加劇了，眼睛、頭部、脖子、肩膀都有刺痛的感覺，思緒奔騰，胡思亂想了一堆。

如果脫離那些念頭，只注意刺痛感會怎樣呢？疼痛立刻加劇，但思緒奔騰的速度減緩，心率和呼吸率慢了下來。雖然疼痛變得更劇烈，但是整體的情況比較平靜，可見那些念頭顯然會導致狀況惡化。

要是轉而注意背部接觸床鋪的感覺，會怎樣呢？接下來幾分鐘，心率和呼吸率復原正常，手和臉變暖了，反胃的情況消失了，我打起呵欠，疼痛也減緩了，眼窩雖然還是抽痛，但是變得又癢又熱。我的內心平靜下來了，不久，就能再度專注聆聽鳥鳴風聲。

從我的經驗得知「生存腦如何不自覺地評價自身處境」及「人體如何回應壓力或復原」，這兩者之間有著密切的關聯。這也是本節的用意。

## 理解「壓力等式」，改變對壓力的反應

「壓力」如今已被用來統稱我們不想經歷的所有情況，例如塞車、關係問題、健康顧慮、憂鬱、焦慮等。在許多人的眼裡，壓力是有害的，應當避免、減少或抑制。[1]然而，這樣的理解有個壞處，我們會長久厭惡壓力，並且不自覺地認為自己無能為力，無法對抗壓力及其影響。於是，在這樣的信念下，很多人會透過否認、逃避、劃分、自我治療、轉移注意力等方式，設法控管壓力與創傷。我想鼓勵大家更自主地應對壓力，並且透過引導注意力的方式，相信自己能夠對抗壓力。要是理解「壓力等式」*（見圖表4-1），那麼在壓力與創傷下，就有可能積極改變壓力反應的程度與表現。

這個等式的第一個部分是壓力源，**壓力源是生存腦視為有挑戰性或有威脅性的內在事件或外在事件**。外在壓力源是會讓我們的生活和社會地位產生

* 壓力等式闡述身心系統如何產生壓力反應。每當我們碰到壓力源，也就是生存腦視為有威脅或挑戰的內在或外在事件，身心系統就會啟動壓力反應。

| 壓力源 | + | 感知到的威脅 | ⟶ | 壓力 |
|---|---|---|---|---|
| （內在或外在事件） | | （生存腦的神經感知） | | （在身心系統內反應） |

**圖表 4-1　壓力等式**

變化的事情，例如塞車、帳單、跟摯愛吵架、即將到來的考試或手術、騷擾或歧視，甚至是我們通常視為「正面」的挑戰，例如買新房子、獲得晉升、新生兒出生等；內在壓力源包含疾病、人身傷害、飢餓、口渴、睡眠不足、慢性疼痛、強烈情緒、瞬間重歷其境、夢魇、侵擾的念頭。

壓力源也可以分成急性和慢性、生理和心理。[2]急性壓力源是發生時間短的重大壓力源，例如手術、自然災害、大規模射殺、摯愛死亡等；反之，慢性壓力源會長時間影響我們，例如財務問題、工作要求、關係問題、慢性病。

生理壓力源會影響整個身心系統，例如感染、他人施加的人身侵害、運動競賽；反之，理性腦裡出現的心理壓力源或象徵型壓力源，並不會對身體造成立即傷害，想像練習就屬於象徵型壓力源，最常見的是「預期」，也就是想到將來可能發生的事件，就覺得壓力大或緊張。與動物相比，人類能想像將來的突發事件並做好準備，這是人類獨有的天賦，[3]也可以說是詛咒。從我的經驗可知，只要發現理性腦用了「萬一」這兩個字，就知道預期壓力被觸發了。

壓力等式的第二部分，是透過生存腦的神經覺評價壓力源。生存腦經常掃視內在環境和外在環境，感受每一種味道、景象、聲音、觸感、滋味、體感、腦海畫面、念頭、情緒，並且查看刺激因子有沒有威脅性或挑戰性。這種內在評價過程因人而異，**奠基於生存腦的不自覺學習，還有早期經驗的制約**。因此，就算兩個人碰到同一種壓力源，兩人個別的神經覺可能截然不同，對壓力的回應也不相同。根據研究，在同一種壓力源下，A型性格的人表現出的壓力反應程度，會比B型性格*的人還要高。[4]

如果生存腦認為壓力源很新奇、無法預測、無法掌控，並且會對自我、認同感、身心系統的生存造成威脅，那麼生存腦就會把威脅看得更大，產生更高的壓力反應程度。[5] 同樣地，如果目前的壓力源，含有與過去創傷事件有關的線索或觸發因子，那麼生存腦也很有可能會把威脅看得更大。[6]

我們過去多次承受壓力源，懂得當中的感受，也知道自己必須做哪些事情，才能成功度過壓力。同樣地，如果壓力源是可以預測的，我們通常就會知道壓力源何時會發生、會持續多久，而且關鍵是壓力源不會毫無徵兆就出現。**有了熟悉感和可預測性，就會知道哪種內在因應策略最能處理壓力源，生存腦也就更能感受到主導性和自我效能，壓力反應程度也會隨之降低。**

舉例來說，二戰納粹轟炸英國期間，[7] 倫敦每天晚上都會遭受襲擊，郊區則是零星遭受襲擊。不管是市區還是郊區，一開始醫院的潰瘍病例都增加了，潰瘍跟壓力有關，不過郊區潰瘍病例的成長程度超過市區，納粹對郊區發動的攻擊是無法預測的，反而導致郊區居民的壓力更大。然而，不到三個月，市區和郊區的潰瘍比率都復原正常，轟炸郊區的時間雖然仍無法預測，但郊區居民後來已經漸漸習慣。

如果認為自己掌握了主導權，就可以掌控目前的處境，那麼生存腦就會認為，壓力源的威脅性沒那麼大。然而，感受到掌控權後所產生的影響，還是要視情境而定，如果是低度或中度的壓力源，感受到掌控權後，壓力反應程度就會降低；如果是嚴重型或創傷型的壓力源，例如罹患絕症或失去摯愛，那麼感受到掌控感後，有可能會產生反效果。

就算實際情況本就超乎自己所能掌控，理性腦可能還是會理所當然覺得「全都是我的錯，

---

* 指較與世無爭、自由奔放的性格。

我應該避開的」，如果個體覺得事件和結果是自己造成的，最容易受到這類感知的影響。出現這種情況，表示個體是強烈的內控型性格*，在美國文化相當普遍，不過強烈內控型性格的個體，要是碰到了實際掌控不了的事情，他們產生的壓力反應程度會超過外控型性格†的個體， 8
外控型性格會認為事件和結果是被命運或機運所控制。

壓力等式的第三個部分是壓力反應，是身心系統裡，生理、認知、情緒的反應。這部分屬於自然法則，**每當等式的前兩個部分一起出現，就會產生壓力的反應**（這裡用粗體強調，好讓你的理性腦能真正理解）！

理性腦有個會造成反效果的習慣，就是**當理性腦遇到壓力時，就會批評或指責自己，或輕忽自己的壓力來源**。輕忽的念頭有可能最為隱而不顯，因為理性腦通常會設法正面陳述處境，比如心想：「反正只是爆胎，起碼不是車禍！」可是，神經覺是生存腦的職責，儘管理性腦的意圖是好的，卻無法期望壓力反應程度就這樣奇蹟消失。理性腦試圖幫忙，其實反而導致對壓力反應過高。

回到你做想像練習時所寫的筆記，雖然有些壓力症狀是每個人都會經常出現的，但每個人的身心系統各異。舉例來說，在生理方面，可能會留意到心率變快；呼吸變快或變淺，或屏住呼吸；胸悶；手臂、腿部、臀部、肩膀、頸部、背部的肌肉緊繃；彎腰駝背或身體往前傾；肩膀往上拱；胃部不適；嘴巴乾燥或咬緊牙根；眼睛瞪視或斜視；流汗或流手汗。

在心理方面，可能會留意到內心的思緒奔騰，滿腦子都在規畫、擔憂或試圖改正情況。像是出現比較的念頭，例如「我必須克服，我的情況又沒像某人那麼糟」；出現輕忽的念頭，例如「就算這件壓力很大的事情正在發生，但我還有家人（車子、工作、健康）」；出現批判的念頭，例如「那只是一封電子郵件，不應該覺得壓力很大」或「我要是沒做這個，就可以避免這種情況發生」；出現逃避現實的念頭，例如幻想自己這個週末要做什麼。

在情緒方面，可能會發現自己心煩意亂、疲憊不堪、壓力大、緊張、驚恐、沒耐心、躁動不安、不受尊重、氣憤、疲累、難以承受、羞愧、內疚、身心俱疲，或發現自己昏昏欲睡、腦袋不清楚、感到麻木，也許還會有疏離感，無法留意到身心系統出現的任何情況。

## 對壓力的反應如何運作？

壓力反應包含了身心系統的前述症狀，是在**調動能量應對威脅或挑戰**，**把原本用來滿足長期需求的能量**，**拿來滿足立即的需求**。

壓力的反應很適合人類穴居祖先應對環境威脅，我把它稱為「劍齒虎威脅模板」。穴居祖先跟劍齒虎的生存競賽中，前十分鐘是重要關鍵，穴居祖先會充分利用壓力反應，撐過這十分鐘活下來。在穴居人的世界，要麼撐過這十分鐘活下來，要麼撐不過。撐過這十分鐘，接下來就有很多時間可以躲在洞穴休息、復原，然後再冒險外出，面對下一個挑戰。

壓力反應是一種立即的回應，用來處理變化或危機，之後就會復原，回到基準平衡，不會留下不好的影響。如第一節所述，這個過程叫做「身體調適」。**在調適作用下**，**心率**、**呼吸**

＊ 認為凡事操之在己，自己可以決定事情的成敗。
† 認為事情的成敗都受外在環境的影響。

**率、體溫、血糖值等體內症狀會產生變化，**[9]**激起適量的能量和注意力，在變化或危機發生之前、期間、之後，都能妥善因應。**要達到這點，調適作用就要仰賴以下部位的交互作用：

1. 腦部。
2. 內分泌（荷爾蒙）系統，尤其是負責控制壓力荷爾蒙的系統，也就是下視丘—腦垂腺—腎上腺軸（HPA軸）。
3. 免疫系統。
4. 自主神經系統。

因此就算到了今日，**身心系統還是只要意識到威脅，就會集中注意眼前的危險，調動能量，快速做出反應**。當然，現代人收到令人不快的電子郵件、塞在車陣裡，這些事情跟穴居人被劍齒虎追雖然不一樣，但現代人調動能量的反應，跟穴居人為逃過劍齒虎而採用的模板，卻是一樣的。

生存腦的神經感知到威脅，就會傳送訊息給內分泌系統，於是會釋放當下求存所需的荷爾蒙，長期需求所用的荷爾蒙會被抑制。由HPA軸掌控的荷爾蒙變化，會分成兩波出現，首先，生存腦一察覺到威脅，就會指示內分泌系統釋放腎上腺素，[10]不到幾秒中的時間，腎上腺素會促使心率增加，讓血液快速流到四肢和大肌肉，以便快速移動讓肺部支氣管擴張，增加呼吸率，以便吸進更多氧氣；讓身體釋放葡萄糖，擁有能量來源。

同時，血流會離開消化系統，所以可能會出現反胃或胃部不適的症狀，畢竟接下來十分鐘的關鍵是能否存活，而非消化食物；腎上腺素也會導致皮膚血管收縮，這樣一來，要是被劍齒虎抓傷，失血致死的機率也會降低。所以感到壓力的時候，可能會皮膚溼冷、掌心出汗、毛髮豎起；腎上腺素也會觸發纖維蛋白原，加快凝血速度，避免失血過多。

壓力的刺激一開始是傳輸氧氣和葡萄糖，[11]因為我們極需能量並集中注意力。第一波壓力發生後，負責控制壓力荷爾蒙的生存腦和ＨＰＡ軸，兩者會一起調整壓力程度，應付眼前的特定壓力源。接著，ＨＰＡ軸提供的，是經過細微調整的第二波壓力。

在這個階段，生存腦會進行次要的評價，專注處理以下問題：「我有沒有資源應付這個壓力源？」如果生存腦意識到自己有內在資源或外在資源，那麼ＨＰＡ軸就能降低壓力活化值。然而，如果生存腦感到無力、無助或無法掌控，也就是說，**如果壓力會造成創傷，那麼ＨＰＡ軸可能會增強壓力。由此可見，在第二波的壓力，重點是我們覺得自己是否能掌控處境。**

舉例來說，當我關注的是理性腦不安地預期內容，此時生存腦會感到無力，從而放大了第二波壓力程度；反之，如果只關注生理的疼痛感，生存腦就不會感到無力、失控，從而抑制了第二波。此外，我注意身體接觸到床的部分，此時，生存腦會把床的支撐看成是一種資源，進一步減輕第二波，最後身心系統就能獲得一定程度的復原。

在第二波期間，ＨＰＡ軸會刺激可調動能量和注意力的荷爾蒙，[12]用來應付目前的緊急狀況，同時還會抑制長期需求所需的荷爾蒙，壓力源消失後，ＨＰＡ軸會接著刺激可促進復原的荷爾蒙。**在第二波和復原的期間，ＨＰＡ軸會跟免疫系統和自主神經系統共同合作。**ＨＰＡ軸會增進身心系統的葡萄糖循環，刺激調動能量的荷爾蒙。**葡萄糖可以為肌肉提供燃料，增強理性腦的注意力和短期記憶，在調動能量的荷爾蒙當中，最重要的是皮質醇。**

皮質醇在第二波期間有兩項工作要做。首先，皮質醇會補足第一波腎上腺素激增期間枯竭的能量庫，接著皮質醇會提高免疫功能，把白血球細胞送到身體的「戰鬥崗位」，例如需要處理受傷或感染的皮膚和淋巴結，以便提前應付劍齒虎的抓傷或咬傷，所以短期上，壓力的反應可增強免疫功能。然而，一小時後，持續的壓力反應會抑制免疫功能，[13]降到比正常基準還要低四〇%至七〇%，也正因為如此，在慢性壓力狀態下，會更容易感冒。

HPA軸還會活化其他以立即需求為優先的荷爾蒙，比如說，HPA軸會釋放腦內啡，這是體內的一種鴉片類物質，會讓我們對疼痛的感知變得遲鈍；HPA軸還會釋放血管加壓素，這是一種荷爾蒙，可以在壓力期間調節心血管系統，讓自主神經系統進入防衛模式。

HPA軸會抑制與長期需求有關的荷爾蒙，[14]例如成長荷爾蒙，還有雌激素、黃體酮、睪固酮三種性荷爾蒙；HPA軸還會抑制胰島素，胰島素可指示身體存放能量，供稍後運用。畢竟要是無法活下來，也就不需要從事消化、生殖、組織修復、能量存放、成長等長期任務。

## 自主神經系統的三層防衛機制

我們有三種階層的「深度防衛」，每項防衛策略都是由腦部和自主神經系統間，獨特的神經迴路負責支援。

假如入夜後，你一個人走在空蕩的街頭，突然有人從陰影中跳了出來，要你交出錢包，首先，你可能會跟攻擊者協商和解，甚至會把錢包交給他，同時你會評估眼前的威脅，可能會看他有沒有攜帶武器、精神狀況、酒醉、嗑藥、身材是否比自己高大強壯，如果符合任何一項條件都會讓你更難逃脫，你還可能會觀察四周，找出逃跑路線或找人協助。然而，你很快就看出來，他帶著刀子、身材更強壯、想攻擊你，於是你的壓力反應程度升高，身體被恐懼或憤怒隨之接管。此時，你可能會尖叫，希望有人會來救你，或至少會打電話報警，你可能會直覺想逃離眼前的危險處境，或是直覺想要反抗、戰鬥，實際情況還是要看你的條件反射，你有沒有攜帶武器、有沒有受過武術訓練。

你跑開時，他抓住你的手臂，你的壓力反應程度進一步升高，不久，對方從後面壓制住你，你的臉和身體正面被壓在附近的牆上，你發現他想要對你性騷擾，你繼續尖叫，不停扭動，想要逃脫，他用刀子抵著你的脖子對你說：「你要是繼續尖叫不聽話，就會殺掉你。」他猛烈撕扯你的衣物，你開始覺得恍惚困惑，你的身體不再處於戰鬥狀態，你覺得自己跟接下來發生的情況，有著一種古怪的疏離感，然而「放棄」就表示你在這起事件的倖存機率其實會增加。

前述的連貫動作，可以保護我們的安全，關於這一點，身心系統如何自動得知？這是源自生存腦和自主神經系統間的交互作用。自主神經系統獲得的關注，往往比腦部和壓力荷爾蒙還要少，但在正念心智健身訓練，自主神經系統卻扮演舉足輕重的角色。

其實，正念心智健身訓練取自兩種流派——正念訓練和身體經驗創傷療法，並會搭配一些技巧，讓人可以在經歷慢性壓力和創傷後，調解自主神經系統。由此可見，**要拓展身心容納之窗，就要認識自主神經系統的運作方式**。

自主神經系統如同一座橋梁，連結腦幹（生存腦裡最原始的部位，可控制壓力的反應和復原狀況）及其他身體部位，因此對於意識知覺以外的生理機能，自主神經系統有如一套自動控制系統。然而，自主神經系統並不是完全自動控制，理性腦可以有自覺地改變一些自發功能，例如壓抑呵欠。

自主神經系統的影響力很廣，影響範圍如下：眼睛、唾液腺、頭頸和臉部肌肉、咽喉、心臟、肺臟、胃、腸、肝臟、胰臟、腎臟、直腸與膀胱、生殖器。[15]由此可見，自主神經系統在壓力反應和復原上，確實扮演重要的角色。

自主神經系統有兩個分支會從生存腦傳送訊息到器官，[16]指示身體在壓力反應期間，要專注處理迫切的存活需求，或在威脅消失後，專注在復原上。**交感神經分支可開啟壓力系統，副交感神經分支可關閉壓力系統，並讓身體做好準備，以利消化、復原、成長、生殖、修復、休息。**

此外，自主神經系統也有反饋迴路，可從器官傳回訊息到生存腦，[17]以便接收體感並從中學習，這個反饋迴路稱為「內臟感覺系統」，當生存腦偵測內在壓力源時，扮演著關鍵的角色。由此可知，壓力引發的胃酸逆流、反胃、便祕等胃腸困擾之所以會形成惡性循環，是因為藉由這套系統，生存腦可以「聽見」腸道發生的狀況，察覺到威脅，然後指示身心系統調動更高的壓力反應程度。當然，壓力反應程度升高，消化和排泄這兩種「長期任務」就變得沒那麼優先，胃腸困擾進一步加劇。

自主神經系統除了在壓力反應和復原方面扮演關鍵角色，在與別人的互動模式上，也扮演著重要角色。發明「神經覺」一詞的美國精神病學教授史蒂芬·柏格斯提出多元迷走神經理論，[18]闡述神經系統如何不自覺地調解，我們的信任和親密感。哺乳動物神經系統的形成，不只是為了確保在危及時刻存活，也是為了在安全的環境下，增進社交互動和社會連結。

人類的三種防衛階層是演化形成的，新的防衛策略是以演化上較舊的防衛策略為基礎，理想上，這就表示我們會最先仰賴新形成的防衛機制，也就是社會參與系統。前文人身侵害的例子中，你設法跟攻擊者協商的時候、你觀察周遭有沒有安全處和支援的時候、你尖叫求救時，仰賴的就是社會參與。

如果這樣的策略無法帶來安全，生存腦和神經系統會「回到」演化上較舊的兩種防衛策略——戰或逃。在前述的假設情境中，就是設法逃離攻擊者。最後，如果生存腦認為「戰或逃」機制行不通，生存腦和神經系統會回到第三種防衛機制——僵住。[19]在這種情況下，你不再跟攻擊者拚命，你會覺得恍惚，跟眼前發生的情況產生疏離感，進入僵住狀態。

請注意，「戰或逃」及「僵住」的狀態，在我們出生前就已經具備，而「社會參與」系統會持續發展到青少年時期。社會參與系統對我們早年所處的社會環境非常敏感，也容易影響身心容納之窗最初的迴路。

生存腦的神經覺過程，可自動決定這三種防衛機制要在哪個特定的時間啟動。[20]只要生存腦的神經感知到安全，就代表是待在身心容納之窗中，就能處於「幸福模式」，運用神經系統的所有分支，但如果生存腦的神經感知到威脅或挑戰，神經系統就會進入「防衛模式」。至於神經系統是處於幸福模式，還是處於防衛模式，主要是看我們開啟了哪些荷爾蒙。[21]

催產素是一種社會連結荷爾蒙，會讓神經系統處於幸福模式，唯有待在身心容納之窗裡，催產素才會分泌。在幸福模式下，可以調動能量進行玩樂，不用開啟防衛行為，還可以處理「長期任務」，例如消化、排泄、休息、性、成長、組織修復等。此外，我們還可以跟別人建立關係，支持別人。

相反地，如果生存腦的神經感知到威脅或挑戰，就會啟動壓力反應，指示HPA軸釋放壓力荷爾蒙，包括會抑制消化、排泄、生殖的血管加壓素，它會引導神經系統離開幸福模式，進入防衛模式。

**進入防衛模式後，身心容納之窗越寬闊，就越可能採用第一線防衛機制（社會參與）或第二線防衛機制（戰或逃）捍衛自己**，不用回到僵住狀態。第一線防衛機制的社會參與，唯有待在身心容納之窗裡才能運用；在第二線防衛機制的「戰或逃」期間，我們經歷的壓力反應程度越高，就越有可能在身心容納之窗外；最後，唯有我們在身心容納之窗外，才會發生僵住的情況。

圖表 4-2 闡述不同的自主神經系統分支，並列出這些分支在幸福模式和防衛模式下具備哪些功能。副交感神經系統（Parasympathetic Nervous System, PSNS）之所以分成兩個分支，是因為它使用迷走神經的兩個分岔——腹側副交感神經分支是沿著身體正面分布；背側副交感神經分支是位在身體背面。[22]

| 自主神經分支 | 幸福模式：神經感知到安全 | 防衛模式：神經感知到威脅 |
|---|---|---|
| 腹側副交感神經系統 | • 社會參與、社會連結、依附<br>• 心血管調節（迷走神經煞車）<br>• 心肺的復原功能 | • 開始社會參與（第一線的防衛機制）<br>• 適應外在環境，以利辨識、找出威脅並召集盟友<br>• 參與、跟別人協商及合作，藉此終結威脅求助 |
| 交感神經系統 | 調動能量來運動、跳舞、開心動一動、玩樂 | 調動能量來「戰或逃」（活躍的防衛機制、第二線的防衛機制） |
| 背側副交感神經系統 | • 睡眠<br>• 消化與排泄<br>• 生殖功能<br>• 深層放鬆<br>• 內臟器官的復原功能 | • 僵住（不活躍的防衛機制、第三線的防衛機制）<br>• 節約氧氣 |

**圖表 4-2　自主神經系統分支及其功能**

腹側副交感神經系統負責掌控三種功能。[23]第一種是心血管系統的迷走神經煞車，可以對心率與呼吸率，做出快速、精細、彈性的調整。腹側副交感神經系統運作正常的話，只要透過迷走神經煞車的投入和移除，就能調節心血管系統，控管低度的壓力源，不用開啟所有的壓力荷爾蒙。

為檢驗迷走神經煞車是否彈性有效，研究員運用了心率變異（Heart-Rate Variability, HRV）的量測法。人吸氣的時候，會刺激交感神經系統，使心率增加；呼氣的時候，會刺激副交感神經系統，使心率降低，由此可見，兩個心跳的間隔，永遠不會一模一樣。心率變異是用於檢驗該系統的彈性，心率變異高，也就是迷走神經張力高，表示迷走神經煞車有效運作；[24]心率變異低，也就是迷走神經張力低，表示已移除迷走神經煞車，用來增加心率並啟動壓力反應。

然而，慢性的心率變異低，表示迷走神經煞車一直呈現關閉狀態，不再正常運作，實際上，在這種狀態下，我們會啟動壓力，永遠不關。迷走神經煞車不運作的話，心血管系統會一直承受調適負荷作用。人處於這種狀態一段時間，有可能會出現心血管疾病和高血壓，動脈硬化和心臟病發作的風險也會增加。

腹側副交感神經系統的第二種功能，是在壓力反應後復原。威脅或挑戰一消失，腹側副交感神經系統就會觸發乙醯膽鹼*釋放，[25]重啟迷走神經煞車，心率和呼吸率會隨之減緩，肌肉會放鬆，有利消化。腹側副交感神經系統會抑制壓力荷爾蒙，調節免疫功能，這樣就能完全復原、平靜下來、消化及排出食物、痊癒、長出新的組織、休息。

---

* Acetylcholine，為中樞及周邊神經系統中常見的神經傳導物質。

腹側副交感神經系統的第三種功能，就是掌控社會參與系統的生理機能。[26] 這些生理機能包括：頭部、頸部、眼部肌肉，用來環視四周，適應外在環境，眼神接觸；臉部肌肉，用來微笑、點頭、皺眉，並運用其他表情，與別人建立社交關係；咽喉用來調節聲音，肌肉用來咀嚼、吸吮、吞嚥；中耳的肌肉，有助聽力；催產素的分泌。腹側副交感神經系統呈現開啟狀態，就會感到冷靜沉著，跟別人有所連結，我們可透過自己的臉部表情和身體姿勢，把自己的內在狀態傳達給別人，同時也敏感察覺旁人細微的情緒變化。

**只要待在身心容納之窗裡，就能運用腹側副交感神經系統的三種功能**。待在窗內，碰到挑戰可以有效溝通、培養關係、向別人求助，在危及生命的處境下，寬闊的身心容納之窗，甚至能利用社會參與系統的防衛模式，比如說，先跟攻擊者協商，或說服攻擊者不要攻擊，或大聲呼喊求救。從演化角度來看，社會參與系統之所以形成，是為了讓人類的穴居祖先可以互相合作、養育後代、共同狩獵、安全居住在游牧部落裡。可想而知，這種第一線的防衛機制需要大量的社交溝通，所以理性腦和生存腦必須結盟交流，而要做到這點，唯有待在身心容納之窗裡才行。

腹側副交感神經系統跟社會參與和復原功能息息相關，[27] **如果很難調節自身的壓力反應，就表示也可能很難建立及維持相互支持又滿意的關係**，而且不論在個人生活或職場上都一樣困難。有了這層認識後，就會明白在安全與社交關係受到威脅時，腹側副交感神經系統是以下列方式扮演第一線的防衛機制：增加心率和呼吸率；轉動頭頸，移動眼睛，適應所處的環境；向別人尋求支援或協助；改變表情和語調，傳達內心的困擾。前述的變化往往就足夠成功應對挑戰，如此一來，迷走神經煞車會重啟，讓我們待在身心容納之窗裡。

然而，要是發現自己面臨迫切的危機，或沒人來幫自己的話，威脅感就會升高，此時生存腦的神經感知到危險，立即啟動第二線防衛機制。

當我們「回到」第二線防衛機制，交感神經系統的防衛模式隨即接管，它會跟HPA軸共同合作，調動能量和壓力荷爾蒙。交感神經系統的反應，之所以稱為「戰或逃」反應，是因為它會造成新陳代謝活動和心輸出量*增加，促進主動又活躍的防衛機制，要麼擊退攻擊者（「戰鬥」），要麼逃到安全處（「逃跑」）。記住，我們也可以開啟交感神經系統的幸福模式，用來運動、玩樂、跳舞。

交感神經系統的反應會調動大量的能量和壓力荷爾蒙。然而，交感神經系統的許多防衛行為，不會把這種活躍的能量全都耗盡。[28] 如果選擇「戰鬥」，我們會變得有防衛心、需要他人關注、合理化自身的行為、對某人大吼大叫；如果選擇的是「逃跑」，我們會退縮回內心，不停擔心別人或設法討好別人。雖然這些行為全都跟壓力有關，但是壓力並不會一次反應完畢，一段時間過後，這種情況可能會導致壓力一直呈現開啟狀態，永遠不會關閉。

雖然戰鬥與逃跑這兩種反應是交感神經系統控制，但兩者卻是完全不一樣的防衛策略，各有其相關聯的情緒、體感、意圖。戰鬥反應，與憤怒、活力、強大感、掌控感有關，是在靠近壓力源。戰鬥的反應還會導致唾液分泌增加，注意力焦點窄化，例如，視野會變得狹隘，如同獵豹一心一意追逐獵物。參加與社會支配有關的競技或競賽時、認為自己比攻擊者還要強壯時、認為自己應該要還擊時（例如鬥毆或戰鬥時、身為街頭幫派成員時），我們往往會進入戰鬥狀態。

---

* 指心室每次跳動輸出的血量。

逃跑反應則是相反，跟恐懼、焦慮、擔心、無力感、無助感有關，是在遠離壓力源，代表人會逃離危險或逃向安全，比如說，向更強壯或更聰明的人求助。戰鬥反應會導致視野狹隘，但在逃跑反應，我們會掃視周圍，找出可行的逃跑路線，所以關注的範圍往往很廣、不專注，如同兔子發狂似地找洞穴，逃離獵食者。

在很多情況下，戰和逃會同時啟動，產生矛盾，所以生存腦和神經系統會認為這兩種策略都行不通。出庭律師在法庭上說服法官，可能會覺得緊張；消防員必須進入火場救火，但這也讓自己置身危險之中，雖然遇到這類情況，會出現的典型反應應該是「戰鬥」，但如果交感神經系統的主動防衛機制失敗了，比如我們被困住卻沒人來幫忙，這個時候，就會「回到」最後一線的防衛機制。在這個階段，交感神經系統會繼續維持在開啟狀態，但背側副交感神經系統的防衛模式也會開啟。

背側副交感神經系統的防衛模式啟動，往往是發生在危及生命的處境，比如說，身體被攻擊者壓制住，對方使用槍械讓自己動彈不得；出車禍的當下只能等著承受衝擊力；小孩的生存腦覺得逃離不了照顧者的虐待。如果「戰或逃」不再可行，或會導致事態惡化，「僵住」就成了最好的策略。**背側副交感神經系統的防衛模式跟創傷有關，是因為生存腦認為自己無力、無助、無法掌控**。

背側副交感神經系統的防衛模式，首要的功能就是「僵住」的反應，這種狀況在前文的攻擊者例子已經提過了，你會屈服於攻擊者，覺得恍惚，對眼前發生的事情產生疏離感。交感神經系統採取的防衛機制是主動的，但背側副交感神經系統採取的防衛是不活躍的，是僵住、是屈服、是「裝死」。

「僵住」會大幅減緩心血管系統的運作速度（亦稱「心搏過緩」），其他內在器官的運作速度也會變慢，可以大量節省氧氣和能量。[29]背側副交感神經系統也會導致新陳代謝大幅降低、消化系統停止，所以可能無法控制膀胱和大腸。

處於幸福模式時，背側副交感神經系統在消化、排泄、睡眠、生殖功能上，扮演著主要的角色，畢竟通往內臟器官的大多數神經路徑，都在它的控制之下。然而，唯有生存腦的神經感知到安全，身體分泌催產素的時候，才會進入幸福模式。這種現象蘊含著重要的言外之意——社會參與和僵住反應不會同時開啟。

由此可見，**如果背側副交感神經系統的防衛模式已經開啟，就表示腹側副交感神經系統實際上是關閉的，無法取用腹側副交感神經系統的功能**，當下無法跟別人、跟所處的外在環境有效連結。背側副交感神經系統的防衛模式接管後，在最極端的情況下，身體會做好關閉的準備，避免承受死亡的痛苦。[30]因此，意識知覺和其他的理性腦功能會降低，也有可能完全離線，我們可能再也感受不到恐懼或生理疼痛，也不會採取自我保護的行動，反而會放棄、虛脫、昏倒或覺得快要昏倒。

處於僵住狀態，就無法眼神接觸，無法移動頭、頸、眼睛來適應周遭環境；視野可能會異常狹隘，甚至喪失一部分的視野；可能會看到連續的凍結影像，或只能看見黑白畫面；可能再也無法調節聲音，只能用單調的語調說話；無法掌控臉部肌肉，表情麻木、蒼白、遲鈍或困惑；在聽力上，對人類聲音較沒反應，對有威脅性的聲音較敏感，甚至會完全失去聽力。

此外，可能會覺得一切都是慢動作發生，或覺得自己進入了某種改動過的現實狀態；可能會失去時間感，不記得自己經歷了一大段的時間；可能會有困惑感和解離感，彷彿自己是隔著霧氣或棉紗，凝視著事件的發生；可能會覺得是在身體之外，主觀經歷著一切，彷彿是在天花板或房間另一端，觀察著自己。前述對僵住狀態的形容，都是我的親身經驗，還有過去十年來，我訓練學員的經驗。[31]

由此可見，**雖然僵住狀態可能外在看不太出來，但是就內部而言，僵住狀態是高度反應的狀態，**[32]交感神經系統和背側副交感神經系統都是以防衛模式開啟。其實，**僵住狀態的壓力反應程度是最高的，實際上也是在身心容納之窗外**，畢竟僵住狀態通常跟創傷壓力有關。

## 理性腦可以決定壓力反應程度的好壞

當身體調適功能正常運作，生存腦會跟神經系統共同評估每一刻的風險程度、跟荷爾蒙系統共同調整壓力程度和能量的調動、跟免疫系統共同主動保護我們。由此可見，如果生存腦的神經感知到安全，或風險程度是在身心容納之窗內，神經系統多半會處於幸福模式，我們能跟別人建立關係並相互合作，還能適應周遭環境。反之，如果生存腦的神經感知到威脅，神經系統就會進入防衛模式，運用防衛階層。

**生存腦的神經感知到的危險越大，壓力反應的程度越高，越會經由防衛階層，離開社會參與狀態，回到戰或逃狀態，最後回到僵住狀態。**無論壓力反應的程度有多高，就算不得不一路回到僵住狀態，只要身體調適功能在威脅消失後，還是能正常運作，那麼生存腦就會再度啟動腹側副交感神經系統，這樣就能完全復原。[33]這個過程是憑本能進行，通常不需要理性腦的訊號，但理性腦可以左右結果的好壞。

然而，如果身體調適功能無法正常運作，就無法取用自己與生俱來的各種適應反應。[34]一般而言，**身心容納之窗越窄，能採用的反應種類就越少**。舉例來說，如果迷走神經煞車無法正常運作，也就是說，不能充分運用腹側副交感神經系統，那就無法回到良好的基準，於是，生存腦的神經只要感受到任何威脅或挑戰，就算程度很小，就算當下壓力不是最有效的選擇，但還是會立即反應壓力。也許會表現出戰鬥反應，對輕微的挑釁，回以過度的反應，氣沖沖離開或大發雷霆；也許會習慣做出逃跑反應，退縮不前，腦海充滿不安的念頭；也許會習慣立刻回以僵住反應，也就是解離、虛脫、極端拖延，或覺得恍惚、麻木、難以承受。

在前述狀態下，很難減壓，[35]理性腦的功能也較無法發揮，比如說，較難發揮創意解決問題、無法理解他、出現認知問題、無法控制衝動等。此外，也比較察覺不到正面的社交訊號，無法跟別人有效建立關係。如果是在這種壓力反應狀態下運作，自己跟別人的關係就可能再也不是安全、信任、連結、支持的來源，反而會覺得遭人誤解或感到孤立無援。

至於生存腦會選擇的策略，就與神經可塑性有關。凡是重複的經驗，都會引發腦部和神經系統產生變化，所以身心系統自然會形成習慣性的防衛策略和關係策略，方便經常取用。**同一種策略經過多次採用，就會深植在生存腦的內隱記憶裡。每次不自覺地選擇某種策略，下一次就越容易倚賴那種策略，更難改用其他策略**。一段時間過後，就會習慣固定採取某幾種策略，人原本能運用身心系統中的各項策略，卻在這個過程中，失去這樣的能力。

這既定的迴路有一部分是來自於早年所處的社會環境；[36]一部分來自於早年在威脅與安全上的重複經驗；一部分來自於學校、職場、社群裡的社會化。怪不得很多男性習慣採取的策略會偏向「戰鬥」。男性往往被教育不可以哭，應該要強悍、堅守立場，要「像個男人」，高壓職業通常會讓人適應既定的「戰鬥」狀態，導致戰的狀態獲得強化，無論男女都不例外。的確，高壓環境下的訓練，多半經過明確的設計，使這種既定狀態變得社會化又深植人心。而人經過這樣的制約以後，只要稍微挑釁，就會觸發戰鬥反應。

再舉個例子，假如有人的童年經驗，是反覆依賴僵住反應，那麼長大以後，碰到有威脅性的處境，就算堅守立場或逃離現場會是比較有效的方法，但還是會習慣用困惑或麻木默許的態度回應，如果童年時期遭受生理虐待、情緒虐待或性虐待，往往會出現這種既定模式。從生存腦和神經系統的角度來看，這種既定模式有其道理，受虐的時候，年紀很小又無能為力，當時適合採用僵住反應，畢竟這樣就能活下來，然而到了今天，顯然不是每種處境都適合採用僵住反應。

實際上，生存腦和神經系統會陷入幾個循環中，神經感知到危險，然後固定地提醒人採用特定的防衛策略和關係策略，也不管那些策略到底適不適合目前的處境。如果習慣採用的既定策略，屬於「戰鬥」、「逃跑」、「僵住」其中一種狀態，這些神經路徑就會變成我們時時取道又高度敏感的快速道路，很容易就會被觸發。這套迴路會被神經可塑性和表觀遺傳影響，也會被生存腦的學習和記憶方式影響，這點在下一節會探討。

其實，生存腦的既定策略會在不自覺的情況下一再被觸發，要等到生存腦能完成由下而上的處理並充分復原，這樣的現象才會有所改變。**我們必須有自覺又有意地去支援生存腦的復原過程，形成全新的神經路徑，就能取用所有的防衛機制階層**，而理性腦型的技巧和療法之所以總是不完整，有一部分就是因為這方面的因素。

# 05 壓力和創傷如何影響大腦的學習和記憶？

海軍陸戰隊中士胡立歐（Julio）正在為首次的戰鬥派遣任務做準備，當時我正在訓練他那排，接受正念心智健身訓練，我立刻發現胡立歐有很強的責任心和好奇心。

在胡立歐的單位，有幾位長官很抗拒正念心智健身訓練，抗拒的態度向下影響到排裡的幾個人。我教導的四十位海軍陸戰隊隊員，會在動作練習期間做出愚蠢的姿勢、跟同袍開始比賽打嗝放屁，他們不願跟我眼神接觸，不願跟我說話，客套地跟我互動，在我背後嘲笑正念心智健身訓練，以為我聽不到。換句話說，開始的前幾週，我經常看到他們表現出炫耀、生悶氣、沉默不回應、支配的行為。情緒不成熟的團體，被要求去做他們不想做的事，往往就會表現出這類行為。

反之，班長胡立歐認真上課，還努力叫底下的海軍陸戰隊隊員保持尊重。他仔細聽課，提出很棒的問題，很快就懂得舉一反三，他曾長期學習武術，輕鬆就學會正念心智健身訓練的練習，每次下課，他都會私下找我，聊聊他學到的心得。

第四堂課時，學員要學的是僵住反應的情況、僵住反應是人類防衛機制的哪個階層。我放了幾個短片，呈現動物和人類經歷僵住反應的情況，好讓學員觀察僵住反應是如何出現。討論時，學員也經常談到自己以前經歷過的僵住反應，說出哪起或哪些創傷事件引發僵住反應，當時發現身心系統出現什麼情況等。

這樣的討論自然會觸發學員的壓力反應作用，在許多團體，有些人會在討論時進入僵住反應，所以這堂課教起來很有挑戰性，講師必須引導整個班級調降對壓力的反應程度，還要特別協助習慣進入僵住反應的學員，同時又不能讓人發現，免得他們覺得自己被汙名化又感到羞愧。

在這排的課堂上，學員討論僵住反應，討論得特別熱烈，很多學員都分享了生動的個人故事，以前從不會熱烈討論的海軍陸戰隊隊員，竟然也加入對話，全體毫不抗拒，主動參與課程，這種情況還是頭一次。

然而，在討論的時候，很多海軍陸戰隊隊員的壓力反應程度變得很高，包括胡立歐在內，有三個人進入僵住反應，眼神變得呆滯空洞，肩膀往前傾，身體靜止不動。進入僵住狀態的這三位海軍陸戰隊隊員，沒有開口說話。

出現這麼多的壓力，我必須臨機應變才行。我發揮各種技巧，協助大部分的海軍陸戰隊隊員把壓力反應的程度調降回身心容納之窗內。在額外的休息時間，我私下指導胡立歐及另外兩位有僵住反應的海軍陸戰隊隊員，最後他們也穩定下來，回到身心容納之窗內。

儘管如此，我還是看得出來，胡立歐的僵住反應十分劇烈，他是第一個出現僵住反應的人，也花最久的時間才穩定下來。我早就刻意安排每位海軍陸戰隊隊員在接下來幾天分別跟我會面，討論他們在正念心智健身訓練獲得了哪些體驗。這樣才能自然更改面談時間，當天跟胡立歐會面，不會讓人覺得我只單獨找他談。

胡立歐私下對我說，他在看僵住狀態影片時，腦海突然浮現童年的某起事件，是他很久都沒想起的事。我們談了四十五分鐘以上，耐心梳理當時的情況，好讓他在身心容納之窗內，瞬間重歷其境，然後再排解掉壓力。我用外在的提示，提醒他專心，協助他的生存腦完成由下而上、必要的處理和復原作業。這個復原過程在第三章有進一步的探討，本節要探討的是，他的理性腦和生存腦在重歷其境期間發生的情況。

胡立歐當年九歲，他跟朋友，還有幾個年紀較大、混幫派的親戚在街上玩球。突然間，一輛貨車轉彎，沿街加速行駛，貨車裡的人開始開槍，胡立歐這群人發現那些槍手是敵對的幫派。他感覺到堂哥抓住他的手臂，跑去找掩護，他看見堂哥往前撲倒，還抓著他的手臂不放，他感覺到自己也正在撲倒，被堂哥往下拉。

突然間，周遭完全安靜下來，一切似乎都變成黑白畫面。他看了一下，看見自己的手臂還被堂哥牢牢抓著，他好想抽回手臂。他慢動作往前撲倒，感覺這撲倒的動作會永遠持續。某一刻，他感覺自己努力站了起來，肩膀劇烈疼痛，接著，他往下看，看見堂哥的屍體，覆滿鮮血和內臟。此時，聲音突然湧現，震耳欲聾，他聽見鳴笛聲呼嘯而來，人們尖叫哭泣。他意會到有人急迫地對他喊叫，但他聽不懂對方在說什麼，他覺得頭昏，快要暈過去。

## 壓力下的生存腦，會產生制約的學習模式

**壓力反應程度會影響神經系統和身體**，**也會影響腦部**，**尤其是學習和記憶**。從演化的角度來看，能記得壓力事件並從中學習，是生存必備的要件。理性腦和生存腦各有其學習和記憶的類型，並執行個別的功能。然而，壓力與創傷對理性腦和生存腦產生的影響並不一樣，對其個

別的學習和記憶過程，也會造成影響深遠的後果。本節會探討兩者之間的差異。

壓力與創傷始於生存腦的神經覺，那是一種不自覺的評定過程，把內在刺激和外在刺激區分成威脅、危險或機會、安全。生存腦裡，杏仁核是負責神經覺的部位，你或許還記得第三節，這個部位會隨著反覆的擔憂而逐漸增厚，神經覺會常不自覺的制約反應庫發出提示，而制約反應庫傾向接近機會、避開威脅。**神經覺會引發制約反應，於是生存腦會進行「由下而上的處理」，也就是對自身經驗，往往會產生不自覺的情緒和生理反應。**經濟學者丹尼爾．康納曼（Daniel Kahneman）表示，這種現象是系統一的思考模式——快思*，因為這種模式會自發運作，不費心力，也沒有自主掌控感。[1]

生存腦不運用言語，[2]所以無法透過思緒或敘事，將這個過程傳達給我們，生存腦會產生情緒和體感，提醒我們採取這些制約的防衛策略和關係策略。**因為生存腦是在意識知覺之外，所以我們無法直接看到、知道生存腦裡的情況，只能從身心系統的壓力反應症狀，得知生存腦產生的影響。**

為支援神經覺，生存腦需要快速的學習和記憶系統，所以生存腦的學習系統會是反射的、不自覺的、不自主的，完全繞過理性腦。**生存腦的學習系統叫做「內隱學習」，也就是系統一的學習模式。**內隱學習主要發生在杏仁核，會類推先前神經覺的所有經驗。這類制約學習通常是存放在生存腦裡。

內隱學習是由內隱記憶（非陳述型記憶）支援，[3]我們擁有的每一段經驗，都會不斷增強內隱記憶。與獲得運動技能或身體反應有關的內隱記憶稱為「程序記憶」，涵蓋的內容有學習演奏樂器、騎腳踏車、走路、跑步、擊發武器。

在長期或極端的壓力下，理性腦的功能會退化，但生存腦的學習和記憶功能，在任何的壓力反應程度下，都會不自覺地發生。此外，**壓力反應程度越大，生存腦學得越多、記得越多**。在中度壓力下，杏仁核會跟海馬迴共同建立外顯記憶，[4] 杏仁核會提供記憶的情緒部分；在高度壓力下，杏仁核還是會提供記憶的情緒部分，只是強度較強，但海馬迴的功能卻會受到干擾。由此可見，**在壓力反應程度高的情況下，就算生存腦記得大部分的內容，我們還是有可能永遠無法統合意識記憶**。

實際上，在高壓下，海馬迴甚至有可能會離線，極端的壓力或創傷經驗所產生的意識記憶，通常不完整、矛盾又破碎。胡立歐的故事就是這種情況，他講述的細節有些部分格外生動，有些部分卻缺漏了，不過在極端的壓力與創傷處境下，杏仁核能從中學習並進行類推。

讓人緊張的事情通常是藉由內隱學習制約習得，要麼是因為杏仁核會不自覺地，把事情連結到先前感知到有威脅性的事，要麼是因為杏仁核覺得事情，類似先前感知到有威脅性的事，從而進行類推。在危及生命的處境下，就會對內隱記憶和程序記憶進行編碼，這個時候，這些無意識的記憶會變得更長久、更不會衰退，也更容易類推到其他的處境。

內隱記憶不只是事實或資訊而已，[5] 還涵蓋了神經系統反應、體感、肌肉與肌筋膜的張力、身體姿勢、情緒、防衛行為所採用的運動模式，這類感官和運動反應會變成條件反射，成為生存腦庫的一部分，以後遇到類似的威脅就能取用。這類制約反應可能會突然被引發，

---

* 康納曼在著作《快思慢想》（*Thinking, Fast and Slow*）中將思考分成兩種系統，一種是系統一「快思」，也就是直覺式思考，另一種是系統二「慢想」，也就是邏輯式思考。

連自己都沒意識到，就像課堂上進入僵住狀態的海軍陸戰隊隊員。

再看胡立歐的例子，他看到動物被獵食者壓制的影片，他的生存腦可能會進行類推，想起當年跟堂哥一起摔倒的經驗，雖然他當年是摔倒，實際上並沒有被壓制，但是那種受困、無助、無法從堂哥手裡掙脫的「深感」*（felt sense），跟獵物被獵食者壓制的情況，卻是相當類似。他體內這種類似的深感，是經由自主神經系統的內臟感覺系統，傳到生存腦，刺激生存腦做出僵住反應。

再舉個例子，我教過一名曾被派到阿富汗的海軍陸戰隊隊員山姆（Sam），多年後，在前往另一趟派遣任務前，山姆每天早上都醒得很早，醒來時心跳加速、呼吸淺、身體緊縮成胎兒姿勢，有強烈的衝動想要跳下床。他不明白自己怎麼會有這樣的反應。我向山姆解釋，就算他的理性腦不明白，但他的生存腦有這樣的表現，背後肯定有重要的原因。我請他在下次發生時，把理性腦的挫折感放在一旁，下床做完壓力反應調降練習（第三章會教導大家怎麼做）。

山姆每天早上做這個練習，一週後，山姆的理性腦終於懂了，上一次派遣期間，他隸屬的前線作戰基地，常常在天亮前被砲轟，所以他通常天亮前就會醒來。可想而知，他的生存腦已形成穩固的內隱記憶和程序記憶，早上一醒來，就要躲避接連襲來的迫擊炮，因此他的生存腦預先想著下一次的派遣，從當初在阿富汗反覆被砲火吵醒的經驗進行類推，於是他雖然是在家裡，焦慮症卻在黎明前發作。

## 壓力下的理性腦，會讓執行功能受損

生存腦會利用神經覺和內隱學習，幫助我們保持安全；理性腦會執行一些功能，好讓我們存活下去。為保護我們，理性腦採取的策略有分析、規畫、思考、決定等，還會進行「由上而下的處理」，[6]也就是對於自身經驗，產生自主又自覺的認知反應。康納曼表示，這種現象是系統二的思考模式——慢想，系統二速度慢又費心力，[7]特色是專注、有自覺的思考、主導性。

生存腦負責神經覺，理性腦負責執行功能，執行功能主要是發生在前額葉皮質，有利集中精神，全神貫注，[8]並回想作業相關資訊，同時抑制干擾。執行功能還會支援有自覺的決定，我們運用執行功能，對壓力反應、衝動行為、渴望、情緒，進行「由上而下」的調節。由此可知，執行功能在意志力上扮演著重要的角色。

有好幾種情況會導致執行功能受損，如第三節所述，一心多用會導致執行功能耗盡，酒精和藥物也會造成執行功能受損，所以人在酒精藥物的影響下，抑制力會變得比較低，在壓力下，執行功能也會受損。

執行功能有如信貸銀行，[9]如果以下列兩種方式不斷運用執行功能，執行功能就會耗盡：

1. 認知作業：包含閱讀密密麻麻的文字、寫報告、完成詳細的計算等，需要集中注意力和專注力。

---

* 指感受的感覺、當下對身心產生的整體感覺。

2. 調節作業：有自覺地由上而下努力地抑制渴望，重新調節或劃分負面情緒，控管或抑制壓力的反應。

不論從事認知作業，還是調節作業，只要執行功能一耗盡，銀行存款就會變少，較難支付作業成本。所以，要是一整天都在審查繁瑣的財務文件，從事認知作業，下班開車回家的路上，有車子插隊到前面，這時就更容易陷入挫折感，向對方舉起中指，或者回家後暴飲暴食，沒有力氣投入調節作業。

反之，如果是重要的人際關係處於慢性緊繃狀態，或在職場上長久被歧視，這兩種處境都必須持續不斷進行調節，沒有空檔釐清、理解，那麼閱讀時，短短一個段落可能要讀七遍才能讀得懂。

不管執行功能是如何受損或枯竭，[10]總之在這種狀態下，壓力和情緒更有可能左右我們所做的決定。理性腦了解處境的方式會受到壓力和情緒影響，變得更有偏見。此外，也比較會從事習慣、衝動、反應、暴力或不道德的行為。

為支援執行功能，理性腦的學習系統和記憶系統需要重視背景脈絡，也就是考量資訊所在的時空背景。理性腦的學習系統是自覺的學習，也就是系統二的學習模式，而自覺的學習主要是發生在海馬迴。

**自覺的學習是由外顯記憶（陳述型記憶）支援，例如事件、事實、臉孔、言語、資訊等記憶**。[11]我們會有意去取用外顯記憶，例如回想人生故事或試圖把新資訊納入「知識庫」時，而這點剛好跟內隱記憶相反。人類要到了兩歲左右，海馬迴裡的神經纖維，才會形成富含脂肪的鞘，以利發電（這個過程稱為「髓鞘形成」），所以人類很少擁有嬰兒時期的外顯記憶。從胡立歐的故事看來，**外顯記憶不只會受到智力和其他個別差異的影響，也會受到壓力反應作用的影響**。[12]

**低度到中度的壓力反應程度，可以短期強化外顯記憶和自覺的學習**。[13]在低度到中度的壓力下，皮質醇和血糖的濃度高，表示海馬迴可以運用已就緒的能量集中注意力，有利外顯記憶的形成、保存、取用。其實，腦部耗用的葡萄糖相當大量，[14]腦部的重量約是體重的三%，卻使用了二〇%的循環葡萄糖，尤其是海馬迴，葡萄糖耗用量更是名列前茅。

飲用咖啡因之所以能讓注意力變得銳利，是因為咖啡因會造成皮質醇濃度激增，因此血糖濃度低（例如飢餓）時，執行功能和外顯記憶就會衰退，容易易怒。例如，一項研究就檢驗了以色列假釋委員會的委員及其用餐休息時間，[15]結果發現，委員用餐後，經過的時間越久，就越有可能駁回假釋。進入「餓怒」*（hangry）狀態，就比較難調節易怒的狀況、客觀友善地評估眼前個案的細節。

此時的情況剛好跟低度到中度的壓力反應程度相反，**在長期或高度的壓力下，執行功能和外顯記憶功能可能會受損**。[16]為什麼呢？皮質醇濃度過高或慢性增加，海馬迴裡的神經元會失去叢生的樹狀突（這類枝枒可以連到鄰近的神經元），導致神經網路萎縮。壓力反應長期持續下去，原有神經元就會死亡，新的神經元停止生長，海馬迴體積萎縮，在極端或長期的壓力下，腦部會擱置海馬迴裡有益的神經可塑性和神經生成。

* 指餓到生氣。

這類的腦部變化通常會表現為記憶問題。集中注意力、學習新資訊、規畫及執行作業，甚至是篩選掉令人分心的事物也可能會變得很困難。前述每一種症狀都意味著執行功能和外顯記憶遭到耗盡或擾亂。

第三節提到派駐伊拉克的士兵研究，[17]跟沒派駐的士兵相比，派駐士兵的反應時間更短，這表示他們的生存腦在高壓派遣期間超時運作。然而，返家兩個月後，生存腦對產生的變化付出了代價，理性腦的注意力技能、執行功能、外顯記憶，全都衰退了。

根據高壓職業的研究，[18]包含內科住院醫生學程、執法工作、消防員滅火訓練、軍事的派遣與野戰演習，個體在這類環境下常會體驗到更大的焦慮和困擾，還會出現更多的認知退化症狀，例如解離、困惑、解決能力不足、注意力分散、視覺圖形辨識障礙、工作記憶衰退等。

壓力反應也可能伴隨著象徵型的威脅，[19]例如預期未來會有負面事件發生、過去的創傷記憶被引發出來等，所以**就算沒有面臨直接的人身傷害，理性腦還是有可能會衰退**。

**就算從事的職業沒有生命危險，只要處於長期或極端的壓力，任何人的執行功能和外顯記憶都有可能會衰退**。這類的衰退也可能發生在慢性睡眠不足後、人生面臨辛苦轉變時，比如換工作、搬家、結婚、生子等。

老化也會導致這類影響加劇。[20]根據健康長者的前瞻研究，在調查期間，皮質醇濃度增加最多的長者，記憶衰退的幅度最大，海馬迴體積的萎縮程度也最大。

根據實證研究，壓力過高或皮質醇濃度增加，海馬迴就會縮小並出現記憶問題，會有這類問題的人如下：跨洲際的空服員，長年轉換時區，[21]下次飛行前又未充分復原，因此產生慢性時差症狀；長時間服用類固醇處方的患者，[22]例如吉舒乳膏（hydrocortisone cream）、類固醇注射劑、口服或吸入式類固醇等；長期重度憂鬱症患者；[23]反覆經歷創傷的PTSD患者，[24]例如童年時期反覆受虐或長時間投入戰爭的倖存者。在前述各例中，**壓力越強烈或持續越久，記憶問題越嚴重，海馬迴越小**。

## 壓力反應程度和表現的對應關係

壓力反應程度和表現（含理性腦功能），可用葉杜二氏曲線*表示。葉杜二氏曲線呈倒U形（見圖表5-1）。壓力反應程度低時，可能不會充分感受到壓力，所以不夠警覺、不夠有動力，無法有效完成作業。優質壓力（eustress）其實可帶來注意力和能量，理性腦功能在優質壓力下會增強，因為低度到中度的壓力反應程度，會導致循環葡萄糖和皮質醇濃度增加，有利集中注意力並回想作業相關資訊。

處於高反應程度，表現反而會穩定降低，難怪到了極端程度，就會陷入僵住反應。在曲線的劣質壓力那端，理性腦

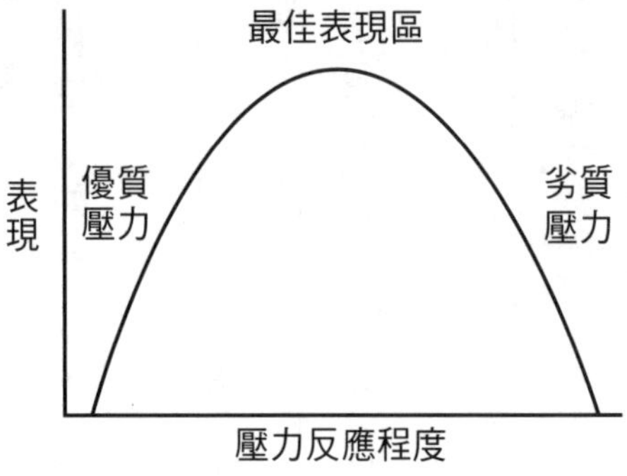


**圖表 5-1　葉杜二氏曲線**

* 一九〇八年，美國心理學家勞勃．葉克斯（Robert M. Yerkes）和約翰．D．杜德遜（John D. Dodson），假定感知到的壓力程度和表現呈倒U形關係。壓力反應程度接近中等程度，表現會有所改善，超過中等程度後，表現卻會穩定降低，最後完全下降，進入僵住狀態。優質壓力是用來形容低度的壓力反應，劣質壓力是用來形容高度的壓力反應。

功能會受損，也就是說，集中注意力、篩選令人分心的事物、記住作業相關資訊、調降壓力和負面情緒、做出有成效的決定，會變得很困難。

由此可見，**最佳的表現、自覺的學習、有成效的決策，最有可能發生在中度壓力下，**[25]此時會充分感受到壓力，足以保持警覺、專心，卻不會以進入劣質壓力區。綜上所述，在人類神經生物結構上，**因應壓力反應的身心容納之窗，可以上下調整壓力程度，**[26]**如此一來，一段時間過後，還是能留在中度反應的最佳表現區。**

在身心容納之窗內，理性腦和生存腦會處於活躍狀態，成為盟友，共同合作。在窗內的話，神經覺的準確度比較高，[27]也就是說，如果神經感知到危險，就表示客觀上的處境確實危險，我們更有可能察覺到相關的內外訊號，然後把所有的新資料，還有已知會影響目前處境的資訊，全數整合、客觀評估。

對於各選擇要付出的代價和獲得的益處，也更能進行考量及評估，做出的選擇更合乎自己的價值觀和目標，之後更能有自覺地評估該決定造成的後果，然後進行調整及學習，應對未來情況。**由此可見，就算是在壓力過度反應和強烈情緒下，只要身心容納之窗越寬闊，神經覺就越有可能維持準確無誤，而理性腦和生存腦的處理過程也能有效整合。**

要達到巔峰表現，就必須先有能力根據手邊的事，調整自己的反應程度。事件不同，需要的反應程度也不同，[28]舉例來說，嘗試新事物時，反應程度較低的話，更有可能成功，因為生存腦認為新奇事物的威脅性較高（見第四節）。反之，瑣碎或類似的作業，就需要更高的壓力反應程度，才能讓人專注、有動力，所以人們處理不愉快的事才會拖拖拉拉，隨著截止期限逼近，壓力反應程度會逐漸增加，最後形成足夠的壓力，刺激人們著手處理。

反之，如果壓力反應程度或情緒強烈度，超出身心容納之窗的範圍，神經覺會更有可能出現缺陷。待在身心容納之窗外的話，就算處境實際上沒那麼有害，但神經卻更有可能感受到危險，然後激起保護行為來應對，或處境實際上相當危險，神經卻會感受到安全與機會，陷入高風險處境。也就是面對眼前的處境，調動的壓力反應程度，流於太高或太低。

待在身心容納之窗外，生存腦更有可能進行資訊的搜尋、評估、決策，[29]理性腦的處理過程會退化或受損。在高壓下，感知往往會窄化，讓人不自覺地專注在迫切的事物上，優先處理，卻忽略了真正重要的事物，通常重要的事物才有利長期的成功。人往往帶著偏見去理解事物，被壓力源和壓力給吞噬，心理上覺得哪些資訊很重要，就會關注哪些資訊。[30]

在這個過程中，我們迷失了方向。在壓力下，蒐集到的資訊通常也比較少，[31]比較會基於少量資訊，做出自以為是又以偏概全的結論，也往往流於斷章取義。此外，我們會變得偏向負面，[32]負面資訊比較會吸引我們的注意力，負面資訊獲得的處理比較多、也更容易回想起來。這個現象在演化上有其道理，舊石器時代的人類祖先，只要能記住負面的壓力事件，快速從中學習，存活的機率就比較高。

決策方面也出現類似的窄化和僵住。[33]人本來就比較會接受第一個行得通的選擇，較不會通盤考量各種選擇，人們極其仰賴刻板印象、過度簡化的設想、過去的經驗，不會清楚洞察目前處境的獨特樣貌，對於複雜的處境、策略式的互動、自身決策造成的後果，我們的分析能力衰退了，也比較會犯下過錯。

待在身心容納之窗外，理性腦和生存腦是以對立的關係互動，表現為三種形式：

1. 理性腦功能退化：有狀況認知不準確、記憶問題、分心、一波波不安的規畫、防衛型推理等症狀。
2. 出現「生存腦劫持作用」：情緒與壓力的反應會導致感知產生偏差，吸收大部分的注意力，推動決策和行為。在此，就算既定的策略不是目前處境下最適合的選擇，但生存腦和神經系統最後還是有可能落入既定的策略中。雖然這個策略是不自覺發生，但是理性腦會為此試圖怪罪他人或自己。
3. 出現「理性腦凌駕作用」：也就是「活在自己的腦袋裡」*，跟生存腦的訊號（包含情緒和體感）斷絕了連結。如果予以壓抑、否認、採取劃分、咬緊牙關繼續前進，肯定就會發生理性腦凌駕作用。

我們當然有可能在不同處境下，經歷這三種對立關係。生存腦徹底復原前，這三種模式會持續發生，進一步導致身心容納之窗窄化，一段時間過後，這些情況會造成身體調適負荷失衡更嚴重，導致失調症狀出現。

## 創傷下的生存腦，讓創傷永不完結

創傷與慢性壓力導致身心容納之窗變窄時，所運用的途徑雖然有所關聯，卻並非完全一樣。創傷引發的附帶情況，會進一步造成理性腦和生存腦的關係變得複雜。

最主要的是創傷期間，生存腦的內隱記憶系統會毀壞，所以人們會感到無力、無助或無法掌控。之後，無助感會深深烙印於內隱學習，就算我們實際上存活下來，生存腦記得的是我們並沒有成功捍衛自己。

例如，我們可能受困或身體遭壓制，無法還擊或逃脫；可能遭人制伏；可能遭遇車禍、自然災害、恐怖攻擊或大規模射殺，而這些事件完全超乎掌控。還有一種情況比較不容易察覺，那就是職場的歧視或騷擾，這是一種被雙重束縛的處境，要是開口捍衛自己或他人，可能會失去工作，於是只好保持沉默或默許。生存腦會對這類創傷事件的內隱記憶進行編碼，[34]還會不自覺讓壓力過度反應，因此人就不會採取行動，感到無助又無法掌控。

胡立歐的瞬間重歷其境是，他無法從堂哥的手裡掙脫，無法阻止自己摔倒，也無法阻止堂哥死去。他的生存腦很可能會進行類推，只要一覺得自己「被壓制」，就捍衛不了自己。

對於創傷事件中學到的內容，內隱記憶系統的保存方式跟「成功」（完成）防衛後的學習是不一樣的。少了成功的防衛和復原，創傷事件期間的壓力，就永遠無從排解，於是創傷記憶的編碼方式導致創傷記憶持續存在。

最後，**生存腦會認為創傷事件永遠沒有完結**。除非生存腦、神經系統、身體，有機會完成當初不完整的防衛策略，[35]並排解壓力，否則生存腦會繼續認為，創傷事件還在持續發生。生存腦會認為自己毫無力量，無法成功抵禦當初持續不斷的威脅，於是再度進入僵住狀態的機率隨之增加，就像胡立歐觀看動物影片時出現的反應。

---

＊ 指以旁觀者的角色看著自己。

創傷事件過後，生存腦的內隱記憶裡會出現毀壞的狀況，造成三種後果。第一種後果是，生存腦會認為，創傷事件還在持續進行，於是無法徹底處理創傷事件並從中學習。同時，生存腦會繼續高度仰賴原始創傷事件期間，採用的不完整或不成功的防衛策略。生存腦會不自覺地認為「在目前的處境下，如果我再度嘗試運用同樣的防衛策略，這次也許會行得通，然後就可以成功捍衛自己」。

也就是說，**生存腦受過創傷後，沒有能力區別過去和現在，所以無法從中學習、無法調整適應**，生存腦如果沒有完全復原，就會仍舊凍結在當時的時間，[36]凍結在原始創傷事件發生的時候。可想而知，這種情況會引發創傷重演，不自覺地重新創造出處境或關係，來呼應先前創傷事件，所以創傷倖存者，尤其是童年時期受到創傷的人，很容易用生存腦引發的反應，來應對現今的危險處境，而那些反應雖然跟現在實際發生的情況有關，卻往往會產生反效果或危害。為應對現今的危險，生存腦採取的唯一習得反應，就是重複原始創傷事件的既定條件反射。

創傷事件期間，採用的不完整或不成功的防衛策略，在經過編碼後，會變成全新的、概括化的既定程式，而生存腦一遇到像是原始創傷事件的情況，就會用既定程式來應對。[37]以胡立歐的例子來說，他看到影片中的動物「被壓制」，這畫面在他的身體引發的感受，等同於當年的他「被壓制」、無法從堂哥手裡掙脫的摔倒經驗。兩者的相似處，足以導致他的生存腦在課堂上再度觸發既定的僵程式。

就算環境條件早已改變，受過創傷的生存腦還是會隨時準備好採用既定的策略。就算有其他策略可能更合適，但既定的策略還是會搶先取得目前處境的相關資訊，並奪得優先地位。生存腦會繼續仰賴這類既定的程式，一直到完全復原為止。唯有完全復原後，生存腦才會終於認清，創傷事件其實是過去發生的事，並且體認到現今的身心系統安全無虞。

內隱記憶系統毀壞，造成的第二種後果，就是**生存腦對於任何跟原始創傷有關的訊號，都會變得超級敏感**。生存腦在創傷事件期間擷取的所有資訊（大部分資訊是在理性腦的意識之外），都會一起存放在內隱記憶系統，當成記憶膠囊的一部分。記憶膠囊包含了感官刺激（即視覺、聽覺、嗅覺、味覺、觸覺）、身體姿勢、肢體動作、情緒、體感，[38]尤其是跟交感神經系統和背側副交感神經系統的壓力反應有關的記憶。記憶膠囊還包含了感知的變化，例如覺得自己是在天花板看著身體，或者感覺時間好像慢了下來。

各個記憶膠囊的強度，端賴於創傷事件的強烈程度，以及創傷事件在一段時間過後是否反覆發生。我們在創傷事件期間經歷的壓力與強烈情緒，還沒完全復原、排解，所以會像「黏著劑」那樣，把記憶膠囊的各個部分都黏在一起。在完全復原前，記憶膠囊都會保持活躍的狀態，很容易被觸發。

如果生存腦認為，現今看到的訊號很像是某部分的記憶膠囊，該訊號就會觸發那個記憶膠囊。身心系統做出的反應，就好像當初的創傷再度發生，感受到的恐懼感和無助感，不亞於原始創傷。如同多條不同的無意識途徑，都通往同一個房間，而房間裡藏著尚未解決的創傷。因此戰場老兵或槍械暴力倖存者，一聽見汽車回火的碰碰聲，就會瞬間重歷其境。他們的杏仁核會對回火的碰碰聲進行類推，聯想到記憶膠囊裡存放的槍械聲。

有一點很重要，**記憶膠囊是存放在生存腦的內隱記憶系統，所以理性腦無法理解記憶膠囊是如何或為何被觸發**。的確，理性腦也許根本沒察覺記憶膠囊已被觸發，因為記憶膠囊是在壓力過度反應下存放起來，是杏仁核記得最牢的時候，所以理性腦的外顯記憶可能已經受到干擾或離線。[39]由此可見，創傷事件的意識記憶可能會模糊、破碎又矛盾，某些細節會烙印在意識記憶，記得一清二楚，而某些細節卻又完全缺漏。

內隱記憶系統毀壞，造成的第三種後果，就是記憶膠囊只要一被觸發，生存腦和身體就會出現一些症狀，[40]顯示出生存腦認為創傷事件還在持續進行，像是瞬間重歷其境、夢魘、侵擾的念頭、擔憂、反芻思考等壓力的生理症狀，比目前的處境還要嚴重。生存腦引發前述症狀，是要試圖結束原始創傷事件，並復原身體調適，但卻徒勞無功。由前述症狀就會知道，生存腦和身體不曉得創傷事件其實已經過去了，反而認為那是持續存在的威脅，於是為了應對這個錯誤的認知，還是繼續讓壓力反應。

「點燃效應」（kindling）是第三種後果的其中一例，指原先溫和的事件會變得越來越容易引發壓力。點燃效應是發生在尚未解決的記憶膠囊被重複觸發時，例如瞬間重歷其境，而且每次發生都會導致症狀加劇，最後引發內在的壓力，例如呼吸淺、肌肉緊繃、反胃或某些身體姿勢，可能會成為壓力源，就算完全沒有外在的影響。所以這種現象才會叫做「點燃效應」，有如用來生火的易燃小樹枝。

每當點燃效應發生，就會提高風險，[41]身心系統對舊訊號的敏感度會逐漸升高。一段時間過後，身心系統可能會自主反應，越來越無法察覺當下的環境。受過創傷的生存腦會把它在身心系統裡感知到的，跟記憶膠囊有關的危險，向外投射到外在環境。生存腦困在過去裡，就算現在的處境安全無虞，生存腦還是會把尚未解決的記憶膠囊，覆蓋到現在的處境上，這種扭曲的現象就是最極端的生存腦劫持作用，尚未解決的記憶膠囊會不自覺地偏向創傷者的感知，[42]緊抓創傷者的注意力，並推動創傷者的既定防衛策略與關係策略，還會影響創傷者的關係和決策。

一段時間過後，生存腦的神經就會覺得這類內在壓力源，也就是體感、疼痛、沮喪的念頭、原始創傷相關情緒，始終具有威脅性和挑戰性，於是早期創傷事件的症狀可能會惡化，這都經由點燃效應形成的。[43]

## 創傷下的理性腦想繼續前進，卻會讓創傷惡化

創傷者會導致處境變得複雜，另一項原因在於受過創傷後，不同的腦部部位之間，在認知、情緒、感覺動作三種層次上，資訊處理整合作業往往會受損，[44]理性腦與生存腦的對立關係隨之擴大，在完全復原之路上，多了一層阻礙。

相較於理性腦連到生存腦的神經迴路，從生存腦（杏仁核）連到理性腦（前額葉皮質）的神經迴路更多也更大。[45]這在演化上很合理，畢竟只要能快速評估眼前威脅並做出反應，存活機率就會提高。此外，在長期壓力或創傷壓力下，就算來自理性腦的神經迴路可能會受損或退化，但來自生存腦的神經迴路還是會獲得額外鍛鍊。從這兩種失調情況就會知道，生存腦劫持作用，為什麼會發生在我們待在身心容納之窗外的時候。

還有一點更為重要，這兩種失調情況也讓我們明白，理性腦為什麼很難修正生存腦裡毀壞的內隱記憶系統。修正的過程稱為消除恐懼記憶或消除創傷記憶，其所仰賴的理性腦迴路會在承受長期壓力或創傷壓力後退化。所謂的消除記憶，其實不是抹去原有的記憶，而是形成全新

的記憶。

創傷事件發生後，理性腦會體悟到事件已經過去了，自己存活下來了。理性腦知道事件已經過去後，往往會仰賴思考、分析、規畫、沉思、決策等保護方法，設法讓將來的自己保持安全無虞。理性腦可能會分析事件並從中學習、找出事件的意義、怪罪別人、透過自我批判來釐清為什麼會引發事件、規畫如何防止這類事件再度發生。**換句話說，對理性腦而言創傷已經過去，而理性腦的做法就是運用自己的方法，繼續往前邁進。**

理性腦的做法，以及生存腦在創傷後的理解和保護計畫，兩者可說是截然對立，畢竟生存腦認為創傷事件還在持續發生。所以，如果生存腦認為訊號是跟尚未解決的記憶膠囊有關，包含點燃效應下，壓力反應帶來的體感，那麼生存腦的神經就會繼續感受到危險，並據此調動壓力。**理性腦基於「合理」的信念，認為創傷已經過去，但生存腦不支持這個信念，兩者在理解上的不同，反而會導致生存腦的安全感降低。**[46]

生存腦彷彿在說：「我留意到身體出現壓力的狀況。既然身體已經有所反應，那就一定有威脅吧？可是我沒看到威脅，那我肯定會被什麼偷襲吧？情況會比我想的還要危險。」這個情況可以用來解釋為什麼創傷倖存者往往覺得自己「正在如履薄冰」、「正在等著危險到來」。倖存者的生存腦就是這樣不自覺地根據內在感受到的危險，去迎擊相當安全的外在環境。

怪不得這個過程往往會促進點燃效應的惡性循環，受過創傷的生存腦，會把中性甚至正面的刺激看成是有威脅性的，實際上，受過創傷的生存腦會變得不信任體內所有的反應，甚至連運動、跳舞或做愛期間產生的愉快感，也不信任。舉例來說，**在愉快的事件發生期間，理性腦會享受當時的情況，但受過創傷又過度警覺的生存腦，會一直忙著找出當中的威脅，以便「解**

**釋」愉快感為什麼會產生**。

在創傷過後，理性腦與生存腦對於目前處境的理解是不一樣的，所以生存腦會繼續感受到危險。然而，因為理性腦知道創傷事件已經過去，所以**理性腦通常不曉得身心系統為什麼會有這樣的表現**。理性腦會運用對立的習慣，試圖分析自身的行為和症狀。比如說，理性腦會浮現批判性或比較的念頭：「我現在應該放下了，我到底怎麼了？有些人的經歷比我還要慘。」理性腦也很有可能陷入自我批判、內疚感、羞愧感、浮現緊張不安的念頭，擔心症狀永遠不會結束或惡化。前述所有對立的理性腦習慣只會導致壓力的反應加劇。

為了回應這類「分析」，理性腦會判定壓力反應和失調症狀是該要解決的「問題」，結果引發「理性腦凌駕作用」，例如壓抑、劃分、咬緊牙關繼續前進、堅持到底等。如果活在「自己的腦袋裡」，跟自己的情緒、直覺、身體斷絕連結，也可能會引發理性腦凌駕作用。

有些療癒技巧也可能會不經意助長理性腦凌駕作用，例如認知行為療法、正向心理學、暴露療法，以及其他的談話療法、認知再評估或目標設立技巧。理性腦型的技巧是用來強化自我、抑制壓力反應，或者讓我們對記憶膠囊裡的訊號減敏，藉以努力做到由上而下的自我調節，畢竟壓力是需要處理的「問題」。

然而，如果這類技巧沒有搭配由下而上的處理，那麼在身心容納之窗內，生存腦就無法對毀壞的內隱記憶系統進行更新。由此可見，創傷者光是運用這類技巧，雖然有可能讓壓力反應程度好好留在變窄的身心容納之窗內，藉此避免觸發尚未解決的記憶膠囊。[47]然而，對於「創傷還在繼續發生」的念頭，創傷者也會劃分並斷絕連結。因此，生存腦和身體會繼續把尚未解決的記憶膠囊疊在此刻，不自覺地仰賴創傷的既定防衛程式，並透過點燃效應，形成日益劇烈的失調症狀。

由此可見，就像創傷臨床醫生佩特·奧古登及其同僚所說的，理性腦型的技巧「雖可有效處理過度反應的狀態並帶來莫大緩解，卻無法徹底解決問題」。[48] 無可否認，理性腦凌駕作用很適合用在某些處境上，適合短時間運用。儘管如此，這類方法本身無法促進身心容納之窗拓展時所需的完全復原。**其實，雖然理性腦仰賴這類方法，從而覺得更有掌控感，但是生存腦的無助感和失控感，卻很有可能會持續下去**。由此可見，長期只仰賴這類方法，可能會導致尚未解決的記憶膠囊長久存在，讓身體調適負荷失衡更嚴重。

最後，理性腦凌駕作用也會積極抑制生存腦的復原嘗試。人們大多沒學過身心系統內的壓力要怎麼排解（第三章會告訴大家），所以這類感受和行為自然發生的時候，我們會無視並加以抑制。落入理性腦的論調與文化常規（例如「男生不能哭」）的時候，尤其會無視並抑制這類感受和行為。

理性腦凌駕作用越是走向極端，生存腦產生的壓力反應程度就越高，好告知理性腦：「我現在不安全！」為了設法把這個訊息傳達出去，生存腦開始轉向生存腦劫持作用，例如瞬間重歷其境、夢魘、嘔吐在鍵盤上、其他失調症狀等。理性腦的因應之道，就是加倍採取壓抑的方法和劃分，咬緊牙關繼續前進，無視生存腦的訊號。實際上，理性腦會想著：「我到底出了什麼問題？那些事件已經過去了，我現在應該放下了才對。」

生存腦為求復原，做了不少嘗試，但每當理性腦出手阻撓，失調症狀就會加劇。還有一點更重要，壓力反應及生存腦的無助感之間的關聯，也會再度獲得證實並重新制約，這種核心神經生物狀態的結合，會讓創傷壓力就此確立。生存腦會從「我無法順利捍衛自己」的創傷信念，類推出「我也無法順利復原」。**無法徹底復原引發的無助感，會導致創傷模式更加穩固，形成惡性循環**。

體內的壓力反應、尚未解決的記憶膠囊、創傷期間運用不成功的防衛策略和關係策略形成的既定程式、現在無法完全復原而引發的習得無助感，這些情況對創傷者而言，與戈迪安繩結*一樣很難解開。在難解的繩結解開以前，生存腦和身體會繼續認為創傷事件還在發生，從而仰賴創傷的既定程式。

然而，對於先前的創傷，理性腦和生存腦的理解截然不同，所以理性腦往往會不經意成為一大阻礙，對完全復原造成妨礙。為求掌控日益增加的失調症狀，創傷者通常會採取社會上可接受的各種因應行為，可惜這樣只會進一步導致身心容納之窗窄化。

下節開始前，我要鼓勵你以客觀的好奇心，反省自己是否陷入理性腦凌駕作用（例如劃分）或生存腦劫持作用（例如瞬間重歷其境與點燃效應）。你可以在日誌本裡問自己，是否有具體的處境、關係或記憶會觸發這些心理習慣？這些習慣被觸發後，通常會怎麼處理？

理性腦和生存腦的對立關係，若要獲得痊癒，第一步就是要意識到對立關係的存在。理解神經生物狀態的情況，經過一段時間後，就能支援生存腦實際上完全復原，理性腦和生存腦的對立關係也會隨之消失。

＊傳說中沒有繩頭的繩結。隱喻為無法用常規解決的難題。

# 06 童年形塑的依附模式決定心理彈性

前三節闡述了身心系統在壓力與創傷下的基本運作方式，還強調身心容納之窗的寬窄十分重要，會決定人們在壓力或創傷處境下的因應方式。身心容納之窗寬闊，較容易準確感知到危險，無論碰到的情況是安全還是有威脅性，都能運用活躍狀態的理性腦功能彈性因應，之後還能完全復原；反之，身心容納之窗狹窄，就比較不容易準確感知到危險，還會採取既定程式的防衛策略和關係策略，不論這些策略到底適不適合目前的情況。在窄窗之外，也比較會出現理性腦凌駕或生存腦劫持的反應，這兩種反應會對日後的復原造成妨礙。

有了根本的認識後，現在該問：「有什麼因素會影響到身心容納之窗的寬度？」為了回答這個問題，本節會探討身心容納之窗一開始是如何建構的，第二章的其餘內容，會闡述身心容納之窗之後是怎麼變窄的。在這些章節中，你會發現我非常強調童年的重要性，因為早年的經驗會對身心系統造成長久深遠的影響。不過，很多人沒有意識到童年時期對身心容納之窗造成的影響，或者覺得那不重要就予以否定。

儘管如此，童年經驗仍是本節的重點，尤其是與家長和其他重要照顧者相處的狀況，**會帶來一輩子的影響，特別是自己與別人互動的狀況，自身因應壓力、從壓力中復原的情況**。就算童年過得開心、家庭關係親密，也可能是過著窄窗的人生，只是童年時期產生窄窗，就更難建立滿意的個人生活和職場關係、更難從長期壓力完全復原。

重複的童年經驗可確立神經生物結構，影響身心容納之窗的寬度，甚至影響至成年時期。根據第三節的說明，當程式再也沒幫助的時候，我們可以選擇中斷程式，特意重組這類結構，並拓展身心容納之窗。無論自己的過去有多艱困，今日的選擇全都掌握在自己的手上。

然而，**要重組神經生物結構和習慣，就必須先意識到神經生物結構和習慣的存在**。所以，希望本節和下一節能讓你意識到，童年經驗是怎麼持續影響今日的人生，而你的人際關係、從壓力與創傷中復原的能力，更會受到影響。

## 嬰兒時期的發展影響自我調節、復原和社交能力

人類與其他靈長類最大的不同，就是人腦的「額葉」（frontal lobe）和「頂葉」（parietal lobe），[1]這兩項部位會繼續發育到三十多歲，所以受到環境的影響也最久。額葉負責控制理性腦的語言、執行、推理、思考等功能；頂葉負責統合感官刺激、空間認知、內臟感覺系統發出的訊號，是溝通管道，可以讓器官把訊號傳回生存腦。

由此可知，人類防衛階層是按照相反的順序建立。就像第四節提到的，人類天生具備第二線防衛機制（交感神經系統，亦稱「戰或逃」），以及第三線防衛機制（背側副交感神經系統，亦稱「僵住」），這些機制已經完全發育成熟。可是，第一線防衛機制，也就是腹側副交感神經系統迴路，在人類出生時，還是處於發育不良的狀態。

第一線防衛機制是在孕期最後三個月才開始發育，[2]並且持續發育到青春期，所以腹側副交感神經系統的功能，也就是跟別人互動的能力、調節心率和呼吸率而不啟動壓力反應的能力、壓力反應後完全復原的能力，還是會持續發育到青少年後期，**也就是說，腹側副交感神經系統的功能發育，特別容易受到童年時期社會環境的影響。**

新生兒首次鍛鍊腹側副交感神經系統，是吸奶和進食。吸奶時，嬰兒會不自覺地學會解除迷走神經煞車，新陳代謝活動隨之增加，吸奶時的吸吮、吞嚥、跟母親連結的動作，也鍛鍊了腹側副交感神經系統，之後嬰兒不自覺地學會重啟迷走神經煞車，支援消化和睡眠功能。說來有趣，嬰兒有腹絞痛，可能表示嬰兒的腹側副交感神經系統迴路，很難學會調節的過程。[3]

當嬰兒六個月大左右，腹側副交感神經系統的能力會提升，懂得利用社交訊號調節迷走神經煞車，並從壓力中復原，例如，母親露出微笑表情、發出咕咕聲，可以幫助嬰兒冷靜下來。隨著腹側副交感神經系統持續發育，小孩會變得更有能力與他人互動，並接受安撫，也更能調降自身的壓力反應程度和負面情緒，由此可見，**吸奶和早期的正面連結，會讓嬰兒的學習軌道開始走向自我調節、復原、社會參與，而這些是第一線防衛機制的三個面向。**[4]

早產*、嬰兒疾病、忽視、虐待，全都會導致嬰兒的腹側副交感神經系統迴路發育中斷，[5]在這種情況下，對於負面或不明確的環境訊號，嬰兒會更敏感、過度反應，使生存腦更容易感知到危險，就算處境很安全，仍會覺得危險，因此啟動壓力反應，回到第二線防衛機制（戰或逃）。此外，對嬰兒來說，自我安撫、調降壓力和負面情緒、學習社交技能、建立社會連結，就更困難了。

一項研究中，九個月大的嬰兒要完成注意力和社交互動的任務，[6]研究員會同時量測嬰兒的迷走神經煞車運作狀況，等到嬰兒三歲大，研究人員會再度進行測試。較難調節迷走神經煞車的嬰兒，幾年後出現社交問題和行為問題的機率，會比煞車正常運作的同齡嬰兒還要高出許多，難以調節煞車的嬰兒到了三歲，退縮、憂鬱、攻擊行為，也會比煞車正常運作的同齡小孩多出許多。換句話說，嬰兒的腹側副交感神經系統無法正常發育的話，就會開始走向受損的第一線防衛機制，對身心容納之窗的寬度造成終生的重大影響。

## 小孩的依附類型會順應照顧者的風格發展

至於能不能精通第一線防衛機制的所有能力（社會參與、依附、迷走神經煞車、壓力反應後的復原），多半要看嬰兒跟家長或其他重要照顧者，早期互動的情況是不是同調又和諧。小孩會去徹底適應家長的情感表達，因此小孩發展出的依附類型會完全順應家長的風格，如此一來，便能跟人生早期的依附人物順利互動，需求也能獲得滿足。

英國心理分析師約翰．鮑比（John Bowlby）提出依附理論，[7]強調嬰幼兒在演化上，天生會跟一個或少數幾個成人建立關係。嬰兒時期的人類無力照顧自己，所以會建立依附關係，保障自己的生存，嬰兒依附類型的發展，是經由嬰兒跟主要依附人物（通常是母親），在社交上、情感上的交流溝通。創傷研究人員暨臨床醫生貝塞爾．范德寇表示：「早期的依附模式會

＊未滿三十週就出生的早產兒，受到的損害尤其嚴重，因為迷走神經煞車還沒運作就出生了。

塑造出內在地圖，描繪我們一輩子的關係狀況，不僅能從中看出自己對他人的期望，也能看出他人帶給我們多少的慰藉和愉悅。」[8] 依附理論是在以下兩個類似的領域發展出來的：[9]

1. 早期的發展心理學者和創傷臨床醫生：著重童年初期的發展，還有兒童跟家長的依附關係，這類研究通常是由臨床醫生進行，在各種標準化的處境下，觀察兒童並進行評估。
2. 社會心理學者：主要著重成人感情關係的依附類型，這類研究通常是由成人填寫自陳式的問卷，講述他們的感情關係。

雖然這兩個領域都提到，鮑比是他們的理論先驅，但是雙方個別的研究還是各具特色，沒有完全整合。在這裡，我著重的是身心容納之窗的早期迴路，還有早期社會環境塑造出來的防衛策略和關係策略，所以我多半是汲取並採用第一個領域的依附類型名稱，但還是納入了第二個領域的一些實證研究，以便提供典型成人關係策略和依附類型的背景脈絡。

請記得，成人自陳式研究的準確度，大概不如臨床醫生的兒童研究，舉例來說，成人回答自陳式問題的方式，會讓成人的依附類型比實際上顯得更有安全感或更自立。成人依附類型的證據，要視各研究而定，而且往往差異很大。

主要依附類型通常是一輩子牢固不變，[10] 還會影響到其他的關係。**人會根據童年經常互動的各個依附人物（例如父親或另一位親戚），發展出不一樣的依附模式，**[11] **如此一來，將來一出現類似的關係或處境，就會觸發這些備用的依附模式。**

根據實證研究，四分之三的成人一輩子都會保持同一種依附類型。[12] 儘管如此，童年依附類型和成年依附類型之間，並沒有直接的線性關係。雙親離婚、創傷事件、感情關係、療癒過程等人生經驗，有很多都會干擾及改變依附類型，例如，有人在童年時期是安全依附型，長大後，經歷了關係創傷、虐待、婚外情、感情關係以創傷告終，所以在後續的關係，會改變關係策略，轉為不安全型依附；有人一開始是不安全型依附，但經過一段時間，長大後，卻有意發展為安全依附型，例如：投入密集療癒過程、培養人際關係來支援自己、不斷落實安全依附型關係策略等。

**依附類型包含了情感溝通模式和關係策略**，[13] **這些都會在生存腦的內隱記憶和程序記憶裡進行編碼**。依附類型會表現在尋求親密感的模式上，例如，我們跟別人的身體要多親近、要有多少接觸，才會感到自在，而社會參與行為（例如何時要微笑、點頭、傾身、眼神接觸，程度又是如何）、防衛表現（例如何時要皺眉、退縮、手臂交叉、身體緊繃，程度又是如何），也會受到依附類型的影響。

鮑比強調，嬰兒第一年的基本任務就是形成依附感，也就是建立「安全的根據地」，小孩最後會離開此處，邁向世界。那麼，這個安全的根據地是從哪裡來的？

理想上，嬰兒的主要照顧者只要懂得調節自身，待在身心容納之窗內，就能敏感察覺嬰兒的身心狀態，也可以有效處理。懂得調節的家長，可以察覺嬰兒的需求並滿足需求，例如，尿布溼了就換，嬰兒餓了就餵食，嬰兒需要安撫就抱著。

實際上，家長提供的是「支持的環境」（holding environment），滿足嬰兒的需求和成長。[14] 提供支持的環境，關鍵就是包容及陪伴嬰兒度過失調狀態，例如恐懼、憤怒、挫折、飢餓、倦怠等，善於敏感察覺並據此調節的家長，也會調節嬰兒的反應程度，嬰兒的壓力反應程度太高，家長會讓嬰兒冷靜下來；嬰兒的反應程度太低，家長會刺激嬰兒。在家長的幫助下，嬰兒就能學會，留在剛發展的身心容納之窗內。

只要家長善於敏感察覺並據此調節，小孩的生存腦和神經系統就會養成習慣，小孩會知道痛苦發生後，就能快速獲得安撫。透過這類重複的經驗，家長持續準確地接收嬰兒的生理需求，並予以回應，嬰兒的腹側副交感神經系統迴路便隨之形成。嬰兒會把家長的外在安撫過程內化，如此一來，嬰兒的腹側副交感神經系統迴路，就會在痛苦發生後自行調降。

壓力反應後會獲得安撫並復原，這經驗反覆出現，嬰兒的眼眶「前額葉皮質」（orbital prefrontal cortex）也會發育，這個腦部部位是跟壓力反應的自我調節有關。**小孩跟家長反覆進行同調的互動交流，小孩的腦部和神經系統也會經歷有益的神經可塑性。**

隨著小孩逐漸成長，家長提供的支持環境會從照顧小孩的生理需求，轉為關注小孩的情緒狀態和心理狀態。在懂得調節的家長幫助下，小孩會懂得包容自己和別人的負面情緒和正面情緒，理想上，小孩會懂得仰賴家長，把家長看成是「安全的根據地」，[15]在此處向外探索新事物。小孩的生存腦和神經系統會懂得信任，只要小孩一出現痛苦，永遠都能回到家長那裡，尋求安撫支持。小孩跨出舒適圈並在之後復原，這個過程也會在身心系統內化，腹側副交感神經系統迴路會進一步發育。

當然，就算是照顧最周到的家長，也不一定總是能敏感察覺小孩的需求、不一定總是能調節自身。那麼，家長偶爾「失控」的時候，會發生什麼情況呢？畢竟家長肯定都會有失控的時候。

研究依附情況的研究員強調，有了「夠好的」家長＊，[16]小孩正在發育的腹側副交感神經系統迴路，就不會受損。親子關係不時陷入痛苦時，例如家長跟小孩不同調的時候，夠好的家長會運用「互動式修復法」（interactive repair），[17]有自覺地採取措施，復原雙方同調的關係。

舉例來說，假如小孩上床睡覺時間到了，家長必須阻止小孩繼續玩下去，小孩還不想去睡，因此表達出厭惡的情緒，甚至會開始發脾氣，只要家長懂得運用互動式修復法，就能沉著幫助小孩處理及解決內心的挫折感，同時還能遵守上床時間，假如家長回到家時，因工作上受了挫折，感到灰心氣餒，雖然跟小孩沒關係，家長卻會不自覺地遷怒在小孩身上，在這種情況下，只要家長懂得運用互動式修復法，就能先讓自己冷靜下來，然後向小孩道歉，幫助小孩處理被遷怒後產生的憤怒、焦慮、羞愧，並加以解決。

「夠好的」家長只要採用互動式修復法，就能順利擺脫負面情緒，轉變成正面情緒，並且協助小孩的生存腦和神經系統如法炮製。如此一來，家長可協助小孩培養自我調節技能，培養有彈性又有韌性的關係。

由此可見，只要家長善於敏感察覺並據此調節，小孩就會懂得調節壓力、身體感覺、情緒、衝動。基本上，**只要小孩懂得模仿家長的認知、生理、情緒、關係模式，並加以內化，那麼小孩的腦部和神經系統，就會受家長更成熟的腦部和神經系統影響。**[18]**在這個理想的情境下，人可以一開始就擁有寬闊的身心容納之窗。**

家長提供「夠好的」同調狀態，小孩就會變成安全依附型，身心容納之窗也相當寬闊。小孩的能力會完全發育成熟，從事社會參與、調節迷走神經煞車，並在壓力反應後完全復原，安全依附型的小孩就會懂得取用及靈活運用三種防衛機制。最重要的一點，小孩也會懂得運用主導權，也就是說，**小孩不但能改變內心的感覺，也能改變他人回應自己的方式。**

---

* 指一般家長，不完美卻真實。

在這樣教養下長大，安全依附型成人的內心感受，以及對外表現自我和行事的作風，就會達到一致。[19] 在他人面前，安全依附型成人可以明確表達自己的意圖、心情、渴望，而內在的物理狀態、認知狀態、情緒狀態，往往符合外在的言語、表情、肢體語言等社會參與行為。

安全依附型成人就算獨自一人、自主行事，也還是十分自在，本能上就懂得自行調節壓力反應程度，也懂得配合旁人，不論是給予支持，還是接受支持，都很自在。身心容納之窗寬闊，就能包容自己和別人的高強度反應狀態，也能享受親密的情感，享受身體和性愛的接觸。

根據大量實證研究，五〇％至六三％的成人屬於安全依附型。[20] 然而，社經背景弱勢的成人，比較少有安全依附感；高齡者無論是什麼社經背景，安全依附感都較低，[21] 在至少五項的實證研究中，只有二二％至三三％的中老年人屬於安全依附型。

## 形成不安全型依附的四大要點

如果成人中約有半數是屬於安全依附型，那麼其他人呢？在回答前，我想先提出四項要點：

1. **人類出生時，在神經生物結構上就會依附某個人**：[22] 無論家長和照顧者是照顧周到、敏感察覺、時時關愛，還是冷淡、忽視、虐待、反覆無常，嬰兒都會依附他們，不管是哪一種照顧方法，嬰兒都會去適應調整，發展出合乎依附人物的防衛策略和關係策略。要存活下來，至少要滿足一部分的需求，這確實是唯一的方法了。

2. **家長也曾經是嬰兒和小孩**：根據實證和實驗研究，家長最初的迴路，會對家長最終採取的教養法產生重大影響。[23]家長養育小孩的時候，會不自覺地運用自身的身心容納之窗，換句話說，**家長沒培養出來的腦部和神經系統能力（還有防衛策略和關係策略），就無法協助小孩培養**。

舉例來說，不安全型依附家長往往不善於運用互動式修復法，原因可能在於，家長在原生家庭也沒經歷過互動式修復法。這類家長也沒見過不同調情況該如何有效處理，所以在處理不同調情況上，這類家長經歷的模式也不一樣。以我成長時期家裡常見的模式來說好了，先是情緒或暴力的爆發，隨後是一段時間的退縮、冷戰、如履薄冰，接著每個人回頭聚在一起，好像什麼事都沒發生過，也從沒承認過、討論過衝突的情況。由此可見，那樣的關係策略會傳承給小孩。

因此，**家長的依附類型，會對小孩的身心容納之窗初期迴路產生重大影響**。家長是安全依附型，小孩比較會發展出寬闊的窗口；家長是不安全型依附，小孩比較會發展出狹窄的窗口。

3. **依附類型與家長的敏感度和是否同調有關，與小孩的氣質、性別、出生順序較無關**：根據大量實證研究，小孩的性別和氣質，對依附類型不太會造成影響，[24]所以氣質上「難相處」的小孩，不一定是不安全型依附。此外，約三分之一的家庭中，兄弟姊妹發展出的依附類型並不相同，但出生順序無法解釋為什麼會有這樣的差別。[25]依附類型跟家長（尤其是母職）的敏感度和同調度比較有關係，而且要看背景脈絡而定。

母親的同調能力，視小孩而定，要看各個小孩待在子宮期間，還有小孩出生後的頭幾年，母親的壓力反應和憂鬱的程度，而家人的同調能力也可能要視壓力源而定。

4. **壓力的反應具有感染力，家長的壓力反應程度會轉移到嬰幼兒的身上：**近來有好幾項研究發現，母親和小孩（從嬰兒期到青春期）的壓力荷爾蒙濃度差不多，[26]當母親緊張、憂鬱、受到親密伴侶暴力時，這現象特別明顯。

近來有項實驗以六十九位母親和嬰兒為對象，[27]確切呈現出這種壓力感染作用。母親和嬰兒都戴上感測器，以便追蹤壓力反應，母親跟十二個月大至十四個月大的嬰兒分開，接受兩位專業評估者的十分鐘訪談，期間母親有五分鐘的時間，講述自己的優缺點，然後是五分鐘的問答時間。研究員設計三種情境，將母親隨機分配到其中一種情境，有些母親接受「正面評估」，也就是評估者會給予更多的正面回應、微笑、點頭、身體前傾；有些母親接受「負面評估」，評估者會給予更多的負面回應、皺眉、搖頭、手臂交叉、身體後傾；有些母親接受「控制組評估」，要一個人坐在房間裡，說出自己的想法，大聲回答書面問題。

評估結束後，母親和嬰兒重聚，研究員指示母親幫助嬰兒放鬆。研究員發現每位母親與嬰兒重聚後，母親的壓力反應程度會很快傳到嬰兒那裡，而嬰兒會具體表現出來，就算嬰兒沒有直接接觸到母親承受的壓力源，還是會很快反映出母親的壓力程度，如果母親接受的是負面評估，母職壓力傳遞作用的影響力會是最大的。研究員做出結論：「嬰兒很容易發現母親過度反應的狀態，像是母親對負面的、有威脅性的、引人憤怒的事件所產生的反應。」[28]如果母親接受的是正面評估或負面評估，也就是說，母親是跟活生生的評估者見面，那麼之後嬰兒的社會參與度會大幅降低，母親和嬰兒一起接受後續面談時，嬰兒比較不會盯著看，或者會積極扭動身體，遠離陌生人。

這項研究具有重大含意，嬰兒一跟母親重聚，立刻反映出母親的壓力反應程度。不過，因為嬰兒的腹側副交感神經系統迴路，還在發育不良的狀態，所以嬰兒的社會參與力或壓力復原力比較低，而社會參與力和壓力復原力是第一線防衛機制的兩個面向。由此可見，嬰兒遇到訪談者這個陌生人和新的壓力源，就會立即「回到」逃跑反應，轉移目光，積極扭動身體，努力遠離陌生人。

假如某個小孩承受的壓力程度，比這項研究中的嬰兒還要高出許多，而這個小孩的高度反應一直持續數週、數個月或數年，這代表要麼是從失調家長那裡感染到壓力，要麼是更糟的狀況——家長本身就是小孩的恐懼來源。

現實中，在這種環境下，小孩以後是否會落實社會參與技能、調節迷走神經煞車、在壓力反應後完全復原、讓腹側副交感神經系統迴路完全發育成熟？次數也許不多，但肯定不夠。在這種情況下，小孩可能會更常反覆去落實及採用第二線和第三線防衛機制，也就是跟交感神經系統（戰或逃）和背側副交感神經系統（僵住）有關的防衛策略和關係策略。當然，這類重複的經驗會產生神經可塑性，也就是說，生存腦的神經會有很多機會感知到危險並啟動壓力反應，會有很多機會完全避開腹側副交感神經系統策略，回到戰鬥、逃跑或僵住的狀態。

## 三種不安全的依附類型

無論在哪種環境下，人類的神經生物結構都找得到自己的路，所以我在討論三種不安全依附類型時，希望你記住，人們在面對自己所處的獨特社會環境，有多麼堅韌、多能適應。

### 不安逃避型：具備強大的自立能力和壓抑情緒的能力

如果母親（或其他的主要照顧者）積極阻撓了生理上和情感上的連結，那麼嬰兒可能會成為「不安逃避型」（Insecure-Avoidant）。[29]這類的母親通常不喜歡擁抱嬰兒，不喜歡跟嬰兒講話及眼神接觸，用較寬容的角度來看，這類母親之所以態度冷淡、無暇他顧，可能是因為必須照顧另一位久病的手足或年邁的親屬、需要出外工作或有健康問題。基本上，媽媽傳達給嬰兒的訊息是：「生理上和情感上，我都沒辦法照顧你。」

嬰兒的因應之道，就是比較少表達親密感需求，從外表觀察，嬰兒跟家長在生理上和情感上的連結、眼神接觸，也比較不感興趣，這樣才能順利適應家長。前述的適應行為叫做「停止反應策略」（deactivating strategy），採用這種策略後，痛苦的感覺，還有被家長嫌棄的感覺，嬰兒就感受不到了。在母親離開房間時，這類型嬰幼兒通常不會哭，母親回來時，這類嬰幼兒好像也不在意，他們往往更注意玩具和其他無生命的物體，不關注周遭旁人。

表面上看起來，不安逃避型小孩不太有分離焦慮，實際卻經歷了大量的壓力反應。根據實驗，不安逃避型小孩跟家長分開後，心率會慢性增加，這就表示交感神經系統持續活躍。**表面**

**上看起來不受他人影響，體內卻產生高度反應，這種矛盾情況會在逃避型身心系統內，打造出核心模式，一段時間後，內在狀態和外在行為之間，會產生重大分歧。**

換句話說，逃避型的小孩和成人，在情感上、生理上的內在感受，以及向外表達自我的方式（眼神接觸、表情、姿勢、言語），往往非常不一致。[30]逃避型往往沒察覺到內在的實際狀況，理性腦和生存腦的對立關係也隨之加劇，所以有些創傷研究員會把這種模式叫做「無感的處理」。

逃避依附型主要採取的關係策略是「我可以照顧自己」。逃避型小孩在學校可能會獨來獨往或被其他孩子霸凌；逃避型成人往往強迫自己自立，設法自行處理壓力。他們往往會跟別人保持一定距離，認為個人生活和職場關係複雜難解、令人不快或「太耗費心力」，壓力一大，就容易退縮不前，也不認為「人際關係是支持的來源」。

逃避型通常不會察覺到自己的情緒狀況，所以對於別人發出的社交訊號和情緒訊號，往往比較無法敏銳感受到。要是有人設法在社交上或情緒上，跟逃避型成人互動交流，那麼逃避型的會退縮不前，把自己武裝起來，例如肌肉緊繃、身體姿勢封閉、發送矛盾的訊息、運用其他停止反應策略或保持距離。

逃避型成人通常是待在窄化的身心容納之窗內，且須處理壓抑身體感受和情緒的理性腦凌駕作用。這使得**逃避型成人通常不仰賴第一線防衛機制（社會參與），他們既定的程式一般傾向採取第三線防衛機制（即「背側副交感神經系統」）的相關策略**，[31]也就是退縮、缺乏眼神接觸和情緒表現、「僵住」反應。然而，一受到刺激，也會仰賴「戰鬥」反應（即「交感神經系統」）。

就算有了伴侶，逃避型成人遇到高壓處境，也往往不願向伴侶求援。[32]逃避型成人通常認為伴侶十分黏人又過度依賴自己，完全沒意識到自己在感情關係中的需求和恐懼，難怪在感情關係中的滿意度，逃避型成人往往比其他依附型還要低。

雖然不安全型依附的婚外情機率，遠高於安全依附型，但是有一些研究顯示，在依附類型當中，逃避型最容易出軌。逃避型成人離婚、有多段婚姻的機率，也高出許多，舉例來說，從第二節葛雷格的故事看來，葛雷格就屬於不安逃避依附型。

成人約有四分之一屬於不安逃避依附型。[33]部分研究顯示，不安逃避依附型在年長的年齡層比較常見，[34]有些研究還發現，三七％至七八％的長者屬於逃避依附型。另有一項研究發現，美國都會區黑人長者，大部分都屬於逃避依附型，高達八三％，或許是因為這些群體在自陳式問卷呈現的自我形象，比實際上還要更自立。

根據我在高壓環境領域的教學經驗，高壓職業的不安逃避依附型，多得不成比例，因為消防員、特勤人員、外科醫生、華爾街交易員等職業，通常必須具備強大的自立能力和壓抑情緒的能力，而且通常也會因此獲益。

## 不安焦慮型：容易受壓力刺激、心情起伏劇烈

第二種不安全型依附為「不安焦慮型」（insecure-anxious）或「不安矛盾型」（insecure-ambivalent）。如果母親跟嬰兒的互動是無法預測又反覆無常的，也就是說，母親只回應自己的情感需求和心情，不回應嬰兒的情感需求和心情，那麼嬰兒就會變成不安焦慮型。[35]母親沒有

滿足嬰兒的反應程度和需求，可能會在壓力感染作用下，過度刺激到嬰兒（母親緊張或氣憤的時候），可能會無法跟嬰兒一起投入養育或玩耍（母親憂鬱或心情不好的時候）。

母親的情感需求和反應程度，通常是母嬰關係背後的推手。對於嬰兒的需求和反應程度，母親不一定能敏感察覺到，而且通常會無視，基本上，這種母親傳達給嬰兒的訊息是：「我也許會照顧你，也許不會，要看我現在的狀況怎麼樣。」嬰兒再度順利適應這種反覆無常的狀況。嬰兒不確定家長可不可靠，所以變得謹慎、矛盾、焦慮、氣憤、安撫不了。就像第四節所說，如果生存腦覺得某樣事物無法預測又無法掌控，就有可能感受到更大的威脅。

**要是家長和小孩經常不同調，家長也沒幫忙調降反應程度，那麼焦慮型小孩的神經系統，很可能會產生慢性壓力，腹側副交感神經系統也會很難復原**。此外，因為母親的需求和心情往往凌駕了嬰兒的內在狀態，所以嬰兒的生存腦和神經系統會內化這項制約作用，不自覺地無視自己的生理需求和情感需求。跟逃避型的小孩相比，焦慮型的小孩會更意識到自己的內在狀態，內在狀態跟外在行為更一致。[36]外在可能會表現出長期或誇大的負面情緒，所以創傷研究員通常會把這種類型叫做「感受到卻不處理」。

焦慮依附型主要採取的關係策略是「我想從彼此的關係裡獲得更多」，可能會因此全神貫注在關係上，而關係需求卻沒有獲得滿足。這種全神貫注的狀態會以多種方式展現，[37]例如討好他人，同時希望自己付出的努力會獲得回報。

焦慮依附型會對外發洩、發出尖叫聲、退縮不前、嘟嘴巴、濫交，或展現出其他的「抗議行為」，努力抓住對方的注意力、吸引對方。焦慮依附型對關係很執著。藏在前述各種策略底下的，其實是焦慮型的人從關係當中體會不到安全感，就算「客觀上」，是很有安全感的關係，也還是會沒有安全感。

焦慮依附型更能留意到他人的情緒變化，[38]在解讀別人發出的訊號時，也更敏感、更準確，因為焦慮依附型要存活下來，對於反覆無常照顧者的需求和心情，就必須學著好好看懂才行。不過，焦慮依附型往往會長期保持壓力狀態，理性腦功能隨之降低，誤讀對方的訊號，妄下定論，然後過度反應。

**不安焦慮型通常是待在窄化的身心容納之窗內，處理生存腦劫持作用。一般而言，壓力反應程度的臨界值很低，很容易被過度刺激，心情起伏劇烈，他們既定的程式一般傾向採取第二線的「戰或逃」防衛機制（即「交感神經系統」）相關策略。**他們會過度關注自己的內在困擾，進一步放大情緒，然後仰賴旁人幫助他們控制過度反應的狀態。他們經歷壓力或負面情緒後，往往很難平靜下來。他們也會認為，自己沒能力調節自己的情緒、覺得自己照顧不了自己。

在關係中，焦慮依附型的成人往往偏好強烈又糾纏不清的關係。[39]他們通常覺得孤獨一人會壓力很大，害怕自己被拋棄，往往過度要求伴侶一再保證，好讓自己安心，也許還會不自覺地利用長期的壓力和負面情緒，把伴侶拉得更近，擔心自己復原或冷靜後，伴侶就會拉開距離。

焦慮依附型沒有逃避型那樣不忠，但婚外情的機率比安全依附型高出許多。[40]焦慮依附型如果希望滿足內心情感的親密需求、想抓住伴侶的注意力、想「報復」伴侶，就會發生婚外情。同時，在所有的依附類型中，焦慮依附型極有可能待在不快樂的關係或婚姻裡，根據研究顯示，六％至二二％的成人屬於不安焦慮依附型。[41]

## 不安混亂型：調節內在狀態的能力通常最低

第三種不安全型依附是「不安混亂型」（insecure-disorganized），有時也叫做「不安焦慮逃避型」（insecure-anxious-avoidant），是前兩種不安型的誇大版。

成人依附研究多半沒有量測，也沒納入這種依附類型，[42]通常都是根據成人主要表現出來的特性，劃分成前兩種不安型，所以此類型大致上較罕見。不過，在年輕人中，混亂依附型並不少見。舉例來說，有一項統合分析顯示，一般中產階級家庭的嬰幼兒有一五%是混亂依附型；[43]接受臨床治療或社經背景較低的小孩中，混亂依附型的比率是中產家庭的兩到三倍。

如果家長本身有忽視、虐待、憂鬱或受過創傷的情況，嬰兒就會變成不安混亂型，[44]導致嬰兒跟家長嚴重不同調，家長也沒處理嬰兒的反應程度和需求。有時是家長沒有住所或獨自撫養小孩，有時是家長罹患憂鬱症，一心只想著自己尚未解決的失去或創傷，例如摯愛前陣子去世、自己的童年有創傷、性侵害、家暴或戰爭引發的、更近期的或持續的創傷，而且這類家長通常會酗酒或濫用藥物。有些家長對待小孩的態度是憤怒、干涉或虐待，有些家長的態度是困惑、害怕、脆弱，好像不懂得怎麼當大人，還希望小孩反過來安慰自己。換句話說，家長不是安全的保障，反而是恐懼、沮喪、恐怖、困惑的源頭。這類型的小孩可能曾經被遺棄到育幼院或養護中心。

混亂型小孩的家長不一定一直都在虐待小孩或忽視小孩，研究混亂型的研究員認為，這類家長會表現出「一波波的嚇人行為，也曾經失去重要的人或遭受虐待……但在其他方面很敏感，也會回應。」由此可見，混亂依附型可以看成是，家長的早期創傷影響到下一代。[45]

家長是嬰兒存活下來的要件，但家長的照顧卻十分反覆無常，變成了恐懼或恐怖的長期源頭，所以嬰兒會發展出矛盾的「逃避親近」模式，這模式會展現在身體上，還有防衛策略和關係策略上。親近不安全，逃離也不安全，但無能為力的小孩，只能仰賴某一個人的照顧，所以小孩的行為才會看起來矛盾不一，例如，母親離開的時候，混亂型嬰兒會表現出過度沮喪的樣子，但母親回來，混亂型嬰兒卻表現得很冷淡，或者混亂型小孩可能會尋求親密感，然後卻表現出僵或退縮的狀態。實際上，為了依附對方，混亂型小孩會試圖啟動發育不良的第一線防衛機制，生存腦的神經會立即感受到危險，叫第二線和第三線的防衛機制同時啟動，或趕快接連啟動。

混亂型嬰幼兒通常會處於長期過度反應和過動的狀態（交感神經系統「戰或逃」狀態），然後會多次發生反應不足、虛脫或麻木感（背側副交感神經系統「僵住」狀態）。**與其他的依附型相比，混亂型的迷走神經煞車、免疫系統、壓力荷爾蒙系統（HPA軸），會出現更多的失調症狀。**

混亂型小孩發現自己在承受家長的憤怒、恐怖、虐待、忽視後，很少獲得互動式修復。[46]家長快速切換狀態，小孩永遠不曉得家長會被什麼激怒，處處感受到自己不得不如履薄冰。所以，為了自我安撫，混亂型嬰幼兒也會出現反常的行為，[47]例如反覆搖晃身體、腦袋出神恍惚。

混亂型小孩往往不得不「趕快長大」，[48]為自己、為家人擔起責任，表現遠超乎他們目前的神經生物結構發育階段。與其他的依附型相比，混亂型小孩比較會出現憂鬱症狀、害羞、社交恐懼症、注意力和學習上的問題、攻擊性的行為。到了青少年時期，就會變得鬱悶、氣憤、疏離、反抗不同調的家長，要是家長期望小孩照顧自己，情況就會格外嚴重，混亂型青少年往往會出現不良的衝動控制、暴力、高風險行為或自殘行為，例如暴食、割傷自己、危險駕駛、偷竊、濫交、濫用藥物、加入幫派、自殺行為。

混亂型主要採取的關係策略是「我需要跟人接觸來往，但我無法放下防衛」。**與其他的依附型相比，混亂型的小孩和成人，取用及調節內在狀態的能力通常是最低的，內在狀態和外在行為間不一致的情況也通常是最嚴重的**，還極有可能發生解離症和其他的慢性僵住反應。神經覺也有可能是最不完善的，[49]比如說，天真地信任陌生人和高風險處境，不信任忠誠的朋友和安全的處境，內在沒有一絲安全感，混亂型生存腦幾乎無法區分真正的安全和危險。有缺陷的神經覺種下禍根，進一步傷害自己和他人，未來不是會害自己受到創傷，就是會害別人受到創傷。

三%至五%左右的成人是混亂依附型。[50]相較於一般大眾，在遭受創傷、心理生病、沒有住所、入監服刑、低社經的人們中，混亂依附型多得不成比例。

## 依附類型會影響與別人的互動方式

你或許已經留意到了，你其實跟多種依附型有共鳴，因為雖然我們是跟某一個人（通常是母親）發展出主要的依附型，但也有可能發展出不一樣的關係策略，以便跟其他照顧者（例如父親或另一位親人）互動。

舉例來說，研究依附型態的幾位研究人員和臨床醫生，都強調「異類相吸」的道理，也就是說，逃避型和焦慮型的成人最後往往會在一起。在這種社會環境下長大的小孩，會培養出卓越的自立技能（用以應對逃避型家長），同時也會長期出現過度反應、焦慮或憂鬱；他們會對外發洩，吸引注意力；培養出討好的厲害技能（用以應對焦慮型家長），這類小孩很可能會過度警覺，擅長讀懂家長的情緒，並且看清自己跟家長之間的互動關係。雖然小孩長大後會表現出一種主要的依附類型，但也會展現出家長的防衛策略和關係策略，實際情況要看具體的背景脈絡或關係而定。他們長大後，也可能會跟伴侶一起重新創造出類似的互動關係。

此外，就算是安全依附型個體，也可能會偶爾表現出不安的防衛策略和關係策略，尤其是有壓力、失調、位於窗外、被別人觸發的時候。如果能有所認知，就能採取行動，回到身心容納之窗內，讓腹側副交感神經系統回到隨時準備好的狀態（第三章會詳細探討做法）。

因為我們跟別人互動的能力、調節心血管系統的能力、壓力反應後完全復原的能力，仰賴腹側副交感神經系統，所以**我們的關係，還有我們從壓力與創傷中復原的能力，也會被我們所屬的依附型影響**。

近來的實證研究重點是，不安依附感與人生困境間的關係，並用腹側副交感神經系統說明以下兩個層面：社會參與、依附、支援的關係；復原或自我調節。個人生活和職場關係發生衝突時，不安全型依附成人訴諸有害行為和脅迫行為的機率，比安全依附型成人還要高出許多，[51]不安全型依附比較不會出現有建設性的、合作的行為；比較會擔心負面關係帶來的後果、經歷關係不合、發生婚外情、在感情關係中遭受暴力或虐待。

睡眠障礙、關節炎引起的劇烈疼痛和失能、醫學上無法解釋的慢性疼痛，在這些方面，不安全型依附成人的罹病機率也高出許多，[52]就算是心理疾病和濫用藥物的情況已經獲得控制，也不例外。不安全型依附罹患疾病和慢性病的機率較高，心血管系統相關症狀的風險格外高，因為迷走神經煞車沒有正確運作。

最後，不安全型依附成人有比較高的機率罹患情緒失調相關心理疾病，[53]經歷的症狀也更劇烈。不安焦慮型與不安混亂型的成人，如果傾向採取焦慮型關係策略，就比較會出現內化行為障礙症*（internalizingdisorder），例如焦慮症、PTSD、憂鬱症、產後憂鬱症、適應障礙症、邊緣型人格障礙症等。反之，不安逃避型與不安混亂型的成人，如果傾向採取逃避型關係策略，就比較會出現外化行為障礙症†（externalizing disorder），例如濫用藥物、酗酒、陣發性暴怒疾患、有攻擊性的暴力、反社會人格障礙等。

如果本節已協助你認清自己屬於不安全型依附，請你明白，地球上有一半的人與你相伴。越沒認知到童年的依附類型，成年後，就越有可能延續童年的防衛策略和關係策略，近四分之三的成人延續著童年的依附類型，或許就是缺乏意識所致。

然而，你目前的依附類型，以及既定的關係策略和防衛策略，不見得就是你的命運，那些在一段時間後有可能改變，就像是透過神經可塑性組成一般，腹側副交感神經系統迴路是有可能重組的，**不安全型依附也有可能轉變成安全型依附，只要有更多令人滿意的支援關係、更有能力自我調節及復原、身心容納之窗更寬闊就行了**。我的人生一開始是不安全型依附，之後神經生物結構重組，變成安全依附型，所以知道這個道理是真實無誤的。

儘管如此，**沒有什麼特效藥或魔杖可以立刻消除初期的迴路，唯有反覆經歷壓力反應後完全復原，就算害怕或氣憤，還是盡力在關係中更坦率、更徹底展現自己，那麼一段時間過後，**

* 壓抑情緒壓力，缺乏社交，常有焦慮、憂鬱、退縮等表現。
† 外顯情緒壓力，具有攻擊性、衝動性，可能會暴怒攻擊。

**腹側副交感神經系統迴路就會獲得強化**。

拓展身心容納之窗時，務必記住一點，人類的演化遺傳包含了「重來一遍」的能力，也就是互動式修復的能力，有了這個神奇的能力，「夠好的」家長就能協助小孩獲得安全依附感和寬窗。就算小時候在互動式修復上，沒有很多正面的經驗，現在當然還是可以去學習這項技能，並充分運用。**互動式修復法練習得越多，內隱記憶就越是深植內心，越容易再度運用**，並運用在每次不同調之後，多加練習就能拓展身心容納之窗，走向或強化安全依附感，並且建立更多令人滿意的支援關係。

進入下一節之前，在此鼓勵你利用反思寫作的方式，描寫自己身為小孩、身為大人時所屬的依附類型。有了客觀的好奇心，也許就能調查出自己為何會成為該種依附型，至於我們的神經生物結構，是如何毫不費力地適應我們最早所處的社會環境，我們沒有太多的置喙之處，但既然它協助我們存活到現在，就該心懷感激。就算你覺得自己是安全依附型，但只要把壓力下仰賴的不安型關係策略寫下來，還是會有所助益，因為書寫的行為會幫你認清自己是何時移到身心容納之窗外的。

練習時，你可以跟家長、兄弟姊妹、嬰幼兒時就認識的人們聊一聊。你可以問對方，你小時候有沒有碰過困難、你是不是早產兒、有沒有嬰兒腹絞痛、有沒有接受過內科治療或手術。你可以詢問家長的依附類型，還有在你童年初期，家長承受的壓力程度高低（如果你還不知道的話），例如家長當時是不是正在因應創傷、失去或急性壓力源，這些人可幫助你記起自己初期的行為，也許有利找出你在童年時期的依附類型。

# 07 失調途徑① 童年逆境和成長創傷

我在陸軍服役時，以及之後的幾年，都覺得自己有如創傷磁鐵。「創傷磁鐵」這個術語，是我當時約會的對象提出來的，他用這種方式來理解我人生中發生的幾起事件。現在回想起來，我知道他很在乎我，但他可能是因為不太能幫助我的狀況好轉，所以才會感到氣憤、害怕又無助。

從某個角度來看，他說的沒錯，我這輩子接連經歷多起創傷事件，數量多得不成比例，於是自然會出現以下問題：「為什麼？為什麼我會有大量極端的經驗，其他人卻沒有？」

有些人跟我一樣，是不安全型依附或有了發展型創傷，人生一開始就形成窄窗，神經生物結構有很多層面都是在無意識的機制下，所以我們就保持了那個樣子。個體經歷過童年創傷和逆境，日後的人生通常也會承受其他的創傷事件，雖然看起來是「創傷磁鐵」，但是實際情況複雜多了。獨特的神經生物過程會呈現童年時期的窄窗，如何在一段時間後變得更窄。

記住，身體調適功能正確運作，就能引發壓力，有效因應威脅或挑戰，接著之後還能排解壓力，最後完全復原。

然而，有了慢性的壓力與創傷，身心系統就無法在壓力或創傷後充分復原，反而會處於壓力下，會讓身體調適負荷失衡更嚴重，理性腦和生存腦會形成對立關係。一段時間過後，身心容納之窗變窄，最後出現失調症狀。

有三條途徑會造成身體調適負荷失衡、身心容納之窗窄化。本節探討第一條途徑，也就是童年逆境和成長創傷；第八節探討第二條途徑，也就是成年時期的震撼型創傷；第九節探討第三條途徑，也就是日常生活的慢性壓力和關係創傷。

不是人人都經歷過童年逆境和成長創傷。然而，就算你覺得童年很快樂，也在童年時期發展出安全依附型和寬窗，本節還是適合每個人閱讀。這背後有兩個理由：

1. **童年逆境後發生的許多神經生物適應作用，也可能出現在將來經歷壓力和創傷後**。除非後來能完全復原，否則經歷的每一起壓力事件或創傷事件，每一次的受傷、感染、職場挫敗、精神危機、情緒起伏，都會對身心系統產生日積月累的影響。如果有童年逆境，表示這種累積的狀況很早就開始了，甚至會扭曲神經生物結構的發育。儘管如此，本節提出有害的神經生物適應作用，也很可能會發生在成年時期，在經歷壓力和創傷過後。

2. **打破文化的既定看法**。從我的創傷磁鐵故事看來，美國社會對於虐待、暴力、肥胖、成癮、心理疾病的起因和後果，懷著既定的想法。在這類信念和設想下，美國文化往往會否定創傷（第二節已有討論），基於這類信念，人們往往會去羞辱怪罪加害者和受害者，毫無品德或不自制，導致汙名化加劇、集體理解鈍化。這類信念造成社會分裂，還會影響到我們對各種問題的處理方針，例如教育、健康照護、福利、執法、入監服刑、平權措施等問題。

## 家長的依附類型會影響下一代

第二節的陶德、第五節的胡立歐，還有我，全都走上第一條途徑「童年逆境和成長創傷」，導致身心容納之窗窄化，雖然我們的人生故事各不相同，卻透露出相同的含意。第一條途徑相當複雜，涵蓋了跨世代的影響，還有先天本性和後天教養間複雜的交互作用。

如第三節所述，環境訊號和習慣會導致DNA或周圍蛋白質產生變化，這就是所謂的表觀遺傳變化。表觀遺傳變化可以開啟及關閉基因表現，對身心系統造成長久的影響。由此可見，**雖然有某種遺傳傾向，就容易展現出某項特徵，但是這項特徵實際上會不會表現出來，還是要看所在的環境和自身的習慣而定**。童年逆境與很多有害的表觀遺傳變化有關，而表觀遺傳變化也會傳給好幾代的後代（第三節已有討論）。

此外，如第六節所述，壓力反應具有感染力。如果家長是不安全型依附，身心容納之窗也狹窄的話，營造出的環境條件就比較會讓小孩變成不安全型依附，小孩也會有窄窗。[1]由此可見，**慢性壓力與創傷，會透過小孩與家長和其他重要照顧者間的早期依附關係，產生跨世代的影響**。

家長扮演的關鍵角色，是要協助小孩培養能力，[2]讓小孩在經歷壓力反應和負面情緒後，還是能夠自我調節並復原。如果小孩最早所處的社會環境會損及這樣的發展，就會在小孩的神經生物結構上，留下不可磨滅的型態，奠定窄窗的根基。

例如，不安全型依附的母親，[3]尤其是家人有濫用藥物情況、伴侶有脅迫和虐待行為的人，比較會罹患產後憂鬱症。因此，胎兒在子宮時或新生兒出生後的幾個月內，母親如果有憂鬱症，嬰兒的壓力荷爾蒙系統（HPA軸）就會失調，變得過度敏感，嬰兒的沮喪臨界值會降低，腹側副交感神經系統迴路的發育也會受到負面影響。如果家長正在應對內心尚未解決的創傷或遺憾，就難以敏感察覺嬰幼兒的需求，小孩變成不安全型依附和窄窗的機率會增加，家長的慢性壓力與創傷會擴及整個家庭。

近來有項研究以美國國民警衛隊的家人為對象，[4]專門探討家長的慢性壓力和創傷接觸、狹窄的身心容納之窗、不安全型依附，是如何透過壓力感染作用，產生世代間的影響，導致小孩的身心容納之窗窄化。雖然這項研究是檢驗戰爭帶來的影響，但只要家長有任何尚未解決的創傷或遺憾，就會產生有害的跨世代影響。

在這項研究中，研究員以兩年為期，在父親結束戰鬥派遣任務返家後，多次觀察家人的互動情況。研究員發現，戰場老兵父親的PTSD、母親的PTSD、小孩一段時間後的心理症狀和行為問題增加，這三者之間有著密切的關聯。父親結束派遣任務返家一年後，小孩較有可能把問題內化，例如罹患憂鬱症、焦慮症等。不過，兩年後，小孩較有可能把問題外化，例如攻擊、說謊、不守規矩等。

儘管如此，**不是所有家庭都會出現這類由上而下的有害影響，而家長的依附類型很可能就是主要的差別所在**。如果雙親都展現出安全依附型的行為，例如，雙親彼此之間、跟小孩之間，都展現出強大的情緒調節技能和正面互動交流，那麼有戰鬥經驗並罹患PTSD的父親由上而下傳給小孩的有害影響，就會被抑制。反之，如果雙親都缺乏適應式情緒調節技能，就較會對彼此、對小孩，展現出脅迫的行為，雙親的創傷由上而下對小孩產生的影響會隨之加劇。

其他研究也同樣認為，這類跨世代的壓力感染作用，[5]可能是家長身心容納之窗狹窄或窄化造成的。舉例來說，與未經歷大屠殺的成人相比，從大屠殺倖存的家長所養育的小孩，在長大後比較會發生壓力荷爾蒙系統失調，罹患PTSD、焦慮症、憂鬱症。同樣地，如果家長經歷過多次軍事派遣任務，或患有派遣任務相關的PTSD，[6]那麼小孩罹患憂鬱症、焦慮症、ADHD、行為問題的機率，會比毫無派遣經驗家長的小孩還要高出許多。

我自己的家族史就是這種情況的例證。我祖父WD是步兵士官，經歷過二戰和韓戰，而在這兩場戰爭之間，還前往德國，加入戰後占領部隊。祖父完成作戰任務後，顯然罹患了PTSD，只是沒經過正式診斷罷了，他還跟賭博成癮搏鬥著。祖父和祖母瑪麗（Marie）都是老菸槍和酒鬼，雖然祖母沒經過醫生診斷過，但是根據她和我爸之後對我描述的情況，就會曉得她也有躁鬱症，狀況好的時候，教養作風十分反覆無常，狀況不佳的時候，會虐待忽視小孩。我父親狄恩（Deane）身為獨子，首當其衝，被雙親的失調症狀影響。

我爸對我和兩個妹妹談起他的童年，總說童年是「充滿冒險的一段生活」。例如，我爸三歲的時候，祖父在北德州，正要被派到太平洋，祖父母就讓他一個人從北德州搭火車，去阿拉巴馬州的親戚家。我爸的夾克上，別著一張便條紙，這樣車掌就知道該在哪裡放他下車。我爸六歲的時候，就和祖母跟著一整船的美國眷屬，前往二戰後的德國。在德國，他見識到爸爸在戰後的黑市，是多麼狡猾行事，又跟人牽扯不清。他坐在機車的邊車，去上當地的德國學校，騎機車的人是保鑣，身高將近一九六公分的奇羅基印地安人，名字很不搭，叫做小不點（Tiny），在去納粹化運動期間被派來保護他。他七歲的時候，全家在法國度假，車子壞了，不稱職的技工不慎把車給燒了，而我爸那時還在後座睡覺。

一九五〇年代，我爸在華盛頓特區的安那考斯迪亞區（Anacostia）從事幫派活動，差點就進了少年觀護所，最後進入西點軍校。一九六六年起，他在越南服役將近兩年，一開始是南越戰鬥部隊的顧問，隨後跟美國戰鬥單位共同從事幾件重大的搜索任務和殲滅任務。一九六八年秋季，他進入哈佛研究所就讀，教師和同學都對他有敵意，所上也對他採取報復性的行為。在他看來，待在哈佛的那幾年，心理上比打越戰還要困難。這段期間，我爸媽結婚，媽媽懷了我。

我媽媽叫做西西（Cissie），她的童年也過得很苦。我媽五歲的時候，在短短六個月內，失去父親和妹妹，那時，我媽坐在野餐桌的長凳上，三歲妹妹的旁邊。當時妹妹突然停止呼吸，跌在地上，當場死亡（家人從來不知道到底發生什麼事）。可想而知，這是重大的創傷經驗，母親從來沒有真正復原。外婆露易絲（Louise）失去丈夫和么女，為了養活長子迪克（Dick）和長女我媽，只好去當服務生。外婆是文盲，她唯一能找到的工作就是服務生。在我們的家族裡，拿到曲棍球獎學金、完成高中學業並進入大學，我媽是第一人。

一九七〇年六月，我爸媽搬到西點（West Point），我爸預定要在西點教書。臨近搬家之際，我媽已經懷孕五個月，她鍾愛的狗被車撞死，我媽不善面對死亡，又失去重要的情感寄託，據說她傷心欲絕，她深陷於憂鬱之中，祖母和醫生都很擔心她會失去小孩，也就是我。

我出生就有黃疸，隨後還出現嬰兒腹絞痛的狀況，爸媽說我一直嚎啕大哭，好幾個小時都安撫不了，有時還哭了大半夜。當時，我爸透過辛苦的工作、酒精、菸草，自行治療他沒被診斷的 PTSD，我媽苦於產後憂鬱症，同時還要面對新的難關，不但要擔起母職，過著陸軍配偶的生活，還要跟有創傷的戰場老兵共度婚姻生活。我爸媽都是在童年時期，發展成不安全型依附並形成窄窗，幾乎沒有內在資源可以因應前述眾多的生活壓力源。

認識前述背景脈絡後，有沒有什麼方法，能讓我不會一開始就發展成不安全型依附並形成窄窗？

這類的跨世代影響肯定不只局限在軍人家庭，有幾項研究的主題講述其他種類的家庭困境，也證實這種情況會由上而下影響後代。[7] 在這類研究中，**家長的自我調節能力和教養技能，還有親子關係的品質，都會引發重大的家庭變化**，例如離婚、失業、無家可歸、經濟困境等。家庭的困境和變化總是很有挑戰性，至於這類事件會不會對小孩造成盤據不去的有害影響，主要還是要看家長的調節能力高低。**家長的身心容納之窗越狹窄，孩子受到的影響越嚴重。**

## 童年不良經驗會損害成年後的因應能力

壓力與創傷在世代之間傳遞，這個現象背後的最後一項相關因素，是來自於負面的童年經驗，例如身體虐待、性虐待、情緒虐待、身體忽視、情感忽視等；承受家暴、心理生病、毒癮、入監服刑、家長分居或離婚。而表觀遺傳、家長的不安全型依附、終生承受創傷與逆境的家長、後代接觸到的家長童年不良經驗（adverse childhood experiences, ACE），這些都有強大的關聯。第一項的童年不良經驗研究，是由美國疾管中心和凱澤永久醫療集團（Kaiser Permanente）攜手合作進行，該項研究邀請聖地牙哥（San Diego）地區，兩萬五千名的凱澤患者回答十個問題，[8] 題目跟十八歲前的童年不良經驗有關。將近一萬七千五百名患者同意參與研究，研究員比較了患者的童年不良經驗調查結果，以及患者的詳細醫療和心理健康記錄。

這項研究的重要性就是要凸顯負面的童年經驗實際上有多常見。受試者是中產階級、受過良好教育、保了凱澤保險，也就是說，受試者經濟無憂，也有工作。此外，受試者有四分之三是白人。我們也許會以為這個群體的童年不良經驗不多，但只有三六%的人表示沒有不良的童年經驗，[9]超過四分之一的人表示小時候反覆被身體虐待，八人當中就有一人表示，看到母親被家暴及虐待，將近三〇%的女性及一六%的男性表示，小時候曾經被某個比自己大起碼五歲的人性猥褻。八人當中就有一人拿到四分或超過四分的童年不良經驗分數，表示他們經歷過多種童年逆境。

自該項研究起，突然有一堆實證研究，開始探討童年不良經驗會對小孩的學習問題和行為問題、對成人的身心健康造成什麼影響。整體上，該項研究認為，**童年不良經驗的影響具有累加特質，也就是一個人經歷的逆境種類越多，也就是童年不良經驗的分數越高**（最低〇分，最高十分），就越有可能在童年時期出現學習問題和行為問題，並在成年時期出現身心健康問題。童年不良經驗得到四分或更高分，就格外代表著童年時期受到上一代的負面影響。

至於童年不良經驗對低收入、都會區、少數族群產生的影響，少有研究加以檢視，但迄今的證據，卻如實反映出第六節提到的不安全型依附研究結果。如果是少數族群或社經背景低，不安全型依附的形成機率會增加，而在這類的背景下，經歷童年逆境的機率也會增加。這有其道理，根據第二節曾經提出關係創傷的影響跟貧窮和種族歧視之間的數據資料，就會特別有所體會。

有項研究追蹤了一九七九年或一九八〇年出生在芝加哥弱勢家庭的少數族群小孩，[10]九三%是非裔美國人，七%是拉丁裔。芝加哥研究的一千一百位小孩當中，童年不良經驗拿到零分的小孩只有一五%，而原本的聖地牙哥童年不良經驗研究，有三六%拿到零分。在芝加哥的研究中，童年不良經驗拿到三分或更高分的小孩超過三分之一，而聖地牙哥研究有二二%拿到三分以上。

高壓職業也會吸引到有多次童年不良經驗的人，有一部分是因為高壓職業的招募模式會吸引少數族群或低社經族群。舉例來說，一九七三年起，全志願役部隊時代的美軍服役人員，[11]他們有童年不良經驗的機率，比平民還要高出許多。前陣子，有項研究還檢驗了徵兵時代和全志願役時代，服過兵役和沒服兵役的六萬多名美國人。[12]

在全志願役時代，與沒服兵役的男性相比，服過兵役的男性，童年不良經驗盛行率高得不成比例。在男性軍人當中，童年不良經驗拿到零分的人只占二七%（沒服役的男性是四二%），童年不良經驗拿到四分或更高分的人占二七%（沒服役的男性是一三%）。然而，在徵兵時代，服役男性和沒服役的男性，他們獲得的童年不良經驗總分，並沒有重大的差別，唯一的差別是男性軍人的家人吸毒機率遠低於沒服役的男性。

女性的趨勢截然不同，畢竟女性不會被徵兵。在這兩個時代，女性軍人經歷了多種童年不良經驗，盛行率相當高。在全志願役時代的女性軍人當中，童年不良經驗拿到零分的人占三一%（沒服役的女性是三七%），童年不良經驗拿到四分或更高分的人占二八%（沒服役的女性是二〇%）。徵兵時代的數據也十分類似。前述研究結果跟早期研究一致，這表示軍人的童年不良經驗更多，[13]因為人們會為了逃避暴力、虐待或失調的家庭環境，而入伍從軍。雖然其他高壓職業還沒有這樣大量的系統化研究，[14]但是從原有的數據資料就看得出來，日後的人生會有類似的後果。

這類實證研究其實低估了童年不良經驗帶來的真正影響，因為還有很多其他類型的童年創傷，是童年不良經驗問卷調查調查不出來的，例如霸凌、貧窮、種族歧視、家長的死亡、無家可歸、寄養，從意外事故、火災或自然災害中倖存下來等。此外，成人，尤其是男性，通常會少報童年不良經驗，[15]因為畢竟美國文化普遍否定創傷，還汙名化心理健康，少報的趨勢在高壓職業尤其盛行，這顧慮也合情合理，畢竟人們會擔心，呈報這類經驗，可能會危害到自己通過安全調查的機率。

舉例來說，雖然我經歷過很多不良的童年經驗，但是服役期間，我從來沒有把這些經驗呈報給軍方的醫療體制，退役後也沒有告訴醫生。當時的我甚至不知道童年不良經驗是什麼，對於童年不良經驗會對神經生物結構的發育造成什麼影響，更是摸不著頭緒。童年不良經驗拿到高分的陶德和胡立歐，他們對於童年不良經驗的影響，也是一無所知，等到接受了正念心智健身訓練，才略知一二。我與數以百計的學員，進行一對一的對話，觀察到這種模式是為了因應童年的壓力與創傷而形成的，在美國的文化，人們的理性腦特別有可能會去漠視、否定、輕忽這種模式。如第二節所述，理性腦不想關注過去的疼痛，不想關注自身為求因應疼痛而發展出的存活策略，理性腦喜歡關注的是將來，比如說，人生的目標或可提高自尊的外在因素（例如名聲、體力、關係、財產等）。

儘管如此，**這類童年模式會持續損害到成年時期的壓力和負面情緒因應能力，要是沒有意識到這類模式，損害程度將尤其嚴重**。此外，要擬定最佳治療方案，就必須回首最早期的經驗，可是成人壓力症候群和創傷的治療，通常只處理近來的事件，所以臨床醫生和個體通常沒意會到這種做法有多麼重要。

## 慢性壓力會造成腦部發育扭曲

小時候經歷過童年逆境，或成長時期家長有憂鬱、虐待、忽視、成癮或受過創傷的情況，神經生物結構會因此受到哪些常見的影響？有大量的研究指出了幾種常見的適應作用。

根據實證研究，早期的慢性壓力會導致發育中的腦部產生結構上的變化。[16]

第一，童年承受慢性壓力的小孩，比較有可能形成體積更大又過度反應的杏仁核，杏仁核位於生存腦，負責神經覺。

第二，這類小孩比較會形成體積較小的前額葉皮質，前額葉皮質位於理性腦，負責掌控執行功能，有利由上而下地調節壓力和情緒。

實際上，雖然這類小孩打造的生存腦可以快速評估危險，卻是以理性腦的發育做為代價。前述的適應變化會損害系統二（理性腦功能），走向系統一（生存腦功能），這過程經歷將近二十年的制約，而且是在理性腦的多種功能還沒發育以前，難怪這類小孩在執行功能、意識記憶和學習、情緒調節、衝動控制方面，往往出現受損的情況。

好比第三節提到的士兵研究，士兵被派到伊拉克打仗，派遣任務結束後，士兵的腦部更能快速反應，可是語言能力、注意力、工作記憶，卻都會受損。如果一整年過度警覺，會對成人腦部產生這麼大的影響，試想一顆還在發育的腦部，陷入童年逆境十八年，會發生什麼情況？

此外，**在童年逆境下，杏仁核變得體積增大又過度反應，焦慮症與PTSD的罹患機率也會隨之增加**。[17]根據研究顯示，如果在童年期或青春期，出現過焦慮症、憂鬱症或另一種情感疾患，[18]那麼將來出現其他心理健康問題的機率，會比二十歲以後才首次發作的人們還要高。

有童年不良經驗的話，神經覺也比較會出現缺陷，例如，處境明明不具威脅性，卻看成有威脅性；處境其實相當危險，卻看成很安全。舉例來說，如果小孩看見家長經常起衝突，[19]那麼小孩將中性表情看成具有威脅性的機率就會高出許多，如果有外在或內在的訊號會讓人不自覺地想到早期壓力源，那麼生存腦會特別敏感，而早期壓力源是長期出現或反覆出現時，或者覺得自己很無助或無法掌控時，生存腦也會特別敏感。就像第五節的討論，在生存腦的制約作用下，人也會更容易受到點燃效應的影響。在點燃效應下，記憶膠囊內在的一些部分會引發壓力，例如擔憂的念頭、心跳加速或其他體感，完全不用倚靠外在訊號。每當點燃效應發生，[20]就會「提高風險」，增加內在敏感度，一段時間過後，就算外在處境實際上安全無虞，生存腦的神經還是會感受到危險。

在神經系統內，童年的慢性壓力與創傷會損害到腹側副交感神經系統迴路的發育，[21]原因就是第六節提到的，因為腹側副交感神經系統會一直持續發育到青春期。過度警覺的生存腦，加上發育不良的腹側副交感神經系統，就比較會快速「回到」第二線防衛機制（「戰或逃」），交感神經系統），還有第三線防衛機制（「僵住」，背側副交感神經系統），與別人相處，比較難獲得安全感，較難培養出支持、信任又滿意的關係。經歷壓力或創傷處境後，可能很難完全復原，因為腹側副交感神經系統也掌控著迷走神經煞車和復原功能。由此可見，沮喪臨界值往往比較低，調降壓力和負面情緒的能力也比較低。

第三，童年逆境會造成內分泌系統受損及失調，[22]尤其是負責掌控壓力荷爾蒙的ＨＰＡ軸。ＨＰＡ軸失調，分泌的壓力荷爾蒙濃度就會變得異常高或異常低，許多物種在早年經歷壓力與創傷後，都會出現這種狀況。**ＨＰＡ軸失調往往會影響整個內分泌系統，可能會打亂新陳**

**代謝和生殖功能**。糖尿病、甲狀腺問題、性功能障礙，都是內分泌系統失調的例證。

第四，童年逆境也會對免疫系統造成負面影響。[23]就像第三節提到的，童年的慢性壓力與創傷會導致免疫系統出現有害的表觀遺傳變化，引發慢性發炎。具體來說，巨噬細胞和微膠細胞（腦部與神經系統內的特殊巨噬細胞）會以失調方式形成。巨噬細胞負責辨識及摧毀「壞傢伙」，例如針對感染的、損傷的、死亡的細胞等進行處理。童年經歷壓力過後，巨噬細胞會高效率地啟動發炎反應，至於關閉發炎反應，效率就沒那麼高了。觸發巨噬細胞的感染、毒素暴露、傷口或身體創傷，**就算消失了很久，過度反應的巨噬細胞還是會繼續釋放發炎細胞激素，啟動發炎反應**。

因此，慢性發炎在將來可能會表現為許多不同的症狀，[24]例如慢性疼痛、纖維肌痛症、慢性疲勞症候群、關節炎、背痛、慢性頭痛、偏頭痛、溼疹、乾癬、心血管疾病、氣喘、過敏、大腸激躁症、胰島素阻抗（第二型糖尿病前驅症狀）。

慢性發炎也會引發神經退化疾病，例如憂鬱症、焦慮症、PTSD、思覺失調症、阿茲海默症、多發性硬化症、其他自體免疫疾病等。

HPA軸失調，慢性發炎隨之惡化。HPA軸之所以失調，是因為皮質醇和其他壓力荷爾蒙過度分泌或分泌不足。在急性壓力下，皮質醇會短期提高免疫功能，可是慢性壓力卻會抑制免疫功能，部分是因為皮質醇分泌失調導致。皮質醇過度分泌的話，會引發憂鬱症、第二型糖尿病、酗酒、厭食症、甲狀腺功能亢進、恐慌症、強迫症。[25]反之，皮質醇分泌不足的話，會引發PTSD、纖維肌痛症、慢性疲勞症候群、甲狀腺功能低下、過敏、氣喘、類風溼關節炎、其他自體免疫疾病。

第五，**童年逆境也會造成腦部的多巴胺系統產生變化，更容易產生成癮行為**，例如賭博成癮、購物成癮、性成癮、藥物成癮，尤其是酒精、尼古丁、藥物的濫用。多巴胺是會「帶來良好感受」的一種神經傳導物質，因此在動力和目標導向的行為上，在拖延、渴望、成癮上，多巴胺都扮演著主要的角色。

經歷童年逆境後出現成癮行為，很可能是因為三種相關的神經生物適應作用造成的。[26]最初，前額葉皮質發育不全，比較不能控制衝動，無法由上而下地調節負面情緒，所以人容易透過成癮行為或成癮藥物來因應，畢竟酒精、尼古丁、藥物等物質，可以抑制慢性的高喚起程度。另一個問題是慢性壓力會產生高濃度的壓力荷爾蒙，消耗多巴胺。消耗了多巴胺，又會讓人更渴望藥物、尼古丁、酒精。

最後，多巴胺系統在受損狀態下發育，導致腦部裡的多巴胺受體相對較少。治療及研究成癮的加拿大醫師嘉柏・麥特解釋：「如果天生的誘因激勵系統受到損害，其中一種可能會出現的後果就是成癮。」[27]

成癮剛開始的時候，外在刺激，也就是成癮行為或藥物，是用人為方式引發的高濃度多巴胺來觸發腦部、淹沒腦部，補充不足的多巴胺，以便調動動力和能量。然而，一段時間過後，腦部的多巴胺系統就會變得「懶惰」，[28]不去發揮全力運作，反而仰賴人為外在的因素來提高濃度。濫用藥物也會導致腦部損失一部分的多巴胺受體，進一步損害多巴胺系統。從前述情況就會知道，有些人的「耐受度」為什麼會增加，從而需要更大量的外在藥物或行為，補充不足的多巴胺。

童年時期，多巴胺系統和 HPA 軸失調，也會導致成年時期罹患憂鬱症。[29]憂鬱症除了跟慢性發炎有關，也跟高濃度的壓力荷爾蒙和低濃度的多巴胺有關，而承受慢性壓力卻沒復原的話，就很常會出現壓力荷爾蒙濃度高、多巴胺濃度低的情況。多巴胺在憂鬱症方面扮演的角色有其道理，因為憂鬱症的主要特徵就是冷漠、感受不到愉悅、無法追求愉悅，而這些特徵當然也是多巴胺耗盡的症狀，所以憂鬱症往往會跟藥物濫用或其他成癮症一起出現。

童年慢性壓力與創傷帶來的第六個後果就是「習得無助感」，從這點就會知道，童年時期經歷逆境的人們，為什麼罹患慢性憂鬱症的比率較高。

在動物研究中，研究員會讓動物暴露在「無法逃脫的電擊」下，動物通常會被迫坐在帶電的金屬格網上，在制約作用下，形成習得無助感。[30]動物一開始被電擊時，會試圖逃脫，卻被柵欄擋住，接連電擊，動物都無法逃脫，就會越來越不試圖逃脫，最後回到僵的狀態（背側副交感神經系統）。然後，受過創傷的動物就只是消極接受電擊，就算研究員移開柵欄，受過創傷的動物還是動也不動，待在電網上，不去試圖逃脫，就算實際情況很安全，受過創傷的動物在學習過程中，卻覺得自己不可能平安無事。

人類也可能會在制約作用下出現習得無助感，孩子反覆經歷自己不太能掌控又可怕的事件，特別會出現習得無助感。**在扭曲的生存腦內隱學習下，習得無助感可能會導致成年時期出現憂鬱症**，[31]實際上，受過創傷的生存腦會從過去的經驗進行類推，像是當事者真正無能為力的時候，以為自己到現在還是無力、無助、無法掌控。這類信念會引發冷漠、消極、困住的感覺，無法調動能量來改變或適應目前處境，而這些往往是臨床憂鬱症的症狀。

堅持自己的立場，然後採取行動或逃離，這種做法會更有效，就算是這樣，習得無助感還是會讓人習慣採取既定的存活策略，[32]面對任何威脅，都一律進入僵、屈服、麻痺或極端拖延的狀態。如果日後的人生還是會陷入習得無助感，就表示還沒從既定程式形成的早期事件中完全復原。生存腦還沒完全復原，將來碰到有威脅性的處境，就往往會習慣進入僵住狀態，進一步強化習得無助感。

童年逆境最終造成的長久後果，就是內生性類鴉片系統失調。所謂的內生性類鴉片系統，就是在壓力過度反應下分泌的腦內啡。內生性類鴉片系統失調，就更會仰賴刺激腎上腺素的行為，例如第二節葛雷格忍不住婚外情，陶德騎重型機車危險駕駛。

此外，也比較會經歷創傷重演。[33]重演創傷時，就會發現自己莫名其妙重新創造的處境，竟然呼應了舊創傷事件。創傷重演有可能是神經覺缺陷造成的，讓人無法準確區分安危，也有可能是生存腦的內隱記憶系統扭曲造成的。

童年創傷事件期間，所經歷的體感、情緒、身體動作，通常是以不自覺的訊號存放在內隱記憶裡。**內隱記憶會對我們選擇的活動、關係或處境造成影響，我們會把先前編碼的創傷相關經驗、情緒、身體感覺、信念重演出來**。親密關係、工作情況、重複的意外事故、生理症狀、身體化症、其他看似隨機的事件，都可能會出現這種重演的情況。有一點很重要，創傷重演者可以在加害者和受害者的角色之間，擇一扮演。

為什麼要這麼做呢？這件事還存有爭議，自佛洛伊德以來，有些臨床醫生和研究人員會認為，人之所以重演創傷事件，是為了療癒自己，不自覺地置身於和原始事件類似的情況，或象徵性類似的情況，期望這次身心系統的回應方式能成功克服危險。然而，因為生存腦的這個過程是無意識的，所以更有可能會重演內隱記憶，[34]把內隱記憶裡頭模式化的程式、情緒、信念給重演出來，卻沒有痊癒。

近期有研究員認為，創傷重演可能跟內生性類鴉片系統失調有關。舉例來說，很多的創傷者會去追求多數人避之唯恐不及的高刺激活動和經驗，[35]還往往會抱怨：「要是不生氣、沒受脅迫、不投入某種危險的活動，就會隱約感到空虛無聊。」其實，在這類過度反應狀態下，腦內啡會激增，引人上癮（「腎上腺素癮君子」一詞的由來），所以失調者常常忍不住去追求帶來亢奮感的活動。

這類刺激腎上腺素的活動有：極端運動、跳傘、陶德喜愛的飆車、葛雷格喜愛的婚外情、對別人暴力相向等，自殘行為竟也包括在內，例如撞頭、割傷自己、自願飢餓症等。前述活動都會觸發腦內啡激增，緩解焦慮。[36]就算是休閒性質的跑者、騎重型機車的騎士或衝浪者，也都會覺得每天非得來一劑腦內啡，不然就會感到緊張不安，這其實是在自行治療潛在的失調。**如果有很難控制的衝動，很可能就是失調造成的。**

類似模式也出現在虐待的關係裡，[37]緊繃感逐漸累積，暴力突然爆發，隨後是和好，以沉著又關愛的態度緩解狀況。這個週期不僅強化了施虐者和受虐者之間的創傷關係，還觸發了雙方的腦內啡分泌，帶來相關的生理平靜感。如果創傷是發生在早期依附關係，就很容易重演虐待關係，這也許是腦內啡在依附關係扮演的重要角色造成的。

## 逆境的累加效應，增加失調機率

身心系統適應了早年的慢性壓力與創傷，然後沿著許多不同的途徑，邁向過度警覺、過度敏感、過度反應、發炎、失調。

雖然不管什麼年齡，只要有慢性壓力與創傷，都有可能啟動前述任何一條途徑，不過最重大、最長久的影響，還是來自於童年期和青春期的慢性壓力與創傷，畢竟那時的身心系統正在發育中。這類神經生物適應作用在範圍上很廣泛，例如腦部產生結構變化；自主神經系統、內分泌系統、免疫系統、多巴胺系統、腦內啡系統失調；發生細胞層次的表觀遺傳變化，導致身體慢性發炎及生病。

前述的神經生物適應作用全都會影響到行為，所以集中注意力、做出有成效的決定、控制衝動和渴望、調節壓力和負面情緒，這些事情都變得更困難了。此外，人還會衝動又無意識地走向成癮行為、創傷重演、刺激腎上腺素的行為、自殘行為、暴力的行為。

既然你已經明白童年逆境是透過哪些基本機制來改變身心系統，那麼童年逆境作用的實證證據，自然也就見怪不怪。童年逆境好比不安依附感，鋪好了通向窄窗的軌道，身體調適負荷失衡很可能逐漸嚴重，最後出現身心健康問題。

記住，**童年不良經驗有累加效應，童年不良經驗的種類越多，失調的可能性就越高**。就學齡兒童而言，童年不良經驗會引發肥胖、ＡＤＨＤ、其他的學習問題和行為問題。[38]童年不良經驗拿到四分或更高分的小孩，大部分會在學校出現學習問題和行為問題，而童年不良經驗拿到零分的小孩，僅有三％出現學習問題和行為問題。

至於成人，童年不良經驗會引發各種健康問題。[39]跟毫無童年不良經驗的成人相比，有童年不良經驗史的成人更有可能肥胖、壽命較短，更有可能罹患糖尿病、癌症、心臟病、高血壓、肝臟疾病、支氣管炎或肺氣腫、過敏、氣喘、潰瘍、關節炎或風溼；傳染性病、意外懷孕；吸菸、酗酒、濫用其他物質；罹患憂鬱症、焦慮症、PTSD，甚至嘗試自殺。

童年不良經驗的累加效應，到了成年期，就會變得格外強烈。舉例來說，毫無童年不良經驗的人們，每八人約有一人罹患慢性憂鬱症。反之，童年不良經驗分數拿到四分或更高分的人當中，有三分之二的女性和超過三分之一的男性罹患慢性憂鬱症。同樣地，跟毫無童年不良經驗的成人相比，童年不良經驗分數拿到四分或更高分的成人，他們的酗酒機率是七倍，嘗試自殺的機率是十三倍。

難怪很多的實證研究都顯示，有童年不良經驗史的人到了青少年時期和成年時期，終究會再度經歷虐待和暴力或虐待他人。[40]整體上，約有三分之一的受虐兒，長大後會成為施虐者，兒時受虐的成人也容易進入暴力的關係，再度受虐，而他們的後代在童年遭受暴力的機率也會增加。兒時遭受身體虐待或性虐待，或者目睹家長被家暴，長大後經歷親密伴侶暴力的機率超過兩倍。跟成長時期末目睹家暴的男性相比，目睹過家暴的男性在成年後，虐待伴侶的機率高達七倍。

跟非暴力犯相比，暴力犯更有可能是小時候曾經目睹過暴力行為。某項為期五年的研究顯示，年齡層九歲至十九歲、住在極貧困地區的少數族群當中，反覆接觸到暴力的人，從事暴力的機率是三一．五倍。如果青少年時期目睹槍枝暴力，接下來兩年內，犯下重大暴力的機率是兩倍之多。因此童年創傷會導致逮捕和累犯機率增加，怪不得囚犯的童年不良經驗分數往往比其他成人還要高。前述資料數據呈現的廣泛影響，實在驚人。

## 童年採用的存活策略無法有效減壓

人只要一面對壓力或創傷事件，就會把自己當時可用的所有方法，都拿來應對事件。有些方法是內在的，例如體型與毅力、智識與教育、自我調節能力、信念等；有些方法是外在的，例如社群支持網、經濟資源、體制內的權力。

綜上所述，長大以後，顯然久而久之就會懂得運用越來越多的內在、外在方法。承受壓力的嬰幼兒可以運用的方法確實有限，嬰兒還沒具備多種內在方法，也不懂得運用多種外在方法。所以遭遇諸多童年逆境的人，才會採用強大又習慣的存活策略，畢竟他們能運用的內外在資源是最少的。體型小，就無法真正防衛自己的身體；理性腦還沒成熟，就沒什麼能力可以由上而下地自我調節，在經歷壓力和強烈情緒後，更無法安撫自己並復原；也還不具備推理和觀點取替的技能，而對於自己被忽視、被虐待，也無法理解那也許不是自己造成的。對某些人而言，也不能向大人求助，因為那樣有可能會讓情況變得更慘。

那麼，該怎麼應對慢性壓力？小孩的內外在資源那麼少，該怎麼存活下來？可能會把生理上、情感上的痛苦，加以劃分並壓抑下來，疏離身體，遁入腦海，藉此無視自己的感覺。

也許會認為情況全都是自己害的，是自己（沒能補足）不足，也許會反芻思考又擔憂；也許會試圖運用自己能用的少數幾種方式來伸張控制權，比如說，控制食物攝取量（吃得太多或太少），或者養成強迫症的習慣，例如拔頭髮；也許會順從對方或討好對方，接受現況又不掀起事端，期望這樣就能存活下來（第一要務），甚至獲得自己需要的東西（第二要務）；也許會當隱形人；也許會生病；也許會心不在焉、分心、解離、麻木自己，投入電視、書籍、電玩遊戲、行動裝置、食物、尼古丁、酒精、其他物質；也許會吸拇指、搖晃身體、撞頭、尿床、藏在棉被裡；也許會對外發洩，例如耍脾氣、霸凌別人或跟別人打架、打破規矩、作弊、抽菸、濫交、濫用藥物或酗酒、從事暴力的行為；也許會傷害自己，不進食、割傷自己、嘗試自殺等。

舉例來說，我以前為了因應早年經歷的創傷事件，會習慣用腦袋撞牆，爸媽對我說，我六個月大左右，在嬰兒床上坐得起來的時候，就開始有了撞頭的習慣。我覺得很難為情，從國中開始，也不斷努力改掉這個習慣，但成年初期，一面臨壓力，就還是偶爾會撞頭。雖然不是有自覺的選擇，也算是選擇這個習慣，當成其中一種主要的因應策略，畢竟撞頭可以安撫我，不會留下明顯痕跡，也不需要任何藥物，所以警覺度或判斷力不會遭到蒙蔽。

從成人的眼光來看，這類因應機制看起來「幼稚」，在某些方面，的確沒錯。如果是運用這類策略來因應壓力，就表示倚靠的是最老舊的一些因應技巧，是早年時候用的，而今日在智識、情緒、生理、精神、關係上擁有的資源，年輕的時候並沒有。

小時候學會了運用這類方法來因應童年壓力與創傷，長大以後，還是會忍不住想照用，而承受壓力、身心俱疲、睡眠不足、情緒不安的時候，尤其會想用這類方法，這也是神經可塑性使然。要是沒有刻意選擇別的方法，沒去充分利用自己今日擁有的各種內外在資源，一有壓力或被觸發，就還是很有可能會回到最老舊的因應習慣。**童年慢性壓力和創傷時期塑造的大峽谷，是所有峽谷當中最深的**。

可惜，這類習慣往往會導致身心容納之窗一直窄化。因為這類因應策略的共通點，就是**實際上無法幫助身心系統從壓力與創傷完全復原**。雖然短期上可以安撫沮喪感，但實際上卻無法排解壓力，也無法獲得真正的復原。結果，身心容納之窗還是很狹窄，身體調適負荷失衡更加嚴重，將來碰到壓力時，可運用的策略範圍，也進一步受限。

## 童年逆境的倖存者具有獨特的優缺點

經歷過童年逆境的人，都是倖存者，卻也在身心系統發育的關鍵幾年期間，養成了深刻又長久的神經生物模式。這樣的神經生物狀況，也就是身體調適負荷失衡很大的倖存者，具有一些獨特的優缺點。

依循這種軌道的人，看起來很有韌性和適應力，承受逆境及執行困難工作的能力，也近乎超人。在長久的過度反應狀態期間，身心系統會培養出良好的表現能力，甚至逐漸茁壯，這是在極端壓力環境下會產生的適當反應。這種身心系統會不自覺地渴望危機出現。

然而，依循這種軌道的人，他們的韌性往往相當脆弱，要是在日常生活中，不須進入過度反應狀態，就不適合運用他們身心系統裡既定的過度反應狀態。說來諷刺，他們自給自足，可能反而導致他們孤立，很難向他人求助，進而造成痛苦加劇。

有些人為了工作，反覆置身於傷害自己的環境；有些人留在虐待關係裡不離開；有些人一直肥胖，有些人為了癮頭而毀掉人生；有些人犯下暴力罪行；不是在這種教養下長大的人，可能會很難理解原因。我們太容易指責他人的選擇，沒充分體認到一點，人只要碰到類似的情況，就有可能會出現同樣的行為。我們集體上越是去否認對方行為背後的原因，越是去譴責對方的行為，就越是會讓對方陷入目前的模式，越是會把對方為了改變自己而做出的努力給扼殺掉。

本節提出的證據，清楚證明了一點，童年的貧窮、虐待、忽視、創傷、暴力，會對身心容納之窗的寬度造成終生的影響。**雖然童年經驗不會左右命運，但是最早所處的社會環境，確實會在身心容納之窗的軌道，留下深刻的影響。**在艱苦的教養環境下長大，要做出好決定、控制衝動、調節情緒、建立支援的關係、在承受壓力後復原，就會變得比較困難，而這情況的背後顯然有著神經生物學上的原因。

在這類教養環境下長大的人，可以從最早期的經驗到現在的經驗，從中拼湊出線索，知道今日的自己為什麼會受傷失調，但這樣無法驅走痛苦，也無法療癒失調情況。然而，有了這層認識以後，因身心症狀、成癮、其他因應行為而產生的自我批判、自我厭惡、羞愧感，就會平息下來。其實，這類局限的信念和情緒，只會導致早年壓力期間形成的過度反應的、失調的程式長久存在，而當時採用的因應機制，到了今日，卻再也幫不了自己。舉例來說，這種羞愧感和自我批判會導致飲食上出現溜溜球效應，瘋狂運動又突然放棄，一拖再拖又在最後期限前拚命工作，一會兒嘗試用全新方式因應壓力，一會兒又撒手放棄。

在此，武士具備的智慧與勇氣特質可以帶來幫助。有了智慧，就能理解自己的神經生物狀態在童年是怎麼塑造出來，為何這麼能適應。我們也能因此領會到，自己的神經生物狀況有其獨特的優缺點，早年的壓力與創傷帶來的毅力，是很多人永遠培養不出來的，但在生活方式的選擇上，卻也沒有太多餘地。與童年身心容納之窗寬闊的人相比，我們總是比較容易失調、發炎、調適負荷重，我們就是這樣被塑造出來的。

只要意識到自己的真貌，並且真心接納，就有機會做出改變，有了這層認識以後，就有勇氣刻意努力重組神經生物結構，並拓展身心容納之窗。我們可以實驗全新的內在方法和外在方法，在承受壓力期間，取用更多的適應反應。童年時採用的生存腦既定程式和因應習慣，我們可以學著去中斷。請謹記一點，**今日與生俱來的窄窗，也有可能是明日的寬窗**。童年逆境帶來的一絲希望，就是狹窄的窗口有可能成為最寬闊的窗口。

閱讀下一節前，請先花一些時間反思，自己有哪些經驗是跟第一條導致身心容納之窗窄化的途徑有關。可以在日誌本上面，寫下祖父母和雙親的人生經驗、他們的依附類型、他們身心容納之窗的寬度。也可以思考一下，在你的童年初期，雙親或其他照顧者要處理哪些生活壓力源，尤其要考量他們當時是不是正面臨著尚未解決的創傷或失去。

接著，也可以接受童年不良經驗問卷調查，[41]網路上有提供，可以算出你的童年不良經驗分數。如前文所述，童年不良經驗問卷調查，並沒有涵蓋所有可能會長久影響身心系統的童年慢性壓力與創傷源頭，有鑑於此，可以參考圖表7-1，表中詳盡列出童年期間，有哪些壓力事件與創傷事件會導致身心容納之窗變窄。

最後，請溫習本節講述這類機制的內容，回顧童年逆境為何會造成長久的影響，然後把合乎你的情況給寫下來。也可以想想，自己小時候是怎麼因應壓力與創傷，今日承受壓力時，是不是還倚靠以前的因應習慣。

| 早產（尤其是三十週以前）、難產 | 領養 |
|---|---|
| 小時候動手術、長期住院或緊急醫療（本人或手足） | 待過寄養家庭、少年觀護所或入監服刑 |
| 頻繁承受身體虐待 | 目睹家人遭到虐待、攻擊或殺害 |
| 頻繁承受情緒虐待 | 家人罹患心理疾病，例如憂鬱症、PTSD、焦慮症等 |
| 遭受霸凌 | 有家人嘗試自殺或死於自殺 |
| 遭到性騷擾、性虐待或強暴 | 家人酗酒或吸毒 |
| 貧窮或長久捱餓 | 有家人犯下重罪或入監服刑 |
| 無家可歸 | 因破產、家長失業、賭博、戰爭或自然災害，失去家庭住所或財產 |
| 種族歧視 | 本人或家人經歷自然災害、戰爭、恐怖攻擊、種族滅絕、大規模射殺、意外事故或其他重大事件 |
| 家長婚外情、分居或離婚 | 被迫離開祖國或接受政治庇護 |
| 遭受家暴 | 被家人拋棄或被迫跟家人長久分開 |
| 家長、手足或其他的重要照顧者死亡 | |

**圖表 7-1　童年不良經驗，導致身心容納之窗變窄**

# 08

失調途徑②

## 成年時期的震撼型創傷

馬汀（Martin）是敬業的第一線救援人員，他之所以參正念心智健身訓練課程，是因為他正在找新的方法，應付慢性疼痛。我跟馬汀一對一面談，請他說出疼痛是什麼時候開始的，他說，前一年，他車子被撞後，就一直背痛，脖子僵硬，早上，他通常會劇烈頭痛醒來，他以為是晚上睡覺磨牙、咬緊牙根造成的。馬汀跟我說，他通常可以應付過去，不吃藥，就這樣撐下去，不過最近馬汀覺得疼痛感加劇，常去看脊椎矯正師也沒有用。現在，他常常吃布洛芬*（Ibuprofen），像在吃糖一樣。

過去幾個月，馬汀也開始留意到新症狀不時出現，例如暈眩、耳鳴、手臂麻刺感。他也睡不好，會做惡夢醒來，這讓他很難專心、記憶力變差，他變得失約，鑰匙放錯地方，對這些事感到特別氣餒。

「最近在職場上還是家裡，有沒有發生什麼變化？」我問，「我在思考，有沒有新的壓力源跟新症狀同時出現。」

「沒有，」馬汀回答，「家裡都很好，職場上，我們正在準備迎接重大的視察，但沒什麼是我們應付不了的。也許我工作時間稍微長了一點，但壓力其實不太大。」

「就算你的理性腦覺得視察準備作業壓力不大，但你的生存腦也許覺得壓力很大。準備作業有哪些？」我問。

「大部分是文書作業訓練，但也要重新檢定一些職責，有點像是你訓練的部隊要接受的派遣前訓練。」

「可以理解，」我回答，「那這裡要問你一個奇怪的問題，重新認證的項目有沒有包括開車？」

「有。」馬汀一臉訝異，靠著椅子坐。「你怎麼知道？」

我露出微笑。「再問你一個奇怪的問題，你記不記得惡夢的內容？記得的話，願意跟我說嗎？」

馬汀咧嘴而笑。「一直都是夢見自己出意外，但不一定是車禍。只記得有個惡夢是高速公路有十台車連環追撞。在其他的惡夢，我的團隊負責處理重大事故，可是我們要麼是太晚到達現場，要麼是無法阻止事故發生。我滿身大汗醒來，心臟劇烈跳動，接下來幾個小時，再也睡不著，可是這件事跟近期的視察有什麼關係？跟去年的小擦撞又有什麼關係？這些事情沒有一個地方像。」

「沒錯，你的理性腦認為這些事情不像。」我回答，「不過，你的生存腦認為這些事情都有關係，在小擦撞的事故，你是被撞的那個，對吧？」

馬汀點頭。

* 一種非類固醇抗炎藥，常用來止痛、消炎。

「所以那是你掌控不了的壓力經驗，生存腦覺得失去主控權，就會受到創傷。」我說：「就算是小擦撞也一樣，對你的生存腦和身體來說，那還是一種創傷。所以雖然你沒有在擔心那個即將到來的駕駛技能重新檢定，但是你的生存腦確實很擔心，還製造出前述所有的新症狀，好讓你知道。我們要做的，就是聆聽生存腦的訊息，協助生存腦從小擦撞完全復原。」

「可是，其實沒什麼大不了，」馬汀皺眉說，「我都放下了。」

「再說一次，你可能放下了，但是我向你保證，你的生存腦沒有放下。除非我們幫助生存腦按照自己的步調完全復原，否則你會一直出現那些症狀。你參加正念心智健身訓練，是為了學習新方法應付慢性疼痛，對吧？那麼你必須讓生存腦引領，還要相信這麼做以後，生存腦會確切知道自己需要什麼才能完全復原。」

第二條導致身心容納之窗窄化的途徑，是來自於震撼型創傷，是在緊急事件或突發事件期間發生，會突然對身心系統造成重大影響。震撼型創傷發生期間，太快經歷過度的壓力反應和強烈的情緒，身心容納之窗難以承受。震撼型創傷包括了大家一般認為是「創傷」的事情，例如颶風、地震、其他自然災害、恐怖攻擊、大規模射殺、戰鬥、強暴、綁架、政治囚禁。如果家人、朋友、同事等重要人士也經歷事件，那麼震撼型創傷的影響就會擴大。[1]

正如第二節所述，多數人會願意把經常出現震撼型創傷的事件列為「創傷」。這類突發事件往往涉及許多個體或整個社群，很多人遭到殺害或受傷。創傷事件具備的這些特性，會導致理性腦和生存腦更有可能認為自己失去主控權。遇到這類事件，能做的往往就是撐下去而已，等它襲捲過生命，之後再振作起來。

這類壓力源通常重大又特殊，引發莫大創傷，所以理性腦也比較會去思考事件是怎麼影響身心系統，我們比較不會輕忽壓力來源，所以之後也很可能主動採取措施，加強復原力道。舉例來說，我們可能會從事冥想、禱告或其他的靈性練習，可能會向摯愛、牧師、治療師或醫師求助，可能需要一段時間，讓生理和情緒逐漸復原。

然而，有一點很重要，就像馬汀的故事，碰到小擦撞、小手術等「較小」的事件，也可能會經歷震撼型創傷。正如同任何的創傷，**震撼型創傷不是在事件裡形成，而是在事件經歷者的身心系統裡形成**。由此可見，就算理性腦認為事件「沒什麼大不了」，但只要生存腦感到無助、無力或無法掌控，還是很可能會太快經歷過高的壓力反應程度，致使我們移到身心容納之窗之外。這是震撼型創傷具備的關鍵特徵，並不是引發創傷的事件擁有的隨便一項特性。

大部分的人不會時常經歷震撼型創傷，但身心容納之窗窄化後，經歷震撼型創傷的頻率，就會比理性腦以為的還要頻繁。不過，如果像馬汀那樣，理性腦不理會創傷事件，覺得「沒什麼大不了」，那以後也更可能會有盤據不去的有害影響。**就算是「小」的震撼型創傷，除非生存腦和身體日後能完全復原，否則身體調適負荷失衡還是會變嚴重，身心容納之窗還是會變窄**，最後會像馬汀那樣，出現失調症狀。

## 面對危機，人們習慣用既定方式應對

在可能引發震撼型創傷的危機和其他事件期間，人們自然會用不同的身心容納之窗應對事件，所以在危機期間，人們運用理性腦功能和社會參與的能力各有不同。應對危機時，身心容納之窗的寬度要看身體調適負荷失衡，[2]來自於早年的經驗，也來自於沒充分復原後產生的慢性壓力與創傷。換句話說，我們先前總是用既定身心系統應對人生。

有個絕佳的例子可以呈現出這種現象，那就是以色列領袖在一九七三年贖罪日戰爭期間的表現。一九六七年，以色列竟然先發制人，攻擊鄰近的阿拉伯國家，占領埃及、敘利亞、約旦的重要領土，包括南方的西奈半島、北方的戈蘭高地，占領面積是以色列控制領土的兩倍多。可想而知，阿拉伯國家吃了敗仗，有失顏面，發誓要重新把失去的領土給奪回來。

接下來幾年，對於阿拉伯國家可能發動攻擊一事，以色列民眾深感不安，尤其以色列國防軍（Israeli Defense Forces, IDF）地面部隊有八〇%是後備軍人，通常沒什麼預警就要動員防衛邊境。儘管如此，根據以色列情報圈的分析，以色列的領袖並未理會一九七三年春夏的幾次預警，而預警內容提到了戰爭機率已經增加*。[3]

十月六日，埃及和敘利亞終於發動攻擊，那天是贖罪日的第一天，是最神聖的猶太節慶，以色列的領袖措手不及，該場入侵行動聯合攻擊南方的西奈半島與北方的戈蘭高地。接下來二十四小時，埃及和敘利亞用超過十萬軍力的部隊推進這些領土，以色列慌忙回應。以色列花了兩天才組織好行動，成功反擊敘利亞，花了三天才阻止埃及推進，最後，以色列部隊取得軍事上風，擊敗敘利亞和埃及。十月末，戰事終於告歇，雙方傷亡慘重。

由前述背景就會知道，對以色列平民和軍事領袖而言，該場入侵行動顯然是震撼型創傷。儘管如此，他們在危機期間展現的回應能力，各有不同。一方面，以色列國防部長摩西．達揚（Moshe Dayan）的軍事和領導經驗更豐富，地位更權威，身為公認的一九六七年戰爭英雄，社會影響力也應該更大，但他在該場戰爭期間，卻做出了極其不佳的決策。另一方面，以色列國防軍參謀長大衛・艾拉札（David Elazar）中將，表現十分沉穩，所以他握有的戰爭決策權比他職位通常能掌握的權力還要高，為什麼？

說來有意思，研究員研究了戰事第二天，阿拉伯國家攻擊最猛烈的時候，以色列多位領袖展現出的壓力程度與決策能力。雖然研究員並未針對身心容納之窗進行分析，但領袖的決策行為確實符合身心容納之窗的寬度。以色列領袖承受的狀況壓力十分類似，但根據他們在戰事期間的決策行為，他們因應壓力及做出最佳策略決定的能力，卻是大相逕庭。

舉例來說，以色列國防部長達揚的身體調適負荷失衡很嚴重，他因先前的戰鬥經歷而罹患PTSD，一九六八年意外事故，更是導致他劇烈背痛、不斷頭痛、只剩一隻眼睛。基於前述經驗，達揚的身心容納之窗應該已經窄化，而在戰事期間，他的反應程度很可能超過身心容納之窗，生存腦處理壓力和情緒的程序可能會主導決策。

達揚在戰事期間表現的行為，證明了這個推想。研究員表示，達揚的行為為「顯示他承受極端的壓力，也流露出恐慌的跡象……戰爭開始後不到二十四小時，達揚的表達方式暴露出莫大的恐懼……深怕以色列已面臨存亡關頭。」[4]

怪不得達揚會在戰事期間做出不佳的決策，[5]研究員認為有一項決策「在整場戰事期間，

---

* 查爾斯・杜希格（Charles Duhigg）在其著作《為什麼這樣工作會快、準、好》，闡述以色列情報圈為何會出現盲點，明明有可信的徵兆顯示一九七三年可能會發生戰爭，卻不予理會。一九六七年戰爭後，以色列軍事情報領袖艾里・澤拉（Eli Zeira）制定「概念」準則，用來評估阿拉伯國家發起戰爭的機率。首先，澤拉認為，埃及參戰，敘利亞才會發動戰爭。他認為，埃及要拿到蘇聯戰鬥轟炸機（用來壓制以色列空軍）和飛毛腿飛彈（用來劫持以色列的城市，進而阻擋以色列攻擊埃及基礎設施），才會發動戰爭。明明有徵兆顯示一九七三年可能會發生戰爭，但就因為埃及永遠不可能拿到他們想要的蘇聯戰鬥轟炸機，所以澤拉團隊一直不予理會，而埃及的行動，也進一步加深了這個錯誤觀點。

應該是最糟糕的決策」，而且無論是在當時看來，還是回頭去看，都堪稱「大錯特錯」。儘管一開始發動空中攻擊，破壞埃及在南方的地對空飛彈，行動十分成功，但是達揚卻中途放棄，轉移空中軍力，在北方發動另一波空中攻擊。北方的攻擊後來之所以失敗，是因為臨時執行任務，缺少必要的情報支援。實際上，達揚做出的不佳決策，反而抵銷了以色列空軍的軍力，「使得他們在整場戰事期間，無法有效支援以色列的地面部隊」。

在戰事期間，達揚的社會參與技能也顯得相當吃緊。[6]在這場戰事前，達揚講究「個人主義」，「身邊也沒幾乎沒有他尊重的人可以信賴」，他最親近的密友是高妲．梅爾總理（Golda Meir），以及擔任總理顧問的政務委員以色列．加利利（Yisrael Galili），這三人共同組成梅爾的「廚房內閣」，掌管以色列最重要的安全決策。不過，達揚在戰事的前兩天做出不佳決策後，梅爾和加利利對他的判斷失去信心。雖然達揚是國防部長，但是他們倆把達揚踢出戰事決策圈，選擇以色列國防軍參謀長艾拉札，請他就以色列撤軍一事，做出最後決策。

戰事第二天，艾拉札並未流露出絲毫誇張的或明顯的苦惱跡象，[7]代表他還是待在身心容納之窗內，難怪研究員判定艾拉札在整場戰事期間都做出高品質的決策。梅爾總理和其他多位觀察人士都表示，艾拉札的表現跟達揚截然不同，艾拉札始終堅若磐石，做出優秀的判斷。整場戰事期間，梅爾不聽從達揚的建議，反而看重艾拉札的建議，艾拉札因此有了「比國防部長還要高的非正式地位」。

艾拉札也能給予並接受社群的支持。[8]有一小群將軍非正式擔任艾拉札的非官方要員，而且有一點很重要，這群將軍背景各異，也不會不假思索贊同艾拉札，這就表示，艾拉札就算承受著軍事攻擊造成的極端壓力，還是能聆聽多元觀點並從中學習。換句話說，在戰事期間，艾拉札還是保有社會參與能力，能夠跟廣大的人脈網建立關係、提供建議、獲得支持。

這裡要說明的是，震撼型創傷事件（例如突發的或緊急的危機、生存上的衝突、某人命在旦夕的處境等）發生期間，一開始經歷的壓力反應程度與情緒強烈度，會讓人移到身心容納之窗外。然而，一開始的震驚感消失後，身心容納之窗寬闊的人（例如艾拉札）較能調降壓力反應程度和情緒強烈度，回到身心容納之窗內。**身心容納之窗越寬闊，震驚感越快消失，也越快能運用有效的決策和其他理性腦功能**。這種人也更能運用第一線防衛機制的社會參與技能，跟他人建立關係並支持他人。

反之，身心容納之窗狹窄的人（例如達揚）無法調降自身的反應程度，覺得自己發揮不了最佳決策能力。這種人可能會長時間任由壓力和情緒影響決策，也許甚至是整場危機期間都是這樣。身心容納之窗狹窄，就會回到第二線和第三線的防衛機制，也就是「戰或逃」和「僵住」的狀態，因此也比較會在危機期間遭遇人際上的挑戰，例如退縮不前、對別人發脾氣、過度要求對方一再保證及支持等。

換句話說，我們習慣稱作「創傷」的那些事件，對每個人造成的影響並不相同，我在第二節初次提到這點時，舉了步兵班遭遇突襲的例子。十三人的步兵遭到突襲，肯定會產生十三種不同的身心反應。反應不可能一模一樣，畢竟是十三種不同的身心容納之窗遭遇突襲，每個人各有其既定的存活策略。

身心容納之窗寬闊的步兵，會維持理性腦功能的活躍狀態，就算在壓力很大的突襲期間也不例外，他們會跟同班的步兵合作，準確評估處境，然後做出適應反應，例如發動反擊。換句話說，雖然他們會經歷壓力反應程度突然激增的情況，卻也比較會看情況運用狀況認知，採用社會參與以及「戰或逃」的方式（也就是第一線和第二線的防衛機制），直到團體安全無虞為止。

反之，身心容納之窗狹窄的步兵在突襲期間經歷的壓力反應程度，會導致他們移到身心容納之窗外。他們的理性腦功能運作會隨之減弱，狀況認知和決策技能也因此受損。他們比較會自動回到第二線和第三線的防衛機制（也就是戰、逃、僵），無法先有效運用狀況認知來辨別既定的防衛策略適不適合現在。他們的腹側副交感神經系統無法作用，比較難適應周遭環境、與同班步兵合作。他們會感到恍惚困惑或慌得難以承受，也可能會出現視野狹隘、聲音扭曲、時間感變慢的情況，或者覺得自己好像在遠處觀看眼前情景，這些全都是僵的症狀。

該班遭遇突襲、回到鐵網內以後，日後的因應策略也會有十三種之多。如果遭遇突襲的步兵有著寬闊的身心容納之窗，身體調適功能正常運作，那就沒問題了，雖會處於壓力狀態，後來甚至會經歷急性壓力問題，但最後還是有可能完全復原痊癒。

然而，如果遭遇突襲的步兵有著狹窄的身心容納之窗，也就是身體調適功能沒有正常運作，那麼突襲造成的失調影響可就大多了。之後，他們對別人的支援所抱持的信任度和仰賴度就會變低，在原有的調適負荷下，要調降負荷量並在日後完全復原，就更為困難了（如果真能復原的話）。突襲造成的影響，有可能盤踞在身心系統無法完全復原，也就是說，他們要應對較早發生又尚未解決的慢性壓力與創傷，累積的身體調適負荷失衡隨之加重。

此外，因童年逆境而導致身心容納之窗窄化的步兵，很有可能會仰賴其在童年壓力與創傷期間採用的因應模式，也就是第七節探討過的那些「幼稚」的因應習慣，例如透過尼古丁、酒精、療癒食物、其他物質，進行自我治療或麻木自己；從事刺激腎上腺素的活動，例如騎重型機車時的危險駕駛行為、刻意挑釁別人、濫交、家暴等，藉此促進腦內啡激增，安撫焦慮感；

傷害自己。當然了，前述的因應機制全都無法幫助身心系統完全復原，所以雖然理性腦覺得更有掌控感，但是這類因應策略其實會導致身體調適負荷失衡更嚴重。

## 童年的壓力與創傷，更容易造成震撼型創傷

發展型創傷、不安依附感、童年逆境，都會導致將來更有可能經歷震撼型創傷。就像前一節的研究說明，風險之所以增加，背後有幾項因素：

1. 在這種教養下成長的人，神經覺比較有可能出現缺陷，所以可能會把實際很危險的處境看成是「安全」的處境，反之亦然。他們也更難做出好決策，更難控制衝動。比如說，他們可能正在應付癮頭，而在癮頭下，人會更容易做出各種高風險的選擇。
2. 他們也比較會被高壓環境吸引，甚至沉迷其中，因為他們的生存腦、神經系統、身體就是熟悉那樣的環境，所以他們會忍不住去追求可刺激腎上腺素與腦內啡的關係、活動、環境，他們需要腎上腺素和腦內啡，才能冷靜下來，並獲得掌控感。他們的身心系統渴望著危機和緊急狀況，所以他們追求的各種私人環境和職場環境，要能夠餵養社會認可的「腎上腺素癮君子」癮頭。

例如，在美國全志願役時代的服役人員中，有童年不良經驗的人，多得不成比例。也因此近來有研究顯示，加入美國陸軍的士兵，入伍前罹患ＰＴＳＤ、恐慌症、

ADHD、陣發性暴怒疾患的比率，遠高於一般大眾。[9]有一點值得注意，加入陸軍的士兵中，有八%患有陣發性暴怒疾患，特性是會不受控地發洩怒氣，入伍前的盛行率是平民的將近六倍。此外，目前符合心理健康失調症條件的士兵中，有超過四分之三的人表示，入伍前的青少年時期，至少出現一項心理健康失調症。這類士兵之所以會入伍，有一部分是為了逃離虐待的、暴力的、失調的家庭環境，但也有一部分是為了追求這樣的工作環境，是他們的過度反應狀態擅長且適應的環境。

3. 成長創傷與童年逆境之所以導致日後罹患震撼型創傷的風險增加，最後一項原因就是個體會無意識陷入不斷的創傷重演，就跟我的情況一樣。正如第七節所述，在這種教養下成長的人，長大後，比較會再度遭受虐待和暴力或虐待他人，也比較可能會置身在引發震撼型創傷的處境。例如，與沒經歷過童年不良經驗的女性相比，童年不良經驗分數拿到四分或更高分的女性，她們在成年後被強暴的風險高達六倍。[10]同樣地，跟非暴力犯相比，暴力犯小時候更有可能曾經直接目睹暴力發生。

然而，有一點很重要，發展型創傷和童年逆境不僅會導致日後經歷震撼型創傷的風險增加，**而且經歷震撼型創傷後，PTSD或其他壓力相關的身心健康問題，罹患風險也會隨之增加。**原因之一在於創傷事件發生期間出現的「僵住」反應——臨床醫生把這種反應稱為「創傷當下的解離」（Peritraumatic Dissociation）。「僵住」反應是最重要的預測指標，[11]出現「僵住」反應，就表示日後罹患PTSD和其他壓力類群障礙症的機率大增。此外，就像前文所舉的例子，在震撼型創傷事件發生期間，身心容納之窗狹窄或窄化的人，他們出現「僵住」反應的機率，會比身心容納之窗寬闊的人高出許多。

比如說，不是出過車禍就一定會罹患頸部揮鞭症候群*（whiplash syndrome）。頸部揮鞭症候群的部分患者（例如馬汀）會出現一堆症狀，[12]例如頸背脊椎疼痛、耳朵與下巴疼痛、頭痛、手臂麻刺感等，也許會有腦神經的症狀，例如視力模糊、耳鳴、暈眩、記憶力與專注力問題等。最後，也許還會出現好幾種PTSD症狀，例如碰到開車或其他意外事故相關跡象，就會做惡夢、過度警覺、過度驚嚇反應、易怒、焦慮或恐慌。症狀的形成，往往耗時數日或數週，而且會隨著時間逐漸惡化。馬汀的症狀確實有好幾種都屬於典型的頸部揮鞭症候群。

根據研究顯示，揮鞭症候群的症狀，跟意外事故的速度、撞擊的力道、車輛的損害都毫無關聯。從馬汀的「小」擦撞就會知道，**創傷並不是在事件裡形成，而是在經歷事件者的身心系統裡形成**。舉例來說，賽車和撞車比賽的駕駛員，有時會在撞擊後，出現不太嚴重的脖子疼痛，但通常不會有揮鞭症候群的其他症狀，畢竟他們在開車時，應該很有掌控感，創傷機率會因此降低。

腦神經科醫師勞勃．史卡爾（Robert Scaer）治療過五千多位頸部揮鞭症候群患者，他發現頸部揮鞭症候群患者，通常之前有過發展型創傷或關係創傷。[13]他在執業時發現，長期或劇烈意外事故後會出現揮鞭症候群症狀的人，最重要的預測指標有：童年遭受身體虐待及性虐待、難產、重大醫療、家長酗酒，或者成年時期遭受歧視、騷擾或其他的關係創傷。

在一對一的討論期間，我從來沒問過馬汀他早年的經驗，畢竟時間有限，我主要教導他

---

* 騎乘機車或駕車時，被後方來車追撞，造成頸部轉動不便、有酸麻的感覺，且施壓時會覺得痛。

如何去支援生存腦完全復原。然而，基於前述資料數據，馬汀小時候很有可能也承受巨大的壓力，就算不曉得馬汀早年的狀況，但從症狀中也肯定會知道，他發生小擦撞時，產生了震撼型創傷。同樣地，有越來越多的實證研究對象是經歷童年逆境又從事高壓職業的個體，難怪在該項研究中，經歷的童年不良經驗越多，在震撼型創傷或壓力工作事件過後，產生的症狀就越劇烈、越長久。

舉例來說，有幾項研究的研究對象是患有PTSD的美國、加拿大、英國三國的部隊和退伍軍人，[14]結果發現大部分都經歷過童年逆境。有童年不良經驗的軍事服役人員，在戰鬥、派遣任務或其他高壓工作相關事件過後，有較高的機率會罹患PTSD、憂鬱症、焦慮症、濫用酒精或藥物。

有幾項研究是以護理人員與警察為研究對象，也出現了類似的模式：[15]經歷童年逆境的人，在工作上碰到威脅或創傷事件過後，產生的生理反應和情緒反應強烈多了，日後罹患PTSD症狀的機率也比較高。某項研究甚至認為，警察的自殺跟童年不良經驗有關。

當然，因為馬汀曾經是第一線救援人員，所以也可以用他的故事，舉例說明高壓職業的研究結果。馬汀預期會有「近期的視察」這項工作壓力源出現，因為他的身心容納之窗在車禍後窄化，所以他經歷的生理症狀和情緒症狀會比較嚴重。內隱記憶在意外事故後毀壞，如果有訊號是跟近期的駕駛技能重新檢定有關，那麼生存腦就會格外敏銳察覺。其實，馬汀近來出現的症狀中，尤其是做惡夢，有很多可以用來證明點燃效應的存在，生理症狀和情緒症狀加劇，可能是因為對即將到來的駕駛考試很焦慮。

至於震撼型創傷過後，有害的後果會有多嚴重、多長久，就要看復原過程可以運用哪些內外在資源。身心容納之窗寬闊，就表示有內在資源，可以協助我們在創傷事件後復原，等同於有高額的準備金、穩定的收入；制度權力或支援的關係，就表示有外在資源。

反之，如果缺少內外在資源，震撼型創傷過後的有害後果，往往會持續得更久。至於窄化的身心容納之窗會如何引發這種後果，前文已經探討過了，但如果缺乏社會、制度、經濟上的資源，落到這種後果的機率會更高。

舉例來說，哈維颶風*（Harvey）淹沒休士頓一年後，[16]最脆弱、最貧困的地區，復原跡象是最少的，很多居民的住家還在修復中，只好住在黴菌肆虐的環境，或者住在臨時的拖車式活動房屋，或者是跟別人同住。颶風發生一年後，表明住家還是不安全、沒辦法住的居民當中，黑人的人數是白人的兩倍，是西班牙裔的將近三倍。與此類似，低收入受訪者有半數表示，他們沒獲得必要的協助，而收入較高者只有三分之一如此表示。

## 震撼型創傷是邁向復原的轉捩點

我在自己的人生中、在教導眾多窄窗者的時候，觀察到震撼型創傷的最後一項特色，就是身心系統受到長久一連串攻擊後，震撼型創傷往往會化為轉捩點。就算是窄化的身心容納之窗，還是往往會有能力運作，度過長期的慢性壓力與創傷。例如，有的小孩在經歷艱苦的教養

＊二〇一七年，美國德州五十年來遭遇最強的颶風。

環境後存活下來，長大後可能要承受睡眠不足、過勞、接連到來的工作最後期限，同時還要負起家庭責任。或者，可能時常受到種族歧視、性別歧視、異性戀中心主義、貧窮、歧視、排斥或騷擾，面臨關係的創傷。他們用這種方式生活了多年（或甚至數十年），也許無法茁壯，卻也撐了下去，正常運作。

然而，這些人其實是處於危險的平衡，畢竟身心容納之窗窄化，就表示缺乏內在資源，無法有效因應新的突發事件或危機。他們的身體調適負荷失衡長年不斷累積，要是發生意外或危機，例如車禍、恐怖攻擊、火災、颶風、校園槍擊案、突然失去摯愛，就會筋疲力盡。所以，在緊急事件或突發事件發生期間，生存腦很可能會感到無力、無助或無法掌控，簡直是為震撼型創傷做好完美的準備。

此外，如果身心系統已經岌岌可危，新的意外有可能會成為轉捩點，失調症狀搶先出現，而失調症狀要是已經存在，症狀就會加劇惡化。若用窄化的身心容納之窗去因應前述症狀，就比較會仰賴短期的修正方法，但這樣一來，反而會導致身體調適負荷失衡更嚴重。例如，可能會透過尼古丁、酒精、咖啡因、療癒食物、其他物質進行自我治療，可能會加倍從事刺激腎上腺素的行為、暴力行為或自殘行為。

好比及時行樂的月光族，只要多了意外開支，例如車子要大修理或牙齒要緊急處置，經濟就再也不穩定，於是就可能做出短期的選擇來因應意外開支，例如把高利率信用卡刷爆，但這樣反而造成經濟長期不穩定。

由此可見，震撼型創傷往往是邁向失調症狀的轉捩點。不過，說來幸運，根據我與無數人合作的經驗，**震撼型創傷往往也是邁向復原的轉捩點**。就像馬汀的症狀，是他參加正念心智健身訓練轉捩點，震撼型創傷通常能讓我們有動力去實驗新的習慣和方式，因應壓力、負面情緒、慢性疼痛。不管是什麼因素導致身心容納之窗窄化，都無關緊要了，我們總是能選擇持續投入那些能重組身心系統、拓展身心容納之窗的習慣。

閱讀下一節前，請先反思自己有哪些經驗跟第二條導致身心容納之窗窄化的途徑有關。可以在日誌本列出清單，寫出自己這一生碰到哪些事件引發震撼型創傷。記住，在碰到小擦撞、門診手術或發現另一半外遇等「小」事件期間，生存腦和身體會受到震撼型創傷。接下來幾天，也許會回想起其他事件，想到就加入清單裡，繼續把事件寫下來，清單要盡可能完整。也可以請家人幫忙回想，你小時候受到哪些震撼型創傷。

清單寫完後，請花些時間反思並寫下來，比如說，你認不認為這些事件在當時引發了創傷，或者你的理性腦是不是輕忽、忽略或否認了震撼型創傷。也可以反思一下，為了在震撼型創傷後審慎復原，你採取了哪些措施（如果有的話），最後，還可以反思，自己有沒有任何的震撼型創傷經驗是轉捩點，而那些轉捩點導致失調症狀開始出現或加劇。也許，這還是你首次留意到自己持續出現失調跡象，你也可以在震撼型創傷發生很久後，針對自身症狀表現，以及新的「輕微」壓力源之間的交互作用進行探究，比如說，馬汀出現的新症狀，是近期的工作視察引發的。

# 09 失調途徑③ 生活中的慢性壓力和關係創傷

讀高中時，一度有太多事要做，時間卻不夠，而我不知不覺體會到，要完成這種不可能的任務，最好的方法就是少睡一點。爸媽經常為了工作、社區活動或家務，犧牲睡眠，在爸媽辦的社交活動上，我也無意間聽到客人笑說生活有太多責任、睡眠不足，他們開玩笑說：「等我死了再睡吧。」

於是我懂了，睡眠可有可無。要進入頂尖的大學，要獲得未來的成功和幸福，出色的成績、困難的課程、課外活動、做志工，全都是必備要件。可是，睡眠呢？沒那麼必要。

上大學後，我把睡眠看得可有可無的觀念，又更進一步了。我的新常態是每晚睡兩個小時到四個小時，持續好幾週都是這樣，這種做法通常行得通，只要每個月排一個週末感冒倒下就行了。

加入陸軍以後，睡眠不足的情況變本加厲，熬夜不睡工作，也變得習以為常。升到中尉後，我馬上充任少校職位，帶領約四十五名士兵，他們負責處理第一裝甲師的情報蒐集與分析，當時我們才剛把全新的自動化情報系統上線，我們是第一個收到該系統的陸軍單位。經過兩個月的訓練，還跟承包商針對軟體與互通性問題，進行為期數週的測試、偵錯、修復，之後我們團參與了野戰演習。

我的長官認為，該次的野戰演習，是在裝甲師其他同袍面前展示新系統的機會，於是我把野戰演習看成是我的成績單，新系統的成敗等於是公開展現我到底能不能有效帶兵。我二十三歲就擔起重責大任，覺得壓力很大。

全新技術系統的上線，向來頗具挑戰性，尤其這個系統又研發了很久，到最後軟體都過時了。除了要學習新系統的操作，還要讓新系統能搭配原有系統運作，撰寫的程式碼要能連結四個傳入總部的資料流，還要建立特殊的軟體範本，方便存取及運用資料。所以作戰演習開始以後，一些新的問題就出現了。我的因應之道就是值班三天，最後長官終於命令我去睡一下。那時，我已經清醒七十九小時了。

進入這場清醒馬拉松約四十小時，我的脖子被虎頭蜂叮了，脖子被叮到的地方，既腫又痛，腫得快跟耳朵一樣大了，我帶的兵建議我用嚼過的菸草弄出毒素，當時我四十六小時沒睡覺，覺得這主意聽起來還不錯。士兵說要幫我嚼菸草，我揮手拒絕了，我沒嚼過菸草，尼古丁很快就進入體內，而且我還續了無數杯的「遊騎兵咖啡」（野戰口糧的即溶咖啡，混合了熱巧克力包、糖包、奶精包），不久我講話的速度比《鼠來寶》（*Alvin and The Chipmunks*）的三隻花栗鼠還要快。

新系統出的問題越荒謬，我就越意識不清。清醒約六十小時，應該要再來一劑尼古丁，這次要含在嘴裡（換做是有充分休息的我，肯定只有一個念頭：「真的要這樣嗎？」）我帶的兵都覺得這樣很搞笑：「看中尉，竟然在沾菸！」那三天漫長又恍惚，針對接連冒出的問題進行判斷，腦力激盪想出解決辦法並予以落實，高興得擊掌，然後下一場災難突然冒出來，同時還要蒐集作戰演習的情報並進行分析。

出現這種行為的領袖，不是只有我一個人而已，整個指揮鏈幾乎都是為了工作而犧牲睡眠。我在那場野戰演習犧牲睡眠的行為，後來的確被公開表揚並獲頒獎項，幾位長官也因此推薦我提早升上連長。

第三條導致身心容納之窗窄化的途徑，是來自於日常生活的慢性壓力與關係創傷，**處於過慢反應狀態太久或太頻繁，沒充分復原，內在資源就會慢慢耗盡**。

前兩節探討的是，通常超乎掌控的事件會由上而下造成什麼影響，本節的重點在於，通常可以由自己決定，對於身心容納之窗會有哪些誘發因素。原生家庭是沒得選的，最早所處的社會環境對身心系統造成的終生變化，也是沒得選的。同樣地，這一生經歷的危機和其他極端事件，例如車禍、自然災害、失去摯愛等，也是不太掌控得了。

然而，我們擁有充分的主導權和能力，只要遵照本節的方法去做，就能左右身心容納之窗。生活方式跟超乎掌控的壓力事件，兩者是不一樣的，生活方式的選擇幾乎是全都取決於我們自己，尤其是察覺到自己有選擇的時候。但在滾輪上的人生，美國文化在多方面滋養、促進、獎勵的行為，其實會造成慢性壓力。正如第二節所述，「壓力很大」在美國文化通常表示忙碌、成功、有權力、很重要。

第三條途徑日積月累的窄化作用，多半來自於每天做出的生常選擇，然而正因為這些都是日常生活方式的選擇，所以也就不會去思考那些選擇是怎麼影響到身心容納之窗。一般而言，理性腦比較會輕忽或忽略日常壓力源，所以我們比較不會主動採取可從壓力中復原的措施。

很多人都沒注意到這些選擇會導致身心容納之窗窄化。舉例來說，雖然那些導致我罹患

PTSD的事件，是我無法防止掌控的，但是充分睡眠，絕對是在我的掌控中，而要從事多少活動，也絕對是我可以選擇的。

## 睡眠不足會損害理性腦，也會抑制生存腦

日常生活中，會影響身心容納之窗寬度的選項中，也許最重要的一項，就是定期要獲得多少高品質的睡眠。美國人多半睡眠不足，[1]最具全國代表性的數據來自二〇〇四年至二〇〇七年超過十一萬名的美國成人，在該項調查中，約二八%的人表示自己每晚睡六小時或不到六小時，三一%表示自己睡七小時，三三%表示自己睡八小時，八．五%表示自己睡九小時或更久。這個範圍跟二〇一四年的調查有關聯，二〇一四年的調查結果顯示，美國人每晚平均睡七小時半。

根據美國勞工部的年度時間運用情況調查，[2]工作相關活動是第一預測指標，最能用來預測美國人在一九六〇年代至二〇〇五年睡眠不足的情況，每週至少工作五十小時的美國人，極有可能每晚睡不到六小時半，睡眠不足的第二預測指標，是勞工花在差旅、通勤、開車處理雜務、共乘上面的時間。

難怪六十五歲以下的美國人到了週末通常也會睡很久，這就表示，很多人都是利用週末大睡特睡，彌補工作日睡眠不足的情況。儘管如此，這個設想的方向還是錯誤的，資料數據證明，工作日睡眠不足的情況，無法靠週末補眠來彌補。

對高壓職業的從業人員來說，睡眠不足造成的問題特別嚴重。高壓環境下的許多工作，都

是睡眠時間不一定，或經常海外出差而有時差，或者為了全天候不停運作而輪班工作。美國全職勞工當中，輪班勞工占了將近一五％，而執法、軍方、消防、健康照護等攸關安全的職業，輪班勞工更是多得不成比例。有幾項研究顯示，警察、獄警、消防員、健康照護勞工的睡眠中斷問題，是認知、情緒、生理的損害造成的，是決策和風險評估能力受損造成的。

近期有項研究是以五千名美國和加拿大的警察為對象，[3]結果發現超過四〇％的人至少有一種睡眠障礙。睡眠障礙的警察犯下嚴重錯誤、違反安全行為、翹班、開車睡著、遭民眾投訴的機率高出許多。與此類似，睡眠不足的醫護人員撞毀自己車子、犯下醫療錯誤、造成破皮傷口的機率也高出許多。

在軍隊，睡眠不足的現象十分常見。有幾項研究顯示，在派遣期間、返家以後，[4]服役人員每晚平均睡五小時至六小時半。舉例來說，美國陸軍旅級戰鬥隊三千士兵從伊拉克返家六個月後，有七二％表示每晚睡不到六小時，[5]就算接觸戰鬥的情況受到控制，這七二％的人罹患憂鬱症、PTSD、濫用菸草與酒精、嘗試自殺的機率也高出許多。

那麼，人實際上需要多少睡眠呢？其實因人而異，要看睡眠不足後在認知和情緒表現上的衰退程度。每個人對咖啡因的敏感度不同，[6]引發的反應不同，而新陳代謝和晝夜節律調節，也有基因上的差異，這些都會造成部分的差別。儘管如此，**最新近的資料數據顯示，人多半每晚至少要睡八小時，以免引發認知障礙和其他幾種身心容納之窗的窄化機制**。

有兩項不同的實驗，以一百名左右的健康志願者為實驗對象，在實驗室裡以不同時間長度剝奪睡眠，[7]同時二十四小時監看受試者的飲食和睡眠情況。第一項研究把志願者隨機分成每晚限制睡四小時、六小時、八小時，實驗為期十四天；第二項研究把志願者隨機分成每晚限制睡三小時、五小時、七小時、九小時，實驗為期七天。此外，受試者都不准小睡，這兩項研究還納入了三個基準天和三個復原天，在這六天期間，受試者一律每晚睡八小時。

在這兩項研究中，注意力沒分散、認知表現沒衰退的人，都是睡八小時和睡九小時的小組，其他小組都有表現衰退的情況。此外，睡三小時、五小時、七小時的小組，在每晚睡滿八小時的三個復原天期間，並沒有復原到基準認知表現。很多過勞者很多都以為，長期的工作日睡眠不足可以靠週末補眠來彌補，但該項研究證明，這個共通的設想是錯誤的。

在這兩項研究中，睡四小時和睡六小時的小組，他們的認知表現會在一段時間後逐漸惡化，而且這兩個小組連低於基準都無法穩定維持，實際上，十四天過後，這兩個小組的認知衰退情況，相當於清醒二十四小時或四十八小時！

**就算每晚睡六小時這種中度的睡眠限制，只要夜復一夜都是這樣，那麼認知表現的受損程度相當於酒醉行為**。根據其他研究顯示，二十四小時沒睡的話，認知障礙程度相當於血中酒精濃度達〇・一％。[8]在該項研究中，睡六小時的小組，他們的認知障礙程度相當於血中酒精濃度達〇・一％。美國的酒精法定限度是〇・〇八％[*]，由此可見，疲勞駕駛的風險至少相當於酒駕。

儘管如此，睡四小時和六小時的小組，並沒有意識到睡眠不足會對自己的表現造成危害，到了限制睡眠的第三天，他們都說覺得有點想睡，卻也堅稱昏昏欲睡沒有對認知表現造成負面影響，在剩餘的實驗期間，就算客觀的測試表現持續下滑，他們還是堅持這個主觀的自我評估意見。

---

* 台灣法規規定，吐氣所含酒精濃度達每公升〇・一五毫克或血液中酒精濃度達〇・〇三％以上，不得駕車。

換句話說，睡眠不足的話，不僅很難判斷自己需要多少睡眠，對於睡眠不足實際對自身表現的損害程度，也是渾然不知，好幾項研究都發現了同樣的結果。[9]而現實世界的背景脈絡是，在每晚睡不到六小時、約兩千兩百名陸軍旅級戰鬥隊士兵中，只有一六%認為缺乏睡眠已損害到工作表現。

這些數據很明顯，睡眠不足會損害執行功能。[10]就算是輕微的睡眠不足，但只要形成長期習慣，就會影響到理性腦的表現，更有可能犯下過錯、誤解處境、做出成效低落的決定，要是碰到不明確、步調快、反覆無常或有威脅性的處境，就會表現得尤其差。昏昏欲睡，在過低反應程度下從事慣常活動，也可能會引發問題，腦部容易進入微睡眠狀態，也就是說，腦部的某些部分會短暫關閉。

二〇〇五年，美國有六〇%的成年駕駛表示，前一年曾經疲勞駕駛，[11]而三七%表示，開車開到睡著了。二〇〇九年至二〇一三年，美國每五起死亡車禍當中，就有一起是疲勞駕駛；[12]每八起有人住院的車禍當中，就有一起是疲勞駕駛。

二〇一七年，太平洋海面上，高科技的美國海軍驅逐艦，以及慢速的商業貨船，發生了兩起致命相撞事件，[13]這兩起事件有一部分可歸因於船員睡眠不足。無數起的火車和貨車相撞事件，也是睡眠不足和睡眠呼吸中止症造成的，[14]例如，二〇一三年，大都會北方鐵路（Metro-North）客車在紐約市脫軌，導致四人死亡、六十多人受傷。艾克森瓦德茲號（Exxon Valdez）的郵輪漏油災難，[15]三哩島（Three Mile Island）核電廠爐芯熔毀事件，挑戰號太空梭爆炸事件，一九八六年蘇聯的車諾比核電廠意外事故，一九八四年印度博帕爾的氣體外洩災難，這些事件全都可直接歸因於肇事者昏昏欲睡。

**睡眠不足損害到執行功能的時候，不僅理性腦的功能會減損，由上而下調節生存腦的能力也會受到抑制，因此睡眠不足時，壓力和情緒在決策和選擇上扮演的角色變得重要許多。**因焦慮症或憂鬱症或老化作用而在夜裡醒來，這種片段式睡眠對認知和情緒功能的危害度，至少是相當於睡眠不足。[16]

疲勞會影響感知，更難調節壓力反應程度和負面情緒，而人生投來變化球的時候，應對的彈性會變得更低。睡眠不足的時候，比較無法認清自己和他人的情緒，尤其是利社會的情緒（例如快樂和悲傷），不過還是能認清生存導向的情緒（例如恐懼和憤怒）。在社交溝通方面，情緒扮演關鍵角色，所以睡眠不足也會對社會參與產生負面影響，在私人關係和職場關係上，也比較不能跟別人有效互動。睡眠不足的時候，道德決策能力會減弱，[17]道德意識會降低，道德判斷會受到負面影響，容許不道德或踰越的行為。

近來有項腦部影像研究顯示，慢性睡眠不足時，壓力和情緒的反應會變得強烈。慢性睡眠不足會引發三種變化，導致睡眠不足的腦部變得更神經質、更緊張不安：[18]

1. 在神經感知期間，杏仁核發射訊號的速度會變得更快，數量也會變得更多。
2. 生存腦裡的杏仁核和腦幹之間的連結會變得更強，壓力和情緒會更快反應。
3. 杏仁核和前額葉皮質之間的連結較弱，對由上而下的壓力和情緒調節造成妨礙。

具體的例證就是前文提過的研究結果，四〇%的警察至少有一種睡眠障礙，[19]與毫無睡眠障礙的警察相比，睡眠障礙的警察對市民或嫌犯，失控發洩怒氣的機率高出許多，市民投訴他們的機率也高出許多。與此類似，失眠或做惡夢的消防員難以調節負面情緒的機率也高出許多，[20]因此整體上會有更多的負面情緒，更多的憂鬱症症狀。其實，失眠是用來預測臨床憂鬱症的第一指標，幾乎所有的憂鬱症患者都出現睡眠障礙。[21]

慢性睡眠不足也會對身心系統產生其他幾種長久的失調影響。其實，正如跨世代的創傷和童年不良經驗，**慢性睡眠不足和輪班工作會引發有害的表觀遺傳變化**。[22]負責調節晝夜節律的基因，還有跟發炎、免疫、壓力反應有關的基因，都會產生變化。

首先，慢性睡眠不足跟神經系統失調有關，腹側副交感神經系統尤其會因此減弱，而該系統負責掌控社會參與、復原功能、心血管系統迷走神經煞車。具體而言，睡眠不足的人更有可能心率變異低，[23]也就是說，迷走神經煞車沒有正常運作，如果迷走神經煞車沒有正常運作，更有可能罹患高血壓和心血管疾病。由此可見，怪不得慢性睡眠不足以及晝夜節律混亂（例如輪班工作），有可能會引發高血壓、動脈硬化，而心臟病、心臟病發作、中風的罹患風險也會增加。

其次，慢性睡眠不足會導致內分泌（荷爾蒙）系統失調，ＨＰＡ軸尤其會受到影響。睡眠不足特別會影響到皮質醇這種壓力荷爾蒙，[24]因為皮質醇具有明顯的晝夜節律，皮質醇濃度會在清晨達到高峰，方便調動能量醒來，接著濃度會隨著時間而逐漸減少。夜班工作會導致皮質醇的節律時間發生變化，而片段式睡眠或輪流換班，會抑制節律的振幅。睡眠不足的話，皮質醇會分泌得更多，對壓力反應、新陳代謝、免疫功能造成莫大影響。

心情、能量、體溫、機警度、胃口、每日定時分泌的各種荷爾蒙，都會受到晝夜節律的影響，[25]因此若搞亂了內在的時鐘，比如加班或在不規律的時間工作，或者有時差，就算睡得再久，也彌補不了晝夜節律混亂的情況。

睡眠不足時，濃度增加的皮質醇，會跟兩種控制胃口、濃度失調的荷爾蒙互動交流，[26]帶來飽足感的瘦素（leptin）會降低，帶來飢餓感的飢餓素（grehlin）會增加，在前述三種荷爾蒙的變化下，胃口會增加，渴望的熱量超過了實際所需的熱量，通常會吃得更多，白天會吃更多零食，晚上會飲食過量。還往往渴望高熱量、高醣、高脂的食物，所以筋疲力盡的時候，才會想吃速食或糖。

難怪慢性睡眠不足和晝夜節律混亂，會引起腹部發胖、身高體重指數（BMI）增加、肥胖、代謝症候群、胰島素阻抗、第二型糖尿病。其實，根據小孩和成人的前瞻研究，睡眠不足與體重增加有著密切的關聯，現代人的睡眠時間變少、睡眠品質變差，社會上的肥胖和糖尿病人口隨之戲劇化增加，這個現象絕非偶然巧合。截至二〇一〇年，七〇%的美國人過重或肥胖。[27]睡不夠還要維持正常體重或減重，可說是難上加難。

因為皮質醇在免疫功能也扮演關鍵角色，所以慢性睡眠不足也會引發免疫系統失調，睡眠不充足，就比較容易生病。有項研究用十四天的時間，追蹤了健康志願者的睡眠時數和「睡眠效率」，也就是躺床時間和睡著時間的百分比。[28]

先將志願者隔離起來，給予含有鼻病毒的滴鼻劑，監測五天。結果發現，每晚平均睡七小時或睡不到七小時的人，得到感冒的機率，至少是睡八小時的人的三倍。此外，片段式睡眠的人，得到感冒的機率，是睡眠效率至少達九八%的人的五倍。還有其他研究，追蹤了慢性睡眠不足，如何導致人體接種疫苗後，損害造出抗體的能力，[29]例如，睡眠不足者造出的特定病毒抗體數量，是睡滿八小時以上的人的一半左右。

睡眠不足，慢性發炎風險隨之增加，[30]慢性發炎相關疾病（例如慢性疼痛、憂鬱症、自體免疫疾病、心血管疾病等）的罹病風險也隨之增加。根據實驗研究和流行病學研究，輪班工作、片段式睡眠、睡眠不足，全都會導致多項發炎指標增加，晝夜節律混亂，也會抑制褪黑激素的分泌，導致罹癌風險增加。[31]

## 職場上帶來的危害

美國大部分的成年人，醒著的時候多半都在工作。此外，一九八九年以來，無數的民意調查顯示，[32]美國成人當中有五五％（每十位大學生中有七人）表示，他們是從工作中獲得認同感。基於這兩項調查，職場上的慢性壓力和關係創傷，會對身心容納之窗的寬度產生莫大的影響。

美國人獲得工作狂的名聲，其來有自，舉例來說，根據大多數的已開發工業化國家的規定，員工除了有薪國定假日，每年還至少享有二十天的有薪年假*，可是美國沒有規定國定假日和有薪年假的法定下限，也不像其他工業化國家把假期看成是不可妥協的社會權。[33]一九八〇年代，經濟衰退以來，美國有很多員工在經濟下滑期間減少年假天數。

平均來說，美國勞工享有十天的有薪年假，六天的有薪國定假日。不過，將近四分之一的美國勞工沒有有薪假。此外，年假的好處沒有平均分配，美國高薪勞工多達九〇％享有有薪假，但低薪勞工只有約五成左右、兼職勞工只有三分之一享有有薪假。平均來說，低薪勞工有四天的有薪假，高薪勞工有十四天的有薪假。

此外，很多美國人沒休年假。一九九五年，美國勞工有三分之一休不到一半的年假，[34]一

○%根本沒休年假，這種現象還是發生在二〇〇〇年美國人休年假的習慣快速減少以前。就算這個向下的趨勢最後在二〇一六年結束，但五四%的勞工還是沒有休完年假，[35]某些勞工尤其會放棄年假，例如低薪勞工、高層主管、十八歲至三十五歲的千禧世代、每週工時超過五十小時的工作狂等。

多項調查中，員工認為休假顯然會碰到三種阻礙，[36]而這三種阻礙在千禧世代與工作狂間尤其普遍：

1. 將近半數的勞工害怕休假回來要面對堆積如山的工作。
2. 三分之一的勞工認為不會有人代為處理工作。
3. 超過四分之一的勞工擔心休假會顯得沒那麼敬業，或者沒辦法獲得加薪或升職。雖然勞工的恐懼也許毫無根據，但是資料顯示，這樣的恐懼最起碼有一部分是組織文化的錯。有三分之二的員工認為，自家的公司文化「對休假的態度矛盾、不鼓勵，或訊息不一」。

然而，跟休完年假的員工相比，「職場先烈」在過去三年更不可能獲得升職、獎金或加薪，職場壓力（七四%相對於六八%）、家庭壓力（四八%相對於四一%）也高出許多。這很有道理，因為休假可以減輕身心俱疲的感覺，[37]有空間時間可以培養私人關係和社群關係，身心獲得休息、復原、放鬆。

---

* 台灣勞工依在職年資計算特休假。

美國的工作狂也是長時間投入工作並加班，[38]假期和週末也照樣工作，每五位美國勞工中就有一位表示，他們的正職工作通常是每週至少工作五十小時，在這些工作狂中，有五七％表示，工作對自身的壓力程度產生了不好的影響。此外，六四％的美國勞工表示，他們經常加班工作，在週末工作，只有一五％的人表示，他們從來不加班工作，週末也不工作，將近三分之一的美國勞工，就算在休假，還是會完成大量工作。休假期間工作，在工作狂和高薪勞工之間尤其普遍，五二％的工作狂及四三％的高薪勞工，就算休假還是會工作。

對四分之一左右的美國勞工來說，工作壓力會對睡眠和飲食習慣造成負面的漣漪效應。輪班勞工、千禧世代、工作危險的低薪勞工，比較會受到這類負面的影響，難怪每週工作超過五十小時的工作狂，受到的影響最大。將近半數的工作狂表示，他們正在承受負面的連漪效應。

最後，美國勞工大多表示，生病的話「一定」或「大部分的時候」還是會去上班，三分之二的低薪勞工、五成的餐廳勞工、超過五成的醫療勞工，就算生病還是會出門上班。還有一項調查結果顯示，千禧世代上次生病還出門上班的機率（七六％）遠超過三十五歲以上的人（五六％）。[39]他們抱病搭乘大眾運輸工具、踏進工作場所、進入大眾餐飲店，有可能感染給週遭的每個人。

有些工作狂可能不是自願選擇如此，[40]美國每十人中就有一人（以及半數的千禧世代）至少要做兩份工作，才能勉強維持生計。有些人要支付的住宿成本越來越貴，都會區尤其嚴重；有些人要支付高昂的大學學費貸款；很多家庭會把三〇％的年收入投入在育兒上。

許多人認為，職場的過勞和持續的壓力，算是自己不太能掌控的正常情況，也都坦率承認，工作的時候多半很沒效率，經常拖延或瀏覽網路。既然如此，為什麼不乾脆集中心力一段時間，高效率地工作，然後再下班去運動、吃美食、培養關係、享受嗜好或睡一覺呢？

提出這個問題，通常會得到兩個答案，而從答案中就能體會，文化常規是如何強化了美國社會對「工作」的想法和安排：

1. 有些人堅守固定上下班時間，也就是說，無論分配到的職務實際上耗費多少時間，每週都必須工作數小時。
2. 有些人認為，必須待在辦公室或被電子拴繩綁著，二十四小時全年無休，才能證明自己很「敬業」，又很有「生產力」。

這兩個答案都藏著無力感。生存腦感到無助、無力或無法掌控，就可能會觸發更大的壓力，甚至可能引發創傷壓力。由此可見，這兩個答案都會導致身心容納之窗集體窄化，致使工作習慣及自我調節和復原方面的神經生物需求不相稱。

正如第四節所述，生存腦把壓力源看成是新奇的、無法預測的、無法掌控的，或者認為壓力源會危及自身的生存、認同感與自我，從而觸發更大的壓力反應程度。綜上所述，很容易能理解，某些種類的工作是怎麼引發慢性壓力和關係創傷，尤其是沒有明確邁向真正復原的時候。

如果工作環境會對身體造成危害，顯然就會引發慢性壓力和關係創傷。舉例來說，如果工作環境經常有巨大的聲響、強烈的惡臭、環境毒素、受傷或死亡的人類與動物，或者威脅到人身安全，那麼生存腦很可能會啟動壓力，永遠不關。在這類環境下，也比較會思考自身的死亡或他人的傷亡，這稱為「終歸一死的憂慮」（mortality concerns）。應付終歸一死的憂慮，執行功能能力就會耗盡，[41] 耗盡後，就容易受到死亡引發的念頭和感覺所影響。

有多項心理壓力源，也會導致生存腦的神經感知到危險，[42] 並引發壓力，但理性腦不理會壓力源，覺得「沒什麼大不了」。這類的心理壓力源像是：在混亂、有破壞性、不確定的環境下工作；為壞主管工作，或在貶低、剝削勞工的環境下工作；應付職場的排擠、歧視或騷擾；從事低階層的工作，或在權力階級底端工作。前述每一項因素，都會導致人們在職場上承受慢性壓力或關係創傷。

有幾項研究對英國文官進行調查後發現，[43] **勞工所處的權力階級及壓力相關疾病之間，呈現負相關的關係，階級地位越低，高血壓和慢性支氣管炎的症狀越多**。與此類似，根據研究顯示，低階職務者的警覺心較高，[44] 花較多的能量和心力監督自己和他人，這種強烈的警覺心會導致執行功能能力耗盡，所以與主管和職場上的其他權威人士相比，自認低階層、沒權力或職位低的勞工，比較不會做出高成效的計畫，遇到令人分心的事物、跟工作沒關係的資訊，也較難抑制。

從生存腦的角度來看，壓力最大的工作特性，[45] 應該是工作上要設法落實高效能的標準或責任，但決策自主權卻很低。這種組合常見於各種行業和薪資，例如服務生和速食廚師、建築工人、IT專家、律師、公司高層主管等。高薪勞工、居領導地位的人，或認為自己的工作有意義並享受其中的人，甚至也會出現同樣的情況。

為什麼這種組合會帶來很大的壓力？少了決策自主權，生存腦會認為處境不可控又無法預測，壓力反應程度隨之增加。然而，有一點很重要，決策自主權不只是跟工作內容有關，例如是否掌控必要的資源、資金、人員，決策自主權也涵蓋了工作自主性的相關決策，例如要在何地何時，用什麼做法，完成工作。

舉例來說，有研究顯示，九五％的勞工認為，在有門的獨立空間獨自處理工作，這點很重要。[46]不過，只有四一％說自己有獨立的工作空間，有將近三分之一的勞工不得不離開辦公室才能完成工作。另有一項研究顯示，在開放式的辦公空間，壓力會增加、血壓會升高、員工流動率會提高、職場衝突會變多。此外，在開放式的辦公室，員工面對面的互動交流反而會大幅減少，這現象跟普遍的看法恰好相反。員工關不了門，就比較會在社交上退縮，與隔間同事改用電子方式互動交流。

我們的決策自主權很低，不得不控管自己在職場上的情緒表達，這稱為「情緒勞動」（emotional labor）。所謂的情緒勞動，就是對言語、表情、肢體語言等情緒表達加以修飾，以期符合組織的目標和要求，例如，我們可能必須向外表達出某種情緒，但內心實際感受卻不是那樣；明明感受到某種情緒，卻必須壓抑下來，因為那種情緒不適合在職場上表現出來。

情緒勞動常見於必須面對面或直接溝通、接觸大眾的工作，[47]例如政治人物；情緒勞動也常見於必須引發別人某種情緒狀態的工作，例如教師、牧師、治療師、性工作者等；情緒勞動還常見於必須以特定方式表達情緒的工作，例如打造團結一心的組織文化，或配合雇主的品牌或名聲（空服員或觀光旅遊業勞工）。

無論是哪一種職場，對於不具代表性的個體來說，情緒勞動格外具有挑戰性，勞工基於種族、性別、族裔、宗教、性傾向等因素，覺得與所屬組織的主流常規和做法格格不入，也沒獲得支持，他們感到孤立，缺乏精神上的指引。為了達到特定的要求，雇主也經常叫他們做事，例如，要求他們過度付出。他們可能會像第二節所述，在職場上遭受種族歧視、性別歧視、異性戀中心主義，情況雪上加霜。綜上所述，怪不得會有研究發現，女性經理人的情緒勞動機率比男性經理人還要高。[48]

情緒勞動也常見於許多高壓職業，例如執法、消防、軍隊、救災工作、急診醫療等。在這類環境下，工作本身往往就會引發負面情緒，而前述職業還肩負著強大的文化期望，希望勞工壓抑情緒並自立。這類職業認為，應對壓力、疼痛、傷害、逆境時，適合的反應是「咬緊牙關繼續前進」、「堅持到底」，認為其他情緒和行為反應不恰當。舉例來說，正如第二節所述，男性主導的環境通常會認為，應對高壓處境時，憤怒（而不是恐懼或悲傷）是恰當的反應，於是就把易怒、憤怒、暴力看成是文化上認可的行徑。由此可見，在高壓職業的情緒勞動下，個體（尤其是男性）會更容易去否定及外化自身的情緒痛苦與創傷。因此這類職業也特別容易透過身體症狀來表達沮喪感，使求醫是為了生理上的疑慮，而非情緒上的疑慮，這樣就比較不用承受汙名。

根據近來研究顯示，情緒勞動會造成心理壓力增加，並耗盡心理資源，[49]尤其是牽涉到「表層演出」*（surface acting）時。所謂的表層演出，就是對外裝出某種情緒表達，無視內在的感覺。情緒勞動會引發認知衰退和工作表現上的失誤，還會造成情緒倦怠、身心俱疲、工作滿意度降低。

## 人際關係的壓力會有感染作用

我們也可能會在關係中承受慢性壓力與創傷。也許不跟壓力很大、受過創傷、成癮或施虐的家人互動交流；也許要負責照顧失能的家人、照顧患有慢性生理疾病或心理疾病的家人；也許要兼顧職場和家庭的責任。舉例來說，根據實證研究，女性承受的壓力程度始終比男性高，[50]有些研究人員認為，這是因為女性從事無給薪的家務量，平均是男性的三倍之多。至於我們在這類處境下會不會經歷創傷，當然就要看生存腦是否感到無力、無助或無法掌控。

有無數的研究呈現出，伴侶是怎麼形成一個神經生物單位。[51]雙方的依附關係會有壓力感染作用，因此雙方會調節彼此的壓力反應程度和情緒幸福感。當然，這樣的連結是雙向的，例如，伴侶對關係感到滿意的話，彼此間的身體接觸和親密感，就能減輕雙方在高壓處境下的焦慮與壓力；伴侶對關係感到不滿的話，彼此間的身體接觸和親密感，反而會造成壓力反應程度增加。由此可見，伴侶要是無法提供「安全的根據地」、無法滿足我們的依附需求，那麼我們的身心健康就會受到損害。

有項研究請中年女性談談自己的婚姻，[52]而且調查了兩次，相隔約十一年。相較於至少有一次對婚姻滿意的女性，兩次調查都對婚姻不滿的女性，她們患有代謝症候群的機率高達三倍。代謝症候群包括高血壓、高血糖、高膽固醇、腹部脂肪過多，這些全都是慢性疾病的危險因子。

* 指人們只改變外在表現，並非真正改變內在感受。

在學校與社群裡，我們也可能會承受慢性壓力與關係創傷。第二節探討了貧窮、性別歧視、異性戀中心主義、種族歧視，如何在日常生活中，引發慢性壓力與關係創傷。歧視、偏見、騷擾、霸凌，其實不用親身經歷，就會對身心系統產生有害的影響，只要讀到或看到新聞，報導我們認同的群體被邊緣化，我們的壓力反應程度就有可能激增。當我們想起自己邊緣化自己的事情或預期這類事情的發生，壓力反應程度也會隨之激增。

最後，正如第十七節進一步探討的內容，我們有可能會因為寂寞或社交孤立而承受慢性壓力與關係創傷。根據某項大規模調查，將近半數的美國人表示，有時或總是覺得孤單又被冷落。[53]根據實證研究，**長期缺乏社交接觸，比較會出現壓力荷爾蒙濃度升高及慢性發炎加劇的情況**。[54]社會連結不多或品質低的話，也有可能會罹患心血管疾病、高血壓、心臟病反覆發作、多發性硬化症、癌症、傷口痊癒速度變慢。

## 以不良習慣應付壓力，將形成惡性循環

說來諷刺，第三條導致身心容納之窗窄化的途徑，背後的最後一項因素是來自於慢性壓力的因應方法。雖然有些習慣短期上可以讓人感覺好轉，或更有掌控感，但其實會造成身體調適負荷失衡更嚴重。用這種方法應付壓力，會造成惡性循環，正念減壓創始人喬．卡巴金把這個過程稱為「壓力反應週期」（stress reaction cycle）。[55]從神經可塑性可知，每次有自覺地或不自覺地重複某個習慣，不但以後會更容易再度重複那個習慣，也更難中斷、更難用別的習慣取代。

例如，我們也許會變成慢性工作狂，過度忙著處理非優先的工作；也許會忙著慢性拖延並逃避；也許會仰賴咖啡因、糖、尼古丁、酒精、非法藥物、成藥、處方藥物等化學物質，藉此提高或降低反應程度，並掩蓋壓力症狀；也許會飲食過量、減少餐數、選擇不健康的食物或速食，用來緩和沮喪感、填滿情感的空虛感、覺得更有掌控感；也許會利用電視、社群媒體、行動裝置、網際網路、電玩遊戲，來麻痺自己，或讓自己分心；也許會熬夜，睡眠不規律，為了其他活動而犧牲睡眠，晚上躺在床上不睡，擔心感情關係或工作；也許會避免去大自然花時間運動，反而一直選擇久坐的室內活動；也許會忍不住從事自殘、高風險或刺激腎上腺素的行為，例如割傷自己、極限運動、賭博、攻擊型駕駛、婚外情等；也許會倚賴導致壓力反應週期長存的理性腦習慣，例如也許會長久擔憂、規畫、反芻思考或災難化最壞情境；劃分或假裝沒有問題；運用正面的自我對話或重新包裝的技巧，巧妙地否定處境，輕忽壓力；把自己的處境與處境較慘的朋友進行比較；覺得壓力大就自我批判並感到羞愧，例如心想：「這其實沒什麼大不了，為什麼我就應付不了？」

在短期的因應上，前述習慣有時是成效極高的策略，尤其是碰到生死攸關的處境。這裡要明的是，就算是身心容納之窗寬闊的人，偶爾也會吃垃圾食物，也會為了趕最後期限偷懶跳過體能鍛鍊，也會在糟透的一天結束後，享受一杯葡萄酒，也會在失眠一夜後，喝下濃咖啡提神，精神抖擻地展開一天。

然而，前述的選擇要是流於習慣性、強迫性，要是覺得自己需要這些習慣，才能因應日常生活，那就有問題了。這樣就是在壓抑、否認、忽視、劃分自己正在經歷的壓力反應，無助於復原，反而導致壓力反應週期不斷持續。此時，前述行為就會造成身體調適負荷失衡更嚴重，到最後，身心系統的失調就會自然發生。

前述大部分的選擇通常會讓我們短期上覺得好過一些，正是因為如此，壓力很大的時候才會受到吸引，做出那些行為，其實當我們感受到它們的吸引力，就表示身心系統已感受到壓力，需要復原。這類資訊是一種提醒，我們一定要在身心系統嚴重失調以前，趕快從事復原活動。

說來有趣，雖然這類因應習慣是個體的選擇，但是一些文化常規，卻是鼓勵我們預設採取這類因應習慣。為什麼呢？**這些習慣很多都是在掩蓋壓力，好讓我們可以繼續逼迫自己，符合職場、教育系統、社會制度設立的常規、目標、信念、做法**。在這類社會常規下，人很有可能不自覺地逐漸邁向失調，好比是熵*（entropy），也就是說，在這滾輪上的人生，舊石器時代的迴路最後被留在無意識機制底下。

人類集體普遍邁向過勞、睡眠不足、承受高壓的生活，整個社會走向失調。為什麼這個現象很重要呢？如果組織裡的人員通常都是過勞、睡眠不足、承受高壓，那麼每個人的理性腦功能都會逐漸降低。我們設立不切實際的最後期限和期望，自行把時間壓力施加在自己的職責上，然後，每個人都覺得自己「落後」，急急忙忙想要「追上去」，平日和週末都在加班，狂喝咖啡因，強迫枯竭的理性腦集中注意力，偷懶跳過體能鍛鍊，減少健康飲食的餐數，反而去吃販賣機的零食。

此外，一旦前述習慣成了職場的常規，那麼本節稍早提到的那些感知就會獲得強化，會以為休了假，人看起來就不「敬業」或沒「生產力」。結果，工作的最後期限開始變得比照顧自己還要優先，一段時間過後，就會落到久坐不動、營養不良、關係疏離的地步，過度依賴人為調動能量，例如仰賴咖啡因、尼古丁、糖、其他興奮劑等；仰賴電子刺激，例如行動裝置上音量大的音樂、動作電玩遊戲、電影等；過度從事有氧運動，用以掩蓋更深層的枯竭和倦怠。經歷這種情況數月（或數年）後，回到家就只能在電視前，用酒精或療癒食物麻木自己，同時，身體調適負荷失衡逐漸變嚴重。

慢性壓力引發的理性腦退化，不只會損害到工作表現，由上而下調節壓力、渴望、負面情緒的能力，也會有所減損。假如你要處理緊急的工作，也要因應家人的需求，連續好幾週每晚只睡六小時，即使你渾然不覺，執行功能此時也已經嚴重受損。你還是繼續長時間工作，這就表示，你已枯竭的執行功能信貸銀行裡的大部分餘額，還是花在工作上面。

綜上所述，處理事情的時候，當然會變得更暴躁、更不耐、更緊張，沒有餘裕可以調節負面的情緒；當然更有可能會在飲食上放縱、對配偶不忠，更有可能偷懶跳過體能鍛鍊、拖延重要的長期目標，沒有餘裕可以抑制渴望、運用意志力；當然更有可能過度耽溺於酒精，或分心去看社群媒體、電玩遊戲、電視，沒有餘裕用更健康的方式管控壓力。就算是在無意識狀態下做出選擇，只要每次做出這樣的選擇，就會讓自己以後更容易再度沿用這種既定的方式，怪不得身體調適負荷失衡會逐漸變嚴重。

在慢性壓力下，身心容納之窗窄化一段時間過後，就會形成好幾種的惡性循環：

1. 在慢性壓力（及掩蓋慢性壓力時採用的壓力反應週期習慣）下，人會無視身心系統在自我調節及復原時的真實需求。在這種狀態下就幾乎不可能有別的選擇，只能選擇現在能

* 物理系統中，無秩序或亂度的量度。

帶來安撫的事物。我們感到興奮，卻也疲累，很難激勵自己去做一些事情，真正幫助自己復原。

2. 執行功能受損，更容易分心。經常查看手機或社群媒體的資訊，就會帶來微小的多巴胺刺激，令人難以抗拒。舉例來說，根據某項研究，前一天晚上的睡眠被干擾，每干擾一小時，就會浪費八．四分鐘在瀏覽網路。[56]說來奇怪，這時也是我們比較有可能嘗試一心多用的時候，正如第三節所述，這樣會進一步損害執行功能並增強壓力反應程度。這些情況加起來，能量會逐漸消失，人會無法運用能量、集中能量來達到具體目標。

3. 我們會在拖延與過勞之間來回搖擺。一開始感到難以承受、筋疲力盡、身心俱疲，就會拖延。人拖延的時候，最愛用「太累」當成藉口，然後覺得落後了，就熬夜不睡，或週末工作趕進度。[57]這整個流程會不斷重複。

4. 在慢性壓力下，注意力焦點會變窄，忙著「救火」，處理眼前迫切的事情，或者可能白費心力在「拖延工作」，處理比較不重要或比較沒挑戰性的工作（例如待讀的電子郵件），同時，為達長期私人目標和事業目標而應該處理的工作，卻是往後拖延。**我們選擇的生活方式，開始呈現出這種窄化的焦點，還會搞錯優先次序，重視緊急事物，輕視真正重要的事物**。

人生一開始是窄窗的話，就沒有太多餘地可以逃離這類的惡性循環，然後身心就會生病。不過，如第七節所述，在這種教養下成長的人，通常會不自覺地被高壓職業吸引，在這類工作環境下，壓力反應週期因應習慣十分普遍，已是一大特色。在這類環境下，這種人為調動能量的情況，會被看成是社交方式，在文化上是很正常的行為，還不經意鼓勵人們依賴尼古丁、咖啡因、糖、電子刺激、一心多用、刺激腎上腺素的行為，甚至依賴劇烈的有氧運動，用來掩蓋潛藏的枯竭情況。例如，在野戰演習期間，有人值班三天，靠著糖和大量咖啡因支撐下去，還做出了可疑的選擇，讓尼古丁進入體內，之後還獲得專業獎項。

我承認，這些惡性循環確實形成動力和慣性，要是深陷其中，通常都會無法自拔，儘管如此，形成惡性循環時，務必要掌握自身的主導權。要選擇哪種生活方式，全靠自己決定。**要持之以恆、有意地付出努力，在多種生活方式之間，決定優先次序並付諸實踐，自我調節並獲得復原。**人類的神經生物狀態要達到最高效用，就要讓真正產能高的工時交替出現，要調動能量，全神貫注工作，之後還要有不工作的時間，好讓認知、情緒、生理的資源能夠復原。這類的復原有賴於健康飲食、補充水分、運動、睡眠、置身於大自然、休閒活動、支持的關係。雖然培養這類新習慣可能很有挑戰性，但一段時日後，也會養成慣性，形成良性循環，獲得喜悅、創造力、連結感、健康、幸福。

閱讀下一節前，請先反思自己有哪些經驗跟第三條導致身心容納之窗窄化的途徑有關。請在日誌本上，列舉職場、學校、家庭有哪些經驗，會在日常生活產生慢性壓力與關係創傷。還要列出你目前面對哪些慢性壓力源，過去帶來的哪些慢性壓力源讓你的身心系統尚未完全復原。接下來幾天，也許會回想起其他的壓力源，請繼續寫進清單裡，讓清單盡可能完整。

只要懷著客觀的好奇心，應該就能調查出自己在日常生活中，習慣用哪些方式因應壓力與關係創傷。首先，列舉自己往往仰賴哪些壓力反應週期因應習慣。如果一段時間過後，因應習慣已有改變，那就思考自己的因應習慣是在何時改變、為何改變，有益的、有害的習慣都要寫，這樣也會很有幫助。

如果能誠實又客觀地反思自己通常睡多久、運動多久，也會很有幫助。尤其是每晚睡不到八小時或每週運動不到三次的人，請問自己，是什麼因素阻礙自己獲得充分的睡眠和運動。最後，反思自己的消費習慣，這是廣泛的概念，不只是通常會消費的食物、飲料、其他物質，還有消費的新聞與資訊、社群媒體、娛樂媒體（包括音樂、電影、電視、網際網路），與朋友、鄰居、同事、家人日常社交互動的次數、品質、內容。前述每一種交流，都會對身心系統造成莫大的影響。

# 10 身心失調的三種模式和症狀

第二章的最後一節彙總身心容納之窗背後的科學原理。如果要有效地運用本節內容，並做好最萬全的準備，以利學習第三章的身心容納之窗拓展方法，那就拿出前幾節練習時做的筆記吧！如果讀到這裡沒有做完練習的話，鼓勵你回頭翻閱做完的練習。照做再閱讀本章內容，就會獲益匪淺。

本節的結尾會請你複習先前練習時所做的筆記，然後再完成另一項練習。希望等你反思完後，你的理性腦會更重視身心系統承受的一切，會更加理解生存腦、神經系統、身體怎麼會有那樣的行為表現，有了這層認識，就能跨出第一步，促使理性腦和生存腦結為盟友關係，並拓展身心容納之窗。

## 導致身心容納之窗窄化的三條途徑

第一條導致身心容納之窗窄化的途徑，是來自童年的慢性壓力與成長創傷；第二條途徑是震撼型創傷，也就是短時間內經歷太多壓力；第三條途徑是某個難關持續太久或太常出現，引發慢性壓力或關係創傷。無論是經歷了全部三條途徑，還是只經歷一條途徑，只要沒充分復原，壓力反應就會啟動，永遠無法關閉，而調適作用就無法正常運作，這樣一來，身心系統會專注於迫切的生存需求，[1]不再關注長期需求，尤其是會忽略復原、修復、痊癒、成長，最終的結果就是身體調適負荷失衡更嚴重。

症狀要一段時間後才會出現，但調適負荷本身最終就會導致身心容納之窗窄化。舉例來說，應付慢性的身心健康問題，比如慢性疼痛、糖尿病、肥胖、失眠、憂鬱症、焦慮症、PTSD等，就會導致壓力反應程度增加。慢性疼痛不僅會讓人變得耗弱，也會造成預期壓力增加，像是擔心疼痛永遠不會好轉，於是因疼痛而產生的預期壓力，導致疼痛強度提高，帶著疼痛的疲勞感變大，疼痛變成慢性的機率也會增加。[2]

更重要的是，每當經歷任何一種慢性生理痛苦或情緒痛苦，往往也會感到無助、無力、無法掌控，而這三種特性也會像慢性病的控管那樣，導致人們更有可能承受創傷壓力，理性腦和生存腦的對立關係也會加劇。於是一段時間過後，調適負荷作用本身就會導致身心容納之窗的窄化速度加快，內在的資源不斷減少，窮於應付不斷讓身體調適負荷失衡更嚴重。

## 壓力超載的四種常見後果

在慢性壓力下，資源和儲備量往往會緩慢耗盡；在急性壓力或創傷壓力下，人們可能會太快承受過多的壓力反應程度，身心系統難以承受。無論哪一種情況，如果不重置並復原，一段時間過後，身心容納之窗就會窄化。

如此一來，就算是小事，也會逼得人超出壓力耐受度的臨界值，壓力耐受度的臨界值是用另一種思考模式，去看待人們移到窗外的狀態。**窄窗者的壓力耐受度的臨界值，顯然比寬窗者還要低，震撼型創傷和慢性壓力沒充分復原的話，人們就會超出壓力耐受度的臨界值，移到身心容納之窗外**（見圖表 10-1）。

壓力耐受度的臨界值，呈現出人們承受慢性壓力與創傷、沒充分復原時會如何移到身心容納之窗外。身心容納之窗的寬度，就是基準及臨界值之間的距離，身心容納之窗寬闊，表示超乎壓力耐受度的臨界值前，可以容忍較高的壓力反應程度；身心容納之窗狹窄，表示不會再按神經生物學基準運作，而是處於慢性壓力的狀態。在這種狀態下，就算是很小的壓力源，也會逼得人超出壓力耐受度的臨界值，移到身心容納之窗外。

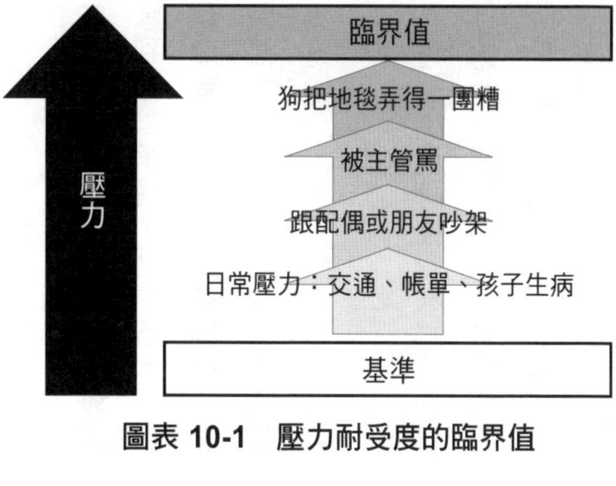


**圖表 10-1　壓力耐受度的臨界值**

如果超出壓力耐受度的臨界值，有四種常見的後果：

1. **我們表現出的行為更有可能違背自己的價值觀和目標：**原因就像第五節提到的，待在身心容納之窗外，理性腦功能會降低，而專注力、綜覽全貌、清楚思考、創意解決問題、做出高成效又高情商的決定等的能力，都會有所減損。此外，也較難由上而下地調節壓力反應程度和負面情緒，比較難運用意志力並抑制衝動，所以更有可能去順從渴望、誘惑、不道德行為、暴力行為。

典型的例子像是，壓力很大的一天結束後，回到家，發現狗把地毯弄得一團糟，然後就「失控」了，也許是對狗尖聲叫喊，也許是對狗大發脾氣，即使知道不是狗的錯，卻把尚未解決的焦慮與挫折感，全都集中在狗的身上，對外發洩出來。

身心系統處於慢性壓力狀態長達數週、數月或數年，就再也無法回復到基準，反而會開始一直處於接近臨界值的狀態，始終逗留在壓力耐受度的臨界值的底下不遠處。在這個位置，能輕易逼得人越過臨界值，一碰到小麻煩（例如交通突然有延誤）就會過度反應。

2. **遇到任何壓力，就算是輕微的壓力，還是很有可能回到第三線防衛機制（背側副交感神經系統——「僵住」）**：待在身心容納之窗外，極有可能感到難以承受、動彈不得，也就是經歷「僵住」反應。同時，也極有可能發現自己的表現變差。比如說，可能會「發揮不了」，根本無法有所表現，或可能會順從一拖再拖的做法。超出壓力耐受度的臨界值，其實就會在葉杜二氏曲線的右端，尋找解決方法（見第五節），劣質壓力越高，表現會完全下降。

3. **理性腦和生存腦就會形成對立關係**：也就是說，生存腦更有可能出現神經覺缺陷，把實際上安全的處境看成是危險處境，反之亦然。此外，執行功能、外顯記憶、有成效與道德的決策等，這些理性腦功能會受到損害。理性腦功能降低，就會出現狀況認知不準確、記憶問題、分心、不安的規畫、防衛型推理等症狀。

社會參與技能也會受損，這樣一來，跟別人互動合作的能力，還有給予及獲得社群支持的能力，就會隨之降低。就算是安全依附型，但在這種狀態下，就比較會表現出不安的關係策略，例如退縮不前、過度要求對方一再保證、依賴脅迫或暴力的人際行為等。

此外，也比較會出現生存腦劫持作用，在情緒和壓力反應下，感知會產生偏差，吸收大部分的注意力，推動決策和行為。在此，就算既定程式不是目前處境最合適的選擇，生存腦和神經系統還是有可能會運用既定程式。雖然該程式是不自覺地發生，但是理性腦會試圖怪罪別人，或者理性腦會認為，既定程式跟自己有關，陷入自我批判與羞愧感。

反過來，也比較會出現理性腦凌駕作用，也就是「活在自己的腦袋裡」，與生存腦的訊號（包括情緒與體感）斷絕連結。我們都很清楚，如果壓抑、否認、採取劃分、咬緊牙關繼續前進，就會發生理性腦凌駕作用。

4. **高度依賴壓力反應週期習慣：**身心系統處於慢性壓力反應狀態長達數週、數月或數年，就再也無法回復到圖表10-1的基準，反而會開始把慢性壓力狀態看成是正常狀態。**我們會把一直肩負的身體調適負荷失衡看成是正常狀態，而且往往對此渾然不覺。**

在這種狀態下，比較會做出不當的因應選擇，例如飲食不良，偷懶跳過體能鍛鍊，為了趕上最後期限就熬夜不睡，拖延不做正事，反而逛社群媒體和網飛（Netflix）影片，或者重度依賴尼古丁、糖、咖啡因、酒精、其他物質；從事刺激腎上腺素的行為、暴力行為、自殘行為。當然，在自動駕駛狀態下，比較會依賴前述習慣，而對於壓力反應作用，會採取否認、忽略、忽視、壓抑、自我治療、掩蓋、劃分、逃避等做法。短期上，壓力反應週期的習慣往往會讓人感覺好轉或更有掌控感，但身體調適負荷失衡其實會逐漸嚴重，身心容納之窗一再窄化，失調症狀加劇。

## 身心系統失調造成的各種疾病和症狀

一段時間過後，壓力荷爾蒙反覆激增，加上缺乏療癒、修復、成長、復原，於是調適負荷作用會對體內主要系統造成損壞。應該還記得吧，調適作用的發生是透過以下四種系統的交互作用：

1. 腦部。
2. 自主神經系統。
3. 免疫系統。
4. 內分泌系統，尤其是ＨＰＡ軸，負責控制壓力荷爾蒙。

由此可見，身體調適負荷失衡更嚴重，就表示這四種系統當中，有一種系統出現失調或功能障礙。試想，前述四種系統的失調，竟然會損及身心系統這麼多層面，例如神經覺、執行功能、記憶、意志力、創造力、情緒、新陳代謝、胃口、體重、體溫、呼吸、血壓、性驅力、睡眠、發炎、痊癒力、既定的防衛策略和關係策略等。

此外，既然這四種系統都連結到其他器官並掌管其他器官，那麼失調也可能帶來體內其他系統的失調或功能障礙，影響心血管與呼吸系統、生殖功能、消化與排泄系統，還有細胞、皮膚、肌膜、肌肉、骨骼等的運作。換句話說，**失調會影響身心系統所有層面，所以認知、情緒、生理、精神、行為，可能會出現各種症狀**。

失調症狀通常會出現在缺陷處，例如之前受傷、中毒、感染或生理創傷的地方，或者缺陷處可能跟遺傳傾向有關，就像第三節提到的，遺傳傾向不是命運，但身體調適負荷失衡不斷累積，往往會引發表觀遺傳變化，「啟動」某種遺傳傾向。換句話說，**人類的基因體不是固定的，而是經常透過表觀遺傳變化而有所變動，很多有害的表觀遺傳變化是來自於慢性壓力**。因此，很多的失調症狀才會統稱為「壓力症候群」。

我在高壓環境領域教導學員以來，有些學員要處理自己的一堆症狀，竟然累積了六、七種不同又不相關的疾病診斷，服用的處方藥起碼也有六、七種（我一度也是這種人）比如說，鮑伯（Bob）在國中的時候，被診斷患有ADHD，之後就服用短效的中樞神經活化劑利他能（ritalin），處理注意力問題和躁動不安的過動狀況。幾年後，另一位醫生專注處理鮑伯的失眠問題，開了安眠藥，鮑伯逼迫自己的身心系統，去應對有挑戰性的工作，這樣做了多年以後，第三位臨床醫生關注的是鮑伯的慢性疼痛，所以開了麻醉劑，我跟鮑伯會面前不久，精神科醫生診斷鮑伯罹患重度憂鬱症，也開了抗憂鬱劑SSRI給他，他還服用乙型阻斷劑治療高血壓。

主要來說，壓力類疾病，無論是生理疾病還是心理疾病，都有共通的起因（見圖表10-2）這些疾病具有高比率的共病，[3]也就是說，這些症候群往往會一起發生，由此可見，這些疾病顯然是分別呈現出失調的不同層面，只是現代西方醫學用人為方式，把這些疾病劃分成不同的診斷結果。並不是說這些疾病一律都跟壓力有關且只跟壓力有關，只是當有人同時患有多種疾病，那麼壓力很可能是疾病背後的根本因素。

失調通常可分成三種模式：

1. 壓力過度反應，又稱「高度緊繃」。
2. 壓力過低反應，又稱「麻木不仁」。
3. 在壓力過度反應和過低反應之間搖擺不定。

這三種模式的相對盛行率，我還沒找到實證研究。我常聽到創傷臨床醫生說，在失調狀態下，約三分之二的人容易「高度緊繃」，三分之一的人容易「麻木不仁」。[4]雖然還沒找到實證證據支持這個主張，但是根據我在教學上的親身經歷，人們多半容易「高度緊繃」，最起碼一開始是這樣。

| 疾病 | 症狀 |
| --- | --- |
| PTSD | 失眠 |
| 急性壓力症候群 | 睡眠呼吸中止症 |
| 焦慮症 | 高血壓 |
| 注意力不足過動症（ADHD） | 心血管疾病 |
| 憂鬱症 | 代謝症候群 |
| 藥物濫用 | 糖尿病 |
| 酗酒 | 偏頭痛 |
| 飲食失調 | 氣喘 |
| 慢性疼痛 | 過敏 |
| 纖維肌痛症 | 乾癬 |
| 大腸激躁症 | 溼疹 |
| 潰瘍 | 酒糟性皮膚炎 |

**圖表 10-2　常見的壓力相關疾病與症狀**

「高度緊繃」時，身心系統的既定反應容易影響交感神經系統，也叫做過度反應。在這種模式下，生存腦會過度敏感又容易反應，經常過度警覺地掃視內外在環境，神經覺過度敏感，身心系統會（過度）讓壓力反應。HPA軸往往會分泌出濃度更高的腎上腺素，以及腎上腺製造的其他壓力荷爾蒙（兒茶酚胺）。身心系統在試圖因應時會過度反應，運用某種版本的「戰或逃」（交感神經系統的防衛策略）。[5]

「高度緊繃」的相關症狀像是：過度警覺、過度驚嚇反應、對光線或聲音過度敏感、過動、躁動不安（例如動來動去和抖腳）、肌肉緊繃、慢性疼痛、失眠、做惡夢、瞬間重歷其境、恐慌症發作、長期焦慮、暴怒攻擊、暴力的爆發、長期煩躁與易怒、情緒反應等。[6]內在訊號的點燃效應，經常出現在「高度緊繃」的時候。

「高度緊繃」的相關行為，包含為促進腦內啡激增而從事刺激腎上腺素的活動，例如極限運動、過度的有氧運動、婚外情、賭博、飆重型機車、危險駕駛、玩暴力的電玩遊戲、受到動作片與恐怖片的吸引等。此外，也容易高度依賴尼古丁、咖啡因、糖等興奮劑。

可以想見，「高度緊繃」是高壓職業最常見的失調模式，最起碼一開始是這樣，稍後會再解釋。高壓的工作環境不只是經常吸引腎上腺素癮君子，也會獎勵與「高度緊繃」有關的工作狂行為、進取行為、睡眠不足的行為。換句話說，「麻木不仁」就很難在高壓環境下高效率工作。

「麻木不仁」時，身心系統既定反應不容易讓交感神經系統運作，而且會有太多背側副交感神經系統處於防衛模式。因此，**「麻木不仁」的行為反應會落在「僵住」的狀態內，包括習得無助感、極端拖延、難以承受、冷漠、解離等**。[7]只要主觀覺得自己對於自己的身體、情緒、沮喪是麻木的、分開的、疏離的，就是所謂的解離。在這種模式下，HPA軸會分泌過量的皮質醇和其他糖皮質素。就像第五節提到的，糖皮質素濃度高可能會引發憂鬱症、記憶問題、執行功能受損、新陳代謝問題、體重增加等。

由此可見，**「高度緊繃」是跟過度反應的因應有關，「麻木不仁」是跟反應不足的因應有關。**[8]「麻木不仁」的人會淡漠或憂鬱，感受不到動力或愉悅，也可能根本不會嘗試表現出任何的因應反應。

「麻木不仁」相關症狀如：憂鬱症、健忘、腦袋混沌、精神恍惚、動作笨拙、慢性疲勞、體力不足、倦怠、睡很多卻還是覺得累、失去性慾、情感麻木、難以承受、疏離感。麻木不仁的人也可能會有身體上的麻木感，進而導致解離的或麻木的身體部位出現慢性疼痛或發炎。

「麻木不仁」的相關行為如：久坐、狂看電視、飲食過量、酒精與藥物濫用、孤立、性事減少、拖延、否認、逃避。根據我的親身經驗，在高壓環境下，純粹「麻木不仁」的情況相當罕見，高壓環境下的人反而比較會依循第三種模式。

第三種模式是在「高度緊繃」與「麻木不仁」之間搖擺不定，擺盪狀況要看交感神經系統和背側副交感神經系統這兩種存活策略（及相關症狀）。[9]舉例來說，在第三種模式下，可能好幾週都「高度緊繃」，過動、狂工作又失眠，隨後突然「麻木不仁」，倦怠、偏頭痛或感冒，接著可能會睡很久，躲在家裡好幾天，出現僵直、憂鬱、麻木的感覺。

或者有些人的症狀是，在看似截然對立的症狀之間、在自律神經功能的兩端之間搖擺不定。例如，大腸激躁症患者在「高度緊繃」階段會多次便祕，然後在「麻木不仁」階段多次腹瀉。同樣地，睡眠障礙患者會在「高度緊繃」階段失眠，然後在「麻木不仁」階段慢性疲勞又狂睡。第三種模式到了極端程度，甚至會像躁鬱症的躁期與鬱期，一會兒是狂躁的過動狀態，一會兒是憂鬱又淡漠的崩潰狀態。

創傷研究人員勞勃・史卡爾（Robert Scaer）認為，童年創傷倖存者或接連經歷多種震撼型創傷的人，一段時間過後，經常會出現第三種模式。[10]先是經歷童年創傷、後來又經歷震撼型創傷的人（這種情況有時稱為複合式創傷）也很常會出現第三種模式。舉例來說，戰場老兵出過多次作戰任務後，常會出現第三種模式，尤其是童年不良經驗分數很高的老兵。當然，我自己最後也經歷了這種模式。

經歷過複合式創傷，或接連經歷多種震撼型創傷，往往會先出現典型的「高度緊繃」PTSD症狀，也就是過度警覺、強烈的壓力反應、做惡夢、瞬間重歷其境、失眠、慢性壓力。然而，一段時間過後，「高度緊繃」的症狀往往會消失，取而代之的是與「麻木不仁」相關的次發性症狀或疾病。過度反應的症狀還是會多次發作，但往往變得偏向陣發性。同時，解離與僵住的症狀越來越常出現。

換句話說，**沒充分復原或治療，一段時間過後，「高度緊繃」階段很可能會變得更短促、更強烈，而「麻木不仁」階段很可能持續得更久**。依循這種軌跡的人，在接近中年之際，會變得比早年更可能經歷僵住狀態，尤其是衝突無法避免或無法解決時，例如私人關係或職場關係，就經常會出現這種情況。

這種特定的失調軌跡，有一項典型的指標，那就是皮質醇長久處於低濃度。[11]就像第七節提到的，皮質醇分泌不足引發的相關疾病有：PTSD、纖維肌痛症、慢性疲勞症候群、甲狀腺功能低下、過敏、多種化學物質過敏、氣喘、類風溼關節炎、其他自體免疫疾病。這些疾病也跟「麻木不仁」有關，這絕非偶然。

無論是哪一種模式，失調症狀起初往往表現為「亞臨床」（subclinically），意思是還不需要臨床治療。輕微失調有如黃標，是身心系統用來提醒我們需要復原才行，偶爾出現一種症狀，算不上是問題，但有一種或多種症狀變成慢性或形成障礙，就必須多加留意。只要發現自己養成了壓力反應週期習慣，表示有低度或中度的失調情況，如果不盡快把有利真正復原的行為看成是優先，反而順從這些因應習慣帶來的短期緩解，最終就會掩蓋、自我治療、壓抑那些潛藏的失調狀況。當然，這樣只會導致失調狀況加劇。

一段時間過後，沒充分復原的話，失調症狀會繼續惡化，這是因為我們會不自覺地控管身心系統裡過高的壓力反應程度。舉例來說，某個人躁動不安、動來動去，例如抖腳或轉筆，表示身心系統正在設法因應過高的壓力反應程度和緊張能量。此外，一段時間過後，症狀會增加，而身體調適負荷失衡變嚴重造成的失調和功能障礙也會倍增。

當失調症狀惡化，為控管惡化的症狀而採取的因應行為，就會變得越極端，由此可見，極端行為是極端失調的特徵。蓄意自傷、暴力行為、濫用藥物、其他成癮行為，全都是不當地嘗試對失調症狀進行自我治療，這樣其實反而會導致失調狀況惡化。

失調會影響身心系統的全部層面，在這裡把症狀分成五種：生理症狀（見圖表10-3）、認知症狀（見圖表10-4）、情緒症狀（見圖表10-5）、精神症狀（見圖表10-6）、行為症狀（見圖表10-7）。[12]這些症狀的重點是，失調並不代表「內心軟弱」，而是代表身心系統再也無法依循既定方式運作。經歷的症狀越多，就表示失調程度越嚴重。

我們當然全都經歷過情緒波動，那是生存腦在刺激下自然產生的反應。情緒症狀變成慢性或形成障礙，就會出現失調狀況，例如，對我們處理工作的能力，對我們跟別人有效互動交流

| | |
|---|---|
| 過度警覺、有防衛心 | 誇大的驚嚇反應 |
| 肌肉緊繃、頸背問題 | 暈眩 |
| 心跳加速 | 胃口改變（胃口太好、太差） |
| 慢性疼痛、纖維肌痛症 | 體重減輕或增加、新陳代謝問題 |
| 慢性發炎或發炎疾病（例如過敏、氣喘、自體免疫疾病） | 胃腸症狀（便祕、腹瀉、腸躁症、心口灼熱、潰瘍） |
| 睡眠問題（難以入睡、難以保持睡著的狀態、睡眠呼吸中止症、睡太多） | 躁動不安、動來動去、抖腳、無法安定下來 |
| 做惡夢、夜驚 | 對聲音或光線過度敏感 |
| 睡覺時身體抽動 | 月經延遲 |
| 身體麻木感、身體部位缺乏感覺、失去感受 | 嚴重的經前症候群（PMS）症狀 |
| 頭痛、偏頭痛 | 性驅力有變化、失去性慾 |
| 反胃、胃部不適、嘔吐 | 勃起功能障礙、早發性射精 |
| 過動 | 頻尿 |
| 對自己的身體有格格不入感、疏離感、無法察覺 | 體溫變化（寒顫、熱潮紅、夜間盜汗） |
| 慢性疲勞、體力不足、倦怠 | 荷爾蒙失衡（例如甲狀腺問題、糖尿病） |
| 身體感到虛弱或衰弱 | |

**圖表 10-3　生理失調症狀**

| | |
|---|---|
| 記憶問題 | 決策能力受損 |
| 健忘、失憶 | 無法許下承諾並信守承諾 |
| 失約或者物品（例如鑰匙、眼鏡）放錯地方、遺失 | 災難化、最壞情境的規畫 |
| 難以專注、注意力問題 | 自我批判或自責念頭 |
| 擬定計畫的能力降低 | 侵擾的或揮之不去的念頭 |
| 專注力降低、容易分心 | 自殺念頭 |
| 失去時間感、地方感、方向感 | 反芻思考 |
| 精神恍惚、腦霧、困惑 | 過度擔憂 |

**圖表 10-4　認知失調症狀**

| | |
|---|---|
| 突然或極端的心情起伏 | 憂鬱症 |
| 情感麻木 | 容易經常覺得「壓力很大」 |
| 誇大的情緒反應、情緒潰堤（控制不了情緒） | 暴怒攻擊、發脾氣、憤怒 |
| 對事情有強烈情緒反應、過度反應 | 易怒 |
| 恐慌症發作、焦慮症或恐懼症 | 悲傷、悲痛 |
| 逃避（避開會引發某些情緒的處境） | 感覺厄運即將到來、害怕被人跟蹤、死亡、發瘋 |
| 退縮、孤立、疏離感（例如「沒人可以理解」） | 對生活冷漠、失去興趣 |
| 失望、難以承受、經常哭泣 | 無助感、無力感 |
| 過度謹慎 | 羞愧或不妥感 |
| 害怕獨自一人 | 害怕跟別人相處或害怕走出家門 |

**圖表 10-5　情緒失調症狀**

| | |
|---|---|
| 失去信念、意義 | 絕望感 |
| 無意義感 | 危害甚大的疑慮 |
| 極端、激進的信念 | 倖存者罪惡感 |
| 獨斷的或僵住的信念、非黑即白的思考 | 疏離感 |
| 存在危機 | 失去認同感 |

**圖表 10-6　精神失調症狀**

| | |
|---|---|
| 無法去愛、支持、照顧別人，或無法跟別人建立關係，尤其是摯愛 | 在關係裡缺乏界線、行為過度黏人或討好別人 |
| 透過創傷，跟別人建立關係 | 破裂的關係 |
| 逃避行為（逃避某些人、地方或事物） | 著手處理多件專案卻沒有完成專案，或難以著手處理專案 |
| 受到危險或高風險處境所吸引 | 極端拖延 |
| 極限運動或過度運動 | 發脾氣、控制不了脾氣 |
| 刺激腎上腺素的行為 | 對外發洩（尖叫、丟東西、大喊、敲打、踢、搥牆） |
| 酒精或藥物濫用 | 家暴或其他的暴力行為 |
| 尼古丁或咖啡因過量 | 缺乏性慾 |
| 其他癮頭（工作、購物、賭博、性事、色情片） | 強迫性自慰 |
| 飲食異常（例如厭食症、暴食、嘔瀉、飲食過量） | 婚外情、外遇、性濫交 |
| 容易發生意外事故或撞到東西 | 自殘行為（例如極端斷食、割傷自己） |
| 為了讓感覺好轉，依賴壓力反應周期習慣 | 蓄意自傷、自殺行為 |
| 在關係中的界線過度僵住、跟別人保持一定距離 | 強迫行為（例如忍不住重新檢查東西或重新計算） |

**圖表 10-7　行為失調症狀**

的能力，造成了阻礙。如果有特定的情緒狀態成為主要心情長達好幾週，就表示很有可能是情緒失調。

正如情緒一般，有些人出現精神症狀並不是失調造成的。然而，如果出現其他種類的失調，就表示失調極可能促進精神症狀的發生。

## 活得像鮭魚，結局不一定像鮭魚

在大自然裡，最矚目的調適負荷例子就是鮭魚。[13]鮭魚會洄游到上游產卵，洄游時間可能長達九個月，洄游距離遠達一千六百公里（視品種而定）。鮭魚對抗水流，越過石頭，努力回到出生地。遷徙期間，鮭魚甚至會停止進食。

然而，等到鮭魚產卵受精後，慢性的高濃度壓力荷爾蒙把鮭魚的能量庫給耗盡了，還破壞了鮭魚的免疫系統，所以鮭魚繁殖後就會死亡。換句話說，鮭魚的壓力荷爾蒙，雖然有利調動大量能量洄游，但是長久暴露在有害的壓力下，鮭魚終究會死亡。

前幾節已經說得很清楚，人類可以利用多條途徑，設立自己版本的鮭魚軌跡，例如，最早待在子宮裡的經驗，早年的依附關係，童年逆境和成長創傷，多年來的意外事故、疾病、受傷、失去、其他震撼型創傷，許多的壓力反應因應習慣等，而經歷這一切，竟然還能運作，堪稱奇蹟。

我們會看到人們是怎麼活得像鮭魚，這些人在長期壓力與逆境下，還是會有出色的表現，但最後只能眼看著人生觸目驚心地「脫軌」。所謂的「脫軌」，是指自殺、精神崩潰、其他衰弱的心理傷口；心臟病發作、癌症，或其他危及生命的醫療診斷結果；遭人指控家暴、性醜聞、酒後駕車，或遭人指控其他的暴力行為、犯罪行為、不道德行為。的確，在 #MeToo 時代，大眾終於要求失調的個人對這類脫軌行為負起責任，而這類失調者的例子也相當常見。

在此不是要指責他人，我的身心系統快速運轉而未復原長達數十年之久，到了二〇〇四年，我已經像是逆流而上的鮭魚，不但破壞了免疫系統，還失去了視力。然而，人類跟鮭魚不一樣，不會注定在達到傑出成就後死去，在壓力反應的作用下，人類可調動大量能量，達成驚人的壯舉，或從可怕事件中存活下來，但身體的調適不一定會導致身體調適負荷失衡變嚴重。在這個過程中，我們擁有莫大的主導權，**雖然無法選擇原生家庭，也無法掌控自己承受的壓力或創傷經驗，但總是能選擇用何種方式去引導自身的注意力，照顧自己的身心系統，培養自己的關係與群體**。

## 檢視目前身心容納之窗的狀態

現在請你更深入思考，自己目前的身心容納之窗狀態，為本節畫下句點。建議你拿出日誌本，如果已經完成前面幾節的練習，請花些時間，回頭閱讀當初練習時，寫下來的所有內容。

如果還沒做前面幾節的反思寫作練習，非常鼓勵你現在就拿出筆記本，回頭完成練習。第三章提到的多種方法，搭配反思寫作，能達到最佳表現，所以現在該將資料和想法合在一處。

起碼必須判斷自己在童年和成年時期的依附類型，而在三條導致身心容納之窗窄化的途徑上，獲得的人生經驗，也要記錄下來。**這裡的目標是協助理性腦真正意識到身心系統經歷的一切，這樣就比較不會輕忽自己承受的壓力和失調**。

花點時間詳盡列舉，至於你的理性腦可能輕忽並視為「沒那麼糟」的事件或「小事」，也務必要列出來才行。記住，**事件實際上算不算是壓力或創傷，並不是取決於理性腦，畢竟神經覺是生存腦的職責**。詳盡列舉清單時，只要有事件可能會讓你的生存腦感知到強烈的壓力或創傷，最好都一一列舉出來。

你碰到壓力事件或創傷事件時，可以運用的內外資源程度，也請謹記在心。舉例來說，小時候看見家長彼此大吼大叫，算是極端的壓力，而且也沒有多少內在能力可以調降壓力，小孩看到家長大聲互罵，就會感受到威脅，就會覺得家長吵架都是自己的錯，但長大以後，這類的想法就會少許多。

第四節到第九節練習的答案，全都複習完後，第二個反思作業就是複習本節的五張失調症狀表格（見圖表10-3至圖表10-7），然後列出你目前的症狀。進行期間，請留意自身症狀是表示狀態處於「高度緊繃」或「麻木不仁」，還是在這兩個極端之間搖擺不定。如果看不出自己是這三種模式當中的哪一種，也可以調查有沒有別的模式，例如，可以探討有沒有特定的情況、地點、關係或活動，會觸發某些失調症狀。目標是找出自己的身心系統如何承受壓力，通常會採取哪些方式因應壓力。

當然，有很多的行為失調症狀是壓力反應週期的因應習慣，所以做這個作業，也可以幫你列舉出常用的壓力因應方法，如果有其他的因應策略沒列在這五張表格裡，也請不吝列舉出來。

接著，再度複習第四節與第五節練習期間寫下的筆記內容。例如，關於理性腦和生存腦通常會如何形成對立關係，可以在此時複習一下當時的見解。當時的見解是否吻合你目前的失調症狀？同樣地，也可以針對第四節想像練習的活化症狀，以及你目前的失調症狀，進行比較。

第三個反思作業是複習你在第四節開端，所寫下的壓力源清單。一開始，請先把寫清單後找到的其他壓力源列出來，列完清單後，請查看清單裡的每一項壓力源，並且加上一些其他的標示，是慢性還是急性？是內在還是外在？是不是預期的壓力源？是不是點燃效應的跡象？

既然有這類額外資訊可以說明你目前的壓力來源，現在重提第四節的壓力等式。

如同前面幾節提到的，在壓力演變為創傷的過程中，我們對壓力程度的認知，就要看生存腦的神經遭遇威脅或挑戰時所產生的感受。如果生存腦認為壓力源很新奇、無法預測、無法掌控或威脅到自身的生存（或自我），那麼生存腦的神經就會感受到更大的危險，觸發更高的壓力反應程度。同樣地，如果生存腦認為沒有內外資源可以處理壓力源，那麼生存腦的神經也會感受到更大的危險，觸發更高的壓力反應程度。**由此可見，人會不會經歷壓力或創傷，會經歷多少壓力或創傷，就要看人在面對壓力源時，有沒有能力運用主導權。**

綜上所述，最後一個反思作業就是根據壓力等式，調查你列出的目前壓力源。目標是知道自己可以在何處、用何種方式影響自己承受的壓力。

首先，我們通常不太能影響自己的壓力源。然而，如果可以排除、改變或影響壓力源，又不會危害到目標或價值觀，那就應該去排除、改變或影響壓力源。曉得這點以後，可以複習壓力源清單，看看有沒有壓力源是自己可以影響的。

舉例來說，如果有一項壓力源是睡眠不足，那有沒有可能做出一些不同的選擇，睡得更多？如果是為壞主管工作，有沒有可能換工作？如果塞在車陣裡，能不能更改通勤上班的時間或方式？雖然我們通常不能完全掌控大部分的內在或外在情況，但是如果找到一些槓桿支點，可以減少或排除壓力源，當然要用！這樣一來，不只能提高主導感，也能釋放自己無法影響的壓力源，發揮創意加以處理。

第三章是探討壓力等式的第二個部分和第三個部分如何用來掌握主導權，如何改變自己看待威脅的方式，還有感受到壓力後的處理方式。在此要注意，長期而言，可能最會影響到等式的第二個部分，也就是我們對壓力源的評價，一段時間過後，我們跟壓力源的關係會改變，所以我們對壓力源的感知，可能會產生變化。然而，**評價的過程是發生在生存腦裡，所以光是對自己說「這沒什麼大不了」，其實改變不了感知**。理性腦做出的這些評估，也許會輕忽、批評或不理會生存腦的神經覺過程，實際反而導致壓力反應程度升高。

要讓生存腦和身體學會改變與特定壓力源的關係，這個過程很花時間。第三章在這方面會更詳細闡述，目前可以仰賴智慧和勇氣這兩項武士特質，來促成這最終的改變。比如說，可以憑藉智慧，認清自己的生存腦何時會感知到某樣東西有威脅性或有挑戰性；也可以憑藉勇氣，增強耐受能力，承受身心系統內的壓力反應，任由壓力、負面情緒、沮喪的念頭待在原處，這三者不用有所變化。

至於第三個部分，壓力反應一出現就處理，短期上或許可以發揮最大的功效。壓力反應一被觸發後，我們能做的第一件事，就是不要覺得是在針對自己。我們就是以這種方式，調動能量，應對威脅或挑戰，所以生存腦的神經一感受到危險，就不知怎的，無法奇蹟般避免壓力過度反應程度。在神經生物學上，根本做不到！

第三章會教導你進行一些練習，來調降壓力反應程度，並增強理性腦和生存腦的盟友關係。目前應該轉移注意力，不去注意導致壓力反應程度升高的理性腦壓力習慣，例如：合理化內心的沮喪感，覺得壓力很大就指責自己，對壓力源反芻思考，把「萬一」發生的最壞情境災難化，比較我們跟別人的經驗。注意力可以轉而注意周遭環境裡，令人愉悅的聲音或吸引人的色彩，也可以留意自己的身體如何接觸周遭環境並由環境支撐，例如，支撐身體的椅子、床、戶外的草地。

也可以思考，為了忽視、否認、自我治療、掩蓋或避開身心系統感受到壓力的不適感，自己養成了哪些壓力反應週期習慣。這裡也很適合發揮智慧和勇氣應對。有了智慧，就能清楚看見模式；有了勇氣，就能承認自己做出種種拙劣的選擇，才會反覆繞著旋轉木馬，並且為此負起責任。我們越來越熟悉自己獨有的壓力習慣庫，可以有意選擇去中斷那些壓力習慣，改用其他的因應策略來拓展身心容納之窗，例如良好的睡眠、運動、健康飲食、團體支持等可以促進自我調節的習慣。第三章在這方面也會更詳細探討。

慢性壓力源是日常生活中經常出現的一部分，所以制定更合適的因應策略，顯得格外重要。如果更懂得控管慢性壓力源帶來的壓力，並且經常重啟回到基準，又不會不小心讓身體調適負荷失衡更嚴重，那麼就算碰到急性壓力源，也還是會更有能力運用主導權。

第3章

# 鍛鍊心智健康的正念調節法

# 11 培養武士精神，改善高壓下的表現

就像第二章提到的，在壓力演變為創傷的過程中，我們對壓力程度的認知，會影響身心系統如何看待目前的處境，尤其是以自己有沒有主導權來判斷。至於經歷的是壓力還是創傷，就要看自己碰到挑戰時，能不能掌握主導權，**越是認為自己沒有主導權，那段經歷對身心系統造成的創傷可能就越大**。

**正念心智健身訓練的目標，是增強自身的能力，無論面臨的挑戰、壓力和創傷有多大，在各種處境下，都要能掌握主導權，並做出抉擇**。

無論是哪一種情況，只要掌握主導權，就比較能憑藉理性腦和生存腦的盟友關係，繼續待在身心容納之窗裡。有了主導權，碰到壓力事件就比較能克服，事後也能完全復原，這也代表著表現有所提升。

綜上所述，本章一開始是調查人在壓力下，可以採用哪些不同的方法來掌握主導權。

## 壓力免疫訓練，讓你在壓力下掌握主導權

高壓組織進行訓練，讓人員做好準備，應對突發事件和麻煩的狀況，在組織行為文獻中，這類組織稱為「高可靠性組織」（High-Reliability Organizations, HRO），因為這類組織在各種情況下，都能可靠、安全、高成效地運作。

企業界格外熱中向高可靠性組織學習，期望在不安、動盪、混亂的狀況下，訓練並維持組織的韌性，雖然沒有明說，但其實就是協助人員在壓力下掌握主導權。

一九九五年末，我所屬的陸軍單位即將派駐到波士尼亞與赫塞哥維納，目的是加入北大西洋公約組織（NATO）的多國和平維護部隊（IFOR），在為期三年的內戰之後，執行和平任務。派駐前，我們會先接受密集的「壓力免疫訓練」（Stress Inoculation Training, SIT），該項訓練是高可靠性組織最常採用的做法，訓練個體在壓力下掌握主導權。

訓練過程中，每個人都要帶著皺巴巴、髒兮兮、用膠帶黏好的表單，上面有一堆縮寫項目，用來「認證」我們每個人都已做好派駐的準備。各項認證分別代表一定時間的訓練與準備，短至一小時的簡報，長至數天的任務，注射的疫苗、無蛀牙的口腔、遺囑與授權書、任務所需的重新認證、指定武器的射擊合格分數，核武、生物武器、化學武器程序與護具的進修訓練，諸如此類。

我們在波赫可能會碰到一些麻煩事，而這類表單「證明」了我們已做好應對的準備。高可靠性組織多半不再採用書面表單，美國政府在士兵、外交官、其他第一線救援人員的派遣上，還是採用數位表單作為系統化訓練及認證的方法。一九九〇年代以來，派遣人員都要完成類似

的訓練與認證過程。

一般來說，組織多半都是採用壓力免疫訓練，讓人員在面對壓力時也能完成工作。壓力免疫訓練有許多形式，例如危機模擬、應急準備訓練、野戰演習，甚至是基本的滅火訓練。

當覺得某件事物很新奇、無法預測、無法掌控，並且對自身的生存、認同感或自我造成威脅時，壓力反應程度就會變高，[1]而壓力免疫訓練正是奠基於此。

壓力免疫訓練以第四節提到的壓力源特性為基礎，設立兩大目標：

1. 讓人們接觸在現實世界可能會遇到的特定壓力源類型：這樣一來，那些壓力源就會變得更熟悉、更可預測、更可掌控，而且理論上，將來再度碰到同樣壓力源，壓力反應程度就會降低，換句話說，壓力免疫訓練是在嘗試調節生存腦的神經如何感知這些壓力源。
2. 在模擬情境下，練習個體與團體的工作，避免工作表現在壓力下衰退：在高壓環境下，重複練習基本技能和標準作業程序，個體就會習慣，且自動化進行作業，換句話說，壓力免疫訓練也是在嘗試調節理性腦怎麼評價壓力源，以期在壓力下增進自我效能感和主導權。

我的單位在波赫派遣任務前完成的訓練，就蘊含這兩大目標。舉例來說，既然知道波赫在戰事期間處處是地雷，所以訓練情境就是要找出地雷、避開地雷、排除地雷。訓練的目標是要讓我們在波赫真的遇到地雷時，能知道該怎麼做、更有掌控感。

壓力免疫訓練是極受歡迎的訓練與準備作業，可幫助人們在壓力下，仍有良好的表現。[2]

**壓力免疫訓練的用意，是減少壓力源的新奇感，並讓人們習慣壓力源的影響，以期在有挑戰性的環境下，仍能提升表現。**

壓力免疫訓練儘管很受歡迎，卻還是有幾項缺點。首先，雖然壓力免疫訓練會在特定模擬情境下，降低新奇感、無法預測性和無法掌控感，但是往往局限於訓練的腳本和背景。

舉例來說，有人研究平民消防員在實際火災期間接受訓練的情況，結果發現，消防員越常重複接觸某個訓練情境，在那個情境下感受的焦慮感越低、認知障礙越少。[3]然而，碰到新情境時，焦慮感和認知障礙的程度，等同或甚至高於第一個情境的程度，換句話說，消防員重複第一個情境後，學到的情緒技能與認知技能，無法應用在其他情境，就算新情境的狀況只是略有不同，也無法應用延伸。

其次，就算壓力免疫訓練可藉由重複的情境提升表現，但是個體日後能應用的受訓技能，還是有可能會減損，原因在於情境的設計是要讓個體接觸現實世界壓力源的景象、聲音、味道等，盡可能符合實際的情況和壓力程度。大家往往認為，正常情況下，訓練的壓力應該會等同於實際戰鬥或現實世界，預試的挑戰性越高，就越能做好準備。[4]

然而，說來奇怪，訓練的壓力越高，個體在訓練情境下對壓力的反應，往往會超過中等程度。發生這種情況時，理性腦功能會降低，包括執行功能及外顯學習與記憶。就像第五節提到的，**理性腦的外顯學習與記憶系統，在中度壓力下，運作狀況最佳。**

只要自覺能在高壓下運作，的確還是能從高壓的訓練中獲益，生存腦的內隱學習與記憶系統，還是能全都承受。由此可見，壓力免疫訓練專門協助個體透過不斷反覆學習，進而自動化進行作業。

不過，因為理性腦功能已降低，所以下列能力很有可能會受損：自覺地保有壓力免疫訓練所學，並應用及類推到其他（相似或相異的）現實情境。所以前文提到的消防員，才會在略有不同的新情境下，出現認知障礙。

為了彌補這項缺點，高可靠性組織通常會設計出多種不同情境並練習，每種情境略有不同。但這種彌補方式帶來了第三項缺點：多種略有不同的情境訓練與準備，有可能極為耗時。舉例來說，《岱頓協定》簽署後，一直到我的單位被派遣之前，我們通常一天十六小時、一週七天都在練習，適應各種不同的壓力免疫訓練情境並獲得認證。

第四項缺點延伸自第三項缺點。我們的行程滿檔，密集的壓力免疫訓練造成慢性壓力與睡眠不足、身心容納之窗窄化，所以甚至還沒派遣到當地，調適負荷量就增加了，而且多半都經歷失調症狀。我訓練過的部隊數以百計，他們在派遣到伊拉克和阿富汗前，也都出現同樣的狀況。

所謂的「韌性」，就是在高壓情況發生前或發生期間，都能有良好的表現，還能在日後回到常態，有了韌性，身心容納之窗就會維持寬闊。然而，壓力免疫訓練多半只注重壓力下的工作表現，不注重復原，也就是說，只能訓練出五成的韌性。

由此可見，壓力免疫訓練短期上或許能幫助人們在高壓下表現良好，但是長期來看，還是會造成一些有害、窄化身心容納之窗的後果。壓力免疫訓練展現的文化，是恆毅力、咬緊牙關前進、堅持到底的精神，美國社會往往輕忽復原的價值，難怪高可靠性組織的訓練法，也忽略復原一事。然而，不復原的話，身體調適作用就無法正常運作，負荷量也會逐漸增加。

有充分的實證證明，高可靠性組織的壓力免疫訓練有可能引發認知退化、焦慮、情緒障礙、感知到的壓力程度變高，而這些情況全都是身心容納之窗窄化的跡象。[5]

除前文提及的消防員研究，還有軍方壓力免疫訓練計畫，包括野戰演習、生存訓練、派遣前訓練等研究可以證明，壓力免疫訓練的相關壓力，確實可能造成理性腦功能衰退，例如解離*症狀、注意力和解決問題的技能衰退、圖形辨識不準確、工作記憶能力衰退等。此外，要由上而下地調節負面情緒和引發的壓力，就必須具備工作記憶能力，因此這類研究也顯示，焦慮感、其他負面情緒、感知到的壓力程度都增加了。

這裡要說明的是，在壓力過度反應下，也就是待在身心容納之窗外，接受訓練不是什麼問題，畢竟以後遇到要求嚴苛或極端壓力的情況，就會覺得更有掌控感。在高壓下，還是習慣照常工作的話，確實可以掌握某種主導權。

**問題出在接受高壓訓練，卻忽略復原**。為了在高壓下掌握主導權，而接受壓力免疫訓練，這種做法失調又不完整。如果沒有明確專注在復原上，壓力免疫訓練等於是鼓勵人們啟動壓力，永不停止，而在這個過程中，調適負荷量增加，身心容納之窗窄化，進而引發失調症狀。

結果，個體接受了壓力免疫訓練，身心容納之窗最後卻窄化。等到個體最終面對現實世界，竟然是帶著窄化的身心容納之窗，這種情況下，比較會超過壓力耐受度的臨界值，最終移到身心容納之窗外，也比較無法回想起自己從訓練中學到的教訓並加以應用。

還有一點更重要，壓力免疫訓練是要人盡量不斷專注練習多種情境範本，所以碰到的現實情況，要是不合乎排練過的腳本，就往往很難臨機應變。**壓力免疫訓練過度強調預期的情況，在適應力、臨機應變、復原方面的訓練，往往流於不足**。

* 對記憶、身分或對環境等認知遭到破壞，進而對生活產生障礙。

## 領域共通訓練可以應用到各式環境

還有一種方法可以在高壓下獲得主導權，只是奠基的原則不一樣，這種方法稱為「領域共通訓練」。訓練的目標是持續不斷地練習，增強通用的特質和技能，相信個體不論碰到什麼情況，都能把通用的特質和技能應用在特定的處境上。

技能訓練典範，包括壓力免疫訓練在內，多半仰賴領域專用的學習原則，也就是說，學到的技能無法應用到新的任務或情境上。越常練習某項任務，執行該項任務的效率就會越高，正如證據所示，人接受訓練後，就會熟悉幾乎所有的感知作業、認知作業或動作作業。然而，消防員的研究也提過，技能訓練往往非常獨特——人只會在受過訓練的任務上獲得提升，學到的技能很少會應用在其他的任務上，或根本不會應用在其他任務，就算是很類似的技能也不例外。[6]

反之，有些訓練典範有助於領域共通的學習，也就是個體不只在受過訓練的任務上獲得提升，學到的技能也能應用到新的任務和其他的領域上。由此可見，領域共通的學習，並不是針對某些刺激因子、任務或情境而做的學習，其發展目的是要讓人有能力改變自身行為，可以因應那些新奇的、偶然發生的環境訊號。[7]

相較於領域特殊學習典範，領域共通的學習典範通常比較複雜。[8]迄今，研究員已找出了下列四種領域共通訓練法的實證益處：動作類電玩遊戲、音樂訓練、運動訓練、特定類型的心理訓練。

舉例來說，動作類電玩遊戲的玩家，在注意力和眼手協調的技能上可獲得提升，甚至還能把技能應用到現實世界中，[9]例如引航操作或腹腔鏡手術。反之，益智遊戲、奇幻遊戲、角色扮演遊戲的玩家，並沒有展現出同樣的效果，這也許是因為動作類遊戲具備了「步調快」、「無法預測」兩大特性，所以比起其他類型的遊戲，動作類遊戲更貼近現實生活的情境。動作類遊戲當然有其他潛在的缺點，比如壓力反應程度逐漸增加，沒有降低。

同樣地，有研究證明，音樂訓練具備領域共通的學習效用。[10]小孩學習演奏樂器的話，在時空推理技能、智商分數、數學能力、語言記憶等方面，也會獲得提升。

在運動領域，有幾種運動的職業選手，[11]在必備的感知、認知、運動技能上，都獲得提升，而且還能應用到其他領域，例如選擇性注意力、眼手協調、空間定向能力、視覺反應時間更短等。

一般來說，小孩和成人進行有氧運動，在認知上都可獲得程度不等的提升。[12]與久坐不動的成年人相比，經常進行有氧活動的高齡者，在認知表現上出現程度不等的提升。同樣地，小孩和青少年經常鍛鍊體能的話，感知技能、記憶力、智商分數、語言測驗、閱讀理解力、數學測驗、學力和學業成就，都會有所提升。

某些類型的心理訓練，則屬於第四種領域共通訓練典範。然而，這裡要特別說明的是，很少有實證可以證明各種「腦部訓練」方式會帶來有益的影響。

多數情況下，這類腦部訓練法會刻意解析不同的認知訓練過程，[13]例如背誦清單來強化語意記憶，或訓練圖形辨識技能來改善視覺辨識能力。然而，如果要求人去背誦清單，就不會鍛鍊到執行功能，例如抑制控管、注意力方面的技能。由此可見，難怪雖有證據能證明受過訓練的特定任務可獲得提升，卻不具備領域共通的學習效用。

這類腦部訓練法的研究，全都強調人的學習方式，天生就是魚與熊掌不可兼得。[14]許多這類遊戲都會把一件較大的任務，拆成多個較小的認知零件，如此一來，就可以在技能養成期間，加快學習速度。然而，這樣拆解任務，有可能會對日後技能的維持和採用，造成負面的影響。音樂和運動上的訓練，一開始也會把一項技能拆成多個小零件，但一段時間過後，訓練會變得更統合、更複雜、更全面，確保技能的維持和採用方法也可以通用。

**第一類的心理訓練具備領域共通的學習效用，概念就是對肢體技能進行想像**，[15]例如：想像自己在賽跑、在執刀動手術、在彈鋼琴等。在心理上練習技能，不只可以像肢體練習那樣，改善肌肉記憶，還能更廣泛了解肢體技能，方便應用到其他情境上。根據該項研究，相較於只用肢體練習技能，在心理上練習肢體技能，或心理、肢體都練習技能，可以更容易把技能應用到其他情境上。

此外，有兩種正念冥想法也具備領域共通的學習效用：「集中注意力法」（Focused Attention, FA）與「開放覺察法」（Open Monitoring, OM）。[16]重要的是，這兩種正念冥想法具備的領域共通學習效用，具有文獻記載的，但其他類型的冥想沒有記載。

集中注意力法，是先挑選目標物體，比如聲音或身體接觸周遭環境的感覺，然後持續注意目標，如果思緒飄走了，冥想者要意識到，讓注意力回到目標上，集中注意力法可以增強人對注意力的控制。

與此相對，開放覺察法是客觀地觀察整個覺知範圍，時時刻刻如此，不關注任何特定的目標物體。開放覺察法是純粹觀察刺激因子的流動，比如景象、聲音、味道、觸感、其他的體感、念頭、情緒等。實務上，要是沒有先利用集中注意力法，培養穩健的注意力控制，那麼就幾乎無法順利運用開放覺察法。正念心智健身訓練涵蓋了集中注意力法和開放覺察法。

進行不等量的集中注意力法和開放覺察法練習後，會產生不同的領域共通學習效用。[17] 根據研究顯示，短時間的練習也會產生有益的作用，就算是短短幾週也可以。然而，注意力、感知區辨、情緒調節、免疫功能、端粒酶（telomerase）濃度*的某些面向，要出現更穩健的變化，就必須密集訓練幾個月或幾年才行。

所有的領域共通訓練法，都具備三項共通的特性：

1. **刺激因子或任務十分多樣，我們不得不在更抽象的層次學習，並在不同環境下運用技能：**由於情境非常多樣，我們不會只背誦特定的範本和腳本，例如「如果發生這種情況，我會那樣做」。舉例來說，第三節提到的倫敦計程車司機，司機開計程車的時間越久，海馬迴就變得越大（海馬迴就是腦部裡負責統合外顯記憶的部位），[18] 在領域共通的學習上，有個有趣的轉折點——沿著固定路線行駛的公車司機，他們的海馬迴並沒有像計程車司機那樣出現變化。[19] 換句話說，計程車司機必須聽從乘客的要求更改路線，所以會時常經歷變化，促進領域共通的學習；反之，公車司機遵守規定的路線，錯失了這類的變化和領域共通學習效用。

2. **領域共通訓練法，在身心上包含體驗式學習且同時運用多項程序：**[20] 動作類電玩遊戲玩家、運動員、音樂家，練習活動的同時，投入並發展幾種感知、認知、運動技能，例如

---

* 此酵素會影響細胞老化與癌症風險。

選擇性注意力技能、眼手協調、空間定向能力、工作記憶、視覺反應時間更短等。正念實踐者和運動員在心理上排練即將到來的賽事時，也是在運用多種認知系統和生理系統，因為注意力放在哪裡，就會經由生存腦、神經系統、身體，產生重大的漣漪效應。所以，在想像或注意的同時，就算坐著不動，也會啟動生理程序。

3. **領域共通訓練法的目標是中度的壓力反應程度，也就是最佳表現區：**任務難度稍微超出舒適圈的時候，往往是動力最高、學習最有效率的時候，這時我們會認為，任務雖有挑戰性，卻還是可以完成。由此可見，這類訓練法通常包含任務的漸進，也就是漸進式增加難度，如此一來，任務還是有吸引力卻不會難以承受。例如遊戲玩家晉級到下一關、音樂家學習演奏更困難的作品，就可觀察到這個原則。

反之，**不會引發領域共通學習的技能訓練**，**往往發生在低度反應程度**，所以可以想見，技能的保有程度會很低，例如公司要求你參加的年度訓練，講述公司性騷擾防治方針或網路安全程序的線上訓練，老實說，你上次完成這類訓練後，實際上還記得多少？

此外，如果是高壓的技能訓練（包括壓力免疫訓練），可想而知技能的保有程度會很低。就算訓練的用意是促進領域共通的學習，但只要待在身心容納之窗外，學到的技能就無法好好保留。由此可見，心智健身訓練有個額外的好處：教導你辨認壓力，然後加以調節，這樣就會懂得刻意調整壓力，維持在中度反應程度。**只要懂得調整壓力，待在身心容納之窗裡，就等於是把形勢塑造得最有利領域共通的學習。**

我之前提過，不限領域的學習是進化的，人類有能力改變自身行為，因應新奇的、偶然發生的環境訊號。由此可見，最初的領域共通訓練法其實是「工具型教養法」（instrumental arenting），[21]家長透過多種工具的過程，教導小孩學會領域共通技能。例如，家長會用特定的方式，引導小孩的注意力（像是跟小孩說：「看天上的雲！」）讓小孩的腦部熟悉注意力引導過程；小孩沮喪時，家長會給予安撫，這樣一來，小孩的生存腦和神經系統，就會開始把沮喪和自我調節的可能性聯想在一起。小孩的運動機能和認知機能尚未成形，家長會協助小孩發展這些機能，其實家長就是在提供代理能力，教到小孩懂得怎麼做為止。

工具型教養法呈現出前文領域共通訓練的三項特性。家長給予各式各樣的刺激因子和任務，小孩不得不培養出多種抽象技能，應用到各式環境，這類的學習實質上就是體驗式學習，一次就運用多種生理過程和認知過程。家長也會逐漸增加任務難度，這樣一來，小孩就能保持在中度壓力，而這種程度最能讓表現保持最佳狀態，舉例來說，如果活動有些部分是小孩做不到的，家長可以提供協助，同時也要讓小孩有機會仿效，並從中學習。

看了這麼多的例子就會發現，領域共通的學習可以應用在各種環境與處境，通用性很高。

例如，外交官或士兵即將要派到另一個國家，面對不熟悉的語言和文化，他們可以接受領域共通或領域專用的訓練。如果接受的是領域共通訓練，可能會學習情緒智力技能，像是讀懂自己和他人的情緒、調節自己的負面情緒、站在他人角度看待處境。

如果接受的是領域專用訓練，可能會收到一份清單，清單上列出了該國的慣用語和具體的文化習俗，例如：「腳不要對著別人。」「女性必須遮住頭髮，走在男性後面幾步的地方。」這是我們外派到波赫前，所接受的訓練類型。

比較前述的兩個假想訓練典範，顯然就會知道，外交官和士兵在接受領域共通訓練，懂得運用情緒智力後，他們跟同事、家人互動時，也能應用同樣的技能。反之，別國的文化習俗清單，要是放在其他的情境下，就沒那麼有用了。

組織之所以偏好採用領域專用訓練，提供特定處境專用的檢查清單、規定、腳本、範本、方針，背後有一些重要的原因，就像第二節提到的，美國文化非常重視效率和速度，而領域專用訓練合乎美國文化的價值觀。領域專用訓練相當快速，有時只要花幾小時聽簡報，或花幾分鐘參加線上訓練課程，這樣就完成訓練了。在科技的協助下，領域專用訓練可以進行擴增，也相當容易提供。

此外，領域專用訓練也容易進行評量。就算是現場訓練，講師多半只要背誦腳本，然後教導「任務、環境、標準」三要件就行了。個體接受訓練後，要能在指定環境下依照標準執行作業，要麼做不到。做不到的話，那就要直接提供補強訓練，幫助個體達到標準。

雖然領域專用訓練有其作用，但其實並不是在訓練領域共通技能，所以無法改善核心認知過程、無法加強心理敏捷性，也無法用更高的壓力和負面情緒調節能力來拓展身心容納之窗。九一一事件發生後，雖然想訓練個體擁有韌性、適應力、直覺的決策力，卻無法滿足這樣的需求。即使高可靠性組織和其他組織資助及廣泛執行的計畫，大部分是以訓練領域共通能力為目標，但實際上卻是領域專用的訓練計畫。種下蘋果樹，卻想收穫柳橙，可以說是太異想天開了。

## 武士文化的兩大特質：智慧和勇氣

我之所以設計正念心智健身訓練，是特別為了幫助高壓環境下的工作者獲得領域共通訓練的強大益處。為了做到這點，我把正念心智健身訓練扎根於某個訓練流派，可以成功在高壓情境下達到這個目標。

大部分的領域共通訓練，不是要改善高壓處境下的表現，但有一種領域共通訓練，確實是要改善高壓下的表現，那就是「武士文化」。武士文化包含縝密的教學和技巧，在歷史上，就是要協助武士做好準備，投入英雄般的行動。

整體來看，**武士文化是在訓練個體利用合乎道德又有成效的方式，發揮潛藏的暴力，捍衛所屬群體**。重點是傳授各種處境都適用的通用技能，期望武士不管何時碰到哪種特定情況，都能採取並應用通用技能。武士掌握通用技能，就能保持寬闊的身心容納之窗，無論碰到何種處境，都能運用覺知、自我調節、道德行為。

在人類意識中，武士（或多數人對「勇士」的聯想）可說是最長久、最英勇的原型之一。武士的正面形象，是具體展現出服務精神，[22]而不是自我利益，為了捍衛他人，武士願意冒險犯難，甚至不惜犧牲生命。但武士跟所有的原型一樣，也會有負面的表現，像是武士會激烈競爭，取得權力或控制他人，且不是出於無私的意圖、更宏大的社會意義、更高遠的理想。**武士文化具體的目標，是培養原型的正面特質，同時對抗負面特質**。

樹立武士文化，是為了訓練年輕男性，憑藉天生的毅力、耐力、健康的體魄，捍衛所屬群體，避免群體受到威脅。年輕男性接受訓練，精進身心特質，例如自律、心理敏捷性等，同時還要學習駕馭陽剛青春期的特質，例如易怒的脾氣、衝動的行為等。這類的領域共通訓練就成了武士文化的根基。

現在的你可能不覺得自己是武士，也不覺得自己跟這個原型有關聯，但只要你會出聲反對不公，會保護別人的安全，會為了信念，不惜冒著性命或生計的危險，挺身而出，那麼你就是在召喚內心的武士。舉例來說，消防員幫助民眾逃離著火的屋子；老師制止校園霸凌；鄰居發起社區靜坐抗議，吸引大家關注環保問題，吹哨者起身揭露職場舞弊；母親保護孩子；駕駛停下車，幫別人換掉洩氣的輪胎，這些都屬於武士的舉動。

武士文化有其悠久的歷史，東方有圖博（西藏）武士和日本武士，西方有斯巴達士兵和美國原住民部落，他們分別採用不同的練習法來訓練身心系統，以寬闊的身心容納之窗展現智慧和勇氣兩大特質。**雖然武士的具體特質會因各個傳統而有所不同，但是智慧和勇氣向來是最重要的兩大特質**。

武士文化對兩大特質的傳統定義如下：「智慧」是有能力看清當前的情況，不是看到自己希望的或期望的情況，然後利用現況的資訊，做出最有效的選擇；「勇氣」是有能力置身於當下的任何環境，就算是極為艱困的環境也能置身其中。在任何領域，尤其是高壓環境，只要具備這兩大特質，就更能掌握主導權，採取有效的行動。

武士文化可以強化武士的身心系統，並拓展身心容納之窗，藉此培養武士精神。武士精神的歷史比正義戰爭傳統*（just-war tradition）和戰爭法†（laws of warfare）還要更悠久，對於極端處境下的武裝衝突，是採以「最後手段的道德規範」。在混亂、暴力、高壓、不明朗的處境下，武士精神可左右人類行為，成效比規範、法律、命令、經濟誘因還要高出許多，換句話說，武士精神是要讓武士擁有內在自制力，這樣就能有效發揮驚人的暴力能力。

古希臘哲學家柏拉圖（Plato）對軍職的描述應該是西方最早的，[23]柏拉圖說，守護者展現出接近神的行為，是培養智慧與勇敢所致，因為「最勇敢、最睿智的靈魂，不會因外在影響下感到困惑不安」。就算在今日道德界線模糊的世界，事物少有絕對的對錯之分，武士還是必須有能力展現正直的行為。**強大的武士憑藉著智慧和勇氣，看清眼前的情勢，不會被現況搞得團團轉，而是容忍現況，選擇最有成效的做法。**

## 重點不是獲得成就，而是持續不斷練習

所有的武士文化都具備三項共通的特性：首先，雖然各種武士文化教導的技巧並不相同，有些著眼於身體，有些著眼於心智，但是所有的武士文化都是強調持續不斷練習，邁向自律與精通。

武術是廣為人知的武士肢體練習。[24]武術最初是著眼於劍術、箭術、使用武器近身格鬥，然而，一段時間過後，不用武器的肢體動作，已公認是獨立的技能，於是徒手武術的開端延續到今日，其他的武士肢體型練習，還有呼吸控制技巧、體能鍛鍊、騎術、瑜伽等。武士透過肢

* 軍事倫理學的一種學說，透過檢視標準來確保戰爭是合乎道德的。
† 戰爭中可接受的法律。

體型練習來培養身體素質，例如耐力、毅力、速度、敏捷性等。

反之，有些武士練習主要是訓練心智。例如，美國原住民拉科塔（Lakota）蘇族（Sioux）的靈境追尋，澳洲原住民徒步流浪尋覓自我，都需要武士長時間遁入大自然，藉此「進入寂靜」、不畏風雨、面對內心的恐懼。

古希臘的斯巴達戰士，七歲就要接受阿戈革（Agoge）訓練*，學習平靜地承受嚴酷環境、睡眠不足、疼痛。古希臘和古羅馬的堅毅戰士，天天都要冥想練習，[25]例如反省每日的行為、從錯誤中學習、擺脫情緒的束縛等；中國武士，透過練習太極拳的正念動作，培養覺察力；日本武士，接受的是坐禪（zazen）和公案（koans）的訓練，[26]公案練習是思考一道無法透過邏輯推理解決的難題，教導心智放下舊觀念，憑直覺獲得新的見解。

無論運用什麼技巧，所有的武士文化對於練習的目標，都有共通的認識——按部就班練習，培養自我主宰的能力。無論武士選擇什麼練習，光是學習某一種技巧、在智識上理解該技巧、閱讀該技巧的相關內容，並不足以達到精通的程度，武士必須持續努力，充分展現技巧，才能有所發揮。

舉例來說，十六世紀的劍道大師宮本武藏，在其著作《五輪書》寫道：「必勝之道……千里之行，始於足下。」「千日修練謂之『鍛』，萬日修練謂之『鍊』。」[27]宮本武藏的見解，呼應了近來實驗室的技能養成研究，研究結果證明，人只要長時間刻意練習，就能養成專家技能。[28]

然而，精通之道的重點不在於「取得進展」，也不在於努力做出一番成果，畢竟這樣的努力有可能會阻礙武士特質的養成。武士越是強迫自己努力獲取成就，例如贏得武術腰帶、達到特定的心智狀態等，自我就越會依附在成果上，越不可能發揮智慧和勇氣。

在這種情況下，有可能會忘掉更深遠的目的——對多項特質進行鍛鍊。古希臘哲學家亞里斯多德（Aristotle）說過：「人類德行的形成，來自付諸行動。」近來的腦神經學研究也證實，人格特質是透過反覆去做養成的，[29]卓越、自我精通、品格，不是一次就告終的事件，而是一種習慣。所謂的「持續不斷練習」，就是一旦步伐不穩就重新起步、從自身過錯中學習、真誠踏上精通之路，這樣的行為本身就是目的了。

## 不求勝，反而更能得勝

其次，武士文化還有一個特質，就是提升身心系統的素質。有運動的人，自然會覺得很合理，例如用重訓加強體能，就更能長距離負重、抬起掉落的樹幹、把陷入泥巴裡的車子推回路面。換句話說，重訓鍛鍊出的力量具有通用性，可以應用在生活的各個層面，日本的武士傳統會把這種情況稱為「劍禪合一」（指「身心合一」），不管碰到什麼情況，最好時時刻刻都能展現這類特質。

總而言之，武士會持續不斷練習，拓展身心容納之窗，憑藉彈性、風度、幽默感，安然度過任何挑戰。正如宮本武藏武士所說：「正道……隨時隨地皆可應用。」[30]

---

* 斯巴達的教育計畫。

武士要培養出通用特質，不依附在任何特定的成果上。武士也許會偏好特定的成果，但那不是最重要的，不管成果如何，武士都應該專心展現訓練的內容。羅馬斯多葛學派（Stoicism）的西塞羅（Cicero）說過：「人最終的目標，就是竭盡全力命中目標。」[31]然而「實際上的命中目標」是「基於選擇」而不是「費力尋求」。

不過，說來矛盾，武士要是把重點放在技能的展現上，如此一來，反而比較能塑造成功的形勢。約兩千三百年前，中國春秋時代的孫子撰寫《孫子兵法》，闡述某兵法流派的集體智慧，他在書中寫道：[32]「不可勝在己，可勝在敵。故善戰者，能為不可勝，不能使敵之必可勝。故曰：勝可知，而不可為。」*

武士意識到自己控制不了身旁的敵人和環境，無法「造就」勝利。然而，為求勝而接受訓練，拓展身心容納之窗、鍛鍊技能，就會擅長認清哪個時機可以戰勝敵人，並且利用時機，這樣一來，勝利就是「可知的」，不是造就的。

## 發揮智慧和勇氣，控制注意力、接受挑戰

最後一項特質是，所有的武士文化都是透過持續不斷的練習，培養出智慧和勇氣，而智慧和勇氣向來是武士文化最重要的兩大特點。

智慧是有能力看清實際的情況，並運用這些資訊，做出當下最有成效的選擇。

大家往往認為，智慧是經由人生經驗獲取的靜態特質。歷來有很多武士文化都是透過死

亡與永恆的冥想練習，來訓練這種智慧，不過，清楚客觀理解當下發生的情況，也是智慧的一種；另一種智慧是無從計畫的，唯有時時刻刻留意，才能獲得。經過訓練以後，就能學會以公正的觀察和客觀的好奇心，去看待每一刻，對於這一刻和上一刻，不批評、不評估、不比較，也不期望這一刻如同上一刻。

然而，正如許多武士文化所示，人無法迫使理性腦放下期望、比較、意見、批評，只能用引導注意力的方法來訓練心智，一段時間過後，就會逐漸有能力自然放下。

如果企圖迴避這種訓練，強迫自己放下內心的評斷，結果往往適得其反。**嚴格受控的心智，也許表面上很像妥善受訓的心智，但在清晰感、彈性、自由度方面，卻達不到同樣的程度**，原因在於嚴格控制心理，要耗盡大量能量，才能一直抑制內在喋喋不休的狀態，這樣一來，不只執行功能會耗盡，也沒有多少注意力能看清目前處境並靈活應對。

唯有準確又坦率地評價當下處境的樣貌，運用智慧的好習慣才會出現。正如孫子所言：[33]

「此兵家之勝，不可先傳也。」[†]

智慧就是，知道自己完全處於當下、看清處境，有了這樣的意識，就能對目前處境，採取最恰當的回應。只要是立足當下，甚至可能會有自己什麼也沒做的感覺。

勇氣是有能力置身於當下的任何一種情況，就算是極為艱困的情況也能置身其中，而且不用去改變。勇氣是武士的基本特質，圖博語的「武士」（pawo），意思是「勇敢的人」。[34]

---

* 語譯：不被戰勝的主動權掌握在自己手中，但能否戰勝敵人，主控權在於敵人是否會給我軍可乘之機。因此善於作戰的人，能使自己不被戰勝，但不一定能擊敗敵人。所以說，勝利可以預見，卻不能強求。
* 語譯：這是軍事家取勝的原因，只能隨機應變，無法事先傳授。

大家往往認為，勇氣就是儘管遇到障礙或挑戰，還是能往前邁進、改變現況。難怪美國文化典型的勇氣形象，就是髒汙、飢餓、疲累、受驚嚇的士兵，不顧身旁飛過的子彈，還是繼續往前邁進。

這裡要說明的是，武士文化對勇氣下的定義，跟前文提到的常見定義並不一樣。**武士文化認為，勇氣就是在自己成功付諸行動改變以前，必須先願意認輸，才能看清現實、容忍現實。**假如先試圖改變現實中超乎掌控的那些因素，反而會白費力氣能量，由此可見，**要以明智的方式掌握主導權，必須先看清處境、容忍處境。**

勇氣不只是撐過戰役和逆境造成的肉體上痛苦，而是置身於生理上、心理上、情緒上、智識上、精神上所有的不適、脆弱、疼痛，並且容忍下來，不去否認、迴避、逃離。**勇氣也是誠實，不管是看清現況，為自己的弱點和過錯負起責任，還是發自內心與別人建立真誠的關係，都要誠實面對自己。**

武士培養勇氣，是為了接納人類處境的真實樣貌，知道人終有一死；知道人必然要去經歷不想經歷的事物；知道人生不受自己掌控。有了勇氣，就能直接面對這些真實樣貌。

例如，據說有人曾經請斯巴達國王阿格西勞斯（Agesilaus），說出武士的至高德行是什麼，[35]所謂的「至高德行」，就是衍生出所有德行的一種德行。阿格西勞斯回答：「藐視死亡。」不過，**與其說勇氣是藐視死亡，不如說勇氣是願意接受死亡會隨時到來，但還是繼續採取行動。**只要形成這個意識，當下就能活得充實、真實、無懼。當下，就是擁有的一切。

理論上，這樣的說法是有道理的，但實務上可能窒礙難行，尤其是碰到有挑戰性的情況。不過，不論現況如何，還是選擇挺身而出，充分利用處境，並一再反覆做出這樣的選擇，正是斯多葛學派對勇氣所下的定義。

古希臘哲學家艾比克泰德（Epictetus）說過，武士的任務是掌握主導權，[36]就算武士的主導權受到拘束、感覺脆弱，也要一遍又一遍地掌握主導權。斯多葛學派認為，要做到這點，就要一直著眼於「可由自己決定」的因素，也就是身心系統裡的內在特質，以及我們對外在事件產生的內在反應。

所有的武士文化之所以都有培養智慧和勇氣的練習，也許是因為這兩大特質會相互支持、彼此強化，人必須同時具備這兩大特質，其中一項特質才能充分發揮出來。智慧就是看清真實樣貌，就算真貌令人不愉快或不自在，仍要看清，而要看清真貌，就必須要有勇氣，不會予以否認，也不會不誠實。

有了勇氣，才能看清自己的缺陷、極限、弱點、拙劣的選擇，並負起責任。要做到這點，在美國社會格外困難，因為現代的武士文化往往延續著「我們刀槍不入」的妄想。要充分發揮潛力，就必須看清自己的陰影，然後選擇學習、成長、改變。**將來的自己會是什麼模樣，總是始於徹底認識現在的自己，全然接納現在的自己。所以，不要再白費能量否認眼前的情況，應該要脫離束縛，看清現況，有效應對。**

有了勇氣，對於先前的選擇，也能負起責任，不會事後批評。只要有智慧，不管之後的結果如何，還是能憑藉勇氣，相信自己的選擇正確無誤。假如最初做選擇的時候不具智慧，那麼勇氣會幫助我們從處境中學習，以後就能做出更聰明的選擇。

也許有很多勇敢的途徑可以走，但唯有具備智慧，才能分辨清楚，眼前的情況最適合走哪條途徑。有些處境，要無視颼颼的子彈，不斷往前衝刺；有些處境，要坐下來，改日再戰，唯有智慧，才能分辨清楚。我們不能依賴公式和腳本，因為任何處境，都只有一個最佳的選擇。

**真正有勇氣的人，有時會選擇讓步、退縮、順從**。就像第一章說的，大致上，美國文化，尤其是現代的武士文化，很習慣「負傷上場」或「堅持到底」，就算當下沒有必要那樣做，也還是會選擇那樣做。雖然繼續前進看起來是「武士行為」，但是憑藉智慧就會明白，受傷或身心俱疲其實反而會危害到長期的成效。**恆毅力不一定是最適合的途徑，有時暫停、重組、聚積內外資源，方便日後再次邁進，才最是能達到目標**。

憑藉智慧和勇氣，終將有機會採取出色的行動。如果有智慧去看清處境，有勇氣去面對自己和周遭環境的真實樣貌，在這世上，就可以真正有所貢獻。

## 在高壓下，也能做出有道德又有成效的決策

在美國社會，大家往往認為，道德行為來自於道德品格，是否有道德品格，則因人而異，同時我們也失去了武士文化的真實面貌——**品格並非固定不變，而是反覆培養有品德的特質、拓展身心容納之窗、做出明智的選擇，才造就出品格**。換句話說，透過訓練和持續不斷的練習，就可以鍛鍊性格。

長久以來，武士文化著眼於培養智慧和勇氣，原因就在於人必須同時具備這兩大特質，其中一項特質才能充分發揮出來。在這兩大特質的幫助下，我們就能運用主導權。

不過，現代武士不會平均培養這兩大特質。現代高可靠性組織的訓練法，往往忽略略可

培養智慧的體驗式練習。過去二十年來，衝動的決策、不佳的主觀判斷、不道德行為、暴力行為、精神損害等逐漸增加，很可能是這種失調狀況造成的。就算是碰到最悲慘的情況，武士精神還是會訴諸「最後手段的道德規範」，但前提是智慧和勇氣都平均發展，才能做到。

正念心智健身訓練是以千年的武士文化為基礎，具備同樣的抱負，也是要培養智慧和勇氣。唯有具備智慧和勇氣兩大特質，才能掌握主導權，在高壓下調整適應，正常工作，並在日後獲得復原。的確，正念心智健身訓練的第一個單元，明確著眼於武士文化，把技能訓練置於這個道德準則內。

具體上，正念心智健身訓練會培養兩種通用技能：控制注意力和承受有挑戰性的環境，也就是時時刻刻展現智慧和勇氣。此外，正念心智健身訓練刻意搭配正念技能和神經系統自我調節技能，教導個體拓展身心容納之窗，所以理性腦就算面臨壓力，還是能做出有道德又有成效的決策。此外，個體就算碰到極端事件，也更能運用主導權，受到創傷的可能性隨之降低。

人無法預測未來，卻能培養一些特質，應用在未來可能發生的情況，而在這些特質中，以智慧和勇氣最為重要。想要隨時喚醒智慧，只需要問：「現在發生了什麼情況？」想要鼓起勇氣，只需要問：「我能不能如實置身於這個環境，不用去改變？」

雖然不是人人都會經歷戰鬥，但是人人都能利用武士文化的領域共通訓練練習，培養內在的武士。拓展身心容納之窗的同時，還可以學著在人生各領域，展現智慧和勇氣，並且運用主導權。只要發現自己的壓力正在演變為創傷，就要相信自己有能力憑藉彈性、韌性、機智加以應對。一開始要教導理性腦和生存腦成為盟友共同合作，而這是接下來要探討的主題。

# 12 光靠冥想還不夠，可能讓失調更嚴重

理性腦和生存腦要增強盟友關係，就必須採用系統化的方式，訓練注意力，因為注意力放在哪裡，就會經由生存腦、神經系統、身體，產生重大的漣漪效應。

生存腦不是運用言語，而是透過情緒和體感跟我們溝通交流，至於會不會正確接收到生存腦傳輸的訊號，就要看能不能留意、容忍、準確解讀情緒和體感傳達的訊息，而這種能力稱為「內在感受的覺察力」（interoceptive awareness）。內在感受的覺察力是內感受的其中一個層面，指有能力辨識身體感覺，意識到情緒狀態，並調節生理過程，讓身心系統一直維持正常運作，尤其是身體調適作用。[1]

本節將說明，如何進行心智健身訓練。為了讓你有個方向，這裡先概述本節的主題——**理性腦和生存腦要增強盟友關係，關鍵在於內在感受**。雖然正念有利培養內在感受的覺察力，但是若只有正念，對於身心容納之窗狹窄或窄化的人，可能會造成反效果。正念心智健身訓練是專為應付這項挑戰而設計。

本書不是正念心智健身訓練課程，卻包含了正念心智健身訓練沒有直接提到的資訊，所以本節（終於）解釋了正念心智健身訓練是什麼，還說明了本書是如何及為何跟正念心智健身訓練不一樣。最後，用心智健身訓練的務實指引，以及第一個正念心智健身訓練練習，當作結尾。

## 兩個月高效率培養內在感受的覺察力

第一節說過，意識不屬於理性腦，也不屬於生存腦，因此內在感受的覺察力會讓理性腦，向生存腦和身體蒐集需要的資訊，以便診斷目前的壓力程度。如果沒必要用目前的壓力程度，應對當前的處境，或其實這樣反而會造成阻礙，那麼理性腦可以引導注意力，中斷既定的程式，促使生存腦啟動調降和復原的功能。

理性腦有兩個部位在內感受上扮演關鍵角色：「腦島皮質」（Insula Cortex）和「前扣帶迴皮質」（Anterior Cingulate Cortex, ACC）。腦神經學者認為，腦島和ACC會共同由上而下地控制生存腦的處理過程，調節壓力和情緒。[2]腦島和ACC還能運用腹側副交感神經系統迴路，例如社會參與和依附系統、心血管系統的迷走神經煞車、復原功能等。簡單來說，如果能有效運用理性腦的這兩個部位，就能在理性腦功能和生存腦功能之間，快速有效地切換。

腦島在身體調適方面扮演主要角色，可幫助腦部意識到內部系統裡的失調情況，或內部系統之間的衝突。ACC負責協調情緒，在情緒調節和控制衝動上扮演一定的角色。腦島和ACC的特定區域，也擔任腦部的「疼痛不適網」（pain distress network），用來處理生理痛苦、社交或情緒痛苦。[3]

既然腦島和ACC共同由上而下地控制生存腦的壓力和情緒調節過程，那麼**只要培養內在感受的覺察力，就能改善該調節迴路的運作狀況**。[4]要做到這點，就要增強自身的能力，懂得留意體感和感官刺激，例如景象、聲音、味道等。內在感受的覺察力提升後（尤其是有能力持續注意不愉快的刺激因子），生存腦在壓力喚醒作用和強烈情緒下的運作，也會獲得改善。

很多練習皆有利培養內在感受的覺察力，例如正念冥想、太極拳、某些瑜伽和武術等。「正念」有能力在發生狀況時加以注意，不會陷入評斷、比較、論述、情緒反應中。**用正念覺察觀察自身經驗，好比科學家用顯微鏡觀察物體，可做出清楚明確的觀察，沒有任何事先形成的觀點、意圖、期望**。帶著正念去感受體感和感官刺激，就是在培養內在感受的覺察力。

內在感受的覺察力的運作方式和執行功能截然不同，也就是說，**就算理性腦功能在壓力下有所降低，還是可以運用內在感受的覺察力**。就像第五節提到的，在慢性壓力與創傷下，執行功能和外顯記憶通常會降低。在這種枯竭狀態下，仰賴執行功能的理性腦技能，包含規畫、解決問題、決策、意志力、自制，可能也會有所減損。

不過，高效率的內感受有如橋梁，可改善理性腦在高壓下的功能和表現。例如，有腦造影研究顯示，軍方和民間的菁英表現者，包含特種部隊、海軍海豹部隊、菁英運動員、越野賽選手等，證明了高壓下的腦島和ACC活化模式，合乎效率更高的內感受功能。[5]重點是這類研究呈現出，菁英表現者和健康的非菁英表現者的對比。至於菁英表現者在高壓下展現出更高效率的內感受功能，到底是基於選擇效應，還是訓練使然，我們還不清楚。

失調就表示內感受功能可能受損。舉例來說，如果嬰幼兒在發展腹側副交感神經系統迴路時碰到障礙，內感受功能就有可能發展不全。[6]在罹患憂鬱症、焦慮症、PTSD、疑病症、上癮的成人中，內感受功能不全占有很大的因素，這些問題都是理性腦和生存腦對立的例子。[7]

不過，高效率的內感受功能，並非純粹是全有全無的特徵。根據神經可塑性原則，高效率的內感受功能可以刻意培養。其實，**根據正念心智健身訓練的研究，培養更高效率的內在感受功能，只需要兩個月的時間**。

舉例來說，與控制組的海軍陸戰隊相比，正念組海軍陸戰隊的內感受功能，在從事替表情分類、忍受呼吸受限的兩項壓力挑戰期間，腦部掃描儀產生了重大的變化。[8]事實上，接受了為期十週的高壓派遣前訓練，以及二十小時的正念心智健身訓練課程後，腦島和ＡＣＣ活化模式已經產生了變化，合乎先前研究裡的「菁英表現者」模式。

## 如何正確正念，才不會讓失調惡化？

增強內在感受的覺察力，可能頗具挑戰性，畢竟狹窄或窄化的身心容納之窗，通常跟內感受功能不全有關。在這種處境下，把注意力放在體感和情緒上，生存腦的神經可能會感知到危險，引發更多壓力。

可惜，大眾對正念的關注呈爆炸成長，都期望有某條快速又輕鬆的途徑，可以通往頂尖表現和幸福。有很多書籍、雜誌、部落格、應用程式、播客（Podcast），在教導人們怎麼把正念應用在各領域上，例如教育、商業、領導力、教養、護理與照護、政治等。一段時間過後，就有一些書籍和做法，向人們保證，只要付出更少的心力，就能獲得更大的益處，例如：《任何人都能學會正念冥想》（*Mindfulness for Dummies*）、《陪孩子靜心十分鐘》（*10 mindful minutes*）、《只要六十秒，甩掉壞情緒》（*One-Minute Mindfulness*）。

根據之前《紐約時報》（*The New York Times*）的報導：「冥想是人人都能從事的簡單練習，可以降低壓力、提升沉著度和清晰感、增進快樂。學習冥想的方法，簡單易懂，也很快就能獲得益處。在此提供一些基本訣竅，幫助你邁向更深層的平靜、接納與喜悅。深呼吸，準備好放鬆下來吧。」[9]

美國人顯然很喜歡「銀彈」*（silver bullet）這樣的詞，何不也用「正念銀彈」呢？正念覺察確實是幾乎立刻就發生，只要時時刻刻觀察自身經驗就行了，如此一來，一分鐘的正念其實可以帶來重大的影響：只要一分鐘，就會選擇鎮定下來而非立即反應；選擇有自覺的意識而非渾然不知；就會選擇找尋連結而非退縮。不過，每天只練習一分鐘的話，就無法運用正念覺察，尤其是有壓力的時候。

「正念銀彈」帶來錯誤的期待，而要是有人相信「正念革命」炒作的成效，努力調整失調的身心系統，那麼正念銀彈更會成為引發痛苦的一大陷阱。人們閱讀媒體承諾的一切，努力練習，卻得不到媒體宣傳的益處，那會發生什麼情況呢？人們可能會覺得自己有什麼地方做錯了，或者會覺得自己有問題。

說來可惜，**身心容納之窗狹窄或窄化的話，正念練習本身就有可能導致失調情況惡化**。只採用正念的訓練法，窄窗者就更會意識到自身的失調，不懂用什麼方式才能有效處理失調。我對這種現象很清楚，而這不只是基於親身經驗，也是二〇〇八年訓練第一批海軍陸戰隊時，觀察到的趨勢。

基於這些年來的經驗，我清楚知道，要把正念練習引入高壓環境及身心容納之窗狹窄或窄化的人們身上，為求不造成傷害，務必要搭配神經系統自我調節技能，這是我們應負的道德義務。

雖然有一些例外情況，但是大多數「正念干預」並不是要調和及重新調節根深柢固的身心失調狀況。舉例來說，只採用正念訓練法，可以讓人意識到並接受壓力所引發的思緒奔騰、強烈情緒、心跳快速、呼吸淺、胃部不適。反之，正念心智健身訓練，也會讓人用特定方式引導注意力，藉此調降及降低壓力反應程度，把高壓下使用的能量和荷爾蒙都徹底排解出來後，身心系統就會回到平衡狀態。

**光有正念，卻沒有重新調節神經系統的技能，反倒可能導致整個身心系統過度注意壓力反應，造成自行調節能力惡化、症狀加劇**，也就是說，如果意識到身心系統的情況，又覺得壓力很大，那麼注意力就只能放在壓力上，而壓力反應程度及其認知、情緒、生理上的效應，反倒會被放大。

有鑑於此，前陣子有項評估正念訓練效能，就顯得合理了。該項研究，以三百多位社經背景各異的國高中生為對象，[10] 這些正念團體的學生修了學校的.b正念課程†，完成了為期八週的訓練。.b正念課程奠基於，成人專用的正念減壓法和正念認知治療法（MBCT）課程。

根據該項研究，不管是接受訓練後立即接受測試，還是訓練後三個月再接受測試，都沒呈現出正念團體從課程中獲益，事實上，三個月後，跟控制組的男學生相比，正念組的焦慮感變高了。與此類似，研究一開始憂鬱症狀相對較少、體重與飲食問題較少的（男女兩性）受試者，他們的焦慮程度也在一段時間後增加。

布朗大學臨床醫生暨研究人員威洛比．布萊頓博士率先展開暗夜專案（Dark Night Project），她認為西方正念科學研究提出的正面結果，有比例過高的情況，探究的也是潛在的

* 指神奇的利器，能立即解決積習已久的問題。

† 指針對十一至十八歲在校學生設計的正念課程。

益處，沒充分注意潛在的傷害或風險，原因在於美國文化理所當然認為，正念練習的存在通常是為了降低壓力及提升表現。

為了對抗這種偏見，她的研究團隊訪問了經驗豐富、練習時數多達數千小時的從業者與老師，他們也有過頗具挑戰性的冥想經驗。[11] 將近四分之三的受訪者表示，他們的症狀屬於中度至重度的受損，有精神病史（三二％）及有創傷史（四三％）的人回報的症狀，則是更嚴重或更長久。她的研究團隊目前正在調查完成八週MBL新手的類似經驗，近來也有其他的研究出現類似的結果。

有些正念干預，會把時常經歷創傷後壓力或創傷的個體，出現的禁忌症記錄下來。舉例來說，麻州大學正念中心*表示，如果正在經歷PTSD或其他心理疾病，不建議採用正念減壓。[12] 如果個體有「藥物或酒精濫用的病史，戒毒或戒酒未滿一年，有過自殺念頭或嘗試自殺，或近期發生創傷或有尚未解決的創傷」，或如果正在「經歷重大人生變化」，建議個體接受其他的訓練或治療。

有一點很重要，前述所有條件在高壓環境下相當常見，慢性壓力或創傷肯定會造成失調，光憑正念訓練，很可能不足以處理這類挑戰。

二〇〇八年，我展開正念心智健身訓練前導研究，當時訓練的小隊裡，約有三分之二的海軍陸戰隊，先前已出過一至三次的戰鬥派遣任務，有一名海軍陸戰隊以私人軍事承包商的身分，出了六次派遣任務。該單位屬於後備單位，隊員來自民間各行各業，但約四〇％的隊員曾經從事高壓的民間職業，例如特種部隊隊員、緝毒警探、消防員、緊急救護技術員等。

我跟隊員分別進行練習面談，不久就發現，十名海軍陸戰隊員當中，有六名正在經歷多種失調症狀，[13]很多人的不適情況在即將派遣時惡化了，症狀包含了認知、情緒、生理、精神、行為上的各種失調症狀（第十節已概要說明）。

先前出過戰鬥派遣任務的海軍陸戰隊員當中，有三分之二出現失調症狀；曾經從事高壓民間職業、毫無戰鬥經驗的海軍陸戰隊員中，有二分之一出現失調症狀。我越來越熟悉他們的狀況，發現他們的身心容納之窗，是在過去經歷壓力與創傷時窄化，比如說，之前投入戰鬥派遣任務、從事高壓民間職業、早年遭逢逆境的時候。

這些年來，我跟很多人和組織合作過，結果發現，不管正式的統計數據如何，這程度的症狀表現在高壓情境下相當普遍。比如，我在喬治城大學教導的學生，就經常出現這程度的症狀表現。

我教導海軍陸戰隊員時，還沒創立一系列正念心智健身訓練，這運動是專門為了讓人從失調狀態，邁向調節良好的狀態。我一開始教導海軍陸戰隊員的，是正念干預常見的兩種短練習：

1. 身體審視法：引導注意力，依序觀察身體各部位的感受。
2. 覺察呼吸法：典型的一種正念冥想法。

說來諷刺，我選擇教導這兩種練習，等於是漠視了自己早年正念訓練經驗中學到的重要教訓，當年的我正經歷PTSD，還以為自己的經驗並不尋常。我的正念導師沒有一位教過失

---

* 喬．卡巴金在此創立正念減壓。

調，所以我也從沒想過，自己最初對練習產生的反應，其實是失調者相當常見的情況。

雖然我早年練習時，從來沒學過身體審視法，但是我最初接觸覺察呼吸法的時候，不太開心。其實，二〇〇二年秋季，第一次學習覺察呼吸法，每天只練習十分鐘，純粹是因為自己最多只能忍十分鐘，而且是咬緊牙關才做得到。

我跟很多初學者一樣，覺得十分鐘的覺察呼吸法漫長無止盡，我對自己內心的喋喋不休，剛開始是覺得羞愧，然後又感到吃驚，要坐著不動，去感受身心系統湧現的躁動不安，幾乎做不到。

然而，觀察自己的呼吸，有時會頓時恐慌起來。我會突然喘得上氣不接下氣，無法呼吸，身體再度在細胞層次，經歷生命中的幾起創傷事件。只要一發生這種情況，之後都會恐慌好幾天，瞬間重歷其境、幽閉恐懼症、做惡夢、失眠、反胃、過度警覺的症狀，突然激增。

我不明白為什麼會發生這種情況，多年後，接受臨床創傷訓練，才有所體悟，原來當我注意自己的呼吸，觸發了生存腦裡尚未解決的記憶膠囊，在這個過程中，這種由下而上的潰堤，進一步導致身心系統再次受到創傷。

當時的我以為，肯定是我練習方法不正確，或是定力不夠，沒辦法好好坐著忍受不適感，於是我咬緊牙關多加練習，反而進一步強化了苦撐的制約作用。

後來我觀察到，我教的海軍陸戰隊員，幾乎每個人都對身體審視法和覺察呼吸法產生類似反應，我才終於拼湊出線索，看清全貌。就算我教導的是十分鐘至二十分鐘的練習版本，不是四十五分鐘版本，還是太長了。這兩種練習超過了他們身心系統的容忍度。

就算是由衷想做好練習的海軍陸戰隊員，開始練習五分鐘至十分鐘，就會很想逃走，或需要搥打附近的牆壁。他們聲稱自己出現了心跳加速、呼吸淺、反胃、瞬間重歷其境、無法承受的焦慮感、煩躁、憤怒或躁動不安。有些人甚至表示，頭暈、困惑、出神或恍惚，換句話說，他們陳述的症狀反映出我早年的經驗。

那麼，為什麼我們都會對練習產生這些反應？

**我們承受長期壓力或創傷，卻沒有充分復原，所以理性腦和生存腦間的資訊整合狀況，有可能會變得斷裂或混亂，引發失調症狀**。[14]因此，要完全復原並藉此拓展身心容納之窗，就必須在認知、情緒和身體三種層次上進行壓力與創傷經驗的處理，且要好好處理完畢才行，要做到這點，唯有整合理性腦（由上而下）和生存腦（由下而上）才行。

只要生存腦的神經感知到安全，就能由下而上地有效處理，而且身心系統會排解壓力（第十三節會更詳細探討）。由此可見，怪不得進行由下而上的處理作業，必須具備高效率的內感受功能。

大部分正念干預，都是從覺察呼吸法開始。覺察呼吸法算是相對中性的感官刺激，[15]不過對許多人來說，包含有過氣喘、幾近溺死或其他創傷事件而經歷僵住反應的人（即有過氣管緊縮或用過儲氧設備的人），呼吸感受肯定不是中性的，在高壓下就更不是中性。有過這類病史的人，會把全副注意力引導到呼吸上，呼吸感受可能會變得極為明顯，可能會觸發更高的壓力反應程度和恐慌感。

我從二〇〇八年前導研究中，獲得前述的見解，據此調整了正念心智健身訓練，更能敏銳察覺壓力與創傷。例如，我完全不教身體審視法練習，至少等一個月再引入覺察呼吸法。

於是，受過訓練的學員，可以學習向內引導注意力，評估自身的壓力反應程度，觀察哪些注意力訊號有利生存腦和身體獲得穩定感。正念心智健身訓練具備一系列謹慎的漸進式肢體練習，以基礎訓練為重心，這樣生存腦的神經就會感知到安全，然後開始復原。一段時間過後，身心系統就會逐漸復原，拓展身心容納之窗，不會潰堤或再次受到創傷，同時還能提高能力，持續注意身體感覺。

經驗豐富的正念實踐者，儘管做了數十年的密集正念練習，但在參加正念心智健身訓練後，往往會訝異地發現，自己的身心系統竟然這麼失調。他們對我說：「這些劇烈的症狀，我以為自己只能觀察並接受，不曉得有別種方法可以處理！這缺漏的部分，是我一直在找的。」

總之，**為防止身心系統再次受到創傷，防止理性腦再次強化凌駕生存腦的習慣（這些全都會導致失調狀況惡化），務必要逐漸提高內在感受的覺察力的能力**，否則理性腦和生存腦兩方對立的惡性循環，只會進一步根深柢固。如果是透過理性腦凌駕作用來因應壓力，那麼凌駕制約作用很容易會強化。由此可見，慢其實是快。在練習中，目標物引入和排序，十分重要。

## 正念心智健身訓練是什麼？

我設計正念心智健身訓練時，懷著以下兩大目標：

1. 協助個體拓展身心容納之窗。
2. 採用可敏銳察覺壓力與創傷的方式。

為達這兩大目標，正念心智健身訓練取自正念訓練和身體經驗創傷療法兩大流派，重新調節創傷後的神經系統和生存腦。[16]這兩大流派採用的方法，包含感覺動作心理療法（Sensorimotor Psychotherapy）、體感療癒法（Somatic Experiencing）、創傷韌性模式（Trauma Resilience Model）等。

正念心智健身訓練具備以下三大環節：

1. 正念技能訓練。
2. 了解神經生物學和肢體自我調節技能訓練，以便調節神經系統。
3. 把以上兩種技能具體應用在生活和工作上。要拓展身心容納之窗、增強韌性、在高壓處境下提升表現，正念技能訓練務必要搭配肢體自我調節技能訓練。

正念心智健身訓練，其中一大要點，就是在微觀與宏觀層次上，改善自我調節。調節後，不管面臨的挑戰、壓力、創傷有多大，在每種處境下，都更能掌握主導權，並做出選擇。

正念心智健身訓練為期八週，前四堂為時兩小時的課程，是在頭兩週進行，提前對課程教導的技能，提供神經生物的情境。這些課程著眼於壓力和韌性神經生物學背後的科學根基，並引入自我調節的基本練習。

其他四堂為時十二小時的課程，是在第四週、第五週、第七週和第八週進行，課程內容是關於習慣性的反應、決策、情緒、人際互動、衝突，還引入更多的進階練習，以便在人際關係上，做到自我調節。第三週期間，學員要接受個別練習面談；第六週期間，學員要完成四小時的實習課，精進正念和自我調節技能。

正念心智健身訓練，除八週課程，還有為期一週的密集課程或入門講習。在前述類型的課程中，學員密集學習需要運用智識的情境，然後依序自行完成八週練習。

正念心智健身訓練學員，除出席課堂，每天至少要做完三十分鐘的正念和自我調節技能練習。每天的練習可以細分成幾回的練習，練習短則五分鐘，長則三十分鐘，時間長度經刻意設計，跟其他正念干預規畫的四十五分鐘練習相比，時間較短。

學員最初可使用聲音引導練習，但一段時間後，就可以不聽聲音進行練習。有些練習是安靜坐著或躺著進行；有些練習是在做伸展運動時進行；有些練習則是設計成可融入日常生活中。

透過這類練習，正念心智健身訓練，目標是培養領域共通的兩大核心技能：

1. 控制注意力。
2. 承受有挑戰性的經驗。

只要學會這兩大技能，有效決策及人際互動時所需的其他能力，比如警覺性、情緒智力、心理敏捷性等，就會獲得強化。由此可見，培養這兩大技能的投資回報相當高。

控制注意力，通常是透過注意力集中法養成；承受有挑戰性的經驗，是透過注意力集中法和開放覺察法養成。

控制注意力，是能夠把注意力刻意引導到選定的目標，並持續注意一段時間。**懂得控制注意力，就能改善專注力，更能抑制令人分心的事物，記住相關資訊並掌握最新消息。**

承受有挑戰性的經驗，是能夠注意、追蹤、置身於有挑戰性的環境，且不用去改變這類環境。有挑戰性的經驗，可以是外在的，例如艱困的環境條件或難相處的人，也可以是內在的，例如生理疼痛、壓力、強烈情緒、沮喪的念頭、做惡夢、瞬間重歷其境等。

若不訓練自己容忍有挑戰性的經驗，多半就會依循壓力反應週期和其他的衝動型或反應型行為，變得心不在焉、分心，或試圖解決不適感。有一點很重要，承受有挑戰性的經驗，跟「咬緊牙關」不同，因為咬緊牙關其實是嫌惡版的理性腦凌駕作用，實際指的是，沒有全神貫注在挑戰性經驗含有的全部資訊。

如前文所述，本書不是正念心智健身訓練課程，雖然內容涵蓋了該訓練沒提到的其他主題，但必然無法重現該訓練所有的體驗練習。

為了幫助你安全地進行心智健身訓練法，本書只納入正念心智健身訓練的兩種練習：

1. 本節的接觸點練習（Contact Points Exercise）。
2. 下一節的躺平放鬆練習（Ground and Release Exercise）。

這兩種練習最能促使生存腦的神經感知到安全、從壓力中復原，也有利控制注意力，並承受有挑戰性的經驗，這兩項領域共通技能，也有助於培養智慧和勇氣。如果正念心智健身訓練有任何練習，會不時造成身心容納之窗狹窄或窄化學員的壓力增加，那麼本書會刻意不予納入。

這裡要說明的是，如果面對的是重大失調，所找的治療師，務必要接受過身體經驗創傷處理技巧，例如感覺動作心理療法或體感療癒法的訓練。在這類治療師的幫助下，你就能調整生存腦由下而上的處理步調，漸進又安全地進行練習。

極力建議你請訓練有素的專業人員，[17]幫助你順利進行整個過程，這樣一來，就不會無意間造成身心系統崩潰，不會讓生存腦再度受到創傷，不會導致失調加劇。

本書用更寬闊深遠的角度，看待正念心智健身訓練含有的智識內容。第十四節至第十八節提出的其他策略，是正念心智健身訓練課，通常不會教給每個人的，當中有些策略是奠基於本書提到的兩種練習。

通常，講師提出這類策略，都是很臨時的，比如回應班級提出問題的時候，或在個別練習面談的時候。讀完本書後，可參考附錄，附錄列出了一系列的身心容納之窗拓展程序，還摘述了本書的練習和策略，方便日後參考。

## 正念心智健身訓練能大幅改善身心系統

正念心智健身訓練已接受過腦神經學和壓力生理學研究*的嚴謹檢驗，研究結果發表在一流的審查科學期刊。

我提過的腦造影研究，已呈現海軍陸戰隊員的腦島和ACC活化模式，在正念心智健身訓練後會有什麼轉變，而高壓下的內感受功能會因此變得效率更高。

其他的正念心智健身訓練研究，呈現了更寬闊的身心容納之窗其他面向，舉例來說，即將派駐到伊拉克和阿富汗的美國戰鬥部隊，他們接受為期八週的正念心智健身訓練課程，[18]在幾項成果指標上，都呈現出顯著的益處，例如提升認知表現、更能調節負面情緒、增進生理自我調節和韌性等。

這類研究結果之所以值得注意，是因為先前就已證明過了，派遣前訓練會導致認知表現和心情上的衰退，焦慮感和感知到的壓力程度也會隨之增加。

在高壓的派遣前訓練期間，**正念心智健身訓練的學員在認知表現上有所改善，也就是更能在高壓下，維持理性腦功能的狀態**。[19]部隊接受了正念心智健身訓練後，在維持注意力和工作記憶能力、防止工作記憶退化等方面，獲得大幅改善，這些全都是執行功能的客觀指標。部隊的工作記憶能力獲得改善，負面情緒也減少了。部隊接受了正念心智健身訓練後，正念增加，感知到的壓力程度也會降低。

在生理自我調節上，學員在戰鬥操練期間，壓力反應效率大幅提高，日後更能完全復原，回到基準狀態。[20]與控制組海軍陸戰隊相比，正念組的反應更快，可以更快到達更高的壓力反應程度，高峰後復原的速度也更快、更徹底。

壓力反應程度和復原情況，有兩種量測方式：

1. 透過心率和呼吸率進行量測：利用海軍陸戰隊在戰鬥操練之前、期間、之後穿戴的「生物監測帶」（BioHarnesses）蒐集數據。
2. 抽血量測：研究期間，在不同的時間點，抽血量測。

---

* 美國國防部和其他基金會資助的四項研究。

同樣地，跟控制組海軍陸戰隊相比，正念組海軍陸戰隊在戰鬥操練後，血液裡的神經胜肽Y（neuropeptide Y）濃度較低，表示壓力反應後，會更快回到基準狀態。[21]在高壓環境下，神經胜肽Y可增進認知。神經胜肽Y會跟腎上腺素同時分泌，只是神經胜肽Y在血漿裡的半衰期較長，所以大家會認為，神經胜肽Y更有利於穩定的量測和分析。由此可見，血中的神經胜肽Y濃度，可充分顯示壓力事件過後，還有多少壓力反應程度，而且在科學文獻上，神經胜肽Y是關鍵生物指標，用來表示韌性程度。

最初檢測時及兩個月後，正念組和控制組的神經胜肽Y濃度在靜止狀態下毫無差異，然而，經歷高壓的戰鬥情境後，正念組和控制組出現顯著的差異。操練過後，正念組的神經胜肽Y濃度低了許多，這表示回到基準狀態的速度變快了。

正念組之所以對壓力的反應更高，是因為操練期間，他們的心率和呼吸率高峰數值更高。由此可見，他們的神經胜肽Y濃度後來變低，證明了他們的身心系統恢復得更有效且徹底。**更快激發到更高的高峰數值，隨後以更快的速度復原，這種模式是身心容納之窗變寬闊時的特徵**。身心系統回到平衡狀態，就更能運用副交感神經系統的復原功能，並留意到壓力反應期間，遭到擱置的「長期專案」，例如睡眠、消化、排泄、痊癒、成長、組織修復、減少發炎等。

綜上所述，難怪正念組海軍陸戰隊的睡眠品質大幅提高，像是睡眠時數更長，助眠的成藥和處方藥減量等。在派遣前訓練期間，正念組表示，接受訓練後，每晚平均多睡一小時，服用的助眠藥物也減少了；反之，控制組表示，每晚平均少睡四十五分鐘，且更仰賴助眠藥物。

最後，在戰鬥操練後，正念組血液中的類胰島素生長因子（insulin-like growth factor-1,IGF-1）濃度大幅提高。[22] IGF-1可促進組織修復，會在獲得充分睡眠時分泌。由此可見，

IGF-1搭配海軍陸戰隊呈報的睡眠結果，就能客觀證明睡眠品質獲得改善。IGF-1可增強免疫功能並改善健康，而有了免疫力和健康，就表示調適負荷量降低。

總之，該項研究顯示，正念心智健身訓練可以提供更多資源來拓展身心容納之窗。就算高壓環境耗盡了執行功能、窄化了身心容納之窗，**只要接受的身心技能訓練可以改善內感受功能（例如正念心智健身訓練），就表示能以更好的方式，回應壓力和情緒。**

內感受功能提升的話，日後就能做出更合適的壓力反應，達到效率更高的復原，更能調節壓力和負面情緒。就算碰到高壓情境，也能維持理性腦功能的狀態，並且中斷衝動又帶有情緒反應的行為。最重要的一點，這些全都是可以訓練出來的，只要增強內在感受的覺察力就可以了。

## 避免過度努力，也別因為挫敗而停止

開始練習心智健身訓練時，可能會注意到自動駕駛和思緒漫遊的情況，還可能會發現其他的理性腦習慣，例如評斷、比較、敘述、規畫、擔憂、記憶、分析等。有一點很重要，雖然我們往往把注意和思考看成是一樣的，但是兩者並不相同。

「意識」不屬於理性腦，所以我們可以訓練自己留意理性腦習慣，就像留意聲音或體感，而「念頭」有如聲音和體感，是起伏不定、時有時無的顯著事件。

**自動駕駛、思緒漫遊、規畫等既定模式帶著強大的慣性。我們在這類既定模式下耗費的時間越多，越會強化這類模式的制約作用**，需要付出更多心力才能中斷模式，把注意力重新引導到當下。沒有經過刻意訓練，還期望自己能自然地重組正念既定模式，未免太不切實際。

幸好只要經過訓練，並反覆進行，就有可能重組腦部，讓當下的覺察成為新的既定模式。每次從白日夢、擔憂、規畫、念頭中「醒來」，等於是強化了新的正念既定模式。練習時，要把念頭當成心智習慣從事的活動，不深陷在念頭中。

正是因為原有的心理峽谷很深，所以務必騰出時間，專心練習心智健身訓練。**如果要看清原有的既定模式和心理濾鏡，就必須盡量打造出不含兩者的訓練環境。**一開始，正規的心智健身練習，可以最有效率地培養出新的正念既定模式，重組出新的正念既定模式後，不管是從事什麼活動，都能更容易運用該模式。

開始練習心智健身訓練時，需要有自覺、自律、持續不斷的練習，若能了解自己的轉變與狀態，就會意識到大峽谷的慣性多麼強大，在陷入大峽谷時，就會對自己寬容些。還要記住一點，承受壓力及失調時，比較容易陷入峽谷裡。

持續不斷練習幾週後，新的正念既定模式會開始形成動力。數週後，很多人都對我說，他們留意到自己就算沒有主動進入正念狀態，心智也會不時進入正念既定模式。

反之，如果不持續練習心智健身訓練，通常會留意到，認知、情緒或自我調節方面出現一些衰退。中斷練習一段時間後，通常會更容易分心、易怒、思緒奔騰、出現記憶問題，生理症狀和睡眠問題也加重了，還會留意到，一旦自己碰到小事，就覺得「壓力很大」，漸漸養成不健康的因應習慣。前述變化「證明」心智健身訓練之前一直很有用，所以往往能激勵人們再度開始練習。

心智健身訓練並不複雜，卻有可能意外地具有挑戰性。**態度和動機，決定了是否能順利通**

**過這類挑戰**。從事體能鍛鍊的態度，決定了鍛鍊體能期間對身體的要求程度；從事心智健身訓練的態度，左右了自己能否有效地拓展身心容納之窗。

態度上要以客觀的好奇心，看待當下的經驗。客觀的好奇心，是指每刻都帶著感興趣又公正的觀察目光，對於這一刻和上一刻，不批評、不比較、不分類，也不期望這一刻如同上一刻。**只要願意如實經歷當下，就能充分跟現況有所連結**。

如果有人聲稱任何事物有益，對此抱持懷疑，本來就是自然又健康的反應。[23]這樣也有利形成質疑的態度，只要以真誠開放的心態看待答案就行了。如果你已經判定這是在浪費時間，也許就無法從中獲得任何東西。

另一方面，如果以為這個答案肯定能答覆你提出的所有疑問，這種想法也不會有任何幫助。最好能根據自己的經驗，暫時不評斷、不評估訓練的益處。親自去試試看，把過程看成是個人的身心實驗。

過度訓練身體，可能會導致身體受傷及倦怠，[24]在心智健身訓練期間，過度努力，也可能有害。發生這種情況，通常是因為我們接受心智健身訓練，是打算達到具體的成果，例如「現在我要放鬆下來，要抑制疼痛，要變成有讀心術的忍者。」就像第十一節說的，帶著這類目標進行練習，可能會造成反效果，因為我們在練習期間嚴守的紀律，會被這種目標導向、「努力做出一些成果」的企圖給劫持及推翻。

如果把這種能量帶入心智健身訓練中，等於是把努力引入等式中，這樣也是在對生存腦說，情況不會像現在這樣沒問題。此時，我們就會落到了對抗現實的地步。

我們的因應之道，往往就是身體變得非常緊繃、肌肉收縮，可能會頭痛或肌肉緊繃。理性腦和生存腦的對立隨之加劇，阻礙復原能力，失調症狀往往加劇。過度努力的話，看清事實的能力會降低，彈性及平衡因應的能力也會跟著降低。

於是就出現矛盾之處：持續不斷又守紀律地進行心智健身訓練，確實可帶來益處，但是獲取益處的最佳之道，其實是不要那麼努力去獲取益處。

當然，有鑑於正念革命的文化論調是「益處來得很快」，所以可能會很難不去努力。不過，還是試試看，只全神專注在練習上，不去努力「達成」結果。時時刻刻都要客觀地如實觀察現在的情況，相信自己可以培養出健全心智具備的通用特質。

這個矛盾之處也呈現出體能鍛鍊和心智健身訓練之間的一大差異——**心智健身訓練的「進度」不是線性的，情況在變「好」以前會變「壞」，其實很常見。**

典型的軌跡如下：持續從事心智健身訓練好幾週，看見「初期勝利」，例如更懂得注意主管或配偶講話的內容，感覺自己更沉著冷靜，夜裡比較容易入睡並不易醒。然而幾週後，大多數的學員都說，壓力的症狀變多了，尤其是身心容納之窗狹窄或窄化的時候，因為利用心智健身訓練來培養覺察，壓力可能會變多，失調症狀可能會增加，例如做惡夢、瞬間重歷其境、侵擾的念頭、恐慌症發作、過度反應、慢性疼痛和胃腸症狀加劇，或焦躁感、焦慮感、煩躁感變得強烈。症狀的增加通常發生在第三週至第七週的練習期間，往往伴隨著疑慮、挫折、內省。

在大多數的正念課程，這種「挫敗期」往往會被說是人們變得（更）意識到那些已經存在，卻在意識知覺範圍外的症狀、情緒或其他層面。雖然這種說法通常是對的，卻不是全貌。

其實，這種情況跟生存腦由下而上的處理有關，尤其是承受慢性壓力或創傷、還沒復原的時候。正如第十三節即將探討的內容，只要不習慣性無視舊石器時代的迴路，那麼迴路天生就懂得回到調節良好的狀態。只要生存腦的神經感知到安全，就會懂得引導身心系統回到健康的基準狀態，而在這個過程中，身心容納之窗會隨之變得寬闊。

因此，練習幾週後，可能會留意到失調症狀增加或症狀加劇。這並不表示你有什麼事做錯了，要相信一點，壓力增加是完全正常的現象，**那只是身心系統在採取必要的步驟，排解先前失調狀況下的壓力，最後身心容納之窗就會變寬闊**。

在重新調節及復原的過程中，挫敗期是關鍵的環節。很多人會在挫敗期停止練習，是因為不明白自己現在為什麼覺得「很糟」。挫敗期有可能導致身心系統不適，尤其是失調嚴重或數十年處於凌駕制約作用的人，像我和我訓練的海軍陸戰隊員就是如此。挫敗期的第一要務，就是持續不斷練習，以客觀的態度處理失調。

後續幾節會具體指引你怎麼好好處理這類症狀，這樣就能支持身心系統復原，生存腦不會潰堤，不會再次受到創傷。現在要提醒你，復原過程展開的時間和方式不受理性腦掌控。原因就是我之前說過的，神經感知和復原是生存腦的職責。

現在，如果留意到自己在練習的時候，壓力反應程度增加了，請持續把注意力重新引導到接觸點上。最重要的一點，不要去注意生理症狀、情緒、沮喪的念頭，因為注意這些，很有可能導致壓力反應程度增加、症狀加劇。

## 先從「意識身體和環境的接觸點」開始練習

正念心智健身訓練的第一個練習，就是去**意識到身體跟周圍環境的接觸點**。

找個舒服的地方坐下來，最好坐在椅子上，背對實心的牆壁，不要背對門、窗或開放的空間。坐著的時候，雙腳距離與肩同寬，平踩在地上。如果閉眼會覺得自在，就閉上眼睛；閉眼不自在的話，目光請望向前方的地面。坐著的時候，脊椎要挺直，但放鬆，要做到這個姿勢，有時最簡單的方法就是臀部往後貼著椅子，肩膀往上抬到耳朵一會兒，然後放下肩膀，手臂和手放在大腿上。

請留意椅子和地面支撐自己的感覺。請用身體去感受這種支撐帶來的感覺，不要去思考也不要去分析這種支撐感。請留意雙腿後面、臀部跟椅子之間的接觸點，腳底跟地面之間的接觸點，如果感受雙腳有困難的話，可以輕輕扭動腳趾，或雙腳用點力踩地面。

留意周遭環境所給的支撐感時，請短暫觀察身體有沒有緊繃的地方，特別要留意眉毛、下巴、脖子、肩膀，不要刻意做什麼，請注意緊繃的地方，看看緊繃感有沒有起變化，也許會有變化，也許沒有，無論如何，都很好。

現在，重新注意身體跟周遭環境間的接觸點帶來的體感。也許會留意到壓力、硬、軟、熱、涼、麻刺感、麻木感、出汗、潮溼的感覺。留意以下三個地方的接觸點帶來的體感：

1. 雙腿、臀部、下背跟椅子之間。
2. 雙腳跟地面之間。

3. 雙手碰到雙腿的地方，或雙手互相觸碰的地方。

觀察各接觸點帶來的體感，然後請選出你最注意哪個體感，這一個接觸點現在就是你關注的目標物體。如果根本沒留意到任何感受，請試著脫下鞋襪，坐在堅硬的平面上，或雙手沿著大腿緩緩移動，如此一來，就能更清楚留意到體感。

選了接觸點後，請把注意力引導至這個接觸點，並維持注意力，仔細留意這個接觸點帶來的體感。舉例來說，如果關注的是臀部跟椅子接觸的地方，那麼左臀底下和右臀底下的體感，是相似還是不同？不用特別思考，只是以客觀的好奇心，去留意及觀察體感。

如果發現注意力飄走了，就承認注意力飄走了，客觀地把注意力慢慢重新引導回接觸點帶來的體感上。思緒可能會飄走一百次，沒關係，只要重新開始就好了，每次重新引導注意力，回到接觸點帶來的體感上，就是在打破舊有的心理峽谷，增強注意力的控制，也就是想成在反覆進行神經可塑作用。

一開始的目標是至少練習五分鐘，每天至少練一次。一段時間過後，注意力的控制會有進步，可以逐漸增加到每天進行接觸點練習十分鐘至二十分鐘。也可以在轉換不同活動時，進行接觸點練習，當成是過度時間，例如睡醒時、下班回家後、入睡前。

在練習的結尾，把注意力放大到坐在椅子上的整個身體，留意身心系統在做了練習以後，有沒有什麼地方發生了變化。以客觀的好奇心，觀察以下：身體變得更放鬆還是更焦慮？肌肉緊繃程度變高還是變低？能量程度提高還是降低？是更想睡還是更警覺？腦袋是更專心還是更分心？是更沉著冷靜還是更緊張煩躁？也許會發現身心系統在練習後有了變化，也許沒發現變化，無論怎樣都好，總之目標是留意身心系統現在的狀態。

前幾週，建議坐在椅子上練習，也可以站著或躺著練習。站著的時候，會留意到雙腳跟地面之間的接觸點帶來的體感；躺下的時候，會留意到整個背部跟躺著的平面之間的接觸點帶來的體感；躺在地板上，雙腿抬高靠牆，也可以練習，這個姿勢特別能讓神經系統冷靜下來，對於靜脈和淋巴的引流也有幫助。然而，如果有高血壓，就不是練習的好姿勢了。

正念心智健身訓練的一系列練習中，接觸點練習之所以是第一個練習，有以下三項原因：

1. 養成能留意身體跟周遭環境：例如你坐的椅子或腳下的地板之間的接觸點帶來的體感，這樣就有了隨時都能用的、可關注的目標物體，而且所有情況都適用。人體總是會跟某件東西有所接觸。
2. 增進注意力的控制：注意力一飄走就會立刻察覺，然後以客觀的態度，把注意力重新引導回到接觸點帶來的體感，這樣就能增進注意力的控制。
3. 有助於生存腦的神經感知到安全：把注意力引導回到接觸點帶來的體感，注意力就會集中在中性、腳踏實地的刺激上，生存腦和神經系統會知道自己腳踏實地、穩定又安全，隨後引發一些症狀，有助於生存腦的神經感知到安全，然後壓力反應程度隨之降低。如果超過壓力耐受度的臨界值，只要採用前述方法，身心系統就會回到身心容納之窗內，還能塑造出有利完全復原的情況。

基於前述原因，能堅定觀察接觸點帶來的體感，可說是基本的心智健身技能，後續幾節會再詳細說明。

身心系統變得習慣注意接觸點後，就會發現自己也可以把接觸點當成試金石，利用具體的方法，徹底處於當下。**經歷壓力、陷入思考迴路、涉入人際衝突的時候，接觸點特別有幫助。接觸點也有助於中斷衝動型或反應型行為。**

最重要的一點，持續不斷練習幾週後，接觸點可以成為生存腦的避難所。下一個心智健身訓練（第十三節）會需要這個避難所。

# 13 復原週期越多，壓力耐受度越高

二〇一三年，我救了一隻十八個月大、受到創傷的柴犬，叫做克蘿（Chloe）。克蘿就算在兩個家庭都受虐，依舊頑固不通、帶著威嚴、殺傷力驚人。我們相處的前三週，牠在我們家的小後院，輕鬆抓到十七隻松鼠，又有效率地處死。牠快速搖晃獵物，弄斷松鼠的脖子，氣也不喘一聲。

比起剛來的時候，現在的克蘿創傷少多了、攻擊性也低多了，但我的親朋好友還是稱呼牠為「致命女王」。其實，只要有動物晃進後院，牠還是會展現殺手特質，因此看到動物屍體，也算是習以為常了。

二〇一六年八月的某天晚上，克蘿跳上床，開始抓我的腿，表示牠晚上需要放鬆一下。晚上放牠單獨在外頭，就代表會有動物被牠咬死，所以我通常會起來，把牠拴上牽繩，帶牠出門散步。不過，那天晚上，我覺得特別累，所以就只是打開狗門，聽著牠蹦蹦跳跳下樓，衝出狗門外，不久牠開始狂叫，我不希望鄰居被吵醒，就立刻起來，穿上拖鞋，開了後院的燈，跑到外面。

我發現克蘿對著露台上「裝死」的二十公分小負鼠不停地吠、嗅聞、抓扒。負鼠肯定是為了應付牠的快速突擊，不得不進入僵住狀態。

看到這個生死關頭的戲劇化場面，混雜的情緒突然湧現出來。一方面，我覺得很高興，曾用負鼠當例子，教導僵住狀態十年了，此時終於有機會近距離觀察活生生的負鼠處於僵住狀態。另一方面，我也相當擔心，這隻可憐的負鼠一離開僵住狀態、設法逃離的時候，根本對抗不了克蘿的殺戮。

我用最強硬的語氣，對克蘿下令：「過來！」狩獵中的頑固柴犬當然不會聽話，反而躲到附近的繡球花叢裡。我往前幾步，護著負鼠，克蘿氣得挖出一條溝，很洩氣。

接下來幾分鐘，我保護著負鼠，我和克蘿重複著以下的過程：克蘿先是大膽往前，我的反應就是張開雙臂、護住負鼠，對克蘿說：「不行！」克蘿不情願地往後退到花叢裡，勉強服從命令，發出哀鳴聲，用瘋狂挖溝的動作表達挫折感。然後，克蘿會再次大膽往前。

我以保護之姿，望著腳邊的負鼠，聞到了負鼠散發出特有的殘餘麝香味，那是用來模仿死掉動物的氣味，用來混淆獵食者。幾分鐘後，負鼠的耳朵開始抽搐轉動，是即將離開僵住狀態的跡象。過了幾分鐘，負鼠睜開眼睛，眨了眨眼，直接望著我，接著我看到負鼠的呼吸加重，後腿抽動了幾次，最後，負鼠抬起頭，開始轉動脖子，觀察四周。

我著迷地看著這一連串動作，就算克蘿在距離不到九十公分的地方吠著，負鼠還是從僵住狀態復原了。負鼠抽搐的動作越多，克蘿就越抓狂，我也越緊張，我很篤定，負鼠一旦開始奔跑逃離，克蘿就會跑得更快，輕鬆處死負鼠，而我無力干涉。

現在，克蘿完全氣瘋了，克蘿的嘴巴冒著口沫，要對負鼠大膽突襲，我則是大聲喊出命令，拍打克蘿頭頂上方的繡球花枝幹，最後，為了逃離這煎熬的過程，克蘿沿著圍籬衝到後院另一端，全力衝刺好幾圈，想發洩內心壓抑已久的挫折感。我在露台上採取防衛阻擋的姿勢，希望阻止牠突破衝撞。

克蘿沿著圍籬狂吠衝刺，穿著睡衣的我為了擋住牠，無助地快速來回擺動，這幅清晨景象實在滑稽，我笑了出來，克蘿從擋土牆那裡衝到露台，跑過我的身邊。我轉身，怕等一下會出現大屠殺的畫面。

負鼠不見了。

剛才我和克蘿的注意力轉向露台另一側，負鼠有了空間可以安全逃離。克蘿抓著負鼠醒來後留下的麝香液，而我鬆了一口氣，知道終於可以不再僵持，回到床上。

## 嬌生慣養無法增強韌性

本節結尾你會學到正念心智健身訓練的主要練習，懂得從壓力中復原，而持續不斷練習一段時間後，不只有助於復原，也會拓展身心容納之窗。然而，這個練習要學得好，首先必須針對消除韌性和創傷記憶，解釋基本的神經生物學原理，這樣你的理性腦就能理解，這個練習如何有效，以及為何行得通。

那天晚上，克蘿跑去外面，負鼠的生存腦神經明確感知到危險，開始調動能量，應對威脅。負鼠的生存腦和神經系統也察覺到，交感神經系統的兩種主動防衛機制「戰或逃」無法成功，所以不得不「回到」背側副交感神經系統的「僵住」狀態。

然而，我護住負鼠後，負鼠的生存腦神經肯定感知到自己安全了，就提示腹側副交感神經系統開啟，同時，背側副交感神經系統離開防衛模式，負鼠開始從僵住狀態復原。還記得第四節嗎，**腹側副交感神經系統負責掌控社會參與和復原功能，不能跟防衛模式下的背側副交感神經系統同時開啟**。

我們都很清楚，負鼠的腹側副交感神經系統之所以開啟，有兩大原因：

1. **透過感官注意及投入外在環境：**[1] 負鼠開始出現定向行為，也就是轉動耳朵，睜開眼睛，然後移動頭頸，查看四周。例如用視覺和聽覺注意及投入外在環境，屬於腹側副交感神經系統的功能。
2. **負鼠出現的生理症狀，是為了排解壓力：**[2] 腿部肌肉抽搐，後腿抽動，呼吸加重，這些肢體動作有利負鼠降低壓力反應程度，在這個過程中，身心系統會從反應程度極高的「僵住」狀態，回到反應程度沒那麼高的「戰或逃」狀態。

負鼠復原精神後，就準備要抓住適當時機逃離，所以克蘿一分心注意露台的另一側，負鼠就成功逃到安全處。

假如持續追蹤負鼠的話，很有可能會看到負鼠跑進鄰居家的後院，蹲坐在棚子下。在受到保護的地方，負鼠的生存腦神經會感知到更大的安全感，排解壓力，最後復原完畢。負鼠的心率和呼吸率會變慢，或許會有更多抽搐的動作。負鼠完全復原後，可能會休息一陣子，然後再次覓食。

換句話說，雖然清晨的遭遇肯定把負鼠嚇壞了，但是負鼠的身心系統不會留存一絲有害的影響。身體調適作用會正常運作，也就是說，會調動能量來處理威脅，選出最合適的防衛機制，在特定處境下存活。

既然戰或逃都不可行，所以一開始會落入僵住狀態，在我守護之下，壓力得以排解，所以可以離開僵住狀態，安全逃離。之後，負鼠會回到神經生物基準狀態。既然身體調適作用如預想中的行得通，就可以確信，這隻負鼠不會有PTSD或其他壓力相關疾病。

這個遭遇其實為負鼠帶來生存上的益處，[3]不會造成負面影響，為什麼呢？這隻負鼠有機會練習面對威脅，成功捍衛自己，存活下來。有了這類經驗，負鼠的生存腦就能透過內隱學習法，累積成功的防衛策略，可增強韌性，方便日後應對有威脅性的情況。

除非野生動物屈服於獵食者，否則都會經歷這樣的過程，也就是面對威脅、成功捍衛自己，然後完全復原。**每經一次這樣的歷程，等於是把生存技能加入工具箱裡，並拓展容納之窗**。

這裡要說明的是，哺乳類動物不用經歷僵住反應和復原，就能有拓展身心容納之窗的效果，只要符合以下三項階段：

1. 遭遇壓力，不得不離開舒適圈。
2. 經歷壓力反應。
3. 之後完全復原。

這樣的歷程中，身心系統在面對比以前更高的壓力，會學著容忍，並有效運作。

第三節中提到，承受壓力的幼鼠跟母鼠短暫分離，然後再度相聚，母鼠會舔舐清潔幼鼠，只要再度相聚的時候，幼鼠獲得這樣體貼照護的舔舐，負責調節壓力反應的基因，就會產生終生的表觀遺傳變化。[4] 日後，這些老鼠就跟成人一樣，在經歷壓力的時候，壓力反應和恐懼感都比較低，壓力荷爾蒙濃度也比較低，也因此牠們的學習成效較佳，海馬迴老化速度較慢。

雖然第三節提到這項研究時，是當成表觀遺傳作用的例子，但在這裡也有關聯。每當幼鼠跟母鼠分離，就是在舒適圈外經歷壓力，再度相聚時，寶寶獲得母親的安撫和照顧，可促進復原。幼鼠反覆經歷分離及復原，一段時間過後，身心容納之窗就會變寬闊。

與此類似，「安全的根據地」可以帶來安全依附感，人類會因此具備寬闊的身心容納之窗。[5] 善於敏感察覺並據此妥善調節的家長，也會調節嬰兒對壓力的反應程度，嬰兒反應程度太高，就讓嬰兒冷靜下來，嬰兒反應程度太低，就刺激嬰兒，經過一段時間後，小孩的生存腦和神經系統，就會習慣把不適應圈的沮喪感及之後獲得安撫的復原經驗聯想在一起。

小孩成長過程，可以嘗試讓自己離開舒適圈的新事物，生存腦和神經系統會相信，自己總能回到家長那裡尋求安撫和支持，因此每當安全依附型小孩離開舒適圈，並在之後完全復原，他們的身心容納之窗就會變得寬闊（見圖表13-1）。

圖表13-1呈現出神經生物身心容納之窗是怎麼拓展的。經歷壓力或創傷，離開舒適圈，之後又完全復原，身心容納之窗就會變寬闊。

反之，在舒適圈外，經歷莫大壓力，卻沒有完全復原，一段時間過後，韌性就會減弱。韌性之所以受損，也許是因為震撼型創傷突然導致整個身心系統難以承受，也許是慢性壓力或關係創傷使資源被慢慢耗盡。不論是哪一種情況，只要副交感神經系統的復原功能沒發揮作用，身心系統就會習慣啟動對壓力的反應，且一直維持，最後讓身體調適作用無法正常運作。

此時，身心容納之窗會窄化，可能會超過壓力耐受度的臨界值，還會像第十節提到的，出現以下四種常見的後果，這些現象都算是「警報」，用來提醒自己還沒完全復原：

1. **我們表現出的行為可能違背自己的價值觀與目標：**例如拖延、對外發洩、從事不道德的行為等，在生活方式上做出的選擇，開始反映出慢性壓力，注意力焦點窄化，還會重視緊急事物，輕視真正重要的事物。
2. **就算是面對「輕微」的壓力源，還是會仰賴自己的既定程式，或自動回到戰、逃或僵，不會選擇最適合的防衛策略：**例如，對於有害自己或別人的情況，可能會麻木默許，但比較適當的反應，其實是堅守立場或請別人幫忙。
3. **理性腦和生存腦最終形成對立關係，並出現神經感知缺陷、理性腦功能降低、社會參與度受**

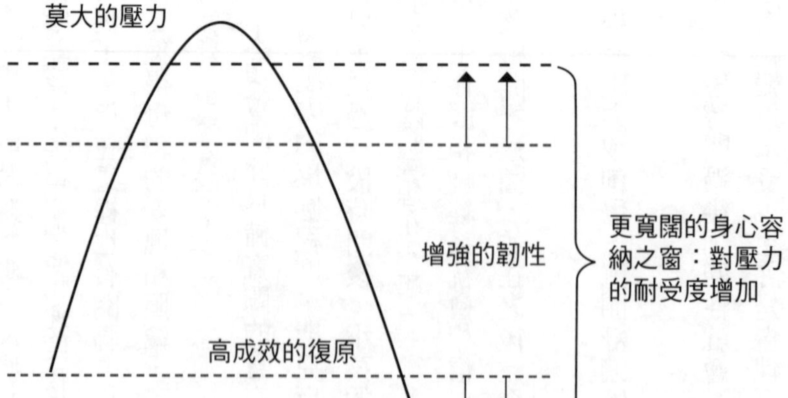


**圖表 13-1　透過充分復原過程，拓展身心容納之窗**

**損，於是我們與別人互動合作的能力就降低了：**舉例來說，社會參與度受損的話，就比較會爭辯、打斷別人、變得冷嘲熱諷或脅迫他人、停止溝通交流、退縮等。對立關係形成後，也比較會經歷生存腦劫持作用，也就是說，情緒和壓力反應作用會推動自身的決策與行為。反之，也比較會經歷各種理性腦凌駕作用，例如壓抑、否認、劃分、咬緊牙關繼續前進等。

4. **往往會落入壓力反應週期習慣，雖然短期上感覺會好轉，但其實會導致調適負荷量增加：**例如仰賴咖啡因、糖、尼古丁、酒精、非法藥物、成藥、處方藥物，藉此增加或降低反應程度，並掩蓋壓力症狀；飲食過量、減少餐數、選擇不健康的食物或速食；利用電視、行動裝置、網際網路、電玩遊戲，來麻痺自己或讓自己分心；忍不住自殘、從事高風險或刺激腎上腺素的行為，像是割傷自己、極限運動、賭博、危險駕駛、婚外情等；仰賴理性腦習慣，像是慢性擔憂、規畫、反芻思考等。

在完全又高成效的復原過程出現前，前述模式會繼續進一步導致身心容納之窗窄化（見圖表13-2）。一段時間過後，最終就會形成失調症狀。

圖表13-2呈現出神經生物身心容納之窗是怎麼窄化的。經歷莫大壓力或創傷，離開舒適圈，之後卻往往無視復原過程，沒有適當復原，一段時間過後，身心容納之窗就會窄化。

幾十年前曾經有過一些可怕的小雞實驗，[6]在今日絕對不合乎研究倫理，不過之所以提及小雞實驗，是因為小雞實驗能以相當顯著的方式呈現這些情況。在實驗中，小雞分成三組：A組小雞被控制住，不能動，無法反擊也逃不了，引發僵住反應，之後會經歷一定過程，排解掉的壓力，不受干擾地從僵住狀態恢復；B組小雞也是不能動，用以引發僵住反應，但在小雞完全復原前，研究人員會戳戳小雞的胸部，刺激小雞做出反應；C組小雞是控制組，不會經歷僵住狀態，也不會復原。

接著，三組小雞會被丟到一缸水裡，讓小雞游到溺死為止（這部分很可怕）。哪一組會先溺死呢？不出所料，已承受壓力卻沒能復原的B組小雞最先溺死，因為B組小雞的身心容納之窗已窄化；沒有經歷僵住狀態的C組小雞接著溺死，因為C組小雞沒有拓展身心容納之窗的經驗；A組小雞游得最久，因為先前經歷過僵住狀態的壓力，隨後又高效復原，使身心容納之窗變寬闊了。

**簡單來說，經歷挑戰加上後來完全復原，就取得生存優勢。**[7] **為了獲得韌性，就必須經歷艱辛、挑戰，有時甚至還要經歷失敗。嬌生慣養無法增強韌性。**

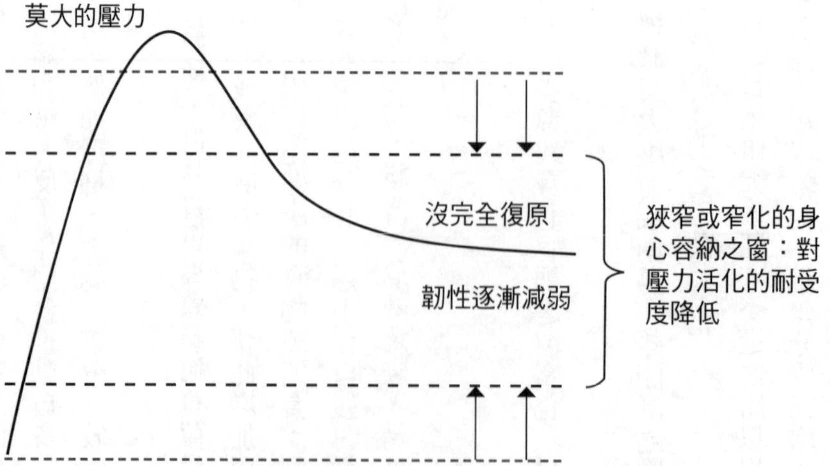


**圖表 13-2　沒完全復原，導致身心容納之窗窄化**

## 一次只處理少量壓力，漸漸消除創傷記憶

人類跟負鼠一樣，也會經歷復原過程。不過，理性腦和生存腦之間出現的一些獨特情況，可能會妨礙復原的過程。

雖然無法強迫生存腦復原，卻能創造一些條件，讓生存腦獲得足夠的安全感，可以自行復原。用有利復原的方式，有自覺地引導注意力，就能促進創傷記憶的消除，就像第五節提到的，**消除創傷記憶，並不是抹去原有的記憶，而是利用我們不再無助、不再無法掌控的情況，形成全新的內隱記憶**。[8]

這種「邊做邊學」的方式，是採取積極步驟，調節生理和情緒反應程度，藉此引導注意力，生存腦會知道自己不再無助、不再無法掌控。[9]對於尚未解決的記憶膠囊帶來的無助感，生存腦只要克服後，就能明白創傷事件存在於過去，有了這層認識，生存腦裡毀壞的內隱記憶就會進行修正。

在第五節胡立歐的故事中，胡立歐的生存腦是從開車射殺一事進行類推，只要一覺得「被壓制」，就無法捍衛自己。在正念心智健身訓練課堂上，胡立歐看到影片中的動物被獵食者追上並被壓制，這畫面在他的身體裡引發的感受，相當於當年自己被壓制、無法從堂哥手裡掙脫的摔倒經驗。就算開車射殺和動物影片兩者看起來毫無關聯，但是有相似的地方，觸發了開車射殺一事中尚未解決的記憶膠囊，所以他才會在課堂上僵住。

課後，胡立歐跟我見面，他詳細描述了動物影片播放期間發生的情況，影片觸發了另一次地瞬間重歷其境。然而，我打斷他的描述，引導他的身心系統待在身心容納之窗裡，為了做到

這點，我一開始指示胡立歐留意當下的感官刺激，具體說，我是請他移動頭和脖子，環視四周，說出他看見了什麼。

這時的胡立歐就像我家露台上的那隻負鼠，一投入定向行為後，身心系統就啟動腹側副交感神經系統，關閉背側副交感神經系統的防衛模式，免得再度僵住，腹側副交感神經系統重新運作後，我知道他的身心系統已經回到身心容納之窗內，現在他的身心系統已經處於合適的復原位置。接下來，只要協助他的生存腦獲得足夠的安全感，生存腦就會開始自行復原。

於是，我指示他留意接觸點帶來的體感，就像第十二節提到的，這種絕佳方法可以提醒生存腦的神經感知到穩定安全。當留意體感後，不久壓力排解了，就開始出現一些症狀，像是他開始打呵欠，手臂開始抽搐，他還說，軀幹和頭部有一陣陣發熱的感覺，他的臉部發紅，呼吸加深。前述的緩解發生時，他只把注意力放在這些體感和接觸點上。

圖表13-3完整列出排解跡象，而部分的緩解症狀跟負鼠故事一樣。[10]

第一次排解完畢，他覺得腳踏實地、感到穩定下來了，我們立即回到開車射殺的故事。我再次請他放慢速度，只說出瞬間重歷其境的一小部分就好，同時還要注意身心系統正在發生

| | |
|---|---|
| • 發抖、顫抖 | • 哭泣 |
| • 抽搐 | • 大笑、咯咯笑 |
| • 呼吸變慢變深 | • 打呵欠 |
| • 心率變慢 | • 嘆氣 |
| • 胸部或腹部放鬆 | • 胃部咕嚕叫 |
| • 麻刺感、嗡嗡聲 | • 打嗝 |
| • 一陣陣暖意、熱感 | • 放屁 |
| • 寒顫 | • 咳嗽（有痰） |
| • 皮膚發紅、流汗 | • 發癢 |

**圖表 13-3　神經系統的排解和復原跡象**

的情況。例如，他詳細說明自己看見堂哥往前撲倒，抓住他的手臂不放，還說他留意到心率和呼吸率增加，胃部不適。換句話說，這一小部分的瞬間重歷其境，再度刺激了尚未解決的記憶膠囊，觸發了新的壓力反應，而反應的強度足以讓他再度離開舒適圈。

他對壓力的反應加劇，我指示他把注意力引導回到接觸點，幫助生存腦的神經再度感知到安全穩定。不久，他經歷第二次的活化壓力排解過程，這次是打呵欠、哭泣，一陣陣發熱的次數也更多了。我們一起合作，最重要的是讓他的身心系統**在舒適圈外不遠處經歷壓力反應，這樣他就能接著排解掉壓力，並且完全復原**。這個過程稱為「滴定法」*（titration），一次只處理少量的壓力。

壓力經過滴定後，他就能掌握「雙重意識」（dual awareness），也就是說，在當下，同時意識到瞬間重歷其境畫面和身心系統感受，用比喻的方式來說，他是一腳踩在過去，一腳踩在現在，這樣就有可能消除創傷記憶。要特別說明的是，**這不是要改變他對開車射殺一事的記憶，而是他的生存腦對記憶做出的反應，在這個過程中，創造出新的內隱記憶**，這就是由下而上處理的重點所在。

他在舒適圈外經歷壓力，隨後再經歷幾個週期的完全復原，就是向生存腦證明，他不會再因為被堂哥壓制而感到無助。生存腦得知自己擁有內在資源（微觀層次主導權），可以好好處理記憶，於是開車射殺一事的記憶膠囊終於失去「電力」，因為生存腦終於明白了，這起事件其實存在於過去，對他的生存不再具有威脅性。

* 一詞來自化學實驗。進行實驗時，將裝有一種物質的燒瓶，慢慢滴入另一種物質的燒瓶，觀察滴入的滴液出現的化學變化。

## 引導注意力，讓大腦感到安全

我經歷PTSD時，有過的一大錯誤想法，就是期望自己某一刻會大量宣洩出來，從過去的創傷中復原，然而，慢性壓力與創傷的復原，不是一次就能完成的。**反覆經歷慢性壓力或創傷，調適負荷量才會逐漸增加，身心容納之窗才會窄化；而完全復原的過程也是這樣，必須反覆經歷復原過程，身心容納之窗才會變寬闊。**換句話說，沒有立即見效的方法可以達到種種轉變。本質上，所謂的調適負荷，就是經歷慢性壓力與創傷，但沒有復原，逐漸累積而成，也就是說，沒有立即見效的方法。

從胡立歐的故事看來，站在人類神經生物結構的角度，沒有一次就能解決的方法。我們有的，就只是目前正在經歷的壓力，還有自己當下為求因應而做出的選擇。由此可見，要拓展身心容納之窗，並不需要再度經歷創傷事件，只需要每次察覺身心系統對壓力有反應時，好好處理並完全復原就行了。不管目前經歷的是瞬間重歷其境、生氣有人開車插在前面，還是對即將到來的考試感到焦慮不安，都無關緊要。不管何時、基於什麼原因，經歷壓力時總是可以選擇好好處理並完全復原，一段時間過後，身心容納之窗就會變寬闊。

理性腦無法迫使復原過程發生，因為復原是生存腦的職責。不過，**理性腦可以促進復原，最好的方法就是引導注意力，讓生存腦的神經更有可能感知到安全**。生存腦的神經一感知到安全，生存腦和神經系統就會自然而然運作，把壓力排解出來。換句話說，只要懂得在什麼時候，用什麼方法，有意把注意力引導到什麼地方，就能訓練理性腦建構出生存腦適合的安全又有支援作用的環境。我們就是用這種做法，教導理性腦成為生存腦的盟友。

從胡立歐的故事看來，唯有待在身心容納之窗裡，保持內在感受的覺察力，才有復原的可能。只要待在身心容納之窗裡，由上而下（理性腦）的處理以及由下而上（生存腦）的處理，就能同時整合起來。[11] 理性腦和生存腦成為盟友共同合作後，就能謹慎留意內外環境的資訊並加以整合。內在資訊包含體感、情緒、身體姿勢、運動衝動，外在資訊包含周遭環境帶來的感官刺激。

胡立歐的故事也呈現滴定法的重要性，也就是說，**要對壓力有適當的反應，稍微離開舒適圈，然後把壓力排解掉，邁向完全的復原**。然而，失調會導致理性腦和生存腦形成對立關係，就算有能力進行滴定法，也往往有可能無視不理。發生這種情況的話，生存腦和身體可能會承受太多壓力，超出身心容納之窗範圍太遠，使得腹側副交感神經系統無法有效運作，再也不可能復原。

由此可見，找擅長身體經驗創傷處理技巧（例如感覺動作心理療法或體感療癒法）的臨床醫生，可能會有所幫助，你能透過滴定法，了解自己在每次的復原週期，嘗試排解壓力。這些類型的療法，是專門為了協助個案利用安全、高效率、高成效的方式，由下而上地進行處理，如果是正在經歷極端失調症狀，那麼這類療法帶來的幫助特別大。臨床醫生其實會提供代理內在感受的覺察力，協助個案復原。[12]

雖然跟臨床醫生合作，有利高效率復原，但務必謹記一點，人其實天生就具備復原能力，我們需要的就只有以下這些：注意力控制和內在感受的覺察力；以客觀的好奇心，看待自身的壓力症狀；懂得在什麼時候，用什麼方式，把注意力引導到什麼地方，以便待在身心容納之窗裡面。

至於是哪些因素引發壓力的反應，我們並不需要搞懂或分析。這種理性腦的習慣，其實會加重壓力，因為這類念頭會導致生存腦觸發更高的壓力反應程度，還會拉走注意力，無法留意到體內的體感和情緒，還有周遭環境帶來的感官刺激。最後，我們對於壓力因素產生的念頭或信念，可能會在壓力反應下產生偏差。

所以，如果發現自己的理性腦對於自身承受的壓力，正在反芻思考或擔憂，那就試看看能不能脫離這種習慣。在承受壓力的當下，目前的壓力因素其實一點也不重要，唯一重要的，就是理性腦和生存腦要成為盟友共同合作，運用內在感受的覺察力，調節目前的壓力。此外，要是尚未解決的記憶膠囊被觸發了，盟友關係可促使生存腦「更新檔案」，掌握微觀層次主導權，以利面對壓力。

從胡立歐的故事看來，我們是一腳踩在創傷的過去（生存腦和身體以為創傷事件還在持續發生），一腳踩在現在（內在感受的覺察力能留意到壓力出現，然後排解出來）。[13]不管是什麼時候，基於什麼原因導致壓力，都要好好處理當下的壓力，一段時間過後，身心容納之窗就會透過兩種方式變寬闊：

1. **引導注意力，讓生存腦的神經感知到安全，並啟動復原功能**：這樣就能完成一個週期。我們可以像A組小雞那樣經歷僵住狀態，然後排解壓力。像圖表13-1那樣每經歷一次週期，身心容納之窗就會漸進拓展。經過足夠次數的復原週期後，日常對壓力的反應程度就會降低，原本在慢性壓力期間，會習慣瀕臨臨界值，後來就會真正回到神經生物基準狀態。

2. **每當留意到壓力就好好處理**：如此一來就更能容忍時時存在的內在感受的覺察力。這麼做後，生存腦會知道，壓力症狀並沒有像以前那樣嚇人，也會知道自己能經歷身心系統裡的壓力反應，不至於崩潰到難以承受或落入僵住狀態。換句話說，**生存腦會知道自己不再無助**，[14]生存腦會開始相信，壓力不會像以前那樣逐步升級到超乎掌控的程度，因為現在，在壓力的調整上，自己已握有主導權。而這正是關鍵環節，生存腦會因此終於認清創傷事件已經過去，終於得以「更新檔案」、解決那些尚未解決的記憶膠囊、重組既定的創傷程式、釋放點燃效應模式。

壓力耐受度的臨界值呈現的是，人在經歷慢性壓力與創傷、沒充分復原的話，會如何超出身心容納之窗。身心容納之窗的寬度，就是基準與臨界值之間的距離，如果身心容納之窗比較寬闊，那麼在超乎壓力耐受度的臨界值前，就能容忍較高的壓力反應程度；如果身心容納之窗一直是狹窄或窄化的，也就是逗留在臨界值底下的不遠處或甚至超過臨界值，那麼反覆進行復原週期，有助於回到神經生物基準狀態。此外，承受莫大壓力或創傷，然後完全復原，像這樣經歷足夠次數的復原週期，壓力耐受度的臨界值也會變高。這兩種情況都有助於拓展身心容納之窗。

由此可見，只要更有能力去留意並容忍身心系統裡有更高的壓力反應，**壓力耐受度的臨界值也會變高**（見圖表 13-4）。壓力耐受度的臨界值變高的話，在超出身心容納之窗之前，身心系統就能容忍更高的壓力，並且經歷所有超過臨界值引發的後果。換句話說，這樣可塑造出有利的形勢，就算將來的壓力逐漸增加，也能表現得更好。

還記得第十節討論過壓力等式會受到什麼影響吧？短期上，可以在等式的第三個部分發揮最大的功效，也就是在壓力一出現就立刻處理，只要有哪種理性腦習慣會不經意導致壓力惡化，就一律不去注意那種習慣，還要重新引導注意力，讓生存腦的神經感知到安全。然而，好好處理壓力，一段時間過後，我們對壓力源的感知（等式的第二個部分）也會有所改變。生存腦會知道，自己有可能會經歷某個特定的壓力源及因而產生壓力反應，但還是能自我精通來度過壓力並復原。反覆碰到某個壓力源、經歷壓力活化、日後完全復原，像這樣進行一段時間後，生存腦就不會認為那個壓力源相當有威脅性。最後，我們對壓力等式，就握有最大的影響力，因為生存腦會懂得轉換它跟特定壓力源的關係。

要打造這類新的大峽谷，邁向復原之路，就必須仰賴武士的兩大特質——智慧和勇氣。畢竟人面對強烈的壓力，就會很想順從舊有的模式，也就是依循壓力反應週期的因應習慣，用忽略、否認、自我治療、掩蓋、迴避的態度，去應對壓力。

有了智慧和勇氣，就會有動力放棄那些會加劇失調的既定習慣，也可以留意到身心系統已發生壓力，然後有意選擇用什麼方式把注意力引導到什麼地方，以利完全復原。**雖然無法控制壓力什麼時候出現，但總是能選擇因應之道。**韌性不是流行語，也不是銀彈，而是一種主動的過程，是我們可以練習及學習的領域共通技能。[15]

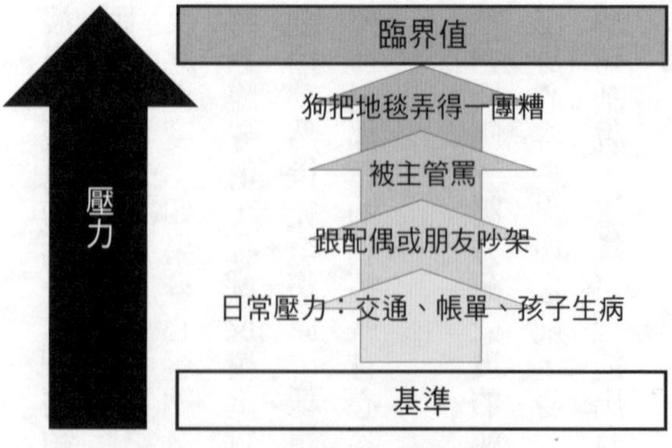


**圖表 13-4　壓力耐受度的臨界值**

## 一有壓力，就做「躺平放鬆練習」

每當經歷壓力，就做「躺平放鬆練習」，這樣會有利新的大峽谷形成，邁向復原。下列步驟說明了如何安全釋放壓力。大家應該看得出來，以下指示很像是我引導胡立歐度過瞬間重歷其境時，所採用的方法。過程是一樣的，只是這次要自己親自做。

雖然這個過程最初會有不熟悉或不自在的感覺，但這是必要的方法，可以在高壓下重設神經系統，並讓自己冷靜下來。反覆刻意做躺平放鬆練習，一段時間後，身心系統的調適作用就會開始復原。身體調適作用一復原，壓力的排解及完全的復原就會自然發生，就像負鼠的例子。

經常經歷低度到中度的壓力源後做躺平放鬆練習，會很有幫助，背後有兩大原因：

1. 可藉此排解掉目前的壓力，完全回到基準狀態。
2. 就算碰到極端壓力的事件，之後也能訓練身心系統運用這種技能。這樣一來，就能積極增強這項領域共通技能。

進行躺平放鬆練習，必須運用心智的兩大核心技能：

1. 控制注意力。
2. 承受有挑戰性的經驗。

你或許還記得，控制注意力，就是有能力持續注意某項選定的目標，承受有挑戰性的經驗

（無論是內在還是外在），就是有能力注意、追蹤、置身於這類經驗，而且不需要去改變這類經驗。如果已持續進行接觸點練習一段時間，表示已培養出這兩大核心技能。現在要運用這兩大技能，追蹤身心系統的壓力和排解狀況。

本節提到過，唯有待在身心容納之窗裡，才有可能復原。如果整個練習期間，都能一直運用這兩大核心技能，就是待在身心容納之窗裡。做不到的話，就必須把注意力重新引導到其他目標，直到回到身心容納之窗裡為止。換句話說，一察覺到自己無法留意、追蹤、置身於有挑戰性的內在經驗（也就是生理疼痛、壓力症狀、強烈情緒、沮喪的念頭、瞬間重歷其境），就表示自己已經移到窗外，此時必須把注意力重新引導到別的地方，最好能注意接觸點帶來的體感，或者周遭環境的景象、聲音或味道。你可不希望身心系統突然崩潰。

記住，理性腦不控制復原過程，**生存腦要感到安全又踏實，才會排解壓力**。因此，必須引導注意力，讓生存腦更能感到安全，也就是說，不管生存腦把外在環境中的哪件事物，看成是有威脅性或有挑戰性，那件事物都必須已經過去了才行。**外在環境必須安全無虞，復原才會發生**。舉例來說，曾經有個學員搭飛機遇到劇烈亂流，嘗試做躺平放鬆練習，之後他問我，他做躺平放鬆練習，為什麼沒有感到壓力被排解？我回答，只要亂流還在持續中，他的生存腦還是會感到危險！

不管是哪一種處境，只要外在壓力源還在，理性腦最多只能把注意力重新引導到某個安全、穩定的目標，例如接觸點帶來的體感。也可以把注意力重新引導到周遭環境裡愉快的景象、聲音或味道。雖然要等到外在壓力源消失後，才能排解出來，但是起碼不會在自己正在承受的壓力上，又施加額外的壓力，換句話說，可以讓身心系統不再壓力爆表。

## 「躺平放鬆練習」的正確方法

假如你剛跟伴侶吵架，或做惡夢醒來，正在經歷壓力，想做躺平放鬆練習，那麼請到可以獨處的安靜之處，思考外在環境如何讓生存腦感到安全。比如，找的地方應該要能舒服坐下來，最好背對牆壁，不要背對門、窗或開放的空間。不過地點也可以選在廁所隔間、車內，或坐靠大樹幹。如果是坐在椅子上，坐著的時候，雙腳距離與肩同寬，平踩在地。如果是坐靠牆壁，雙腿在前方地板上伸直。無論是哪一種情況，坐著的時候，脊椎要挺直，但放鬆。

運用內在感受的覺察力和客觀的好奇心，注意自己出現哪些壓力症狀（見圖表 13-5）。例如，也許會留意到自己咬緊牙根、心跳加速、呼吸淺、一陣反胃、暈眩、脖子和肩膀緊繃；也許會留意到身體姿勢彎腰駝背；也許會留意到自己覺得悲傷、氣憤、煩躁、不耐、緊張、疲憊不堪、難以承受、羞愧。也許會留意到思緒奔騰。就算有了緊張、氣憤、憂鬱的念頭，還是要記住一點，**所有的壓力都具備生理的部分，所以**

| | |
|---|---|
| • 呼吸變急促 | • 視野縮小、視野狹隘 |
| • 呼吸困難 | • 寒毛直豎 |
| • 胸部或腹部緊繃 | • 無法控制膀胱、大腸 |
| • 心率變快、心跳加速 | • 思緒奔騰 |
| • 反胃 | • 緊張的念頭 |
| • 胃部不適 | • 反芻思考、念頭不斷重複 |
| • 嘴乾 | • 焦慮或恐慌 |
| • 咬緊牙根 | • 不耐、煩躁或憤怒 |
| • 皮膚蒼白又涼 | • 悲傷 |
| • 掌心出汗 | • 羞愧 |
| • 流汗 | • 難以承受 |
| • 彎腰駝背 | • 躁動不安、動來動去 |
| • 暈眩 | |

**圖表 13-5　常見的壓力症狀**

**要留意自己的體感。目標是客觀地留意壓力，不去壓抑、否認、忽略或劃分。**

你或許也會留意到身心系統躁動不安又分心，例如抖腳，雙手動來動去，或者沒辦法坐著不動。躁動不安和動來動去，最容易分心，沒留意到壓力，所以在美國社會才會這麼普遍。然而，做躺平放鬆練習，無法排解掉躁動不安，所以要是留意到自己躁動不安，就試試看能不能坐著完全不動。能坐著不動的話，以躁動的能量呈現的壓力，肯定會變得自主反應。舉例來說，坐著不動時，可能會留意到心率增加、呼吸淺、反胃、肌肉緊繃、焦慮、煩躁，甚至一陣陣的恐慌感。雖然這樣可能感覺不舒服，但請相信，這其實是極好的進展，因為必須先讓壓力呈現自主反應狀態，壓力才能排解。

一留意到生理產生壓力，就會有自覺地認清自己處於壓力狀態，有利覺察自身狀態，例如：「我現在壓力如山大。」不過，不用詳盡列舉所有的壓力症狀，也不用像其他正念練習那樣專注在症狀上，免得壓力反應變嚴重。只要用更全面的角度，去留意體內的現況就行了。

有自覺地意識到自己處於壓力狀態，就可以重新引導注意力。請找出身體有哪個地方是你覺得最結實、穩定、腳踏實地、強壯的，這個地方通常是接觸點，也許是接觸到椅子的臀部、下背、雙腿後面，也許是接觸到地板的雙腳，也許是互相觸碰的雙手或碰到雙腿的雙手。自身接觸到椅子或地板的感覺，如果感受不到的話，請有自覺地把臀部往後靠椅子，雙腳踩穩地板，讓自己感受到支撐感。

留意腳踏實地帶來的感覺，還有椅子和地板的支撐感。正如接觸點練習，你的目的是去感受自己身體的支撐帶來的感覺，而不是讓理性腦嘗試去思考或分析這種支撐感。例如，你可能會留意到這些接觸點的壓力、硬、軟、溼、熱、涼、麻刺感。持續觀察接觸點，或體內另一個最穩定、最舒適、最安全、最腳踏實地的部位。

你的注意力當然可能會回到壓力的體感，或回到那些引起壓力的故事、畫面、情緒、念頭。發生這種情況的話，請把注意力重新引導回到接觸點，或體內另一個結實的部位。**這裡的目標是讓理性腦成為生存腦的盟友，而採用的方法是不去注意壓力，把注意力重新引導到那些可讓生存腦的神經感知到安全的刺激因子。**

持續這樣重新引導注意力，直到自己覺得更放鬆或更安定為止，或者直到自己留意到有一個減壓跡象出現了（見圖表 13-6）。只要留意到減壓症狀出現，就不用設法去控制或中止。請認清這在整個過程中算是有益的環節。

你在留意減壓症狀時，可能會留意到症狀加重了。承受得了，就完全沒問題，畢竟更多的壓力會因此排解。舉例來說，把注意力放在打呵欠上，可能很快就會再連續打好幾個呵欠；把注意力放在雙手的顫抖上，顫抖的情況可能會加劇。

一留意到減壓過程帶來的感覺，就能在減壓感跟選定的接觸點之間來回注意。這樣來回注意，就能在減壓過程期間，獲得更大的穩定感。如果減壓作用相當強烈，或者覺得來回注意不太自在，那麼注意接觸點就可以了。

| | |
|---|---|
| • 發抖、顫抖 | • 哭泣 |
| • 抽搐 | • 大笑、咯咯笑 |
| • 呼吸變慢變深 | • 打呵欠 |
| • 心率變慢 | • 嘆氣 |
| • 胸部或腹部放鬆 | • 胃部咕嚕叫 |
| • 麻刺感、嗡嗡聲 | • 打嗝 |
| • 一陣陣暖意、熱感 | • 放屁 |
| • 寒顫 | • 咳嗽（有痰） |
| • 皮膚發紅、流汗 | • 發癢 |

**圖表 13-6　減壓和復原跡象**

如果一直都在注意接觸點帶來的體感，卻沒體驗到減壓過程帶來的任何感受，那麼請睜開眼睛，移動頭和脖子，環視四周，觀察周遭環境，看見什麼東西，就在心裡想東西的名稱，類似胡立歐跟我面談時所做的練習。也可以留意環境裡出現的任何味道或聲音，或來回注意外在刺激和接觸點帶來的體感。這裡的目標是把內在感受的覺察力重新引導到**外在環境裡的中性感官刺激**，同時也要運用定向行為，就像負鼠為了離開僵住狀態而做的動作。**這麼做的時候，也會刺激到腹側副交感神經系統迴路，促使生存腦的神經感知到安全。**

只要刺激到腹側副交感神經系統迴路的某個層面，就等於是刺激所有層面，有利生存腦啟動復原過程。所以，不要去注意壓力帶來的任何感受，注意力應該要持續集中在這些目標物體上，直到覺得更放鬆或留意到其中一個減壓症狀為止。對於減壓作用，確實可能會覺得陌生，不熟悉，甚至害怕。請提醒自己，排解壓力，是復原過程本來就具備的環節，如果發現自己陷入的論調、畫面或念頭，會引發壓力，請把注意力重新引導到接觸點帶來的體感。

只要留意到減壓跡象，就會置身於減壓過程。一次的減壓週期，有時不到一分鐘就能完成，有時可能會持續二十分鐘，甚至更久。只要有時間、空間、獨處機會能減壓，就讓它發生吧。減壓跡象一停止，就表示已完成一次週期（見圖表13-1）。如果只是一次的復原週期，請只做躺平放鬆練習。

身心系統常會從壓力狀態轉移到減壓狀態，然後回到壓力狀態。這跡象其實是表示，神經系統會在交感和副交感分支之間循環，畢竟天生就是如此。然而，身心容納之窗越窄，這個週期就會越快回到壓力狀態。**做躺平放鬆練習時，務必只完成一次復原週期，然後停止練習。**

如果察覺身心系統週期再次回到壓力狀態，或者從未經歷任何減壓跡象，請重新引導注意力，不去注意壓力的反應。注意力要回到接觸點帶來的體感上，並維持注意力。也可以睜開眼睛；移動頭部和脖子；留意周遭的景象、聲音、味道；在心裡說出自己注意到哪些東西。透過前述感官，定向至周遭環境時，也請留意椅子和地板帶來的腳踏實地感和支撐感，持續這樣引導注意力，支持生存腦，壓力更大。

如果前述所有步驟都試過了，卻還是毫無一絲減壓跡象，可能是因為經歷的壓力反應程度超出身心容納之窗。在這種處境下，要把過多的壓力耗掉才行，最好從事有氧運動，例如跑步、快走、騎腳踏車、划船、游泳、跳繩、高強度間歇訓練、爬樓梯、跳舞等，起碼運動十五分鐘至二十分鐘，要運動到稍微喘不過氣的程度，這樣就能把一些壓力荷爾蒙耗掉，回到身心容納之窗裡。每個人的心血管能力各有不同，所以要達到這種狀態，每個人需要的練習程度和種類也各有不同。然後，在體能鍛鍊後的冷卻期，可以試試再次做躺平放鬆練習。在體能鍛鍊後的冷卻期，很多人（包括我在內）都經歷過最驚人的排解作用。

每個人的排解過程各有不同，要看心血管耐力、目前經歷多少壓力、目前的處境。你必須熟知自己的身心系統才行。舉例來說，如果處於極高的壓力狀態，那麼再次嘗試躺平放鬆練習前，可能必須先進行長時間又劇烈的體能鍛鍊，或在辦公室開重要會議前，感到一陣焦慮，有時只要快速上下樓梯就夠了，可以再次嘗試躺平放鬆練習。第十四節會探討還有哪些方式可以依據目前處境來調整躺平放鬆練習。

最後，務必記住，光憑一次的躺平放鬆練習，無法重新調節身心系統。從人類神經生物結構來看，並沒有一次就能解決的方法！由此可見，一開始的時候，慢就是快。一次只處理一小部分壓力，生存腦就能成功排解壓力。只要這樣做，生存腦就會透過內隱學習，知道自己不再是無助面對壓力。這就是微觀層次主導權在發揮作用。像這樣完成更多次的復原週期，並拓展身心容納之窗，一段時間後，就算經歷極端的壓力與創傷事件，還是能引領自己度過復原過程。

# 14 信念可能是壓力、情緒和疼痛的元凶

喬治城大學的學生麥可（Michael）修了我的學期課程，包含正念心智健身訓練。他在輔導時間來我的辦公室，疲憊不堪，看起來一團糟。從國中起，他就服藥治療廣泛性焦慮症。如今二十幾歲的他，細心體貼，有著令人愉快的幽默感。他把自己逼得很緊，除了是全職研究生，還有全職工作，兩種外語達流利程度。他疲累地坐在我對面的椅子上，對著星巴克的杯子、背包、自行車安全帽摸來摸去，然後不小心把咖啡灑在我的桌上，我說，沒什麼大不了，好讓他安下心來，但他嚇壞了，哭了出來。

這學期一開始，他就很熱中，每天至少花三十分鐘，做正念心智健身訓練的練習。他重新開始運動，還調整優先事項，以便獲得更充分的睡眠，他還留意到躺平放鬆練習後，壓力大量排解，結果他生平第一次從焦慮狀態放鬆下來，跟醫生一起努力減藥。我們上一次談的時候，他對我說，他覺得自己比以前更不受限、更自主、調節得更好。

現在，學期開始兩個月後，他剛度過分手的強烈低潮、工作上還有重要的完成期限、喬治城大學的期中考、他還感冒了。我們談的時候，他承認，花時間休息痊癒，算是全新的選擇，不過他很快就進入另一個緊張的時期，他即將出差工作，而期末報告的最後期限就快到了，他知道分手是最好的選擇，可是他真的很想念前女友，還有一件事更是雪上加霜，他的主管對他

近來的表現表達失望，然後就開始每件小事都盯他盯得很緊。最後一根稻草來了，他的室友很不體貼，前一天，兩人大吵一架，「我真的很氣，不確定自己能不能再跟他住在一起，可是自己一個人住又負擔不了。」

麥可表示：「最慘的是，我做過躺平放鬆練習，但是行不通，我真的嚇到了，因為以前做躺平放鬆練習，都很有用。我晚餐看電視，轉移注意力，然後再次做躺平放鬆練習，但還是沒有用，我就是覺得很無力，好像回到高中，恐慌症發作的時候。」

「我的思緒奔騰，開始想著分手的事和主管，想著這學期要怎麼做完所有事情。我停不下來。舊有的認知行為療法（CBT）也沒有用。很奇怪，因為我知道壓力是怎麼引發焦慮，然後焦慮又是怎麼促進思緒奔騰。我想，這樣算是有進步吧。」

「可是，接著我開始怪自己睡不著，早上有重要的會議，我真的很擔心，沒睡飽會把事情搞砸，然後主管就更會纏著我不放。我知道自己是在自我批判，卻也停不下來。最後我在鬧鐘響前的一小時睡著了。跟我想的一樣，我開會忘了帶重要的東西，主管大罵我一頓。」

正在拓展身心容納之窗時，尤其是慢性壓力與創傷導致失調的時候，麥可的經歷並非罕見。兩個月以來，麥可運用心智健身技巧，藉此拓展身心容納之窗、鍛鍊控制注意力、承受有挑戰性的內在經驗，然後應用這類技能，排解壓力。此外，麥可減藥後，症狀遭到掩蓋的程度少了，有了更多機會可以排解及復原。說來奇怪，當麥可願意面對失調時，做好排解及痊癒的準備，壓力症狀反而比以前壓抑時還嚴重。

麥可有意識地好好吃飯、運動、睡覺，卻在這段期間感冒，而從這件事實就能知道，他的身體處於淨化週期，正在排掉情緒和生理藏有的毒素，以便調節得更好。他跟交往很久的女友分手，他也知道對方不是合適的伴侶，這其實是另一個跡象，代表他正在面對自己的真貌，並據此採取行動。在我看來，前述每一件事情都是重要的痊癒成長跡象，但他覺得自己的情況看起來變糟了。

顯然這一週，他讓自己的壓力負荷量增加了，復原卻不夠充分。所以，到了他跟室友吵架的時候，兩人的爭吵導致他超出壓力耐受度的臨界值，移到身心容納之窗外。他處於過度反應的狀態，難怪做躺平放鬆練習，還是沒感受到一絲排解的感覺。當時，他的壓力反應程度超出身心容納之窗太遠，導致練習毫無成效。看完電視，再次做躺平放鬆練習，沒成功，只是讓生存腦的神經感知到更大的無助感，助長過度反應的火勢。麥可問：「那我該怎麼做？」

**要達到成效，重新調節和復原的活動，必須符合目前的反應程度**。如果躺平放鬆練習沒有幫助，麥可會過度反應，生存腦會感到無助，所以最需要的其實是要消耗過多的壓力。我問他有沒有考慮過運動。

「其實，我的確有過那樣的念頭，可是又記得你說過，睡前三小時，不應該做劇烈運動，所以我沒做。」他回答。

我道了歉。想獲得充分睡眠，卻在睡前不到三小時的時候做運動，確實會造成反效果，那樣會導致壓力荷爾蒙激增。然而，就麥可的情況來說，他的壓力荷爾蒙已經在激增了！此外，我很清楚，麥可不會衝動地過度運動，掩蓋潛藏的枯竭情況，他沒有那種習慣，那樣是對自身的壓力處理失當。

所以，他需要的其實是排解壓力荷爾蒙。要是能跑步、爬樓梯、游泳或騎腳踏車至少二十分鐘，就能把壓力荷爾蒙耗盡，讓身體筋疲力盡，讓飛躍的思緒平息下來。在冷卻期間，就可以再度嘗試做躺平放鬆練習，讓體能鍛鍊引發的排解效果能持續下去。

接著，沖完澡以後，就能從事其他可專注當下的活動，不去注意引發壓力的室友和主管，把注意力持續放在其他事情上，例如烹飪、泡在浴缸裡、聆聽放鬆的音樂等。前述任何活動都可以保護他，免得新的壓力加諸在他的身心系統上，像這樣進一步幫助他放鬆下來，更能獲得充分的睡眠。

有一點很重要，既然他處於過度反應的狀態，那麼跟朋友發洩，或把那晚的事寫在日誌本上，腦子反而可能再度飛快運作，導致無力感強化、失眠惡化，尤其早上又有重要會議，當晚的優先事項就是獲得充分的睡眠，而不是構思長期的解決方案。就算要寫在日誌本，也要等隔天開完會以後再寫，到了那個時候，自然就會用不同的眼光看待情況。回到身心容納之窗裡，就能運用創意解決問題，想出可行的方法，應對主管和室友。

## 發現無力改變時，就順勢而為

本節的重點是在幾種處境下掌握主導權，通常是感到無助、無力或無法掌控的時候，包括經歷強烈的情緒、沮喪的念頭或慢性疼痛的時候。接下來兩節的重點是怎麼好好處理極限、界限、抗拒感、不確定、變化。

這幾節的內容會闡述具體策略及其概念架構和情境。這三節提出的方法是進階的對策，你面對某些特定的「問題」時，就可以採用這些對策。**這些方法不是用來取代正念心智健身訓練**

**的核心技能**，**核心技能是用來控制注意力並承受有挑戰性的經驗**，**進而拓展身心容納之窗**。這些方法當中，有許多方法是唯有持續數週做接觸點練習和躺平放鬆練習後才能使用。所以，如果閱讀本書後，要做出一項改變的話，那就是每天持續做正念心智健身訓練的這兩項練習。

此外，我也不希望你認為這些方法是用來「解決問題」的。例如，雖然我分享了一些想法，好好讓麥可的重新調節活動可以符合他的壓力反應程度，但並不是在說麥可能夠控制焦慮和思緒奔騰的情況，也不是在說他只要有心就能克服失眠問題。麥可在我們談的時候，並沒有那樣的想法，而我也不希望你有那種印象。

我們自己的壓力反應程度、情緒、沮喪的念頭、生理疼痛，是我們無法控制的。然而，與此同時，我並不希望你理所當然認為自己選擇做的事或選擇不去做的事是毫不相關的。**雖然無法控制狀況什麼時候出現**，**但總是能選擇因應之道**。每當我們對抗現實，[1] 現實總是贏家，情況不一定會合乎我們的期待，最後我們必須任由情況如實展現。不過，如果覺得自己是出於自身選擇，不去對抗，那麼選擇不對抗，就會容易多了。好方法（例如我向麥可提議的方法）有利於掌握主導權，所以站在這個有自主力量的立場，順從當下的處境，會比較容易。

無論是健康、工作、關係、思考模式，還是慢性疼痛，是否有別的做法可以扭轉處境，我們的內心通常會有答案。如果有別的做法，而你也心知肚明，那麼就算想要忽略或否認，還是會認為有責任要去做，例如面對不自在的衝突；從事身體需要的運動；花時間去調查、根除、釋放沮喪的思考模式，免得引發痛苦；付出努力；處理自己可以掌握的事情。然而，一旦應用了好方法，也許遲早會確實由衷體悟到，沒有別的做法了。

到了這個時候，身心系統必須要接受「沒有別的做法，那是你掌控不了的」。試圖去做別的事，必然發生的情況反而只是會延後發生，那個時候，你就會知道，自己該順從了，或者就像某些人說的「放下吧，交給神」。耶穌會會士戴邁樂（Anthony de Mello）是這麼說的：「徹底配合必然之勢，方能頓悟。」如果理所當然認為情況都在自己的掌握之中，以為自己運用好的方法和努力，就能總是合乎自己的期望，那麼也未免想得太過美好。在失調、偏向過度反應的狀態下，我們往往會依循這樣的途徑。我們激起太多能量和努力來因應，還以為自己付出了努力，就無論如何都能打造出自己想要的確切情況。我們遲早必須放下所有技巧，向現實屈服。

然而，採取順從的作為，不去留意實際上在自己掌握中的事物，這樣也會造成反效果。在失調、麻木的狀態下，我們往往會依循這樣的途徑：人生擊倒了我們，我們不再努力因應，還拋棄責任，加深受害者心態；或者我們可能會靈性逃避，也就是拿靈性的見解或信念當藉口，這樣就不用去療癒心理模式或情緒模式，也不用為自己的行為擔起責任。這第二條途徑的兩種版本，都是不願承認自己向來都有選擇。

其實，我們兩種都需要，**要有好的方法還要懂得順從**，**要付出努力還要優雅應對**，不但必須替自己的選擇負起責任，還必須順從現實的真實樣貌，而不是自己希望的、期望的情況，這樣的平衡，是武士文化對勇氣所下的核心定義。擅長運用好方法又懂得順從，就能在天意和自己之間，折衷處理。老天給予的獎勵，也許不是我們想要的成果，但肯定會以其他方式賜福，例如透過我們學到的技能與毅力，藉由變深的關係，經由我們體會到的見解。閱讀本節和後續兩節時，應謹記這種平衡的狀況。

## 預留空間讓自己復原

生存腦不運用言語，傳送訊息只能透過身體裡的體感和情緒，透過腦袋裡飛躍的思緒。按照這個邏輯，要把訊息傳達回生存腦，只能透過正念覺察引導注意力。

至於哪些選擇可供我們使用，哪些方法最能協助我們回到最佳表現區，就要看當下的處境而定，以麥可的例子來說，他其實有時間處理自己的過度反應狀態，他可以先做劇烈運動，再做躺平放鬆練習，藉此回到身心容納之窗裡，最後是入睡。而他跟室友的情況，要找到長期的解決辦法，還要等到下一次，或許就有其他的選擇可用，例如早上他不用開會的話，可能會選擇寫日誌本，這樣一來，不同的情緒波動會有地方可以淨化，並完成更多次的復原週期，然後再上床睡覺。

假如說兩個人剛好是在隔天早上吵架，剛好是麥可必須出門工作的前一刻，在這種情況下，先劇烈練習、再做躺平放鬆練習，並不是可行的方式，麥可也許可以取道公園走路上班，大自然可以調降一些壓力；也許可以打電話給主管，詢問開會時間能不能延後，好讓自己有一小段的復原時間；也許可以打電話給朋友，尋求情感支持；也許可以戴上藍牙耳機，聽十五分鐘的播放清單跳舞，播放清單是專門用來消耗壓力，神經系統可以從氣憤或焦慮的過度反應狀態，例如美國樂團聯合公園（Linkin Park）的〈我自己〉（*By Myself*）或美國饒舌歌手阿姆（Eminem）的〈奔跑兔子〉（*Rabbit Run*）；調降到剛好的壓力反應狀態，例如美國樂團 Heavy D & the Boyz 的〈現在我們找到愛〉（*Now that We Found Love*）或澳洲歌手瑞克基・李（Ricki Lee）的〈不要碰〉（*Can't Touch It*）；再調降到有自主力量的中度反應程度，例如美國歌手布克·T（Booker T）的〈拉警報〉（*Sound the Alarm*）或荷蘭爵士歌手卡蘿·艾默洛（Caro Emerald）的〈返回〉（*Back It Up*）。

你可以實驗看看，播放某首歌的時候，請留意身心系統產生的不同反應程度，還有不同的能量程度（只要播放這六首歌，應該就會懂我的意思），你建立的播放清單，也能以相反方向引領神經系統，從冷漠、麻木或憂鬱的狀態，向上調節到有自主力量的中度反應程度。無論是哪一個方向，刺激身心系統的歌曲（要麼是氣憤、緊張的高度緊繃狀態，要麼是憂鬱、麻木的狀態），務必只播放一兩首，接下來播放的幾首歌曲，要能漸進達到有自主力量的中度反應程度。

假如麥可當天的行程沒有餘裕，要接連開好幾個緊急的會議。在這個最壞的情境下，他跟室友吵架後，原本可以進去自己的房間，上下用力跳個六十秒來增加心率，然後再做躺平放鬆練習，至少把生理上的壓力給排解，他的理性腦原本可以跟生存腦有自覺地達成協議。他原本可以對自己說：「生存腦，我知道你現在很沮喪，因為我留意到了（緊張的念頭、加速的心跳、翻攪的胃部等）。雖然希望情況有所不同，卻必須劃分這種沮喪感，直到撐完辛苦的這一天為止。今晚，我承諾，要專心回到調節良好的狀態，同時還會盡量不把更多的壓力加諸在現在的情況上。」

有了這類協定，麥可等於是重申他的理性腦和生存腦已成為盟友。然後，要履行這個承諾的話，原本可以延後不緊急的工作或會議，這樣就能有一些喘息的餘裕；原本也可以把注意力引導到接觸點帶來的體感上，如果浮現的念頭跟室友有關，也可以不去注意那些念頭，把注意力重新引導回到手邊的工作上，換句話說，他會盡量持續把注意力焦點放在當下。這類微小的選擇，原本可以讓他的壓力程度維持在相當穩定的狀態，壓力不會逐漸累積，同時還能向生存腦表示已收到訊息，處境已在掌握之中，從而協助生存腦解除戒備。接著下班後，他可以運動，與支持自己的朋友共進晚餐，安靜坐在大自然裡，做躺平放鬆練習。

就像前文的例子（我在不同時間全都做過），只要持續刻意待在身心容納之窗裡，那麼在神的眷顧下，理性腦會想出一條可行的途徑，邁向我們有意達成的目標。要想出一條可行的途徑，就必須認知到一點，生存腦和神經系統的所在地，其實就在當下此刻。仔細思考自身的選擇時，必須考量到目前所處的壓力反應程度和情緒，**身體不會說謊，身體總是坦率向我們指出此時此刻的現實**。

如果採用的自我調節方法，跟自己目前的生理和情緒實貌偏離得太遠，那就會遇到麥可那種不協調的狀況。此外，如果選擇的方法跟自身神經系統實貌間，有巨大的落差，那麼生存腦會把這件事看成是有威脅性的，要是生存腦以為自己發出的訊息沒傳達出去，反應程度就會進一步提高。所以**選擇的重新調節方法或活動，必須合乎當下生存腦的實貌及神經系統的實貌**，唯有做到這點，才能逐步調升或調降反應程度，回到身心容納之窗裡。

漸漸了解自己的身心系統以後，就會開始學到哪些自我調節方法適合自己，請看自己經歷的反應程度有多高來做出選擇。一般來說，因焦慮、恐懼或煩躁、憤怒而處於過度反應狀態，採用的方法就必須要能提高心率，消耗掉過多的能量和壓力荷爾蒙，這樣就能調降到中度反應程度的最佳表現區。可以跑步、跳舞或進行高強度間歇訓練，然後再做躺平放鬆練習，記住在承受中度壓力源或進行體能鍛鍊後，越是常做躺平放鬆練習進行調降，那麼在經歷更高的反應程度時，這種方法就越是可取用、越有成效。

反之，因冷漠、羞愧或憂鬱而處於麻木狀態，就必須提升自己的能量，可以試試看瑜伽、在大自然裡散步、唱歌或烹飪，然後進行可提高心率的活動，例如聽愉快的音樂跳舞。我們會變成內心那個沮喪自我的安全依附型朋友。安全依附型母親會持續又準確地敏感察覺學步幼兒的需求，運用安撫技巧，降低幼兒的沮喪，或運用好玩的東西，提升幼兒的好奇心和喜悅，而我們也可以訓練自己準確察覺自己的生存腦和壓力反應程度。

就像第九節提到的，越是失調，就越是會做出拙劣的習慣，可是對壓力反應採用忽視或自我治療的方法，但只能獲得短期的緩解。這類習慣不算「壞」，也不算「錯」，之所以稱為「拙劣」，是因為最終會導致失調更加嚴重。在做出拙劣的習慣以前，請先把注意力放在接觸點帶來的體感上，試著維持三十秒鐘，看自己能不能承受不適感，觀察自己是否有做出拙劣習慣的念頭。過了三十秒後，可能會發生變化，這樣就能做出更明智的行為。

由於對壓力的反應失調，採取一些行為，可能會產生挫敗感，讓自己邁向失敗，導致羞愧、自責和更多的壓力。行為習慣層級可以看出人們有壓力時往往會做出各種習慣（見圖表14-1）。底層的習慣往往會壓抑或掩蓋壓力，造成失調；頂端的習慣比較成熟，可協助人們回到身心容納之窗裡；中間的習慣無法有效調節壓力，但也不會增加壓力。逐漸了解自己的身心系統後，就能設計自己的習慣層級。

請注意，人跟電子產品的互動，是屬於失調的行為習慣，車流、噪音、光線，還有接觸到的電磁頻譜，包括電腦、行動裝置、電視、電影院、遊戲機台、餐廳裡的顯示器、吵鬧的音樂等，都會導致人類的神經系統活躍。此外，暴力的電玩遊戲、恐怖片、動作片，甚至是閱讀或觀看新聞，特別容易導致神經系統活躍。與此相對，置身於大自然、聆聽寧靜的音樂、跟情緒良好的人們相處，神經系統就會獲得平靜。

換句話說，神經系統經常跟社會和環境的刺激因子產生共鳴並受到影響。所以，如果要判斷自己目前的反應程度，有個方法非常有效，那就是留意自己當下是被哪個強度吸引，這樣一來，在生存腦和神經系統上，就能獲得一些可靠的線索。每次用這種方式，有意去調升或調降反應程度，就會變得有自覺又有意地拓展身心容納之窗，並且重組腦部和神經系統。第十三節已經說得很清楚，承受莫大的壓力，再完成高成效的復原，身心容納之窗就會變寬闊。

總而言之，目標就是應用這類方法，**盡量讓自己一直處於中度反應程度的最佳表現區**。在最佳表現區，不只能做出成效最佳的決定，也最容易運用清晰感、好奇心、創造力、跟別人的連結感進行選擇。

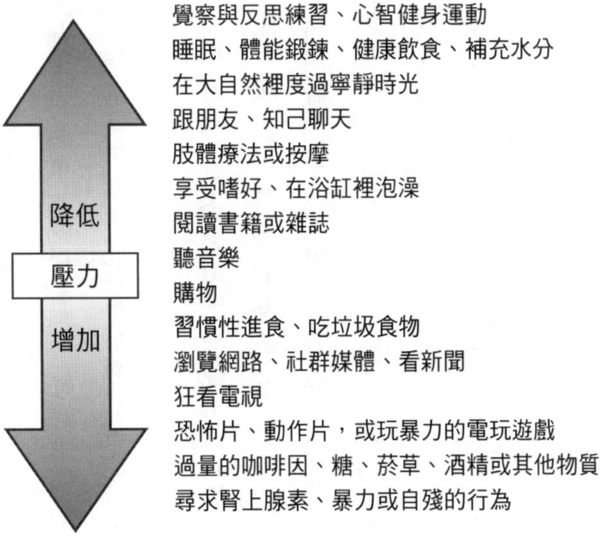


**圖表 14-1　行為習慣層級**

**行為習慣層級呈現出人們因應壓力所做出的常見習慣。底層的習慣往往會壓抑或掩蓋壓力，導致失調變嚴重；頂端的習慣會帶來真正的復原，並協助人們回到身心容納之窗裡；中間的習慣比較中性，不會有效調節，但也不會增加壓力。**

## 情緒也能了解他人的內在狀態

情緒跟壓力反應程度一樣，都是身為人不可或缺的珍貴部分，因為情緒能引領我們看清自己當下的真實樣貌。要是對自己經歷的情緒設限，就無法超越人性的情緒層面，只會導致理性腦和生存腦的對立關係加劇；漠視自身感覺的話，容易做出以後會後悔的選擇，或會讓自己再次重複某種情緒模式。因此，正念心智健身訓練，有個單元就是著眼於好好處理情緒。

在情緒下，人比較容易採取行動。情緒在演化上的目的，是促使舊石器時代的人類祖先走向機會、安全、愉悅，遠離威脅、危險、疼痛。

生存腦會同時產生情緒和壓力的反應。對壓力的反應會表現出一種主要的情緒，要麼是接近，要麼是逃避、退縮。除了這股主要的衝動，還往往也會經歷某個類別（或次要）情緒，例如快樂、悲傷、憤怒、輕視或厭惡他人、對自己感到羞愧或厭惡、訝異、恐懼等。[2]愛不是一種類別型情緒，因為愛就像意識，隨時可供取用，與此相對，心情是某一段時間的主要情緒調性，像是心情憂鬱就會經歷各種負面情緒，例如焦慮、煩躁、悲傷等。

至於哪種處境會觸發哪種類別的情緒，還是要看每個人童年經驗造成的神經生物制約，[3]由此可見，就算是同一項刺激因子，不同人產生的情緒反應也可能不一樣。然而，不管被觸發的情緒是哪一種，都會對人尋求的策略造成影響。

**情緒也是一種社交溝通形式，可以向他人揭露自己的內在狀態，我們也可以透過情緒，認清他人的內在狀態，並且產生共鳴**。我們可以透過自身的意向，向外揭露自己的情緒，所謂的意向，就是非語言行為、表情、語調。此外，還可以透過鏡像神經元和神經系統的共鳴來傳達情感，而這兩者都是用經驗導向、前反思、不假思索的方式來了解他人。人腦有鏡像神經元系統，有助於理解他人的意圖、行為、情緒，還會像第六節提到的，透過神經系統的共鳴，經歷壓力感染作用。在這類機制下，我們天生建立連結的方式會獲得強化，第十八節會有進一步的探討。

每個類別型情緒各有「小動作」，從小動作就能辨識自己和他人的類別型情緒。仔細研究就會發現，情緒是由三個部分組成：

1. 特定的體感、身體姿勢、反應程度模式。
2. 心智的特定風格。
3. 特定的「聲音」和信念結構，通常會以故事線、論調、思考模式的形式表現出來。

把情緒分成這三個部分，就可經由三條不同的途徑，認出某種情緒的存在。舉例來說，如果情緒是憤怒，也許會留意到脖子發熱、胸部緊繃、眼睛瞪視或身體前傾還握拳，有的時候，也許會留意到自己「怒火中燒」；有的時候，也許會留意到腦海裡滿是自圓其說的念頭、責備的念頭，或用慷慨激昂的論調，說自己對、別人錯。有了內在感受的覺察力和客觀的好奇心，就能熟悉各種情緒常見的小動作。

每種情緒各有不等的強度，如圖表14-2所示。情緒輕微時，中斷、改變或釋放情緒的能力是最強的，舉例來說，如果懷有恐懼，那麼比起恐怖，處理焦慮會比較容易。

情緒也會像壓力那樣累積，早餐時的不耐，到了午餐時間，可能會累積成不悅，當天稍晚，怒氣就會爆發出來。同樣地，如果把某種情緒往下推，推到意識範圍外，那麼情緒之後往往會再度出現，而且強度通常會變大，更難控管。所以，在情緒還處於輕微程度時，越快留意到情緒的存在，並協助情緒釋放出來，就越有可能守護住好好處理情緒的能力，以及選擇最高成效反應的能力。練習以後，就會懂得安全度過情緒的浪潮，讓情緒通過身心系統，不壓抑情緒，也不沉溺其中。在這個過程，就能運用生存腦試圖傳達的資訊。

美國神經科學家安東尼歐．達馬吉歐（Antonio Damasio）從事驅體標記（somatic markers）研究，[4]也就是情緒的體感部分，證明了感覺會導致注意力集中，不自覺地從有自覺的思考中，去除某些做法。結果，理性腦會把審慎推理過程，集中在少部分的選擇上，所以執行功能能力負擔過度的風險隨之降低。負面驅體標記的運作就像鬧鐘，正面驅體標記的運作就像燈塔，人的一生都在控管及累積驅體標記，驅體標記來自於實際事件和「擬真」事件，而擬真事件就是理性腦想像的預期壓力源。

| 情緒類別 | 從輕微到強烈的情緒 |
| --- | --- |
| 快樂 | 滿足→滿意→開心→快樂→興奮→狂熱 |
| 悲傷 | 失望→灰心→傷心→憂鬱→心碎 |
| 憤怒 | 不耐→煩躁→不悅→氣憤→惱火→勃然大怒 |
| 訝異 | 困惑→吃驚→訝異→驚嚇→震驚 |
| 恐懼 | 不安→緊張→害怕→恐慌→嚇壞了 |
| 對自己感到羞愧／厭惡 | 不自在→尷尬→羞愧→窘迫→羞辱 |
| 輕視、厭惡他人 | 反感→鄙視→厭惡→敵對→敵意 |

**圖表 14-2　情緒強烈度範圍**

待在身心容納之窗裡，理性腦會利用生存腦訊號，以及念頭帶來的意識理解處境，然後選出最適當的反應。反之，待在身心容納之窗外，往往習慣進入對立關係，要麼壓抑情緒（理性腦凌駕作用），要麼沉溺在情緒中（生存腦劫持作用）。待在身心容納之窗外，情緒就會過濾感知、支配資訊的搜尋、影響冒險的傾向和行為，[5] 人對於處境的理解，會去記住、應用、考量哪些類比、象徵或過去事件，這些都會受到情緒的影響。所以，這種情緒上有偏見的理解，會影響到自己要刻意考量哪些做法，不考量哪些做法。

待在身心容納之窗外，腦海浮現的任何念頭或建構的意義，都會在情緒下出現偏見。在理性腦凌駕作用下，可能會特別難記住這點，畢竟我們都會覺得自己很「理性」或「講理」。不過，壓抑的情緒會導致思考和意義建構出現偏見，所以只要待在身心容納之窗外，就必須抵禦念頭的內容，因為念頭的內容都不是真的。

若去劃分、逃避、壓抑情緒，在高壓環境下，格外容易流於理性腦凌駕作用，畢竟這樣一來，就有利在截然不同的情況與行為規範之間快速切換。壓抑情緒，或許短期上很合適，碰到極端事件，可以高效運作，並存活下來。[6] 不過，壓抑情緒，就無法獲取珍貴的資訊，直覺就是其一。

習慣性壓抑情緒，調適負荷量就會逐漸累積，[7] 造成許多影響，例如罹患身心症、壓力荷爾蒙升高、發炎和慢性疼痛增加、心血管疾病風險提高。還會更容易擔憂、憂鬱、焦慮症、自殘行為、嘗試自殺。此外，還往往會有成癮行為，來逃避、掩蓋、麻痺、壓抑不自在的情緒。由此可見，習慣性壓抑情緒也會引發下列行為：藥物濫用，飲食過量和其他的飲食失調，[8] 刺激腎上腺素、冒險的行為，不當又有攻擊性的行為，暴力的爆發，對別人施肢體騷擾、性騷擾、身體虐待、性虐待。

另一方面，在生存腦劫持作用下，情緒會幾乎徹底支配行為。在情緒下，也許會感到難以承受，加深了逃避、成癮或麻痺。也許會「對外發洩」，變得暴力。陷入情緒，就會做出衝動型或反應型的決定，例如發出不雅的推文，造成無法挽回的傷害；發表自以為高人一等的言論，傷害了同事；出拳痛毆對方，害自己負上法律責任。在情緒的作用下，衝動控制和執行功能會降低，[9]所以要是陷入或強化情緒，情緒會徹底抑制理性腦功能。要判斷自己有沒有陷入情緒，可以檢視自己有沒有困在飛躍的思緒或沮喪的念頭、災難化、反芻思考當中。

實務上，理性腦凌駕作用可能很快就會變成生存腦劫持作用。舉例來說，正念心智健身訓練有許多學員都說，他們習慣的模式是上班壓抑情緒，下班爆發，或者晚上躺在床上，一直反芻思考及擔憂，這往往是一體兩面的。

待在身心容納之窗外，經歷強烈情緒的時候，也就是在理性腦凌駕作用或生存腦劫持作用下，只要把情緒拆解成三個部分，就能掌握主導權。

很多人都對我說，他們害怕去感受自己的情緒，也許是擔心情緒永遠不會停止，也許是情緒會導致自己失控，雖然這樣的恐懼是真的，但是恐懼背後的信念卻是假的。有了智慧，就能謹記一點，就算是強烈的情緒，也只是一種能量，會升起、到達高峰，也終究會消散，也許不會在我們預想的時間結束，但總會消散。**有了智慧，就會清楚知道，不管我們試圖推開什麼，其實推開反而會增強它的能量，導致它長久存在**，老話一句「我們抗拒的，就會長存」。

這種情況就發生在麥可的身上，他被內心焦慮的念頭纏著不放，由於他處於過度反應的狀態，所以也無法順利運用 CBT 技巧。待在身心容納之窗外的時候，認知行為療法、重新評估認知、正向心理學技巧，往往力有未逮，因為這類由上而下的技巧需要理性腦付出努力，而待在身心容納之窗外，執行功能能力太過枯竭或降低，就無法支援理性腦做出這類認知上的努力。

待在身心容納之窗外、情緒強烈的時候，可能會經歷另外三種常見模式：

1. 理性腦可能會試圖去搞懂或解決情緒、對情緒賦予意義，或把情緒歸因於外在事件。情緒當然不是外在事件引起，而是生存腦的神經感知到多項因素複雜相交的情況。此外，在這種反應程度下興起的念頭，都帶著情緒上的偏見，所以讓理性腦這樣運轉會造成反效果。
2. 我們可能會覺得自身處境萬分急迫，好像現在就必須要釐清解決。這種內在的急迫感，通常是壓力反應造成的，並不是眼前處境引發的急迫感造成的，或者說，如果急迫感來自於外在，通常也是別人的內在急迫感造成的。無論是前述兩種情況的哪一種，內在急迫感都帶有情緒上的偏見。必須先排解情緒，回到身心容納之窗裡，這樣理性腦才能有效專注並規畫。
3. 處於高度緊繃狀態，注意力範圍往往會縮小到自己心理上覺得重要的資訊，[10] 篩選掉其他情境資訊。注意力焦點變窄後，不確定和不明朗的感覺會加劇。此外，資訊搜尋範圍也會縮小，所以會更仰賴那些越來越少的訊號和刻板印象，往往憑著少量資訊，就做出相繼產生且往往全面性的結論。

此時，**負面資訊比較容易吸引我們的注意力**。[11] 單一負面事件引發的反應，會比單一正面事件更強烈、更長久，根據各種現象的實證研究，唯有發生多件好事，才能抵銷一件壞事帶來的心理影響給。[12]情緒被激起的時候，這種負面偏誤的狀況會變得格外強烈，因為人在負面事件中的學習狀況，會比正面事件更快速、更輕鬆。然而，專注於有威脅性的或負面的資訊，反而可能會忽略、錯失、輕忽正面資訊，也可能會把中性的刺激因子誤判為具有威脅性。因此，在情緒反應程度高的時候所做出的決定，負面傾向會高得不成比例。

基於前述所有原因，只要待在身心容納之窗外，就要設法脫離內心念頭，而且任何的決策、問題的解決、規畫，一律都要延後，等回到身心容納之窗裡再進行。

注意力請只放在體感上，立足於當下。讓情緒的浪潮沖刷過意識，同時追蹤體感。可以做躺平放鬆練習，排解及釋放情緒，也可以來回注意接觸點帶來的體感，以及體內流動的情緒帶來的感受，盡量讓情緒在覺知範圍內充分綻放，然後沖刷過去。好比你會靜靜坐著陪伴情緒混亂的好友，你也可以當自身情緒的真摯好友。在意識內懷著愛與慈悲，就能經驗情緒、釋放情緒，不要試圖去做出改變或添加什麼。

有時，情緒浪潮會強烈得無法忍受，遇到這種情況，逃避應該會是正確的選擇。此時，打電話給朋友尋求支持、在大自然裡散步、做溫和的伸展運動、在浴缸裡泡澡，都會很有幫助，這種時候不該發洩情緒，不該把情緒寫在日誌本，這樣只會加強情緒的強度，如果情緒強烈度經常大到承受不了，請找治療師處理，應該也會有所幫助。接受過身體經驗技巧訓練的治療師，尤其善於幫人揭露舊有的情緒模式並釋放出來。經歷各種情緒，也是身為人的一部分，不需要逃避情緒、否認情緒，也不用替情緒找藉口。然而，也不需要用情緒來定義自己。我訓練過的人，很多都會用「氣憤」或「焦慮」來形容自己，讓一種情緒模式構成自我認同，局限了自己的真實樣貌。同樣地，很多人都以為，在各種情況下，自己都應該要能做出「進化的」或「樂觀的」情緒反應，同時否認自己能感受到「幼稚的」或「不理性的」或「負面的」情緒。

如果對情緒抱持這種根本信念，實際上並無法阻擋情緒的出現，情緒還是會出現，情緒只會因此更難進入意識。在意識裡，可以客觀地觀察情緒、釋放情緒。這類否認模式也受到社會上和文化上的制約，舉例來說，我訓練高壓職業人員的時候，會看見哪些類別型情緒合乎標準又適當，所以很容易就會經歷到，同時也會看見哪些類別型情緒不適當，這些觀察結果實在很吸引人。男性的憤怒，是文化認可的情緒，難怪男性多半很容易訴諸憤怒範圍內的情緒，小至不耐，大至憤怒。

然而，我請男性回想傷心或焦慮的時候，很多男性最先會留意到一些跟這類情緒有關的體感，例如肌肉無力、彎腰駝背、胃部不適、嘴乾，不過這類體感隨即就被憤怒相關的體感和念頭取代了。在文化制約下，男性習慣「保持堅強」或「處變不驚」，所以憤怒獲得容許，而悲傷和焦慮不被准許。

在很多女性的身上，卻觀察到相反的模式，女性輕鬆就能認清焦慮或羞愧的部分，卻很難認清憤怒、運用憤怒。我請她們回想她們氣憤的時候，很多女性最先會留意到下巴咬緊、肌肉緊繃、脖子發熱的感覺，不過這類體感隨即就被焦慮、悲傷或羞愧相關的體感與念頭取代了。由此可見，可能得撕開多層的洋蔥皮，才能留意、認清、願意允許、釋放自己經歷的所有情緒浪潮。

如果很難認清情緒，如果容易陷入沮喪念頭的內容，如果仰賴情緒壓抑，如果覺得否認某些情緒經驗會有用，那麼寫日誌本就會特別有幫助。理想上，強烈的情緒消退後，一回到身心容納之窗裡，就可以開始寫日誌本。然而，如果要在處於窗外的時候寫日誌本，務必要有空間、時間獨處，充分經歷情緒浪潮。根據許多實證研究顯示，藉由「表達情緒的書寫」來處理情緒，具有多項益處。[13]

舉例來說，留意到自己心神不安或不開心的時候，可以寫下尚未解決的事情。留意到情緒相關的念頭、信念、體感時，可能會把筆放下，改成做一次躺平放鬆練習，方便情緒浪潮通過身體。寫日誌本和躺平放鬆練習持續輪流進行，做到情緒浪潮完全消失為止。最後，揭露情緒背後的無意識信念，就能消滅情緒模式相關的制約作用。

如果遭遇的情緒強烈度跟目前處境不相稱，通常是跟早年情緒模式有關。目前人生境況裡的觸發因子，可以幫助我們運用、療癒、消滅舊有的模式。讓這個保存已久的情緒殘骸浮上表面，可能相當痛苦，但還是要心甘情願置身於情緒並感受情緒。在這裡要明的是，此時冒出頭、釋放出來的，是來自於當年制約的時候，所以小時候（沒有很多內外資源的時候）形成的情緒模式會特別難以承受，所以才需要看治療師。

舊有情緒模式浮上表面、釋放出來的時候，可能會留意到味道、聲音、畫面、回憶，而這些只是部分尚未解決的記憶膠囊，會在意識裡表達出來以利排解出去。理性腦可能會試圖找出意義，或者搞懂這種模式為什麼現在會浮上表面、釋放出來。盡量不去注意這類念頭，就任由情緒浪潮沖刷過意識吧。唯有透過當下的意識釋放出來，過去才能夠痊癒。這麼做的時候，自然就會感到更輕盈、更寬闊。身心容納之窗的寬度越寬闊，就越能接納自己的情緒。我們會相信自己已經培養出內在的毅力，就算是極其強烈又痛苦的情緒，也能充分經歷並釋放出來。

## 慢性疼痛是非常普遍的失調症狀

情緒的苦和身體的痛都是依循同一條神經迴路。[14]壓抑情緒，會加重身體的痛；處理情緒，身體的痛就會減緩。雖然痛不在腦袋裡，但是尚未解決的情緒，卻會加重疼痛感。

美國有一億多人苦於慢性疼痛。慢性疼痛不只會導致壓力、衰弱、枯竭，也會造成預期壓力增加，例如擔心疼痛永遠不會好轉、擔心自己可能會失能、擔心可能會因此失去工作。很多人的慢性疼痛是始於受傷或意外事故，傷口好了很久，卻還是持續疼痛。如果沒接受醫生明確診斷，很容易流於災難化，造成惡性循環。根據實證研究顯示，災難化會導致疼痛強度提高，[15]帶著疼痛的疲勞感變大，疼痛變成慢性的機率也會增加。災難化會增強疼痛，這件事實證明了疼痛具備生理和情緒兩個部分。

其實，只要經歷生理痛苦、情緒痛苦或社交痛苦，腦部裡的疼痛不適網就會啟動。[16]疼痛不適網包含了ACC和腦島的一些部分，這兩個腦部部位已在第十二節討論過，在壓力反應程度和情緒的調節上，扮演著一定的角色，而且正念心智健身訓練經證明具有調節能力。

就像第二節提到的，高壓環境的工作者特別容易透過身心症來表現情緒上的困擾，[17]因為他們認為，基於生理上的困擾而尋求協助，不會像心理或情緒上的困擾那樣被汙名化。前文提過第八十二空降師士兵的研究，[18]比較戰場新兵和老兵的反應後發現，快被派到戰場的時候，老兵因應壓力的方式是產生較多的生理症狀（包括慢性疼痛），同時否認情緒上的困擾。而我在教導他人的時候，也觀察到慢性疼痛是非常普遍的失調症狀。

在美國文化，大家往往認為，疼痛是受傷或肢體損傷所致，但近來的研究卻勾勒出更複雜的狀況。長久以來，醫生都很清楚，就算沒受到人身傷害，慢性疼痛還是有可能存在。舉例來說，下背痛的人有八五％左右診斷不出問題，[19]而椎間盤突出（下背痛常見原因）的人有很多根本不會痛。情緒痛苦和生理疼痛在腦部裡共用疼痛不適網，並依循同一條的神經迴路，所以兩者也會互動交流。慢性疼痛者的迴路變得過度敏感，這種情況往往成為疼痛路徑的中樞敏感化。根據近來研究顯示，中樞敏感化是身心系統的全身性發炎和慢性發炎造成的。

為突顯這複雜的關聯，重度憂鬱症患者約半數有慢性疼痛，[20]慢性疼痛者六五％有重度憂鬱症。更糟的是，憂鬱和慢性疼痛會共同導致失能、濫用、自殺傾向的風險增加。例如，從九一一後的戰爭退伍的美國軍人，他們的慢性疼痛和藥物濫用容易引發自殺念頭和暴力的衝動。[21]可惜，大多數美國人因應慢性疼痛的方式，往往成效低落，反而加深了無力感，生存腦更容易承受創傷壓力。

雖然大藥廠推銷一堆藥丸來「解決」問題，但是這類處方對慢性疼痛少有效用。還有一點更糟，幾乎所有的止痛藥，包括泰諾（Tylenol）和非類固醇類抗發炎（NSAID）藥物，例如阿斯匹林、布洛芬，在長期服用後，疼痛受體過度敏感化的情況會加劇。長期服用止痛藥，也會助長腸道通透度（「腸漏」），導致微生物群系健康受損、發炎反應增加，[21]第十七節對這點會有進一步的討論。鴉片類藥物，例如維可汀（Vicodin）、撲熱息痛（Percocet）、嗎啡），以及苯二氮平類藥物，例如樂平（Valium）、安定文（Ativan）、贊安諾（Xanax）、克諾平（Klonopin），都有這些缺點，卻也容易上癮，不但造成藥物濫用，也導致美國境內的鴉片類藥物爆炸性流行。

也有很多人求助於手術，但手術可能所費不貲，風險又高。疼痛通常會在手術後暫時消退，這現象是眾所皆知的安慰劑效應，但疼痛感之後往往捲土重來，變得比以前更痛，加深了無助感，例如，背部手術患者接受昂貴的手術後，約二〇%仍有慢性疼痛。[22]與此類似，根據幾項有良好對照的研究顯示，專門針對骨關節炎引發膝蓋疼痛採取的腹腔鏡手術，經證明跟安慰劑相差無幾，而且往往會導致患者更快需要接受人工膝關節置換術。

那麼，要在處理慢性疼痛時掌握主導權，該怎麼做才行呢？第十七節會提出具體的建議，用來緩解全身發炎的症狀，並且重新讓腸道菌群平衡。這裡先就強烈的體感，提出一些建議。

首先，請先認清，待在身心容納之窗外，例如睡眠不足、難以承受、經歷強烈情緒的時候，疼痛通常會惡化。慢性疼痛是一種失調症狀。所以，請運用一些方法（例如充分的睡眠和運動、良好飲食、做躺平放鬆練習），排解壓力，並回到身心容納之窗裡，這樣就能更快緩解疼痛。

你可以對躺平放鬆練習稍作更改，處理緊繃和疼痛的部位。脖子痛的話，可以練習非常緩慢地轉動脖子，慢慢轉到你要處理的部位，伸展動作務必要夠緩慢，這樣才不會不小心略過該部位。伸展到疼痛部位的邊緣時，請停住動作，把注意力放在該處。動作停住時，疼痛可能會暫時加劇，但接著會緩解。

如果留意到自己出現了第十三節提到的緩解症狀，就表示疼痛已經緩解了。也可以運用同樣的原理，把網球或高爾夫球按壓在酸疼或疼痛的部位上。如果可以承受不適感約九十秒，疼痛通常就能緩解。這類的躺平放鬆練習伸展運動，可以用來補足身體經驗療法（例如感覺動作心理療法、體感療癒法等）。肢體療法應該也有益，身體可以回到生化平衡狀態，目標是讓更深層的肌筋膜、能量、情緒釋放出來。

許多人因應慢性疼痛的方法是止住疼痛，但壓抑及對抗疼痛，必須耗掉大量的能量。緩慢訓練自己允許生理疼痛進入意識，就能把先前止痛使用的能量給騰出來。

**要謹慎處理疼痛，必須先培養注意力的控制**，例如進行接觸點練習。一開始培養注意力的控制，務必要用比較不會引發疼痛的姿勢練習，舉例來說，背痛者多半會覺得躺著進行接觸點練習，膝蓋彎曲併攏，就能大幅減輕練習時的疼痛。把注意力一再放在接觸點帶來的體感上，用來提醒生存腦很安全、穩定、安定，而生存腦的神經感知到安全，就有利疼痛消退。

養成如何控制注意力後，就可以開始處理疼痛，增強自己容忍痛感的能力。這裡要說明的是，最好在充分休息、調節良好、平衡的狀態下進行練習，例如，早上第一件事就是做練習。一開始要把注意力放在中性的目標物體上，例如聲音或接觸點帶來的體感。然後，把注意力引導到疼痛部位的邊緣，直接注意最疼痛部位的中間，並沒有幫助，這樣只會導致生存腦的神經感知到危險，觸發更強的壓力反應程度和疼痛！

留意疼痛部位邊緣的感覺時，務必把實際體感（例如抽痛、灼熱、刺痛或發熱）以及理性腦對疼痛的描述給區分開來。盡量不去注意任何跟疼痛有關的念頭，注意力集中在體感上。如果把注意力放在疼痛部位邊緣，實在力不從心的話，請把注意力重新引導回到中性的目標物體上。練習的時候，可以多次來回注意中性的目標物體和疼痛部位的邊緣。

注意疼痛部位邊緣時，可能會留意到壓力症狀，例如心率增加、呼吸淺、反胃、嘴乾、掌心出汗、胸悶等。發生這類情況的話，請勿注意疼痛，注意力應重新引導回到接觸點帶來的體感上，然後做一次躺平放鬆練習。慢性疼痛往往涉及尚未解決的記憶膠囊，還有尚未排解的不完整防衛策略，而把注意力放在疼痛部位的邊緣，有時就能深入了解兩者之一。只要做躺平放鬆練習，排解及緩解疼痛就行了。

然而，這種情況經常發生的話，極力建議你去找治療師，而且治療師要受過身體經驗技巧的訓練，例如感覺動作心理療法或體感療癒法。在治療師的幫助下，你就能安全度過及排解這些記憶膠囊，這樣也更有效率，好過於自行處理。

無論如何，只要練習把注意力放在疼痛部位的邊緣，那麼一段時間過後，就會更能承受不適感。更能承受有挑戰性的經驗，表示你與疼痛之間的關係，也會有所變化，疼痛帶來的沮喪和恐懼會變少。所以，正念干預訓練才能降低疼痛強度，減少疼痛引發的沮喪感。如果能毫無恐懼地處理體感，疼痛就會自然而然減少。

因為情緒痛苦和生理疼痛都是依循同一條的神經迴路，所以也可以利用本節講述情緒內容時提出的想法，直接處理潛藏的情緒。可以跟治療師合作，也可以在日誌本書寫自己的疼痛，請那疼痛傳達它帶來的訊息：使用非慣用手寫下問題，然後讓「疼痛」寫出答案，而答案往往會把內心的批評者給趕出去。這種做法雖然聽起來很怪，但根據我個人經驗，真的有用。

最後，想想自己對疼痛抱持哪些自我局限信念，例如設想自己身體做得到、做不到的事，全都寫在日誌本，然後進行一些小實驗來檢驗這些信念。這些信念是真的嗎？在這個過程中，你可能會把一些事情從「做不到」的類別改成「做得到」，而疼痛對日常生活造成的負面影響會大幅減少。下一節會就極限的處理，提出進一步的訣竅，也可以應用在慢性疼痛上。

# 15 拖延是身心系統復原的一種方式

我曾經訓練過某位軍事領袖湯姆，他小睡一下就會怪自己。我和他談的時候，他感冒了，正在養病，他說他和部隊在戰場上待了幾週，剛回來。他們在戰場上進行密集訓練演習，長時間工作，完成武器彈藥保管任務回來後，湯姆命令部隊提早解散，去沖熱水澡、吃頓像樣的一餐、好好補眠。不過，湯姆打算待在辦公室，處理一些文書作業，以及累積多日未讀的大量電子郵件。

然而，湯姆開始處理文書作業後，卻發現自己毫無動力。他怪自己缺乏自律，他說：「其他領袖一定能輕易的好好坐在桌子前，我卻輸給了自己的懶惰。」他移到辦公室的沙發上，拿起一本懸疑小說，讀了幾頁，馬上睡著，當晚醒來時，書還蓋在臉上，然後他回家，再沉沉睡了幾個小時。他向我坦承這種「耍廢」行為時，正癱坐在椅子上。

「有沒有哪件工作有時效性，昨天晚上一定要做完？」我問。

他搖了搖頭，說：「沒有。」

「今天早上醒來，有沒有覺得充分休息到了？」我問。

「有。」

「昨天缺乏動力的感覺，今天是不是好轉了？」

「好像是。」

「昨天，你順從了你所謂的『耍廢』，今天早上是不是精神比較好了？」

「當然了。」

「那我就不懂問題出在哪裡。」我表示。他傾聽身體的真正需求，睡了一下，現在精神更好、更有動力了。今天，他很可能花更少的時間就能完成工作，而且完成的成效更高，那不是耍廢，是智慧。

湯姆點頭，但看起來還是不自在，為什麼？雖然湯姆注意到生存腦的訊號和身體的訊號，也接受了訊號去睡覺，但是理性腦還是困在自以為的「耍廢」或「優秀領袖」的念頭和信念中，這些念頭並不合乎實際情況，而這種不一致會加深他的沮喪感。他還在對抗現實，把大量的自我鞭笞、羞愧、壓力，都加諸在顯而易見的適應決策上。

## 當腦海出現「應該」的念頭，表示忽略當下現實

理性腦裡的念頭、意見、信念、設想、期望、偏好，要是跟現實不一致，就會感到痛苦。從這類念頭而起的現象，統稱為「理性腦的意圖」。的確，理性腦可以產生絕佳的方法，人在處世時，也高度依賴理性腦的天賦，但最可怕的敵人往往是自己。

本節和下一節會探討理性腦在哪些處境下會讓自己惹上麻煩，同時也會讓很多人感到無助又無法掌控。然而，這兩節的主題跟壓力反應程度、情緒、慢性疼痛不一樣，是屬於心智造就

的壓力源，而且多半是理性腦造成的。之所以碰到這類壓力源就感到沮喪，通常是因為真正的現實，與理性腦期望的、相信的或偏好的「現實」有了落差。

本節的重點是在極限、界限、抗拒感下，掌握主導權。正念心智健身訓練包含的一些體驗練習，可以用來認清自己的極限及如何好好處理，雖然這些是本書未涵蓋的內容，但本節討論的範圍，已超乎正規的正念心智健身訓練課程。

就像第十四節提到的，念頭和行為跟此刻的現實偏離得太遠，生存腦受到威脅，總是會回以更高的壓力反應程度，確保訊息傳達出去，所以難怪湯姆的理性腦會期望他坐在桌前埋首工作，而生存腦卻放大了壓力、自我批評、羞愧感。

有個線索能用來判斷理性腦是否不善應對現實，那就是「我應該要……」或「我理所當然要……」的念頭。**腦海裡浮現「應該」的念頭，就表示理性腦正在忽略或否認當下的某個需求**。出現「應該」的念頭，那麼當下的現實和理性腦的意圖就會產生落差。

也許，不是真的想做理性腦認為「應該」做的事，可是會不自覺地想符合外在的期望，想討好別人，不想讓別人失望，內心有一部分想討好別人，另一部分卻不想討好。除非能好好認清這種矛盾的感覺，否則就會邁向內在分裂，最後這種內在分裂的情況，可能會化為不滿。此外，如果因為身為「堅強的領袖」（或「好家長」或「有用的同事」）就「不應該」有那種感覺，而繼續否認及壓抑那樣的不滿，也會逐漸習慣性去壓抑情緒。於是，就像第十四節提到的，習慣性壓抑情緒，調適負荷量會逐漸累積，造成許多後果，例如壓力反應程度、發炎、慢性疼痛都會增加，還會仰賴壓力反應週期習慣。

也許是理性腦覺得應該做的事情，在生理上、情緒上或認知上卻是做不到，這種情況會發生身心系統達到極限時，例如活動度的生理極限，人可以多久不進食、飲水、睡覺；一次能保存在工作記憶裡的事實數量。

在這個做不到的類別中，我探討的是自然規律造成的實際限制，而不是理性腦的局限信念。我們無法奇蹟般創造出一週八天，也無法阻止身心系統邁向老化及最後的死亡，**我們必須意識到實際限制，意識到理性腦往往會用「應該」的句子來否認限制的存在，有了這樣的意識以後，現實及理性腦意圖之間的落差，才不會變大**。

「應該」的念頭也有可能會用負面形式表現出來，像是「我不應該……」，這類句子是從對立面進入內在分裂的狀態，舉例來說，如果理性腦覺得「我不應該掀起事端、發表意見」，就表示理性腦正在努力默不作聲，做出配合姿態，討好他人，就算有一部分的自己真的很想說出心聲，也會噤聲。如果理性腦覺得「我不應該吃那塊甜餅」，就表示理性腦正在忽略潛藏的壓力反應程度和情緒，而那些正是生存腦想要用糖安撫的。不管是前述哪一種情況，現實及理性腦意圖之間的落差還是存在。

理性腦可能有某個意圖不合乎當下的現實，但這不是什麼問題，生存腦產生壓力和情緒反應時，**唯有基於壓力和情緒而不自覺地做出決定和選擇，才會是問題所在**。這個時候，就會開始很難應對現實情況。

由此可見，除非有道德義務採取行動，否則大多數的「應該」念頭，都會有選擇點，也就是說，「應該」念頭讓人有機會用客觀的態度，去調查哪些因素會導致當下理性腦的意圖與現實出現落差。如果有一部分的自己不想聽從「應該」的指示，就可以做出有自覺的選擇，有時可以選擇聽從「應該」的念頭行動，有時可以選擇不聽從。不管怎樣，都是讓自己有自覺的做出選擇，同樣地，如果落差的起因來自於「做不到」，就可以暫時留意這樣的極限，並且寧靜共處。

在這兩種落差下，只要把全貌納入考量，就能運用有自主力量的主導權。有時人會把「應該」的念頭外化到外在的環境，例如，你正在開工作會議，會議時間延長了，附近有個同事在桌底下偷用手機玩接龍，你浮現這樣的念頭：「應該要集中注意力，不該偷懶。」還有個同事嘮叨個沒完，你心想：「早就該講到重點，不要再聊了！」雖然這兩種「應該」的念頭是對外的，卻也呈現了現實及你的理性腦意圖之間出現了落差。

浮現這些念頭，其實意味你的身心系統可能不自覺地感到不耐煩。你的理性腦很難應對當下的現實，不想開冗長的會議，想要離開。不耐感造就出外化的「應該」念頭，不贊成同事的行為，但這是你完全無法掌控的事，同時你身心系統裡的壓力也會隨之增加。不過，如果把這類外化的「應該」念頭，看成是呈現出實貌的線索，就可以把注意力放在自己潛藏的煩躁感上，意識到當下現實的全貌。注意到煩躁感後，就可能會選擇把注意力引導到接觸點上，讓不耐的感覺過去，然後回到調節良好的狀態。雖然我們永遠無法控制周遭旁人，但是對於身心系統浮現的念頭，總是可以妥善處理。

開始留意到「應該」和「理所當然」的念頭後，也許多少會留意到，理性腦的意見會促使自己扮演受害者或烈士的角色，理性腦可能會變得非常狡猾。就算經歷可怕的事情，現實也從來沒有要求我們去做受害者或烈士，是我們自己這樣對待自己的。

我去某個教師寫作營指導過，有位教授克里斯很討厭自己的工作，他厭惡寫作、教書、同事、所屬學科，連寫作營也不想參加，但院長「極力鼓勵」他參加。幾週後，在每週的電話會議期間，他抱怨自己的工作和寫作營的作業，而我和同組的教授鼓勵他探究不快樂的原因並考慮離開學術圈。不過，他總是這樣回答：「我應該要參加寫作營，院長叫我來的。」「我應該要繼續做這份工作，我家都靠我這份薪水。」

這種情況持續好幾週，我發現他的負面態度會對全組造成有害的影響，我發自內心好奇，終於開口問他，他參加寫作營、過的人生都那麼不開心，到底有什麼好的，這個問題嚇得他沉默不語。我建議他想一下我提出的問題。稍後，他勇敢承認，不快樂的感覺會讓他覺得「有力量」，因為他身邊的每個人會看到他一直都在犧牲。接著我問他，為什麼喜歡被人這樣看待？他沉默了一會兒，然後說，這樣他就什麼也不用改。這番見解創造出餘裕，讓他的人生產生莫大的變化。

**當我們陷入「應該」中，就會有自覺或不自覺地對抗當下現實**，所以如果聽從「應該」的念頭做出決定，就往往會無視全貌傳達出的重要訊號。如果陷入「應該」的念頭中，對於他人如何就目前訊號做出選擇，理性腦確實自有一番意見，甚至會用這些意見壓制自身經驗。如果是這樣，**理性腦的意見不只會讓人看不清目前的處境，也會讓人無法運用天生的智慧，無法做出現在最適合自己的選擇**。如果有意識又有智慧，自身做出的選擇就不會被「應該」的念頭影響。在這種情況下，就能明確理解內在環境和外在環境，並且運用所有的訊號，而不是「應該」的念頭，選出最佳的做法。

**尤其是壓力很大的時候，理性腦的意圖可能會讓我們看不清楚實際發生的情況。由此可見，體感是十分重要的訊號**，因為身體的途徑，最能用來認清當下的真實樣貌。運用內在感受的覺察力來感受身體的感知，就能運用身心系統的天然智力，而天然智力的範圍超乎理性腦的意圖。

## 極限和界限，是特別重要的成長優勢

小睡的軍事領袖湯姆，之所以陷入「應該」的念頭中，主因在於他不自覺地無視幾項極限。當時他的理性腦意圖沒有實際切合他的實際能力，他的理性腦以為，自己在最佳情況下，應該有能力達到巔峰表現，這叫做情境A表現，也就是充分休息、放鬆、享受工作、待在身心容納之窗裡。然而現實上，湯姆發現自己處於情境B，也就是筋疲力盡、睡眠不足、不穩定、感冒養病、待在身心容納之窗外。

我教導高壓職業的專業人士及優秀的喬治城大學生時，像這樣很難應對極限的情況，其實是極常見的問題，是「沒有痛苦就沒有收穫」文化特有的問題，還促使人們在個體上、集體上都過度依賴「堅持到底、咬緊牙關繼續前進」的態度。這個困境有一部分是因為自身失調後，更容易陷入理性腦的意圖中，不過我們的困惑有一部分是因為沒有完整認識到極限的作用。

在繼續說明前，先解釋一些術語。「外在極限」（external limits）涵蓋了時空連續性、重力、光速、自然規律支配等環境現象；「內在極限」（internal limits），涉及腦部和身體的生物極限，還涵蓋了生理、認知、能量、情緒、心理等層面。內在極限的例子如：昏迷前可以忍受多強的疼痛、心臟可以跳得多快、可以扛起多重的東西、可以持續專心工作多久、執行功能多快耗盡，在難以承受、退縮不前或對外發洩以前，可以承受自身多高的壓力反應程度，或者可以承受他人多強的反應。的確，目前身心容納之窗的寬度是最重要的極限之一。

與此相對，界限（boundary）涉及了關係，[1] 包含自己喜歡與他人在身體上有多親密，對於觸碰他人、被他人觸碰，是否感到自在等，也可以分成認知上、能量上、情緒上、心理上的界限。有了健康的界限，自己的念頭、情緒、神經系統的反應，就能跟別人區分開來，例如我們可以意識到另一個人的念頭、情緒、壓力，不會被對方的內在狀態過度影響，也不用為此負責，還可以允許並接納我跟對方之間的差異，同時保有雙方的關係。我們不會讓對方的看法左右我們的決定，也不會試圖說服對方相信我們的決定。

正如所有的制約作用，人在童年所處的社會環境影響下，會憑著本能，內化自己對極限和界限抱持的信念與習慣。如果家長和照顧者尊重小孩的極限和界限，也尊重自己的極限和界限，那麼小孩長大後，在極限和界限下，還是可能會發展出健康的關係。反之，如果成長環境中，我們觀察到周遭旁人習慣性無視他們自己的極限，或者我們覺得被迫無視自己的極限，好避開懲罰或尋求關注或愛，就很可能會發展出不健康的極限模式。同樣地，如果小時候經歷過關係創傷，或被要求去做別人想做的事情，沒照顧到自己，那就很可能會發展出不健康的界限模式。

對我而言，極限和界限向來是特別重要的成長優勢，這多半是因為我從剛開始學走路起，就反覆經歷暴力、受到創傷。許多年紀更大、更強壯、更有力量的人，反覆否認我的極限、侵犯我的界限，所以我不自覺地知道自己的界限和極限肯定不是真的。

我的理性腦也扮演著一定的角色，在這類情況下保護著我。理性腦創造出好幾個無意識信念，其核心多半是我一定有什麼地方出錯才導致這些事件發生。換句話說，我的理性腦創造出的信念、念頭、設想，讓我以為自己安全無虞，但周遭環境其實不安全。在那個年紀，很容易就以為自己出錯，而不是情況出錯。現實世界不安全，自己太年輕、太無力，逃脫不了，理性腦只好自己想出一套方法。

生存腦的神經感知到缺陷存在，而我不自覺採取的策略，卻是否認自己的疼痛，無視自身的極限，還相信是自己給出了理性腦的意圖，在這一系列的制約作用下，人就邁向了創傷重演。這是一遍遍反覆發生的情況，每次發生都進一步導致身心容納之窗窄化，同時也強化了理性腦的模式。

這一系列的制約作用使我得以存活下來，在現實及理性腦意圖造出的「現實」之間，總是試圖做出難以達成的事，這種深植又不自覺的模式，要付出極高的代價。舉例來說，回到第一節我的例子，拔釘鎚刺到腳後跟，傷口深達二．五公分，受傷七天後，還是全程跑完馬拉松，就算跑到十六公里，傷口開始再度流血，也不停下腳步；哈佛博士論文再十週就要交出，還有七節的內容要寫，後來在最後期限當天交出四百六十一頁的原稿，就算熬夜熬了幾個月，就算吐在鍵盤上，也堅持繼續寫下去。

我的情況跟湯姆一樣，現實及理性腦的意圖之間，確實有很大的落差。我順利完成不可能的事了嗎？當時，我的理性腦當然是這樣以為的。此外，我做出這些選擇，周遭世界也給予獎勵。不過，在「不可能」的模式下，基於想要有所成就的動力，理性腦總是浮現一種很不成熟又不自覺的信念，以為自己一定有什麼地方出了錯。像這樣依循「不可能」的模式，要付出什麼代價呢？就是我的健康、我的關係、我的內在混亂、我漸增的調適負荷量所要承擔的。所以咬緊牙關繼續前進才會這麼有用。

從我的故事看來，現實及理性腦對「現實」產生的意圖，這兩者之間的落差多半來自於童年時期。一段時間過後，我們會讓更多這類不自覺的模式進入意識知覺，從而能客觀地探究並痊癒，然後終於做出不同的選擇。在這個過程中，我們終於認清，**我們能擔起的責任，就是看**

**清目前處境，然後充分發揮現在的能力處理**。當然，眼前的情況（包含自身極限和界限的目前狀態）有可能會讓「充分發揮現在的能力」隨時產生變化。此處並不是以完美為目標，而是以健全為目標。

如果懷著客觀的好奇心，開始探究自身的極限和界限，那很快就能落實三件事情：

1. **極限和界限並不相同**：例如，在某些極限下，可能會有驚人的能力，可以承受莫大的要求，不過某些極限很小，幾乎是立刻就枯竭了。
2. **極限要看情境而定**：也就是說，待在身心容納之窗裡，極限的大小是固定的；待在身心容納之窗外，生病、筋疲力盡、匆匆忙忙或壓力很大，極限就小多了。同樣地，人跟朋友的身體距離，會比同事或陌生人還要近，跟朋友分享的事情，也比同事或陌生人還要多。
3. **極限是動態的**：我們的身心其實比自以為的還要更加多變。例如，爭取重要客戶前的忙碌早晨，你的界限可能極為有限，也就是說，你會陷入焦慮，幾乎無法跟配偶進行有意義的交流。然而，等到簡報成功、贏得大合約後，你的界限會大幅擴展。現在，配偶度過高壓的一天，你非常樂於傾聽，提供情感支持。

正念練習之所以能帶來幫助，原因之一就在於動態的特質。每天進行練習，就能觀察到自己的內在極限一直在變動，有些日子可以做出有挑戰性的瑜伽姿勢，有些日子就是做不到；有些日子思緒沉著又專心，有些日子思緒奔騰又分心。只要能觀察到這類變化，就不會把自己的極限和界限放在心上。還有一點更重要，理性腦更能發現自己處於情境B的現實，不會那麼急著達到情境A的巔峰表現。雖然我們必須接受自己現在的極限和界限，但是也可以在一段時間後，特意去拓展極限和界限。「沒有痛苦就沒有收穫」的座右銘，就呈現了一部分的真理。

為什麼「沒有痛苦就沒有收穫」只是一部分的真理？因為這句座右銘只著眼於過程的上半部，即引領自己跨出舒適圈，也就是說，刻意選擇無視目前的極限，然而「沒有痛苦就沒有收穫」漏掉了過程的下半部，刻意無視日後的完全復原。還有一點很重要，這過程的下半部其實才是拓展極限之處，你或許已經明白了，特意拓展自身極限一段時間，所依循的過程就跟拓展身心容納之窗一樣。

上過健身教練課的話，應該會聽過「第一階段」和「第二階段」的肌肉疲乏。在第一階段，理性腦充滿沮喪念頭，勸你現在就停下，而肌肉會對你大喊大叫，你痛死了，但教練堅持你繼續做下去，你只好刻意無視疼痛疲勞。你繼續逼迫自己，肌肉終於來到第二階段的肌肉疲乏，這時鍛鍊的肌肉開始不受控地發抖打顫，身體一陣陣發熱，鍛鍊體能就是為了「打顫」，這是在破壞小肌肉纖維，經過後續幾天的復原和酸痛，肌肉會自行修復。選擇跨出舒適圈，鍛鍊肌肉，就能回到更強壯的基準。然而，有一點很重要，要鍛鍊肌肉並拓展生理極限，必須要有復原的時間。要是訓練太辛苦，沒有充分復原，肌肉就會反覆拉傷受傷。

人類如何超越生理倦怠，已有實證研究探討過了。根據研究，第一階段肌肉疲乏時，感受到的疲勞和不適感，不是來自於鍛鍊的肌肉，其實是來自於腦部。[2] 腦部有如氣力的「中央總督」，可以避免身心系統受損，防止內部系統的能量全都耗盡。所以，如果腦部察覺到能量庫用得太快，就會產生沮喪念頭和生理疼痛，要我們停下來。這種發訊號的方法會留有餘地，也就是說，早在肌肉達到實際極限之前，腦部就會產生疲勞感和不適感，好比汽車亮起了沒油的指示燈，實際上卻還有好幾公升的油，可以開到加油站，而理性腦也是這樣，意識到自身極限而出現的念頭，並不符合實際的極限。腦部會根據它對氣力、時間的期望和信念，調整表現的步調，所以有可能覺得體力透支，卻還是有能量做最後衝刺，原因就在於腦部預期這個過程即將結束。

安慰劑效應有相關的研究，[3]呈現出理性腦的期望是如何造就生理上的成果，例如改善免疫系統、分泌更多腦內啡來減少生理疼痛感、降低焦慮感和疲勞感。在這項研究中，醫生會刻意使用假造的藥物或療方，使患者產生期望，以為該種干預療法會成功。雖然患者不知道造假，但醫生熱切採用該種干預療法，於是患者運用內在資源，身心隨之獲得改善，換句話說，**理性腦懷有特定的期望**，**就能造就出相符的實質成果**。綜上所述，這項研究的重點是，實際極限及理性腦對極限的意圖間存在落差，而這落差的出現有兩項原因：

1. 第一項原因，前文已經討論過了，有人會習慣性且往往不自覺無視實際極限，這就是「沒有痛苦就沒有收穫」、堅持到底的做法。好比運動員負傷上場可能會受到嚴重傷害，習慣性無視實際極限，又沒充分復原，調適負荷量就會逐漸增加，身心容納之窗就會窄化。此外，還有可能在過勞與倦怠之間搖擺不定，隨後出現拖延、抗拒、自我挫敗行為，然後覺得自己「落後」，急忙想要追上去。這整個流程會一直不斷重複下去。

但有些時候，確實要無視自身的極限才行，例如，在危機或緊急情況下有效做出因應；最後期限突然更改也要趕上；晚上要照顧生病的家人等。在前述的各項例子中，人生遭遇變化，碰到緊急情況，就必須彈性應對，這沒有問題，當遇到緊急情況，自然會選擇無視自身的極限，只要是有自覺去做就行了。

如果有自覺去做，會更意識到自己無視極限的話，那麼感知就會產生偏見，注意力就會窄化，執行功能能力就會枯竭，更會意識到，這樣可能會加深抗拒感、拖延、焦慮、易怒、其他的情緒效應。有了這樣的認識以後，就會更容易自我疼惜，不會怪自己不好，最重要的是，**要有自覺地留意到自己需要盡快復原**，於是就能刻意安排時間睡覺，並從事其他的復原活動，進而回到身心容納之窗裡，回到調節良好的狀態。

2. 人會習慣性且往往不自覺地不願超越實際極限。在此，理性腦的意圖包含了阻止自己冒險的局限信念。我在教導學員時，經常看到以下的局限信念：

- 我這人就是焦慮（頑固、生氣、不耐、傷心、自立、內向、躁動不安、過度反應、混亂、恍惚、完美主義）。
- 我的家族有憂鬱症（焦慮症、糖尿病、心臟病、成癮）基因，所以我會有也是沒辦法。
- 我的時間（金錢、技能、人脈、經驗、朋友、自律、意志力、支援）不夠。
- 我沒有適當的資源。
- 如果做不對，就根本不值得做。
- 我太忙、我有太多事情要做、我無法掌控自己的行程。
- 我一向不懂得與人相處。
- 我在感覺（小孩、動物、新處境、公開演說、運動、放鬆、抽出時間休息）方面，很不擅長。

- 我不夠強壯（苗條、配合、有錢、聰明、有魅力、有創意、堅韌、高情商、自律、有價值）。

在理性腦的意圖中，局限的信念很有說服力，會阻攔人去做原本要做的事。[4] 如果能開始認清某些局限信念，擺脫那些信念，就往往能揭露出更深層甚至更普遍的信念。局限信念造成的妨礙，比我們意會到的還要頻繁，不但會阻止我們冒險，還擴大了極限範圍。那麼，我們可以怎麼做呢？首先，要有自覺地意識到局限信念，然後客觀地掌握局限信念。對於局限信念的內容，也許會感到尷尬，但還是必須認清，那些局限信念是怎麼滿足自己的需求。從我的故事看來，在早年的人生，很多的局限信念就發揮了適應作用，保護我們的安全，避開痛苦經驗。

接著，就要探究：「這個局限信念實際上是不是真的？」只要提出這個疑問，並且始終真誠接納自身所學，往往就能發現，實際上沒有證據支持該信念。或者說，有一些事實也許能證明當中的某個層面，卻不足以證明全部。局限的信念一經深度檢驗，並跟今日的實際現實仔細比較，往往就如一縷輕煙般消失不見。

此時，就能以今日的真實事物取而代之。比如說，如果局限信念是「我的時間一直不夠用」，那可以改成「等我有了明確的意圖，就會有充裕的時間，投入真正重要的事情」。**越是明確知道實際處境和自身的實際極限，就越不會相信局限信念**，在這個過程中，就能創造出許多的改變和成長的可能性。局限信念有多種不同的不足之處，理性腦的意圖在核心上就是不滿現實的某個層面，所以覺得必須增加、從事或擁有某件事物，才會感到完整。在局限信念下，冒牌貨症候群、羞愧感、自我厭惡感也會加重。

綜上所述，要根除局限信念，效率最高的途徑，通常就是直接處理內心潛藏的不足感、不妥感、沒價值感。一開始探究的時候，可以在日誌本撰寫局限信念，局限信念首次出現在你的人生時，你有哪些記憶，也可以寫下來，舉例來說，也許會發現自己其實是從別人那裡記取局限信念。只要客觀書寫局限信念首次出現時的情況，不久就能揭露局限信念相關的潛藏情緒，然後就可以運用第十四節的方法，直接處理情緒。

在此就人們習慣性適應極限的方式，提出最後一項重點。實際上，人經常會有兩種情況：

1. 無視一些極限。
2. 相信自己對其他極限產生的局限信念，迴避核心問題。

根據我自己的人生，根據觀察他人經驗而獲得的心得，我理解到，這些對立的能量能讓人陷入人為的處境當中，這些處境必須瓦解，但有了理性腦的意圖，就無法瓦解處境。舉例來說，對於第十四節提到的情緒相關局限信念，我們往往深信不疑，之所以害怕感受自己的疼痛，就是因為怕情緒永遠不會停止，怕自己會失控。我們相信這類局限信念，不願拿自身的情緒、心理模式或關係去冒險，而**我們理性腦的「不可能」方式就是無視其他的極限和界限**。

這類情況列舉如下：你很討厭現在這份工作，卻還是要繼續做下去；你和對方的關係是奠基於虐待或成癮模式；婚姻或事業要麼該徹底轉向，要麼接受失敗收場；員工加入組織或從事創意工作後，願意不遺餘力完成使命，就算損及健康、放棄私人生活，也在所不惜。人基於責任感、服務精神、使命貢獻感或對別人負有義務，往往會選擇長久待在這類處境下，不過如果不屈不撓的努力，遭到濫用或被視為理所當然，就會身心俱疲、產生不滿，依賴壓力反應週期的因應習慣，造成調適負荷量增加。人也會創造（共）依存的關係，相關者全都自覺地或不自覺地串連起來，維持日益不穩固的現況。最重要的一點，現實耐心地試圖告誡我們，我們卻蒙蔽自己和相關的旁人。

基於理性腦的意圖，用人為方式支撐這類處境越久，**現實及理性腦意圖之間，日益擴大的落差所引發的張力，就會變得越強，最後需要修正越多，張力才能釋放出來，處境也才能回到合乎現實的狀態**。

相信我，我是付出了慘痛的代價才學到教訓。以我的例子來說，代價是失去視力及結束婚姻。現實以及理性腦的意圖之間，確實有很大的落差。對於理性腦的意圖，就算用心努力處理，就算加倍努力處理，處境裡需要瓦解的潛藏問題，還是不會奇蹟般消失。不是光憑奮鬥不懈就能擺脫問題，除非我們願意讓潛藏的問題浮出表面，願意去感受並釋放自己一直在迴避的疼痛，否則情況只會繼續惡化下去。掙扎得越久，承受的苦痛越大，同時張力會不斷累積，直到終於準備好面對現實為止，與此同時，所有累積的張力，必須在某處表現出來，例如對外發洩、意外事故、健康危機、重大道德缺失等。

人對抗現實，現實總是贏家。如果要讓這些處境適度瓦解，該怎麼做？應該盡可能周全又慈悲才是。首先，必須一視同仁考量並尊敬每個人的需求，包括自己的需求。必須願意誠實面對自己，對自己誠實，才能對別人誠實。還必須認清一點，這個處境之所以持續下去，是因為自己一直緊抓著的成果並不合乎現實。由此可見，一直偽裝著的理性腦意圖，很可能十分隱而不顯。接著，必須揭開理性腦的意圖並加以檢驗，也就是說，要查看是哪些信念、設想、期望，在支撐著這一整幅無法長久持續的假象。必須有條不紊地，逐一意識到那些信念，然後探問：「這實際上是不是真的？」不管答案是肯定還是否定，在可以確切作答以前，不能真的去順從現實。最重要的一點，不管答案是什麼，都必須願意接受才行。如果資訊不充分，回答不了，那就需要更多的資料。舉例來說，我踏上正念心智健身訓練之旅，創立了非營利的心智健身訓練學院，而我們能維持學院營運十八年，大部分都是因為能夠無視極限的存在，尤其是無視我自身的極限。整整十八年，我領一份薪水，做兩份工作。我很清楚，我是在無視自身的極限，卻還是基於對自身使命感的深切承諾，選擇繼續堅持下去。我們跟新創公司一樣，都是靠著自家員工的「血汗股權」，逐步壯大。

資源不夠，卻還是選擇不屈不撓努力，很大程度上，是基於一項顯而易見的集體設想：「以為經由嚴謹的高壓環境科學研究，找出的正念心智健身訓練，最後可以讓正念心智健身訓練更廣泛應用在高壓環境。」正念心智健身訓練成為最有效的韌性訓練計畫，而且是經過美軍實證檢驗，不過基於種種超乎我們掌控的理由，原本要更廣泛應用的合約，仍然尚未履行。與此同時，緊繃的局勢和不穩定的經濟狀況長久累積，到達瀕臨崩潰的極限。

作為因應，董事會跟我透過為期兩年多的審慎實驗途徑，花時間仔細揭露我們所有的設想並加以檢驗，尤其是半自覺的設想。這個過程有一堆失敗和混亂，卻也獲得珍貴的資訊，幫助我們獲得清晰感。雖然關閉學院很令人心碎，但終歸到底是正確的選擇。在檢驗自身設想的時候，會不會做出笨拙的選擇呢？當然會，畢竟我們都是凡人。不過，從那些選擇中，有沒有學到什麼呢？當然有。

任由事物瓦解，也許是一段痛苦的過程，而迴避現實好一段時間的話，就會格外痛苦。不過，還是必須相信自己有智慧和勇氣去面對及度過現實。我們必須相信，就算理性腦現在還認不清，但只要由衷考量每個人的需求，現實就會為相關人士顯現出最佳做法。我們必須相信，任何的失去總是會帶來新的可能性。現實的運作向來神祕，超乎理性腦的狹隘意圖。說來奇怪，任由這類處境瓦解，往往有機會成長，組成新的構造，更合乎自我的真實樣貌。

## 抗拒感，是一種保護機制

凡是對自身意圖和目標造成干擾的事物，就可以叫做抗拒感，而痊癒、成長、進步的目標也涵蓋在內。由此可見，只要引導自己去做的事情，會引發生理、智識、情緒、精神、關係上的不適，就會出現抗拒感。比如說，開始運動、改變飲食、學習新技能、戒除拙劣的習慣、在職場上表現得更真誠、在感情關係中努力培養更深的親密感，這些時候就會出現抗拒感。在寫作、作曲等創意工作上，抗拒感十分常見，就算是為達長期目標而放棄短期愉悅感或舒適感的情況，也可能會出現抗拒感。這裡我指的並不是「好的」抗拒感，不是反對壓迫、防範不道德行為或有害行為的抗拒感。

雖然抗拒感分成好幾種，卻都會對成長、創造力、至高的使命造成阻礙，內心起碼有一部分會抗拒眼前工作的現實，而這往往就表示我們自己窄化了身心容納之窗。在此列舉一些常見的抗拒感類別：

- 拖延、難以承受、逃避行為，包括從事一些過度忙碌和優先等級低的活動，同時把為達重要長期目標而應處理的工作往後拖延。
- 焦慮、易怒、躁動不安，以及符合以下條件的其他情緒：透過娛樂、購物、食物、性交、酒精或其他物質，尋求「舒適型解決辦法」或快速輕鬆的滿足感。
- 損及自我和自我挫敗的行為，包括成癮、婚外情、危險行為，自己在職場上或在私人生活中製造的戲劇化事件，會導致自己扮演受害者或不專心工作的戲劇化事件。
- 完美主義、自我批評、局限信念、負面態度、合理化，還有理性腦為了你不想做工作而提出的其他論調。
- 自我懷疑，害怕失敗，還有害怕成功（這很矛盾）。

高壓環境特別有可能引發抗拒感，因為高壓環境通常是要從事耗費心力的危險工作，要放棄短期的舒適感，以期達到個體和集體的目標，在高壓環境下，普遍有睡眠不足、漫長的工時、暴躁的同事、沒耐心的顧客和客戶、酸痛的腳、惱人的設備、壞天氣、嚴酷與有害的環境、爛透了的食物、把身心系統逼到極限的密集訓練法。而莫非定律還沒納入等式，也許會突然發生電腦崩潰、班機取消、輪胎漏氣、停電等情況，會出錯的話，遲早就會出錯。

在要求嚴苛的高壓環境下，抗拒感逐漸增強。由此可見，武士文化獨有的教導重點，之所以勝過抗拒感，是因為武士環境的特色，就是會有一些引發抗拒感的處境。怪不得要克服抗拒感，就必須具備三項要件：有自覺的意圖、持續不斷的練習、自律。這三者是武士途徑相關訓練法的核心所在。此外，有了智慧和勇氣這兩項武士特質，我們就能無視抗拒感的存在，不屈不撓邁向目標。

很多人都觀察到一點，抗拒感往往來自於恐懼，[5]是試圖保護自己，免得失敗、社會排斥、遭到報復、不受歡迎的關注。在此，抗拒感是在試圖讓自己保持安全無虞。如果童年初期發展出的存活策略，是討好別人、隱藏自己、讓自己隱形起來，就尤其會習慣阻止自己表達創意和真誠。說來有趣，在恐懼產生的抗拒感下，理性腦的意圖（保持沉默渺小）通常會包含真相的成分，而真相是力量的泉源。

用新的想法和創新來撼動現況，確實不是人人都能欣賞的。如果提出的建議是必須改變現況，現況肯定不會欣然接受。雖然很多人欣賞我們付出創意努力，但總是會有一些批評者和黑粉，我們沒辦法時時討好所有的人。這種說法或許是真的，但我們沒有任由這種說法阻擋我們前進。不投入理性腦裡的恐懼所產生的意圖的內容，而是運用第十四節的方法，處理體內的恐懼感，這樣就會有所幫助。

在此，理性腦的意圖及現實之間的落差，也可以是重要的線索。內心的批評者往往會冒出來，此時就可以確信，自己投入的事物是在刺激自己成長並展現出最好的一面。當我們正在進行最有創意的工作，也就是說，投入的專案會用到我們獨特的天賦和才能、是在追隨我們內心真正的召喚、是在展現我們的真誠，這個時候，恐懼和自我懷疑往往會出現。說來奇怪，出現恐懼和自我懷疑，通常就表示正在做的事，就是注定要做的事。美國作家史蒂芬．普瑞斯菲爾德（Steven Pressfield）認為，抗拒感與愛成正比，對於某項專案或某個召喚，懷有的熱情越大，就越是會感到恐懼。[6]然而，這樣的專案和召喚，往往是自身成長的關鍵，所以武士精神才會培養智慧、勇氣、自律，這樣就能理解現況，而理解了現況以後，還是會選擇繼續往前邁進。

如果抗拒感是來自恐懼，務必要理解背後的觸發因素，要用自我疼惜的態度，去承認恐懼、選擇面對。抗拒感是自然而然日益累積，最好及早面對恐懼，並開始投入工作。相反地，如果順從了逃避行為，往往會浪費能量，身心系統的張力會漸增，羞愧感和自我批判會加深。此外，就跟任何習慣一樣，今日順從了逃避行為，就是在強化逃避行為，那麼明日要面對抗拒感、進行改變，就會變得困難多了。

因此，只要有一絲抗拒，就要認清並指出，用客觀的好奇心，留意抗拒感出現時的體感、情緒、沮喪的念頭、行為衝動，然後著手進行。

一開始就要採用最簡單、最不費力的方法，最好是最不辛苦的途徑，舉例來說，我寫作時，在恐懼下，產生了抗拒感，從而體會到一點，只要先隨心書寫，不去校訂，之後再順其自然改用電腦，就不會那麼辛苦，也可以把計時器設為十五分鐘至三十分鐘，專心處理工作，如果有穩定漸進的進展，就會有鬆了一口氣的感覺，而且動力和信心會逐漸累積，從而明白，就算心懷恐懼，還是有可能進步，當抗拒感再度出現時，就會對自己更加自信，不被搞得團團轉。一段時間後，就能訓練出，不管如何每天都會有所進步，完全投入練習和有效的方法，不會過度重視產品或成果。

成熟的方法與順勢而為的平衡，也會在選擇坐下來，並自然投入工作時發揮作用，藉以獲得靈感、見解、指引、創意、熱情、興起的動力。我坐下來寫作，通常會點蠟燭，提醒自己唯一要務就是帶著覺知現身，並且邀請靈感女神進來。然而，有一點很重要，不是所有的抗拒感都來自於恐懼或自我懷疑，**抗拒感也許源自於無視自身的極限**。你可能已經留意到了，睡眠不足、承受壓力、身心俱疲、生病、經歷慢性疼痛、失調時，就比較會拖延、損及自我、選擇逃避，如同第二節提到的，我們集體把「壓力很大」等同於忙碌、成功、重要，這樣往往會把「壓力很大」及其導致的後果切斷連結。此外，還會無視諸多極限，引發這類的抗拒感。

之所以明白抗拒感與無視極限有關，主要的線索在於我們浪費時間、白費心力，還把能量耗費在不重要的地方，因此無法集中注意力，無法有效運用能量。我從自己和許多人身上，都觀察到這種現象，所以才認為，**無視極限引發的抗拒感，其實是身心系統試圖復原平衡感，而採用的一種巧妙方式**。

我們逼得太緊，才發現自己停下腳步作為彌補，甚至可能會感冒，強迫自己休息。例如，我逼自己在最後期限完成博士論文、拿到獎助金的那一年，常常都在「浪費時間」，例如織毛衣、跟室友看不斷重播的《法網遊龍》（*Law & Order*），如今我才認清，當年的身心系統是用特別的方法，強迫持續數月瘋狂熬夜的我，進入延宕已久的復原期。然而，當時的我跟湯姆一樣，不留情地怪罪自己的行為很「懶惰」。

在這類抗拒感下，人往往會在拖延時間與浪費時間搖擺不定，然後覺得「落後」，於是熬夜加班或週末工作。這類搖擺不定的情況，通常是無視極限的一種跡象。因此，留意到抗拒感時，不要理所當然以為抗拒感只跟恐懼有關，一開始就要探究，自己是否不自覺地無視極限的存在。你可能會答應某件事，但你的身心系統其實希望你不要答應，或者你可能一直在緩慢累積睡眠不足的問題，你甚至可能會有自覺地無視極限，但還是沒騰出時間進行必要的復原，加以平衡。

如果發現自己正在無視極限，現在就該直接面對這類抗拒感。如果沒有立刻復原的跡象，至少要運用第十四節提到的「行為習慣層級」，選擇短期上更具調節作用的活動，同時務必要盡快在行事曆上騰出時間，投入更深層的復原、睡眠、休息。喘口氣，獲得需要的補充、休息、復原、再生，就能帶著復原的活力、轉變的角度、專注的能量，以更好的狀態重返。

# 16 如何面對不確定、沒時間和多變的狀況？

珍娜（Jenna）很常焦慮，她是正念心智健身訓練的學員，在國家安全領域工作。她的理性腦總是在規畫，經常預先考量各種可能出錯的事，想著自己應該如何因應等。

珍娜在課堂上舉手想回答問題，等到我請她回答時，她常把原本打算要說的話忘得一乾二淨，我們私下面談時，我問她，其他時刻是否有這類記憶喪失的情況，她點了點頭。珍娜說，有時會記性不好，因為她的腦袋會一直不斷規畫，想著要怎麼應付突發事件，她也承認，一旦開始規畫就會跟著焦慮，晚上睡不著覺。她晚上多半只睡三、四個小時，最近壓力很大，胖了快九公斤。

珍娜對我說，她想要揮別焦慮、失眠、記憶喪失、體重增加的情況，不過她也提了好幾個例子，表示自己設想了一些不太可能發生的情境，最後卻發生了。珍娜堅信，這些例子證明她的擔憂可以保護她和家人的安全。

「理性腦的規畫，可能會焦急地打造出自我應驗的預言，妳有沒有想過這個可能性嗎？」我問。

「完全沒有，」珍娜用力搖了搖頭。「因為我預先設想好應對方式，所以才保護了家人的安全。」

「好，可是這種策略要付出的代價不是很大嗎？」我問，「理性腦的規畫習慣，還有規畫引發的預期壓力反應，這兩者有密切的關聯，既然這點妳現在都已經知道了，難道不覺得可能會有更輕鬆的方法嗎？妳的規畫引發預期壓力，可能會造成記憶喪失、焦慮、失眠問題加重，而且妳剛才也說過，希望能改善這些情況。」

「我想，這些情況就是必要的代價。」她回答。

「可是，假如我跟妳說，停止不斷規畫，還是會過得很好呢？」我問，「我知道妳有各種出色的才能，妳只要信任自己當下能有效處理就行了。」

珍娜皺眉，再次搖頭。「不是，我處理事情的方法，就只有一種──事先規畫出所有不同的選項。」

「可是，萬一發生的事情跟你事先規畫的選項不一樣，又該怎麼辦呢？」我問，「就像學開飛機本來是為了以備不時之需，但恐怖分子學開飛機，是為了開飛機撞大樓。」

「那我就完蛋了。」她聳肩，放鬆地向後靠著椅子。話一說完，我們倆都笑了，緊繃的狀態解除了。

不久，珍娜的笑聲化為眼淚。我把面紙盒遞給她，我們倆安靜坐著，等她哭完，壓力自然排解。

一會兒之後，珍娜擦乾眼淚，輕聲問道：「不過，九一一之後，美國過得還算不錯，不是嗎？雖然我們都不希望發生災難，但也不會因為擔心災難到來而每天擔憂。」

「是啊，還可以。」我點頭，「雖然發生的事情跟我們的應變計畫不一樣，但是我們還是能集體發揮毅力。我不是想忘掉當時的痛苦和死亡，但後來也出現一些驚人的勇敢行為和共同體，我們擁有的適應力，是我們可以依靠的。」

## 預期心態所做的規畫，反而讓壓力加劇

本節的重點是在不確定、時間短缺感、多變的情況下，掌握主導權。如同第十五節，本節的主題是心智造成的壓力源，而且多半是理性腦造成的。雖然本節討論的內容多半超乎正念心智健身訓練的課程範疇，但是本節的主題和策略，已經納入我在喬治城大學，為時一學期的正念心智健身訓練相關課程。就本書的第二個目標來說，本節的內容特別重要，可以更廣泛呈現出我們在個體上、集體上是怎麼處理壓力與創傷。

就像珍娜的故事強調的，人類時常仰賴預期的心態，去思考、演練或規畫將來可能發生的事件。在不確定與多變的時期，人會特別仰賴預期心態。預期心態是「未來導向的焦慮控管系統」（future-oriented anxiety-management system），我們預期的未來事件經常是不快的，我們會災難化、做出最壞的打算、試圖操控自身經驗，以免發生不適和疼痛；我們預期的未來事件也有可能是愉快的，例如幻想著即將到來的假期。不管是哪一種情況，我都把它稱為「規畫1.0」，理性腦習慣想像未來的突發事件，據此做好準備。

在重視技術的美國文化，預期心態走向極端，[1]人們試圖預測意外事件，防止意外發生，希望不確定和無法預測的現象可以用科學與科技來解釋，希望科學與科技能控制那些現象。

就像第二節提到的，現代科學蘊含以下的文化信念：之所以會有無法確定的情況，是因

為人類知識不完整，不是因為隨機性質或現象天生不可知；有了充分的量測、數據、計算或分析，就能有效預測，畢竟現象是可知的。[2]舉例來說，現今我們大量採用「大數據」與「資料探勘」的方法，[3]把資訊化為可編索引、可搜尋、可檢驗的資料，方便演算法自動化分析，大數據的魅力之一，在於大數據可以用來預測未來，也許無法用來確切得知某事發生的原因，卻能用來找出模式，有利預測及防範未來發生意外事件。

就核心而言，人類之所以集體過度依賴科技，是因為人類無法忍受不確定的情況。[4]我們的集體意識跟珍娜一樣，都是理所當然認為，在科技的幫助下，就能預測及規畫出一套方法，邁向必然的情勢。

珍娜在對談時也承認，只要自己覺得能知道將來發生的情況，並擬定一套因應計畫，理性腦就會有安全感，很多人都認同理性腦對這世界的理解，也因此獲得安全感。規畫1.0是負面強化作用造成的一種長存的習慣，只要意識到人生不確定、時間短缺，就會覺得壓力很大。理性腦習慣擬定心理待辦清單和應變計畫，會覺得更有把握、更有掌控感，有安撫焦慮的效果。然而，有一點很重要，這個效果虛幻不實。下次你留意到自己的理性腦進入規畫1.0的狀態，請以客觀的好奇心加以觀察，你會發現，規畫1.0通常是分心又疲憊不堪的狀態，由於內心有急迫感，加上沒處理長期優先事項，反而會專注處理「近火」，導致情況變得嚴重。

理性腦也時常會陷入無限循環中。此外，**因為目前的反應程度導致理性腦出現偏見，所以理性腦無法通盤考量所有可用的資訊，很少能看清全貌**。就像珍娜的經驗，理性腦進入規畫1.0的狀態，生存腦的轉速會變快，導致壓力增加、焦慮惡化。基於前述理由，雖然很多人都有規畫1.0習慣，但其實「規畫」頂多就是徒勞無功之舉。

那麼，為什麼人會去規畫呢？大部分的人都不喜歡面對自己無法掌控的真實樣貌。例如，外在方面，恐怖攻擊或校園槍擊案會不會發生，是我們無法掌控的，更普遍的例子是，別人對我們的看法，也是我們無法掌控的；內在方面，身心系統會出現哪些念頭或情緒，是無法掌控的，什麼時候會生病死亡，也是無法掌控的。然而，現實遲早會不願意合乎理性腦的期望。**與其說預期心態是在減少不確定的情況，不如說預期心態是在否認、忽略或遮掩不確定的情況**。懷著預期心態，事件要是不合乎期望，更會措手不及，導致一有突發事件或意外事件發生，這世界看起來會比以前更不確定、更有敵意、更有威脅性。

身心容納之窗越窄，對不確定的情況就越不寬容，也越有可能仰賴穩健、條理分明、完善研擬、較沒彈性的計畫、應變順序、範本、策略。此外，計畫中斷的話，生理和情緒上的反應程度也會變高，換句話說，預期心態有著一定程度的僵住，個體上、集體上都是這樣。越是投入在理性腦的意圖，設想「應該」發生的情況，那麼一旦偏好的做法受到阻撓，就越是難以應變。現實及理性腦的意圖產生落差，就很難意識到其他可能的做法並彈性調整。

相反地，身心容納之窗越寬闊，碰到計畫和期望中斷的情況，就越能發揮適應力。在這種情況下，找出替代的做法、臨機應變、彈性調整因應，也就容易多了，生存腦不會把計畫中斷看成是有威脅性的，所以承受的壓力或情緒反應程度不會那麼大。我們可以更快根據現實進行調整，往前邁進。

這裡的問題是「未來是未知的」，唯有理性腦塑造出未來的概念，塑造出未來的計畫、期望、情境、策略、意圖，才能打造出知曉感。然而，我們實際上能確信的，就只有當下處境。由此可見，在過度依賴預期及韌性之間，必須取得平衡才行，也就是在意外事件發生前及發生期間，要有效運作，並在日後完全復原，從中學習，據此調整。

韌性跟預期是相反的，韌性是一種「當下導向的焦慮控管系統」（present-oriented anxiety-management system）。就算計畫脫軌，還是能仰賴自身的適應力、培養的關係、學到的技能、寬闊的身心容納之窗，帶來覺知、智慧、勇氣、創造力、信心，因應處境。有了這種適應力，就會有自信面對人生的真實樣貌（也就是人生無法掌控、不明確、不確定、無法預測、反覆無常、出乎意料、混亂），不管發生什麼情況都能彈性應對。就像珍娜說的，情況也許不如人意，但我們還是過得還算可以。

這裡要說明的是，我並不是建議大家放棄預期心態，而是鼓勵大家**在預期與韌性之間取得平衡**，而要達到這個目標，必須先做到以下幾點：

1. 必須抑制自己過度反應又不自覺的規畫習慣（也就是規畫1.0），改成堅韌的「正念規畫」（我稱為「規畫2.0」）。
2. 必須增強適應力，堅韌迎接人生。只要透過擬定計畫和排練情境的過程，就可以培養適應力，其實可以制定壓力免疫訓練（SIT），促進領域共通的學習，讓壓力訓練情境搭配身心容納之窗拓展的復原。只要基於增強韌性的目的，刻意建構壓力免疫訓練，就能實踐技能和自信，並且加深關係，如此一來，一旦有麻煩出現，就可以應用。未來因應任何處境，都可以發揮前述的適應能力，而不是依循計畫或情境本身。
3. 運用第三章中提到的成熟方法，拓展身心容納之窗，尤其是下一節的身心容納之窗拓展習慣。集體上也可以共同合作，拓展集體的身心容納之窗，這將會在第十八節討論。

## 正念規畫的六大原則

要抑制自己過度反應且依賴規畫1.0的情況，就必須在理性腦一採用這種習慣，立刻就留意到，然後選擇脫離這種習慣。留意到規畫1.0出現，就把注意力引導到另一個目標（例如你的接觸點），這樣反覆進行一段時間後，這種習慣就會衰退。如果理性腦為此對抗你，你要叫理性腦放鬆下來，因為規畫2.0有全新縝密的發洩管道，可以紓解所有的規畫衝動。[5]

規畫2.0仰賴六大原則：

## 做好刻意的準備

如同前一天晚上準備明天的午餐，早上就能從容出門，在調節良好、充分休息、不慌不忙的情況下，撥出時間，為即將到來的一週，擬定計畫，就會變得更安心、更有生產力。做好這類刻意的準備作業，比較會展現出內心的重要意圖，同時，在迫切下脫離正軌的機率，也會大幅降低。因此最好在不慌不忙且充分休息的情況下，騰出時間，為即將到來的一週，擬定書面計畫。有些人喜歡週五下午或週六早上，週末到來以前；有些人偏好週日下午，週末復原元氣以後。

如果沒有規畫2.0就展開一週，就有可能在匆忙、筋疲力盡、疲憊不堪或煩躁的情況下做選擇。在這種情況下，更會拖延到真正重要的工作，而去選擇「低垂的果實」，也就是容易達成卻不重要的小工作。還更有可能拖延、順從內心的抗拒感、從事自我挫敗行為，從而邁向羞愧和自我批判之路，然後覺得自己「落後」，急忙想要追上去，同時忙得飲食不良、偷懶跳過體能鍛鍊、取消與朋友的約會、剝奪自己的睡眠，換句話說，就是爬回那道旋轉不停的人生滾輪上。

## 了解自己的動機，採用週計畫

也就是明確認識自己想要創造的事物，有了方向，途徑就變得明確，能量也會變得專注又有效。有了規畫2.0，就能客觀地觀察，自己在事情上花費的時間，是否合乎內心深處的動機和目標。

規畫2.0的重點，是創造出健康、快樂、平衡的人生，不是只有事業成功而已。所以這裡把動機分成四大類：

1. 生理（有關身體、健康習慣、經濟、周遭環境）。
2. 情緒（有關私人關係、職場關係、嗜好、假期、休閒活動、想以何種感受度過一整週）。
3. 精神（有關精神生活和實踐）。
4. 智識（有關教育和職業目標）。

最好能真誠努力地邁向特定的目標或志向，不用把動機抓得那麼緊，同時意識到可能會有好幾種不同的途徑通往目的地，而有些途徑是完全超乎理性腦的想像，換句話說，可以持續努力實踐，不用執著用某種特定方式展現。

擬定的計畫可以橫跨不同的時間間隔。運用規畫2.0時，建議試試看每週規畫，還有某種策略式的規畫，計畫期間，短至一個月，長至一年。舉例來說，如果你的職場採用會計季度，可以根據你在當季應該達成的目標，擬定合乎你個人和事業意圖的季度計畫。以我來說，我是擬定了三項計畫，計畫時間長度不一，而這三項計畫彼此都要協調好，例如，第一項計畫是在我生日當天，為來年擬定年度計畫，計畫分成四大類，各類只有兩、三個主要意圖，把意圖寫在索引卡上，一整年都能隨時輕鬆查看；第二項計畫是在新的月份擬定月計畫，確立下個月的基本方向；第三項計畫是週計畫。

有一點很重要，**週計畫必須讓意圖和目標清單合乎現實連續性**，因此週計畫要讓意圖合乎行事曆。很多人有現行的待辦清單，會陸續增加待辦事項，但想將事情全都做完，其實要花好幾年的時間，如果你的週計畫是這種情況，到了每週結尾，就會覺得灰心氣餒、心力枯竭、經常進度落後。讓意圖或目標合乎現實連續性，有利揭露理性腦的動機與現實的落差，例如講究完美主義，忍不住去掌控實際上無法預測的成果。

## 不是每一件事都要排進行事曆

待在身心容納之窗裡規畫，做出的選擇就會更合乎意圖，最好在腳踏實地、不慌不忙的時候，做出必要的妥協。合乎長期私人目標和事業目標的工作，建議率先安排好，像是可讓身心容納之窗保持寬闊的活動，另外也別忘了安排休息時間。

目標是每週至少安排一天的時間，不處理任何的工作、雜務或家務，只專注於復原、休閒活動、關係、自己的精神生活。只要持續運用規畫2.0，自然就會留意到，一整週都能更有效運用能量和心力，而拖延、抗拒感、其他的自我挫敗行為也減少了。一段時間過後，就會有更多餘裕，把復原、休息、放鬆、補充的時間列為優先。

最好每天安排一些時間，從事可拓展身心容納之窗的活動，並促進長期目標，就算只是持續一小段時間也無妨。可以安排白天做事，如果在重要目標上有所進展，就會是最有活力、最專心、最有創意、最開心的時候，例如，我習慣早起，早上至少會安排一段時間，專心寫作。

如果有些目標會觸發拖延或抗拒感，請設法安排早上第一件事就是從事這些目標，畢竟**外部令人分心的事物及抗拒感，總是時間越晚就越多**。每天花一小段時間，刻意持續去做，幾週後就會發現，長期目標的進展竟然這麼大。先投資在自己的身上，每天專注從事長期目標，就算十五分鐘也好，這樣一來，無法掌控行程而產生的不滿感，也會就此消散。在行事曆上，安排一些時段展現自己的意圖，例如在身心容納之窗拓展時段從事運動、接受心智健身訓練、經營關係、攝取營養的食物、睡眠、休息等，這樣一來，下週必須處理的事項，就可以加到行事曆裡。

接著，就該針對還沒排入行事曆的事項，做出困難的選擇：也許是把事情延到未來某一週；也許是委派、要求或雇用某人幫忙；也許是重新商議最後期限；也許是拒絕做某件事。了解行事曆有時空連續性，便能強化回絕的技巧。

我們住在地球上，一天有二十四小時，一週有七天。既然這樣的時間定律無法改變，就要順從。假如你還以為現行待辦清單的全部事項都有能力完成，還會有時間留給睡眠、保持健康、過得快樂，請趕快放棄這種奇想吧。除了週計畫，也許還可以擬定「暫擱事項」，暫擱事項是未來幾週的現行工作清單，內容是你已有自覺地知道這週不會做的事情。有了暫擱事項，就能真正幫助理性腦完全脫離舊有規畫1.0的習慣。

## 刻意把空白時段排進行程裡

如此一來，就有充裕的時間，可以應對過渡時間、突如其來的機會，以及無可避免的干擾、輪胎洩氣、其他莫非定律的事件。有了空白時段，當突發事件發生，壓力就不會那麼大，更能待在身心容納之窗裡，用更強的韌性、彈性、平衡，處理突發事件，也更有餘裕跟同事、朋友甚至陌生人一起處於同步狀態，享受突發的喜悅和奇妙時刻，發自內心建立連結。

如果能刻意排進並保有空白時段，不管之後發生什麼情況，都能更輕鬆做出應對。有了空白時段，每天至少有一段時間，可以完全脫離苛刻的待辦清單和時間短缺感。更棒的是，如果人生突然朝你投來變化球或絕佳機會，而且需要的時間比預留的空白時段還要久，仍能從容做出大幅度的更動來配合。為什麼？因為採用了規畫2.0，就表示已經找出了優先度最低、最容易延到改天（或改週）再做的工作。

## 每週保留幾小時，整理環境

凌亂的書桌上堆滿沒打開的信件、衣櫃爆滿、車子髒亂、待洗衣物積了一堆又一堆、未讀的報紙雜誌堆成一疊疊，這些會讓自己產生焦慮感和失控感。置身混亂的環境，需要某件東西卻找不到，就會耗盡心神，煩躁不安。與此類似，財務報表、重要的戶政檔案、財產規畫文件隨便亂放，也會引發潛藏的憂慮感，如果周遭有東西需要修理，比如滴水的水龍頭、壞掉的爐子、卡住的車窗、要更換電池的手錶，也會讓人感到心力枯竭。

直接面對這些問題並解決，就能大幅提升能量和動力，改善生產力和自我效能感。外在環境整齊有序，內在的沉著感和專注感也會提升，雖然外在世界有很多事情不在自己的掌握之中，但是有些還是可以掌握的。所以，要感到自己更有自主力量，非常直接的做法，就是在每週的計畫，安排幾小時的時間，清除及捐出不再使用的物品、修理或丟棄沒用的物品、把所有物品歸回原位。無論你拖延的是前述哪一種工作，現在就該擬定「暫擱事項」清單，每週騰出幾小時的時間，有條不紊地耐心處理。

人們多半會發現，這種清理及修理壞掉物品的過程，可以使能量激增，激增的能量可以用來處理其他事務。因這類工作往往會填滿並強化規畫1.0，所以直接處理，規畫1.0的習慣就會自然減少。如果精簡周遭環境是一大考驗，也可以雇人幫忙，畢竟雇人幫忙要付出的成本，可能會比騰出時間自己做還要低。

## 依照能量高低安排工作

大幅減少分心的情況，可以讓身心容納之窗一整天保持寬闊。此外，一整天不同時段通常會有的能量高低，因此可以從事能量程度類似的工作，之前曾建議，要在最有活力、最專心、最有創意的時間，處理需要集中注意力的長期目標或專案，同樣地，可以將會議安排在能量程度自然較低的時候（例如午餐後），因為講話可以自然提高能量。此外，心力耗費較少的行政作業，可以安排在一天的結尾處理，那時執行功能能力往往將近耗盡。

最後，建議騰出兩個時段，回覆電子郵件和手機簡訊，可以在將近中午和一天的結尾進行。一旦意識到自己的能量程度，或許也會留意到，一天的開始就處理待讀電子郵件有多麼累人。採取這種做法，在一天的開始，就必然進入反應模式，被引著去救火、摘取「低垂的果實」，先處理別人的優先事項，忽略自己的優先事項，還有可能因此引發不滿的感覺。如果第一件事就是必須先開啟電子郵件，請勿超過三十分鐘（可使用計時器），接著把待處理的事情分類，只有真正緊急且需要立即處理的事情才去回應。幾天後，就會發現很少事情稱得上真正急迫，大部分的事可以等到將近中午再處理，如此一來，就有時間先專注處理自己的優先事項。

規畫2.0可以充分展現出自己的意向性，更能用堅韌、高效、安心的做法，度過每一週。成熟的方法融合了順從的作為，雖然永遠無法知道未來的情況，但只要刻意把最重要的事情視為優先，並且排進大量的空白時段，那麼順從現實也就容易多了。在一週開始前，以充分休息、腳踏實地的狀態，根據自己理想的一週狀況，做出困難的選擇，就能將自己的意圖視為優先，讓自己的期望合乎時空連續性且實際可行。這項原則適用於個體和集體，也適用於學校和職場。

在協調的狀態下，忙碌情況會減少，可以花更多時間，與別人建立關係、運用寧靜狀態、讓身心容納之窗保持寬闊、做有意義的工作來獲得喜悅。我們選擇少做一點事，專注投入真正重要的事。因為付出的努力少了、游移不定的思緒少了、急忙想追上去的情況也少了，所以打造出來的人生焦慮感降低了、令人分心的事物變少了、自我挫敗行為也少了。這些就是掌握主導權的訣竅。

## 聽從內在的智慧做出抉擇

**堅韌的正念規畫，是換一種方式去理解不確定和時間不夠的情況，所以也能訓練自己更成熟地去應對變化**。雖然理性腦理解通常歡迎自發的變化，但是生存腦就沒那麼自在了，因為生存腦的神經會感知到所有變化（就算是升職、購屋、開始投入新的感情關係、有小孩等「正面」的變化，也能感知到），會把變化看成是挑戰或威脅，觸發壓力反應。對於自發的變化，理性腦和生存腦產生的反應不一樣，沒意識到這點的話，也許會不經意導致理性腦和生存腦的對立關係加劇。由此可見，不管是什麼時候打算做出重大改變，都必須要有餘裕去承受生存腦的反應，並且不去評斷、輕忽、無視。壓力和情緒，不一定會讓人事後批評自己的決定，我們只是必須理解生存腦的處理過程。

在過渡期間有額外的空間和時間，就能進行覺知與反思練習，例如寫日誌、在大自然中散步、冥想、做躺平放鬆練習，排解壓力，從中獲益。我認清了一點，很多自發的變化（例如新工作、新生兒等）可能會導致練習時間縮水。不過，只要有空間時間留意生存腦的反應並釋放出來，就能做好準備，讓變化自然發生。

如果發生的變化不是自己發起的，尤其是碰到突發的變化，那麼生存腦的反應可能變得更為強烈，例如遭到解雇、洪水摧毀住家、發現伴侶外遇、被診斷出罹患不治之症等，這類重大又突發的衝擊，需要更多時間才能再度回到安心的狀態，這時就該特別善待自己、向外求援，尋求協助。理性腦可能想馬上修正及解決情況，但不該基於內在急迫感而做出反應，必須先專心運用成熟的方法，回到身心容納之窗裡，這樣才會有所幫助，必須先置身當下，才能有效計畫並付諸行動。此外，如果不釋放壓力和情緒，那麼理性腦的所有規畫和決策，都會在壓力反應下產生偏見。

理性腦可能也會熱切對你說，你必須把計畫全都規畫好，彷彿知道自己將來要做什麼事那樣。可是實際情況才不是這樣，你不會知道也無從得知，畢竟重大的衝擊才剛撼動你的世界。

盡量徹底脫離理性腦的企圖，然後靜靜置身當下。此時，會產生內在的智慧和指引，相信時候到了，就會確切知道自己該走出下一步，然後再走下一步，選擇成熟的方法，跳脫理性腦的策動，就能在變化與自己之間折衷行事，度過艱難的時期。

很多人之所以在教養環境下存活下來，之所以在學校獲得出色的成績，之所以在職場上有所成就，都是拜無視本能所賜，而且為的是努力不懈，為的是符合外在期望，為的是討好別人。結果，不只習慣性地忽略內在的智慧，也被制約為必須向外尋找答案，尋求及聽從他人的建議和意見。

需要做決定的時候，**雖然外在指引可以提供輔助資訊，但是唯有自己才知道，哪種選擇**

**最適合自己**。我們隨時可取用自己與生俱來的智慧，智慧超乎理性腦的範疇，要發揮智慧，只要脫離理性腦的意圖，處於當下自己的身體就行了。舉例來說，你在兩種不同做法之間舉棋不定，是要接受新的工作邀約還是留在原本的工作？是要買這間房子還是那間？是要結束關係還是不結束？我有幾十位學生會在走到這類分岔路的時候，前來詢問我的建議。

只要他們來問我，我都是這樣回答的，他們眼中的正確選擇，唯有他們自己才知道，但我樂於協助他們發揮內在智慧，找出正確的選擇。然後，我會引導他們做以下的練習，只要是面臨抉擇關頭，都可以做這個練習。

一開始請先留意自身接觸點帶來的穩定和支撐的體感，做的時候，如果覺得壓力很大或心力枯竭，可以自行改成進行一次的躺平放鬆練習，排解部分壓力後，注意力回到接觸點帶來的體感幾分鐘。在這種安心的狀態下，想像自己正在考慮的第一種做法。以工作邀約為例，想像自己接受新工作並開始工作，任由理性腦美化想像，讓自己置身於新工作，當你想像畫面的時候，請以客觀的好奇心，掃視整個身體，留意自己的姿勢、體感或可能出現的情緒，還要留意自己的體溫和能量程度（例如你是活力十足還是累得要命）。抱持客觀的好奇心，把留意到的身體狀況全都列舉出來。

評估身體對第一種做法所產生的反應，然後把注意力放回接觸點帶來的體感上，一直關注到該做法帶來的感受都消退了為止。接著，針對第二種做法及其他正在考慮的做法，重複進行前述過程，等到都做完後，就擁有了內在的指引。也許不是你希望或預期學到的東西，卻也能獲知自己內在的真貌，一般來說，內在智慧促使你採取的做法，會讓身體感到放鬆、安心、沉著、寬闊、活力、自主力量、開心、輕鬆。反之，內在智慧警告你不要採取的做法，會讓身體感到被掏空、筋疲力盡、猶豫不決、壓力很大、緊張、心力枯竭、衰弱、煩躁、憂鬱、無可奈何、無力、緊繃、受困、混亂。

學員依照這個練習的指引，從來沒有人對此感到後悔。不過，倒是有幾位學員事後批評自己的內在指引，轉而追求別種做法，通常會是家人贊同或更合乎邏輯的做法，彷彿這樣就是衡量優缺點後得出的結果。難怪與我保持連絡的第二組學員，他們最後全都對我說，他們犯下「過錯」，對自己的決定感到後悔。其實，他們並沒有犯下過錯，在那種處境下，選擇無視內在指引，承受後果，就會因此學會去信任內在智慧。

理性腦相當擅長做出簡單又守規矩的決定。然而，人生中的抉擇關頭，絕大多數並不是直接了當又守規矩，通常相當複雜，必須考量多項因素，並權衡其重要性。

複雜的決定能從不自覺的處理過程中獲益。遇到複雜的決定，絕佳的方法就是運用理性腦，也就是派理性腦進行研究、蒐集必要的資訊、回答你提出的問題。請等到有機會蒐集必要資訊後，再試著做出決定，然後衷心感謝理性腦努力工作，請理性腦退下。既然已採用成熟的方法蒐集相關資訊，就該等待天然智力（即「直覺」）解讀訊號，提出答案。

根據實證研究，遇到複雜的決定，與其選擇有自覺的理性腦決策過程，不如選擇不自覺處理過程得出的直覺答案，那樣往往比較開心。[6] **仰賴直覺的專家也是運用同樣的原則，不自覺的處理過程，其實是奠基於更宏大、更長久的專業和經驗**。總之，只靠腦袋無法順利做出決定，重大的人生決定更是如此。務必聆聽整個身心系統，尤其要仔細聆聽內心的聲音。

# 17 養成心智健康的好習慣

雖然沒有銀彈能把調適負荷量降低，但是本節提及的習慣，在一段時間後，可以把調適負荷量給減輕。運用這些習慣，也是在增強適應力，如此一來，就算面對的是不確定、無法預測、不可控的壓力源，在高壓下還是會有更多內外資源可以運用。

首次學習新的行為或常規時，理性腦會積極參與，引導行為。然而，一段時間過後，就不會再有自覺地去思考自身行為，而是不假思索做出行為。這裡要說明的是，有些習慣其實是始於生存腦，在意識知覺以外，而且是經由神經感知和內隱學習系統養成的。不管怎樣，只要反覆進行，形成的習慣會存放在「基底核」（basal ganglia），[1]基底核是生存腦裡的一個部位，負責回想模式並據此採取行動。習慣會在基底核進行編碼，化為以下的習慣迴路：觸發、行為、獎賞。

把習慣推進了演化上較古老的腦部結構裡，理性腦就能騰出空間，接受新資訊和新作業。於是，理性腦不再充分參與習慣性的決策，習慣性的行為會變得無意圖、自發、衝動，這就是自動駕駛的人生。

習慣迴路會仰賴正面的或負面的強化作用。舉例來說，有項研究以一週至少健身三次的個體為對象，[2]結果有九二％表示，他們經常運動，是因為運動帶來「良好感受」，有三分之二表示，體能鍛鍊帶來「成就」感。換句話說，在獎賞下，也就是激增的腦內啡和自我概念的形成，他們會渴望養成運動習慣。反之，如果是負面強化作用下養成的習慣迴路，可能會出現危險、疼痛、不適（觸發）、迴避（行為）、感覺好轉（獎賞）。第十節提到的壓力反應週期習慣，多半是依循這個軌道。

舉例來說，我訓練的消防員提姆（Tim），他養成的習慣是下班後跟哥們喝酒放鬆。提姆的觸發因子有兩個：

1. 什麼都要管的主管帶來不適感。
2. 壓力帶來不快的體感，例如每天下午，胸悶頭痛的症狀就會逐漸加重。跟哥們喝酒就是提姆宣洩情緒的方式，但這種做法同時也是壓抑。喝酒短期上可以讓他感覺好轉，但實際上卻會導致調適負荷量逐漸增加。

從前述兩個例子就會知道，任何事都有可能成為觸發因子，例如景象、聲音、滋味、觸感、味道、體感、情緒、記憶、瞬間重歷其境、一連串的念頭、一群特定的人、特定的地點，甚至是一天當中特定的時間。獎勵通常是一劑可帶來「良好感受」的神經傳導物質（也就是催產素、多巴胺或腦內啡），這類神經傳導物質會餵養渴望，讓人一直沉迷於自身的習慣。

習慣會滲入各處。有幾項研究是讓受試者寫行為日記，[3]結果發現，多達四七％的人，他們的行為是習慣性的。根據其他的統合分析結果，人的行為中，意圖僅占三〇％。[4]既然沒有方法避免習慣的養成，那為什麼不去選擇可拓展身心容納之窗的習慣？

## 改變習慣的四步驟

人到了二十幾歲，腦部和神經系統裡的神經生物結構一經確立，就比較不會受到外在環境的影響。[5]成人採取的行動，是為了保全這類的內部體系，尋找的資訊和經驗，是用來肯定原有的信念，至於不合乎信念的資訊和經驗，則是一律避開。此外，對於不合乎內部體系的資訊，往往會去忽略、忘記、重新解讀、試圖質疑。由此可見，**人會選擇跟想法一致的人來往，會選擇想法一致的資訊閱讀、觀看、聆聽；對於不合乎內部體系的經驗，一律會避開，而且經常是不自覺去避開，這種傾向就是第一線的防衛機制**，可以抵禦內在迴路與外在現實間的不一致。由此可見，人碰到熟悉事物，往往覺得愉快；碰到不熟悉的事物或失去熟悉的事物，往往覺得不快。

在成人的跨文化研究中，壓力最大的人生事件有三種：另一半的死亡、離婚、婚姻。[6]這三種處境的發生，是成人的外在現實變動太大，無法合乎內部體系的時候。婚姻（成人多半是自願選擇）的名次就排在離婚下，由此可知，內在與外在現實之間的不一致，會對成人造成多大的壓力。熟悉新的現實，看成是愉快的，需要一段時間，畢竟是要重新建構內在世界，以便符合已變的外在世界。[7]

由前述的情況可知，成人多半會覺得，外在結構的變動既痛苦又困難。當然，在日常生活中，最普遍的外在結構之一，就是行為習慣和常規。神經可塑作用的原則，不只闡述了新習慣的培養很困難，還說明了想改掉或戒掉習慣是很辛苦的。不過，只要嘗試新習慣，就能獲得特別大的獎賞。光是去嘗試，重要的身心容納之窗拓展特質就會獲得強化，因為嘗試等於是離開舒適圈，而且搭配復原過程，就能增強韌性。

對自己寬容些吧！認清變化很困難，有時會無法憑意圖貫徹到底，沒關係，越是懂得自我疼惜，越是擅長重新努力、重新開始。反之，對自己嚴苛容易故態復萌，最後撒手放棄。光憑恆毅力和意志力去逼迫自己，會產生一些缺點。**過度依賴意志力，執行功能能力會耗盡，因而更容易屈服於誘惑**，尤其是忙碌、疲累或壓力很大的時候。在這種枯竭的狀態下，一旦「順從」了不健康的習慣，或一天沒做健康的習慣，那麼內心的批評者就會準備就緒，羞愧感、抗拒感、損及自我、拖延就會加深。

一月一日新年當天，許下一長串的願望，[8] 到了一月八日，就已經承認四分之一的願望都以失敗收場。這種周而復始的循環，應該很熟悉吧？要脫離這種循環，最好是建立的結構一開始就不讓自己進入這種循環：

1. **花一些時間，釐清自己想建立什麼，為何建立：**可以把意圖寫下來，真誠努力地實踐你所選擇的轉變，矛盾的感覺通常會製造出矛盾的結果，從而損及成就、走向抗拒感、形成阻礙。開始做出改變以前，最好先花時間解決矛盾的心理，這樣就能定出明確的意圖，並據此採取行動。

2. **習慣的開端向來是力量強大的時刻：**做任何事情，頭幾次的經驗會影響到基準，熟悉後就會變得愉快，之後如果要脫離這種現況，就得耗費大量心力。你可以運用這層認識來取得優勢，只要刻意打造的情況，可以促進全新開端就行了。舉例來說，如果你開始投入新的飲食法，一開始要把自己之後不吃的食物，全都清出去，或是如果想改變讀書習慣或工作習慣，可以在新學年或新工作的第一週，定下新的常規。

3. **培養責任感和支援機制：**日常的目標達成以後，可以找運動夥伴、報名課程、雇用私人教練或人生教練，或答應傳訊息給朋友。**責任感和支援不用花錢，但很多人都發現，花了錢就會更努力做出改變。**如果不得不向他人解釋自己的奇想，比如「我可以明天再開始」或「這不算」，就會很難去合理化這些藉口！

反之，如果沒有達到自己施加的標準，只要有外在的支援，就可以中斷羞愧感和自我批判，轉而自我疼惜。戒酒無名會（alcoholics anonymous）和其他成癮者支援團體，就是提供了責任感和支援，才會這麼強大。要是都很難尊敬自身需求，很難自我激勵，很難堅持不懈地邁向長期目標，那麼外在的責任感，就顯得格外重要。

4. **確保你安排的變通方法：**如果處於充分休息又沉著的狀態，就可以腦力激盪，想出策略，處理最後的抗拒感。這樣一來，當情況變得艱困時，你就已經發展出各種選擇可以運用，在疲憊不堪的狀態下，與其當下想出全新的辦法，不如執行某個安排的變通辦法，這樣會容易許多。舉例來說，家裡不放甜食或汽水，這樣突然渴望糖分的時候，就比較容易撐過去。

第十四節的行為習慣層級，是另一項保護措施。如果已發展出自己的版本，當心力枯竭又容易落入壓力反應週期習慣的時候，就能輕鬆選出比較成熟的活動。

就算這類結構已就位，有時還是會選擇在目標上「作弊」。那樣也沒關係，只要是有自覺地選擇去做就行了。我們不是自身渴望、成癮、壓力情況或倦怠下的受害者，我們始終要為自己的選擇，擔起責任，承認那是自己做出的選擇。

所以，下次你選擇破例吃下糖果時，就徹底接受這個選擇吧，別把吃糖講成「作弊」，別讓自己像做錯事，因為這樣只會加深自我批判和羞愧感。請帶著覺知和喜悅吃糖，細細品嘗到最後一口，這樣就比較容易重新努力實踐意圖，重新開始。

讀完本節提到的拓展身心容納之窗的習慣，請親自試試看吧。你可以記錄自己實踐的改變，還有之後留意到的影響，例如：

- 你身體感覺怎麼樣？你的症狀有沒有好轉？你有沒有留意到自己一整天的能量程度起了變化？你（體內）比以前更安心嗎？運用先前幾節提到的方法來調升或調降壓力，然後回到身心容納之窗裡，有沒有變得比較容易？
- 你情緒感覺怎麼樣？你有沒有留意到心情起了變化？你覺得自己跟周遭旁人更有連結感嗎？你能不能更輕鬆調節情緒？對於白天干擾自己的事物，對於反應型的人或突然投來的變化球，你是不是覺得更能彈性因應？
- 你認知感覺怎麼樣？你更專心了嗎？你的記憶和「腦霧」有沒有好轉？有沒有留意到反芻思考、擔憂、規畫、其他不斷重複的思考模式都減少了？有沒有覺得自己更能創造、執行、按計畫貫徹到底？
- 你精神感覺怎麼樣？你有沒有更聽從高我的指導和人生使命？有沒有留意到日常生活更為寧靜、滿足、平靜、清晰、慈悲、創造、愛、喜悅、感激？有沒有覺得自己跟周遭世界更有連結感，對世界更寬容以待？

不管做出什麼樣的改變，請試著至少花兩週到三週的時間，持續不斷執行並監測。要能留意到一些效果，多半需要這麼長的時間。凡是科學家都知道，要確定實驗的結果，唯一的方法就是「全力以赴」，所以不管要做出什麼改變，都要努力全力以赴，蒐集資料幾週後，就可分析資料，有必要的話，就進行一些微調。評估自身進展，並據此調整，不斷反覆進行這個過程，直到你對結果滿意為止。

尤其是會造成生理不適或情緒不自在的變化，放棄前請先讓那些變化真正展現潛在的益處。舉例來說，如果正在採用更健康的飲食法，或正在治療某個癮頭，身體自然會經歷排毒期，畢竟存放多年的毒素，要從身體組織裡釋放出來，這個過程不舒服又疲累，同樣地，如果正在開始從事新的運動，身體很有可能會覺得疼痛。最重要的一點，如果經歷慢性壓力與創傷後沒有復原，導致身心容納之窗窄化，那麼只要開始進行正念心智健身訓練，壓力就得以排解。

不管是前述的哪一種情況，可能有一陣子都會覺得更難受，但其實是正在好轉，就像第十四節麥可的經驗那樣。請對自己耐心點、寬容些，請給這類身心變化至少一個月的時間。如果留意到有很多的抗拒感，請運用第十五節提到的方法，好好處理抗拒感。也可以試著去診斷自己的習慣。

## 聆聽內在的聲音

**壓力反應週期習慣有如偽裝的調節器，雖然短期上可以獲得安撫，其實會導致壓力負荷惡**

**化**。在心力枯竭或失調的情況下，往往會被偽裝的調節器吸引，忽視真正的調節活動。第十四節探討的是，人被偽裝的調節器吸引時，要怎麼運用行為習慣層級，選擇稍微更能調節的活動或藥物。在這裡，是要探討怎麼做出更深層的結構轉變，放棄自身最仰賴的偽裝調節器，以便做出更健康的選擇，身心容納之窗也更能保持寬闊。

在充分休息又調節良好的狀態下，以客觀的好奇心，花點時間，調查自己想改變的一大習慣。利用反思寫作的方式，進行調查，應該會很有幫助。

首先，描述那個習慣。你花多少時間從事那個習慣？如果無法精確回答這個問題，下週請追蹤自己從事那個習慣的時間長度，並且記錄下來。是什麼因素觸發你從事那個習慣？有沒有特定的人物、地點、時段、活動、環境狀況、情緒、思考模式、信念或體感，會引發你從事那個習慣？你從事那個習慣的前後，留意到身心系統出現什麼情況？也可以用前面提到的四種問題，對自身的習慣提出疑問。

接著，更深入探問，那個習慣為你帶來哪些益處和功能？有偽裝的調節器，往往就表示有真相遭到忽略，或有需求未能滿足。舉例來說，偽裝的調節器可以把寂寞、無聊、枯竭、對失敗的恐懼、不滿等掩蓋起來。請花些時間，釐清那個習慣為你執行了哪些功能，這樣就能直接處理潛藏的問題，進而掌握處境，並運用主導權。

有了這些診斷資訊，就能聆聽內在智慧，對以下問題腦力激盪：「要能執行前述功能並滿足你的需求，同時身心容納之窗承受的有害後果較少，還有哪些替代做法可以用？」請思考哪些做法可以取代那個習慣，然後擬定全新的做法清單。在心力枯竭、難以承受、失調的狀態下，要想出新的做法，幾乎辦不到，但在事先擬好的清單中，選一種做法來執行，卻是相當容易。然後，下次被偽裝的調節習慣吸引之時，可以試試看這些替代做法，並監督後果。要放下不再能提升能量的做法，改成可提升能量的做法。

舉例來說，我試著改掉撞頭習慣時，一開始是改成狂看電視，當時從身心容納之窗的角度來看，這樣就算是有所改善了。然而，這樣做了大約一年，我知道自己要再做出改變才行。有一天，我決定算出自己上個月看的集數，以及自己順從這個習慣的次數。我嚇了一跳，看到這麼大的數字，內心的批評者就開口了，但我馬上叫那位安靜下來，這樣才能真正去探究以下的問題：「花那麼多心力看電視，到底看電視能給我什麼？」我拿出日誌本，開始寫了起來。花了很長時間反思寫作，才明白了，看電視符合四種需求：

1. 看電視是心力枯竭時的紓壓方法，比如，一整天寫作，或接連開會，之後就需要看電視紓壓。
2. 看電視幫助我在心力枯竭的狀態下，還是能咬緊牙關繼續前進。看電視其實是一種討價還價的方法。我碰到不喜歡的工作，就會逼自己完成一大段工作，然後看電視獎勵自己，釋放壓力，再重複整個過程。
3. 有時看電視是一種逃避機制，我覺得難以承受又緊張不安的時候，就會想逃避。
4. 有時我需要一些溫柔關愛，就會看電視，比如，生病的時候，覺得寂寞的時候。

看電視的觸發因子和動力分成這四種後，就很容易理解電視為什麼能在不同時刻，滿足眾多不同的需求。我選擇花費這麼多的時間和能量在這個習慣上，也都合情合理起來。那麼就該直接進行腦力激盪，想出新的替代做法，滿足前述的各種需求。舉例來說，如果要在心力枯竭的狀態下紓解壓力，我可以不看電視，改成閱讀小說、在大自然裡散步、做一些瑜伽等；如果要跟自己商定好繼續逼自己工作，我可以重新檢討最後期限、在不太重要的工作上降低自己的標準、刪掉某項行程等；如果把電視視為逃避機制，我可以從事一些劇烈運動，做躺平放鬆練習來排解焦慮感，然後把計時器設成三十分鐘，直接處理我在迴避的事。

診斷自身習慣後，很快就會發現，偽裝的調節習慣背後，是你獨有的。由此可見，唯有以客觀的好奇心，調查自身的習慣，然後接納內在智慧，才能找出最適合自己的替代做法。

舉例來說，有很多個案認為，自己酒喝太多，在邁向改變的路上受到阻礙。然而，要等到他們檢討酗酒的原因，才會想得出自己該用什麼方式來改變酗酒的習慣。

還記得提姆吧？這位消防員下班後會跟哥們一起喝酒，抱怨主管。我們倆就習慣診斷法進行對談，他明白了兩件事：

1. 跟哥們喝酒是他的一大出口，可建立情感上的連結，他常會再叫一輪酒，逃避回家。而體悟到這件事以後，就認清了一點，他也可以跟朋友約在健身房，一邊舉重一邊聊天。
2. 他體會到，在酒精的幫助下，他可以不去承認職場對他的害處其實很大。他迴避這個真相，沒有積極處理，逐漸筋疲力竭。等到我們談完後，他覺得自己要找別的工作，不要像這樣經常耗盡能量。

伊莎貝爾（Isabel）跟我說，她每晚做晚餐，都過度依賴葡萄酒。她承認每週都要喝掉兩瓶葡萄酒，比她想喝的量多了許多。她有一份很耗費心力的全職工作，還有兩個忙碌的青春期小孩。她丈夫當時正在創業，時常專注在工作上。所以，伊莎貝爾通常是一個人做晚餐，家人多半是晚點順便吃。

問題不在於烹飪，她其實很喜歡做菜，她是意識到自己有多討厭一個人做菜。起初，她輕忽內心的情緒，說其他人太忙，還說他們洗了碗盤。不過，她在對談時，流露出不滿和寂寞，而她開始看清楚，喝酒是用來掩蓋內心的感覺。

她體悟到一點，她可以跟家人說，她有多麼想念他們，可以請家人輪流幫她，或者請家人坐在廚房裡，跟她聊天也好。一家人也可以至少每週安排一個時段，不慌不忙一起吃一餐。伊莎貝爾在腦海裡想像出這個安排可帶來的額外連結感，說這樣就能限制自己每星期有幾個晚上喝一杯葡萄酒就好。

最後，還可以運用習慣診斷法，找出自己在落實新習慣的時候，會碰到哪些阻礙和抗拒感。在這裡要提出一個問題：「是什麼擋了我的路？」既然內心的批評者可能會在附近埋伏，那麼書寫的時候，可以選擇非慣用手，方便抑制批評者。

舉例來說，我曾經訓練過麥特（Matt），這位年輕的海軍陸戰隊住在軍營，他想要睡得更多，卻往往玩電玩遊戲玩得很晚。隔天，他不得不接連喝下至少三瓶能量飲料，才能及時趕到所屬單位的編隊。雖然他有安眠藥的處方，卻沒有效用，多半是因為他對於無法入睡一事，感到十分焦慮，所以遲遲不去躺在床上。有一天，他做接觸點練習的時候，才體會到一點，就算住在軍營宿舍很多年了，卻從來沒有真正把宿舍看成是「家」。他覺得自己的房間要是能增添個人風格，尤其是把床弄得更舒適的話，就比較不會拖延上床的時間。那個週末，他買了新的枕頭、棉被、高織紗數的床單。當天晚上，他像嬰兒那樣熟睡。等到他把這個故事告訴我的時候，他每晚已經多睡了起碼兩個小時。

從麥特的例子看來，唯有他的內在智慧，能夠指引他前往那個方向。像我就從來沒想過，竟然可以建議他買新寢具來處理失眠！

要改變習慣，沒有一體適用的方法。就算閱讀了我提出的建議，就算知道了哪五種習慣可以拓展身心容納之窗，但還是要聆聽自己的直覺，**你的內心就有你需要的見解和指引，做出改變，就有機會去尋找真誠的自我，更徹底成為真誠的自我**。

## 每天進行覺知與反思練習

要拓展身心容納之窗，第一種習慣是每天做覺知與反思練習。立下有自覺的意圖，在步調快速的生活中定時休息，讓注意力回到那片寧靜。速度慢了下來，就能把生活看得更清楚。還可以重新努力實踐意圖，把日常生活安排得能夠削減那些擾亂的能量，這樣就能專注在重要事物上，不會忙著處理迫切事物。

如果能做覺知與反思練習，對於我們自身、我們的關係、我們的工作之重要真貌，就比較不會去否認或掩蓋。創造出這樣的空間，讓真貌浮現，就能做出更好的選擇。

前文已經介紹了幾種覺知練習，例如接觸點練習、躺平放鬆練習，注意覺知範圍內的情緒所含的三個部分，另外還有覺知呼吸法及各種冥想法。也可以經由運動培養覺知，例如太極拳、行禪、瑜伽、武術等。刻意把注意力放在每時每刻的經驗上，就能打造出空間，讓創造力、喜悅、慈悲心、感激、平靜、沉著、洞察力自然浮現。

反思練習包括：寫日誌本，閱讀一節經文或一首詩並思考當中的寓意，根據人生中獲得的許多幸事來列出感激清單，睡前複習當日學到的功課。我最愛的反思練習是寫日誌本，意識流的寫法。在寫作的幫助下，我能更充分理解目前人生處境的不同面向。

寫日誌可以意識到並探討那些反覆出現的模式，還有逃避機制背後的原因。就像第十四節提到的，接觸內心的情緒會很有幫助，可以釐清自己在特定處境下需要什麼、想要什麼，於是意圖和回應就能有所改進。此外，還可以利用日誌本，監督自己在習慣的改變上，有什麼進展。一個月（或一年）後，再重讀日誌本，就能獲得極大的啟發。保持一段距離，去閱讀當時寫下的文字，突然浮現的見解或模式會讓你訝異不已。由此可見，要追蹤自己的進展和成長，寫日誌本可以說是絕佳的方法。

建議安排時間，規律去做至少一回的覺知練習和一回的反思練習。可以早上做覺知練習，晚上做反思練習，反過來也可以。也可以在一天當中的多個過渡時間點做練習，比如下班回家後、入睡前等。

在這裡特別建議，早上第一件事就是做一回練習，練習時間十五分鐘到三十分鐘。休息一個晚上以後、開始一天的忙碌以前，心智狀態往往會最願意接受心智健身運動、冥想、太極拳、寫日誌、思考一段經文，甚至簡單像是坐在後廊，安靜享用一杯茶。早上練習，往往會對一整天帶來正面影響，會有更高的清晰感和意向性，一整天都能專注從事自己的活動，發揮更高的寧靜感和沉著度。這樣一來，就比較不會因外在環境和令人分心的事物而丟掉自身的使命，比較不會因違反意圖或自我挫敗的活動而脫離正軌。

## 健康飲食，提升身心免疫力

人類免疫系統有七〇%位於及鄰近消化系統，[9]是在所謂的微生物群系裡，是在消化道當中，幾兆的腸道菌群裡。這類細菌可以阻擋感染和食物中毒、製造維他命、改善營養吸收、製造抗生素來對抗有害細菌。

缺乏有用的細菌，或太多有害的細菌、黴菌（例如念珠菌）或寄生蟲，人體的微生物群系就會失調。微生物群系失調會引發各種疾病，例如：關節炎、骨質疏鬆症、大腸激躁症、食物敏感與過敏、慢性疲勞症候群、慢性疼痛、自體免疫疾病、頭痛與偏頭痛、阿茲海默症、大腸癌、乳癌等。為什麼有這麼多不同的疾病跟微生物群系的健康有關？微生物群系裡的微生物具有表觀遺傳的力量！[10]可以開啟或關閉基因表現。由此可見，**消化系統的健康與否，就決定了人會不會罹患有遺傳傾向的疾病**。換句話說，要避免罹患家族遺傳疾病，最好的其中一種方法就是健康飲食。

腸道的神經多達一億，[11]比脊髓多了許多，所以有些研究員會把腸道叫做人體的第二個腦。人類消化系統製造的神經傳導物質，數量跟腦部一樣多，還包含九五%的血清素。血清素失調極可能引發憂鬱、焦慮、失眠、大腸激躁症、偏頭痛。

也就是說，消化系統的健康有所改善，亦即微生物群系達到平衡，而且腸道通透度（腸漏）治好，那麼生理、認知、情緒上的許多症狀就能有效解決。改善飲食，就能減輕體重、清除腦霧、提升能量、修復免疫系統。由此可見，要拓展身心容納之窗，第二種習慣就是改善飲食並治療消化系統。

我有第一手的經驗，所以知道這種做法有用。了解自己的食物敏感狀況並放棄那些食物，治療腸漏，除去體內的念珠菌，補充益生菌，改造飲食，這些全都是我在身心復原之路上，做出的最重要的改變。我採用全新的飲食法，擺脫了很多症狀，而醫生在我陸軍服役期間一開始開立的藥物，也因此可以停用了。藥物用量減少，我的肝臟就不會過度負擔，我的天然排毒系統因此能重新開機，能量程度和心情都大幅獲得改善。我的體重也減輕了，之前組織腫大，是吃進過敏的食物造成的。

至於引發微生物群系失調的東西，[12]例如糖、有毒化學物質、殺蟲劑、加工食品、反式脂肪、營養價值低或導致過敏反應的食物、口服避孕藥、類固醇、止痛藥、抗生素等，只要能避開或限制攝取量，就會很有幫助。

攝取營養的食物和活性益生菌（也就是人體需要的益菌），重新促進微生物群系成長，這點也很重要。可以服用益生菌補充品或攝取富含益生菌的食物和飲料，也就是醃漬過的生食（「發酵」飲食），例如韓國泡菜、德國酸菜、發酵蔬菜、椰奶或牛奶克菲爾、無糖原味優格、生蘋果醋、康普茶等。現在，醫生多半會建議，每天攝取富含益生菌的食物或補充品。完成抗生素療程以後，至少好幾週都要攝取益生菌才行。

如果出現發炎相關症狀，也可以試試看抗發炎飲食。一開始採取的典型方法，就是六週不吃那些最常引發過敏或敏感的食物，例如小麥、麩質、黃豆、堅果、某些穀物（例如小米、玉米）、乳製品、茄科蔬菜（例如番茄、茄子、椒類、馬鈴薯）、發酵產品（生蘋果醋除外）。開始復原正常飲食的時候，每幾天只增加一種新的食物，測試敏感度。

食物敏感的跡象有：腦霧、專注力不佳、遲鈍、憂鬱、疲勞、放屁、脹氣、腹瀉、噴嚏、發癢、鼻塞、頭痛、偏頭痛、皮膚起疹子、打呼等。務必記錄吃進的食物和出現的症狀，有些症狀可能隔天才會出現。

如果經常脹氣、抽筋、放屁、消化不良、心口灼熱，或有腹瀉或便祕問題，對於吃進的食物組合，也會變得更有自覺。一般來說，要讓身體更容易消化食物，綠葉和非澱粉類的蔬菜，應該要搭配以下其中一種食物：動物蛋白質、蛋、乳製品、堅果；穀物、義大利麵、麵包、豆類、豆莢類、澱粉類蔬菜（例如馬鈴薯、玉米、南瓜類）。富含益生菌的食物也可以幫助消化。

美國的餐食多半不依照前述的食物組合原則，通常是動物蛋白質搭配穀物、麵包或馬鈴薯。美國人採用低碳飲食法（例如原始人飲食法）多半會感覺好轉，因為低碳飲食法依循的食物組合原則，可以幫助消化。

此外，食物的品質非常重要。食物的毒素會在人體裡累積，比如除草劑、殺蟲劑、餵給牲畜的生長激素、抗生素，而那些牲畜是我們的肉、蛋、乳製品來源。前述毒素會引起發炎、肥胖、細胞受損、免疫功能障礙、荷爾蒙失衡，所以請盡量選擇有機食物，短期上也許成本比較昂貴，長期上卻絕對能獲得回報。最起碼要優先選擇有機、自由放牧、草飼的肉品、家禽、乳製品、放養蛋。有些水果和蔬菜的殺蟲劑殘留量很高，叫做「十二大最髒蔬果」（Dirty Dozen），這類蔬果也應該一律選擇有機品。[13]

喝更多的水，也有益人體。覺得餓的時候，其實通常只是脫水罷了。白開水喝膩的話，也可以讓白開水變得更好喝，例如放一點檸檬汁或生蘋果醋，兩者可以抑制嗜糖欲望、幫助排毒、刺激消化。還可飲用不含咖啡因的花草茶。每天要喝一公升至兩公升的水（不含碳酸）。

最後，減少咖啡因攝取量，也有幫助。雖然咖啡因經證明可以改善記憶，[14]減少失智症、糖尿病、中風的風險，但是也會導致壓力荷爾蒙分泌。還有一點更重要，咖啡因會搞亂微生物群系，降低血清素濃度（九五％是在腸道分泌）。由此可見，咖啡因不太適合跟抗憂鬱藥、ADHD藥物、抗焦慮藥物混合服用。咖啡因搭配前述藥物，藥效會減弱，更容易失眠、恐慌症發作、焦慮、易怒。可以放棄咖啡、含咖啡因的汽水、紅牛、能量飲料，改喝綠茶、紅茶、低咖啡因的咖啡。如果要降低咖啡因攝取量，請花幾天時間逐漸減量，以便減輕戒斷期間的頭痛症狀。

要做出任何飲食上的改變，請務必先洽詢醫生。建議諮詢功能醫學或整合醫學領域的醫生，這類醫生不只通常最熟悉腸道通透度和毒素問題的診斷與治療，也可以指導你透過自然療法（而非處方藥）來處理症狀，減輕肝臟和其他內在排毒系統的負擔。

還有幾本書可讓人獲益匪淺。推薦美國伊莉莎白．利普斯基（Elizabeth Lipski）博士的《消化健康》（*Digestive Wellness*）、蓋瑞．卡普蘭醫生的《全面復原》、艾維瓦．羅姆（Aviva Romm）醫師的《腎上腺甲狀腺革命》（*The Adrenal Thyroid Revolution*）、安瑪莉．柯賓（Annemarie Colbin）的《飲食與治療》（*Food and Healing*）、唐娜．蓋茲的《九〇％女人都會忽略的恐怖疾病》、理查．舒馬克（Ritchie Shoemaker）醫師的《在黴菌中倖存》（*Surviving Mold*）、尼爾．納森（Neil Nathan）的《黴菌與真菌毒素》（*Mold and Mycotoxins*）、戴爾．布萊德森（Dale Bredesen）醫師的《終結阿茲海默症》（*The End of Alzheimer's*）。布萊德森建議的檢驗、飲食改變、補充品，可以用來因應各種發炎、荷爾蒙或毒素方面的失調情況，不只限於處理認知衰退。

## 充足睡眠，讓思緒清晰

要拓展身心容納之窗，第三種習慣就是睡眠充足，最好每晚睡八小時。就像第九節提到的，光靠週末補眠，無法彌補工作日的睡眠不足狀況。晚上睡飽，才能提升心理清晰感，有利復原痊癒。有了充足的高品質睡眠，副交感神經系統就能處理所有的「長期專案」，例如消化、組織修復、排毒、痊癒、成長等。還能專心排除累積的毒素並減少發炎，慢性疼痛和發炎疾病的風險也隨之降低。這類修復和復原，有一部分也發生在腦部，例如：修剪突觸，穩固記憶，清除澱粉樣蛋白（這是跟失智症有關的斑塊）。

如果依照本節提出的建議做，還是經常睡不到八小時，務必接受評估，檢查有沒有潛在的健康問題。充分休息過後再醒來，肯定會很訝異，生理、情緒、心理竟然都好轉許多。

最好不靠安眠藥，就能一個晚上睡滿八小時，沒有睡眠中斷的狀況。很多安眠藥其實有反效果，[15]會導致睡眠中斷。還有可能損及認知機能，癌症和過早死亡的風險也會增加。**助眠藥物往往只會掩蓋掉潛在的失調狀況。在這個過程中，睡眠期間所需的重要復原和痊癒，都會遭受阻礙。**

所以，如果能在醫生幫助下，戒掉這類藥物，可說是十分有益。醫生可以幫助你判定要不要補充褪黑激素，褪黑激素可調節人體的晝夜節律，在排毒系統上，也扮演一定的角色。很多人覺得，補充褪黑激素，不但睡得更好，醒來後，精神也變好了。雖然褪黑激素不會成癮，但跳過幾個晚上不吃，有利身體繼續自行分泌褪黑激素。

如果晚上會思緒奔騰或反芻思考而醒了過來，那麼醫生很可能會建議服用色胺酸或5-羥色氨酸（5-HTP），但若服用抗憂鬱藥，就要避免這類補充品。補充褪黑激素、色胺酸或5-HTP，通常會比安眠藥或苯二氮平類藥物安全，但還是要洽詢醫生，找出適當的劑量，避免發生有害的藥物交互作用。

約五％的人患有睡眠呼吸中止症，[16]但很多人都不知道自己有。抽菸和過重是最大的風險因素，而且好發於男性。如果會打呼，還感覺自己永遠沒休息到，可能就有睡眠呼吸中止症。患有睡眠呼吸中止症，夜間不時會停止呼吸，身體會缺氧。可想而知，既然氧氣是生存要件，那麼生存腦就會感受到威脅，啟動壓力反應作用，一整晚皆如此。由此可見，怪不得睡眠呼吸中止症會引發ＰＴＳＤ、焦慮症、憂鬱、高血壓、慢性疼痛、第二型糖尿病、其他的發炎疾病。

如需改善睡眠健康，請試著按照下列建議進行：

1. 設法每天都固定時間上床睡覺及起床。最好晚上十一點前上床睡覺，起床時間不要晚於早上七點。試試看每天白天花一些時間待在室外，盡量避免小睡。如果會失眠，早上第一件事就是接觸明亮的光線（例如燈箱），這樣也有助於重設早上的皮質醇反應。如果工作內容是輪班工作，或時常經歷時差，那麼自然會比較難調整晝夜節律。雖然休假日可以補眠，但是那樣可能不夠。務必依照本節提出的方法去做，可以按照自己的行程，調整時間。晚上會很想吃甜食和垃圾食物，半夜吃這類食物，會影響到晝夜節律和皮質醇週期，[17]請改吃營養密度高的食物，也就是富含健康脂肪、蛋白質、抗性澱粉的食物，這樣想吃零食的感覺也能獲得滿足。可以試試看杏仁或胡桃、有機牛肉乾或火雞肉乾、德式黑裸麥土司佐燻鮭魚或幾片酪梨、紅蘿蔔棒沾鷹嘴豆泥。

2. 試著規律運動，運動可以改善睡眠。[18]不過，體能鍛鍊至少要在睡前三小時做完，因為運動會導致壓力荷爾蒙激增，干擾入睡。當然了，靜態的伸展運動、太極拳、一些緩和的瑜伽動作不在此限。

3. 可以改變飲食，讓身體漸漸放鬆下來，幫助睡眠。下午兩點後，請勿攝取咖啡因；失眠或敏感者，午後請勿攝取咖啡因。含咖啡因的飲食有：巧克力、加糖的茶、咖啡、綠茶、紅茶、能量飲料、紅牛、大部分的軟性飲料。不好消化的大餐，最好白天早點吃，總之無論如何，睡前三小時，請勿進食或喝酒，這樣胰島素在深夜激增的狀況才會大幅減少。雖然很多人喝酒是為了好入睡，但是喝酒會導致片段式睡眠和不良的睡眠品質。睡前兩小時，要限制液體攝取量，才可減少半夜上廁所的次數。

4. 完成工作、看新聞、進行有刺激作用的對話或爭論，請在睡前幾小時處理完畢。可以做躺平放鬆練習、溫和的瑜伽動作或伸展運動，轉換到休息和復原狀態。有些人是睡前寫日誌本，幫助自己放下白天的情況。想想哪些事情會讓你保持清醒、加深反芻思考和焦慮、造成負擔，請一一寫下來。

5. 至少要在睡前一小時，關閉所有的電子裝置，例如手機、電腦、電視等裝置。褪黑激素在光線下會受到抑制，[19]大部分的電子裝置會散發藍光，褪黑激素尤其會受到抑制。

如果精神亢奮，為了放鬆就玩電玩遊戲、看電視、逛網路、看手機、閱讀平板，那樣其實會更難入睡，藍光會讓人精神更亢奮。可以改成閱讀紙本書，做伸展動作，做修復瑜伽，冥想，聆聽引導式放鬆運動音樂或舒緩音樂，泡澡。我有一項很愛的就寢時間活動，尤其是冬天的時候，那就是在浴缸熱水裡，倒入兩杯愛生浴鹽（Epsom salts）和十二滴薰衣草精油，泡熱水澡。

很難入睡的話，不要躺在床上翻來覆去，那樣情況只會變得更糟糕！請從床上起來，做某件放鬆的事情，直到有了睡意為止。

最後，如果做惡夢、反芻思考、焦慮、有了沮喪的念頭而半夜醒來，那麼請下床，移到椅子那裡，做躺平放鬆練習，就會有所幫助。做惡夢以後，身心系統會特別活躍，所以要用這個機會，把壓力排解，並幫助復原。做完一回躺平放鬆練習，可以試試看伸展運動、瑜伽、接觸點練習、深呼吸、冥想、寫日誌本等。

然而，如果經常半夜醒來，應該洽詢醫生。半夜醒來的原因有很多，例如荷爾蒙失衡、停經、憂鬱、焦慮症、胃食道逆流等。務必直接處理任何潛在的原因。

## 靠運動增加耐受力

要拓展身心容納之窗，第四種習慣就是運動。人體天生就是造來活動的！運動的益處在其他

地方已有詳細說明，這裡只是想提出，運動是透過哪幾種具體的方式來拓展身心容納之窗：[20]

1. 運動可以排解壓力，用躺平放鬆練習當成體能鍛鍊的結尾，尤其能排解壓力，而且一段時間過後，還能把調適負荷量降低。
2. 運動可以改善睡眠品質。
3. 運動可以調節新陳代謝，胰島素阻抗、代謝症候群、第二型糖尿病的風險也會隨之降低。
4. 運動可以強化免疫系統，有利擊退感染。
5. 運動可以調降微膠細胞以減少發炎，還能降低發炎疾病的風險，例如慢性疼痛、憂鬱、大腸激躁症、自體免疫疾病、關節炎、阿茲海默症。

可促進生理與認知健康的最佳運動計畫，涵蓋了三項要件：

1. 必須做有氧運動，藉此鍛鍊心血管系統並增加耐力。可以嘗試慢跑、快走、健行、飛輪、跳舞、划船、游泳、跳繩、爬樓梯、體育活動。從事前述其中一種有氧活動來提高心率，每次至少運動三十分鐘，一週至少三次。也可以試試高強度間歇訓練，一節持續十分鐘至十五分鐘。高強度間歇訓練不只能以極高效率提高心率，也不用再藉口沒有足夠時間運動。
2. 必須重訓，藉此提高新陳代謝、增加力量、強化骨質密度，而骨質疏鬆症和骨折的風險也會隨之降低。可以在健身房舉重、雇用私人教練或參加運動課或新手營，使用器材讓肌肉負重。如果對於健身房舉重，感到緊張不安，可以在家中打造重訓環境，成本也不太昂貴，只要準備一大顆健身球、各種自由重量器材，還有一本健身書，例如史蒂芬・史帝富（Steven Stiefel）的《健身球舉重書》（*Weights on the Ball Workbook*）。

目標是每個肌群一週至少要重訓兩次，但核心肌肉要每天訓練。還要記住一點，肌肉比脂肪還要重，所以體重可能會增加，但身材肯定會變得緊實。

3. 必須做伸展運動、瑜伽或太極拳，增加身體的彈性，釋放緊繃感。如果對於參加瑜伽課，感到不自在，試試有提供串流服務的APP或網站。習慣性緊繃的部位能溫和伸展的話，尤其是下巴、脖子、肩膀、背部、骨盆區，身體就能保持在更好的生化平衡狀態，慢性疼痛也會減少。有氧運動和重訓在暖身與收操的時候，伸展運動也是非常重要的環節。

前述三種運動要做四十五分鐘到六十分鐘，一週至少做四次。把運動時間排進週計畫，找出自己天生享受其中的活動。如果發現有一些因素會阻撓自己運動，請運用習慣診斷法。

運動就跟飲食一樣，請務必先諮詢醫生，再開始進行新的運動。舉例來說，如果有服用β阻斷劑，心率就會很難提高，醫生可以幫忙選出最適合你的運動。

## 建立良好的社交關係

美國人花越來越少時間跟別人建立關係，但關係的建立，卻可左右健康和幸福。根據研究顯示，缺乏社交關係對健康造成的危害，是肥胖的兩倍左右，引發的過早死亡機率相當於抽菸。[21]社會連結不多或品質低的話，也有可能會引發心血管疾病、高血壓、心臟病反覆發作、多發性硬化症、癌症、傷口痊癒速度變慢。

反之，根據眾多的實證研究，最一貫的快樂指標，就是看人有沒有穩固的人際關係和社群支持，[22]而這個研究結果超越年齡、性別、族群、社經地位。舉例來說，如果有經常碰面的朋友，對幸福的影響程度，就有如一年額外賺了十萬美元。

過去五十年來，美國的社群關係大幅衰退。[23]今日，人們結婚的可能性低了，參加的社群團體少了，當志工的可能性低了，往往也沒那麼頻繁在家裡招待客人。電視、網際網路、社群媒體，取代了那些可培養人際關係的活動。電視在美國是排名第一的休閒娛樂，但根據研究顯示，電視看得越多，就越不會當志工，越不會花時間跟社交網的人相處。與此類似，重度網路消費者跟家人間的溝通會減少，跟線下社交網的互動會減少，憂鬱和寂寞的感覺會增加。

這類趨勢尤其會影響到年輕人。在美國，很多人，尤其是千禧世代和年輕人，用智慧型手機替代現實世界的互動。青少年盯著螢幕看的時間越久，越有可能出現憂鬱症狀。[24]同時，二〇〇〇年到二〇一五年，經常跟朋友一起打發時間的青少年，人數下滑超過四〇%。

過去二十年來，社交孤立的現象（朋友不多，社交互動也不多）在美國大幅成長。[25]根據信諾（Cigna）醫療保健公司前陣子的大規模調查，將近半數的美國人說，有時或總是覺得孤單又「被冷落」。美國每七人當中約有一人表示，沒有人跟自己很熟。現在，美國將近半數的餐食是一個人獨自吃的。[26]美國人每天平均花四十分鐘從事（工作外的）人際互動，一年就是二百四十三小時，但一年卻花了一千零九十五小時看電視。

寂寞跟社交孤立恰好相反，主觀上覺得有孤立感，才算是寂寞，比如說，想要的社交互動次數和品質，以及真正擁有的互動情況之間，存在著落差。**社交孤立跟寂寞不一定有關，有些人是真的享受一個人獨處，偏愛與世隔絕的生活方式，所以他們也許是社交孤立，卻不寂寞。**反之，周遭有很多人的時候，可能還是會覺得寂寞，而互動情況很疏離、膚淺、不真誠、情感上無益的時候，就會特別寂寞。其實，前陣子有研究顯示，已婚、跟他人同住、未罹患憂鬱症的人們最寂寞。[27]寂寞在青少年和青年的身上也很普遍。舉例來說，根據信諾的調查，在美國，越年輕的世代越寂寞，Z世代是最寂寞的世代。

根據研究顯示，寂寞會導致壓力荷爾蒙增加、認知功能降低、發炎增加，[28]發炎疾病的風險也會提高，例如慢性疼痛、憂鬱症、心臟病、關節炎、第二型糖尿病、失智症等。

認識前述背景脈絡後，請花些時間思考自己的社交網。至少要有幾個人是你覺得可以傾訴心聲或請求協助的，如果連這幾個人都沒有，就該擴展社群支持網。

認清自己的社交需求和關係需求，也就是說，什麼對自己很有意義，有支持和鼓勵的作用。務必要認清一點，不同的關係有助於滿足不同的需求。其實，期望一個人（例如配偶）滿足所有需求，會讓兩人的關係背負太過沉重的負擔。

請他人提供協助並依賴他人的支持，有可能很難做到，而如果覺得自己很獨立，要開口求助，就更是難上加難了。然而，要是守著自己的弱點和疼痛不外露，那麼身邊的人可能會理所當然以為我們不需要幫助。然後，我們真正需要幫助的時候，可能會覺得無法向外求助。

如果發現自己有這種情況，一開始培養人際關係的時候，應該是主動幫助別人，而不是接受別人的幫助。例如，幫助年邁的鄰居，替他們家的草坪割草，或開車載他們赴約；去當志工，支持有意義的理想；組成讀書會。幫助別人就跟接受幫助一樣，可以提高韌性，人生也有了意義和使命。

如果發現自己的社交網需要支撐，請定下一些具體的意圖，讓人生的這個部分圓滿起來，然後再把這些意圖納入堅韌的規畫當中。以下列出的幾個想法，可當成一開始的起步：

- 每天至少要有一次真誠又有連結感的互動，無論是面對面、透過手機還是 Skype 都可以。簡訊、電子郵件、社群媒體不算在內。
- 評估現有的熟人圈，挑選一個人來加深關係。接下來一個月，至少跟這個人進行兩次社交活動。
- 如果前陣子搬新家或熟識的人不多，可以去上課，當志工，根據自己最愛的嗜好，參加某個要碰面聚會的團體，加入教會或靈性團體。
- 至少一週一次，跟職場上的某位同事見面吃午餐、喝咖啡或健走。約的是不常相處的同事，那就更好了。跟同事見面的時候，真誠說出有關自己的某件事，把無關職場身分的那一面顯露給對方看，不一定要驚天動地、深刻又脆弱的一面。
- 每週至少一次，跟某位知己進行深刻交心的電話聊天或聚會，對象可以是某個好友、家人或另一半。有小孩的話，可以安排在小孩上床睡覺後，或雇保姆照顧後。

- 每週安排一次活動，全家人一起度過美好的時光，例如悠閒吃一餐、去大自然健行、其他有趣的活動等。
- 最後，朋友也可以是毛絨絨的、有翅膀的或有鱗片的！養寵物的人，請每天花些時間跟寵物互動玩耍。

定下具體的意圖來建立社群支持網，就能編織出各種資源，壓力很大或需要協助的時候，就能運用資源。每天照料人際關係，自然就會覺得跟周遭世界更有連結感，並從中獲得養分。

## 心智好習慣也會遺傳給下一代

根據五種拓展身心容納之窗的習慣，也就是反思與覺知練習、健康的飲食、充分的睡眠、適當的練習、支援的關係，所選出的生活方式，有利調適負荷量降低。還有一點更重要，**五種拓展身心容納之窗的習慣具有表觀遺傳力量，可以避免引發我們在疾病上的遺傳脆弱性**。就像第三節提到的，DNA會隨著自己時常經歷的狀況而產生變化，而某些習慣肯定是我們時常經歷的。表觀遺傳變化甚至會傳遞給小孩，有可能影響許多世代。

拓展身心容納之窗的習慣，只要能積極增強適應力，例如耐力、毅力、心理彈性、健康、支援的關係等，就可以擁有更多的內外資源，方便在高壓下彈性因應，並在日後復原。

每一天的安排和經歷，都能塑造出人生的樣貌。不管發生什麼情況，只要運用那些拓展身心容納之窗的習慣，處理「可由自己決定」的事情，就能奠定穩固的基礎，獲得韌性、健康、創造力、喜悅、幸福，在人生這棟建物裡，建立了主導權。

# 18 拓展全人類的身心容納之窗，有利無害

二〇一七年，我拖了很久後，終於接受牙齦移植手術。這輩子，我在牙科受過多次創傷，上一次的牙齦移植手術就是其一。第一次手術時，為了取得移植組織，牙周病醫師剝離我口腔上顎的皮膚，但醫生縫合部位前，我起了不良的藥物反應，開始嘔吐，結果傷口嚴重感染好幾週。可想而知，我並不急著再次嘗試這種手術。

這次，我去找另外一位牙周病醫師，[1]得知我可以接受他人捐贈組織移植，口腔上顎跟我本人都很樂意。

手術當天，我處於充分休息又調節良好的狀態。手術期間，我一直把注意力放在接觸點上，幫助生存腦感到穩定安全，同時任由其他感受沖刷過意識。我置身於現實，不去掙扎，後來卻浮現出以下念頭：醫生正在剝離我左側超過五成的牙齦和頰部，像鋪床單那樣，把它攤開，蓋住捐贈組織。我想像出他正在做的事情，腦海裡的這個畫面，確實把我給嚇壞了。

這念頭一浮現，我的生存腦神經感知到危險，啟動壓力反應。我立即注意到自己一陣反胃、心率激增，隨後是昏倒前常會有的漸暗感。就在那一刻，在我還沒說出口前，醫生放下器具，把一些紗布塞進我的頰部，說：「我們現在應該休息一下，然後重新再來。」他關心地捏捏我的肩膀，推開他的凳子。

我專注於接觸點，做躺平放鬆練習。我排解壓力，開始覺得安定，此時我問他：「我需要休息一下，你剛才是怎麼知道的？」

「嗯，我做的工作很注重細節，絲毫都很重要，所以我一定要保持專心，不時休息。」他說，「不過，剛才我開始覺得有點反胃頭暈，所以才意識到你需要休息。」

他是怎麼做到的？手術期間，他集中注意力，意識到我們倆產生共鳴，這是一種非口語的、自發的、體驗型的連結感，所有的哺乳類動物之間都會有的。共鳴可以引發同理心，也就是不經由思考就毫不費力發自內心反映出別人的感受。意識到自己跟別人有了共鳴，就是明明待在自己的身體內，卻彷彿置身於對方體內的那種感覺。

**人類的身心系統經常跟環境刺激因子產生共鳴，並受到影響。由此可見，花時間待在大自然，會產生安心的感覺，看恐怖片會觸發壓力**。

因為人類是社群動物，所以人會碰到的最有影響力的環境刺激因子，就是他人。前面幾節闡釋了周遭旁人士怎麼對身心系統和神經生物學迴路，甚至是身心容納之窗的寬度，造成不可磨滅的影響，人際關係中的寂寞、騷擾、張力是怎麼導致自身承受的壓力增加，跟他人有連結感並獲得他人支援又是怎麼降低壓力。

最後，我想站在相反方向，看待以下兩者相互依存的關係：個人身心容納之窗的寬度怎麼影響周遭世界。就像第二節指出的，美國文化往往強調個體是自主的，還把成敗呈現為全是個體努力的結果。不過，人可以經由彼此的互動方式，影響彼此的韌性和調節程度。

## 壓力與情緒會互相感染

人會經由神經生物結構的幾個面向，把自身的壓力和失調情況，或者調節良好的情況，傳達給別人，別人也會傳達給我們。第一個面向是壓力感染，第六節與第九節已經探討過了。記住，生存腦會留意到壓力對體內引發的體感，從而導致神經感知到危險，壓力反應程度增加。同樣地，生存腦會察覺到他人對壓力所產生的體感，尤其是彼此有依附關係或權力不對等關係的人，例如主管與部屬、老師與學生。人與人之間，在神經系統和壓力荷爾蒙濃度上產生共鳴，造成壓力感染作用。

情緒感染也是類似的情況，只要是曾經眼裡含淚看過悲傷電影的人們都會懂。如果不是有自覺地留意，那麼自己的心情很容易會被他人的情緒牽著走。研究情緒感染的研究員發現一點，人的表情、聲音、姿勢、動作、情緒行為，往往會跟身旁的人同化。[2] 這種時時刻刻的自發模仿不只會影響人的情緒狀態，在社交互動上也扮演著主要的角色。好比壓力感染作用，要是我們跟對方有依附關係或權力關係，就極有可能被對方的情緒「感染」。

過去十五年來，腦神經學者發現，有幾種神經生物結構有利闡述壓力感染和情緒感染的運作方式。該項研究證明了人類這種生物天生容易相互建立深刻的關係，以下幾項重點更是呈現出人腦有多努力建立更多的社交關係：

1. 社交痛苦：例如被社會排斥、跟摯愛分開等，帶來沮喪感的時候，腦部裡啟動的疼痛不適網跟生理疼痛是同一個。[3] 疼痛不適網包含了背側ＡＣＣ和腦島前區，第十二節討論過這兩個腦部部位，兩者在壓力反應程度和情緒的調節上扮演著關鍵角色，而且正念心智健身訓練經證明具有調節能力。

為什麼腦部對待生理疼痛的方式，跟對待社交、情緒痛苦是一樣的呢？正如生理疼痛可幫助我們採取行動來保護自己的身體安全無虞，我們與生俱來的神經生物機制會激勵我們跟別人保持關係。社交關係受到威脅，就會感到真正的疼痛，所以神經生物結構會提醒我們去追求及提供社群支持。這情況在演化上有其道理，畢竟要是少了照顧者的持續支援，嬰幼兒就會死去。

腦內啡和催產素這兩種帶來良好感受的神經傳導物質，也激勵著我們要跟別人保持關係。[4]就像第七節提到的，我們被他人關心的時候，會分泌腦內啡，吵架以後「和好」就是其中一例。反之，我們願意關心別人的時候，催產素會增加。就像第四節提到的，催產素會讓神經系統離開防衛模式、處於幸福模式，藉此鞏固我們的社會參與和依附系統。小孩出生與哺乳期間，母親的催產素會大量分泌，幫助母親跟後代建立關係並照顧後代。我們碰到有人很痛苦的時候，催產素也會把我們在同理對方時感受到的沮喪感給抑制下去。在這種抑制作用下，我們會去靠近對方，支持對方。實際上，我們做的越多，分泌的催產素也越多。

2. 人腦有鏡像神經元系統，有利理解他人的意圖、行為、情緒。[5]這不是理性腦的活動，而是自發的、前反思式的一種模仿。比如說，我拿起一個杯子，我看到別人拿起一個杯子，這兩件事對腦部鏡像系統造成的影響是一樣的。在這兩種情況下，腦部都是用同樣方式發射訊號，只是自己採取行動的話，訊號比較強烈罷了。經由這個內在的模擬，我們會經歷運動共鳴，有利我們具體感受到他人的感覺和意圖。

鏡像神經元會刺激我們去模仿別人，進而從別人那裡學習，所以甚至在語言習得方面，也扮演著一定的角色。**鏡像系統在社會參與上扮演重要的角色，所以人們的手勢、表情、眼神接觸，會不自覺地相互一致**。在鏡像系統的幫助下，人們在對話的時候，創造出共同的意義，就算是一連串不完整的句子片段，也不妨礙。怪不得鏡像系統在情緒感染和同理心方面，也扮演著重要的角色。

暴力的模仿也跟鏡像系統有關。[6]舉例來說，小孩接觸暴力的電視或影片片段，不久後，攻擊機率就會增加。有項縱貫研究以紐約州一千位小孩為研究對象，結果顯示童年初期大量接觸媒體暴力，十年後（也就是高中畢業後）就會出現攻擊性和反社會的行為。還有一項跨國研究探討了觀看媒體暴力後引發的暴力模仿。雖然各國有一些文化差異，但是所有國家都有同樣的基本發現：觀看媒體暴力跟日後的暴力模仿有密切的關聯。從這些研究就會知道，社會影響力導致的神經生物自發性，會削弱人類對個體自主一事所抱持的傳統智慧。

其他哺乳類動物也都具有壓力感染和情緒感染作用、腦部的疼痛不適網、社會連結相關的神經傳導物質、鏡像神經元。然而，人類已演化出一些額外的結構，而且是人類獨有的，可以進一步確保人類能在社群團體裡和諧相處。[7]

舉例來說，理性腦具有心智化系統，可以幫助我們察覺並理解他人的行為（包括他人的較高層次的意圖和心理狀態），這樣對於較為運動導向的鏡像系統，就能彌補不足之處。與此類似，理性腦有個部位叫做腹側前額葉皮質，有助於自制，可以由上而下地調節壓力、情緒、衝動、渴望。這個腦部部位還有助於塑造行為，讓人符合所屬社群團體的常規和價值觀。

類似的情況也存在於內側前額葉皮質（MPFC），這個理性腦的部位負責掌控我們對自我感的概念。我們思考「自己是誰」的時候，這個腦部部位會發射訊號。然而，說來有意思，我們聽到別人提出有說服力的訊息時，這個腦部部位也會發射訊號。舉例來說，有個實驗試著請學生擦防曬乳，[8]不管學生有沒有對研究員說他們會有自覺地打算擦防曬乳，只要學生聽到了那些贊成擦防曬乳又有說服力的訊息時，內側前額葉皮質發射的訊號越多，那麼之後就越有可能實際擦防曬乳。

有了前述的認識，就多少能體會到美國文化的個人主義迷思，其實很不合乎神經生物結構的真實樣貌。從這些神經生物結構看來，人們天生就會跟周遭社會環境有緊密的連結，也受到很大的影響。周遭社會環境包括朋友、家人、老師、教練、主管、領導者、名人、媒體、廣告、社群媒體，甚至是電影和電玩遊戲。

由此可見，自己的身心容納之窗拓展、內在產生變化以後，也會為了旁人去改變社會環境。因此，我們自身的存在和自我調節，可以說是我們給這世界的一大贈禮。

## 身心系統也會產生共鳴

人與人之間會相互連結，所以自己要是不專注保持在安心又調節良好的狀態，那麼一接觸到壓力、緊張或煩躁的人，自己的壓力反應程度也會隨之增加。反之，我們也能體會到，跟調節良好的人們相處，自己就能腳踏實地，調降壓力反應程度。還可以認清一點，置身於某些社會環境，人會受到負面影響，例如：擁塞的車流；雞尾酒派對，有些不安的同事大聲喧嚷，讓大家留下印象；跟失調的朋友或家人共進午餐。另外，還會明白一點，讀新聞或看新聞，也會引發壓力或創傷反應，如果新聞內容是自己認同的群體當中的一員被威脅、霸凌、錯待或虐待，那麼反應就會特別強烈。

就像第六節提到的，就算是安全依附型個體，也可能偶爾會表現出不安的防衛策略和關係策略，尤其是承受壓力、失調、位於窗外、被別人觸發的時候。如果能意識到前述指標，就有機會停止對話或爭論，休息一下，獲得復原，讓腹側副交感神經系統充分回到活躍狀態。

在壓力的狀態下，就比較不能察覺到正面的社交訊號，還更有可能誤以為中性的刺激因子具有威脅性，就算實際上很安全，但神經感知到的內臟訊號，卻是不安全，導致壓力反應程度進一步增強，結果可能會放棄那些跟社會參與有關且有建設性的合作策略，回到戰、逃、僵的狀態。

社交溝通至少要有兩個人參與。只要我們跟互動對象的社會參與系統都充分處於活躍狀態，就有可能進行有連結、有建設性、相互合作的社交溝通。

然而，如果談話對象處於失調狀態，那麼就算努力跟對方交流，對方有可能會回以不安的關係策略和防衛策略，[9] 例如批評、諷刺、怪罪、冷漠、退縮、攻擊等。**對方有這類反應，就表示對方的壓力已經活化，甚至有可能是在身心容納之窗外頭。**

在這種情況下，對方理性腦的功能運作會衰減，所以「設法跟對方講道理」不太可能達成我們要的結果。我們發出正面的社交訊號，但對方比較無法察覺，比較容易誤解我們說的話，變得防衛起來。除非對方的腹側副交感神經系統回到活躍狀態，否則就很難進行有建設性的對話。請記住最重要的一點，**對方的反應跟個人無關，那只是表現出對方目前的身心系統現況**。

在壓力感染和情緒感染作用下，要是不基於一些有自覺的意圖和努力來保持調節良好的狀態，那麼對方的不安反應很容易引發我們生存腦的壓力反應。如果接收到不安的防衛策略和關係策略，還想保持調節良好的狀態，一種做法是把注意力引導到接觸點，提醒生存腦，我們還是處於安心又安全的狀態，這樣一來，感染到對方的壓力或情緒強烈度的機率，也會隨之降低。

如果面對對方的失調，可以保持調節良好的狀態，那麼自身的調節狀態就能引起對方共鳴，幫助對方的生存腦和神經系統調降，並運用社會參與系統。反之，如果面對對方的失調，無法保持調節良好的狀態，就表示該休息一下，免得說出或做出以後可能會後悔的事情。

如果是互動的對象處於高壓狀態，可以用覺知和客觀的好奇心，處理對方的壓力反應程度和情緒強烈度，幫助對方調降。可以問對方有什麼感受，為什麼會有這種感受。**這種策略奏效的話，我們必須待在身心容納之窗裡，理性腦和生存腦必須由衷專注聆聽並認可對方的回答**。做不到的話，對方的反應很可能會觸發我們出現理性腦凌駕作用或生存腦劫持作用，這樣只會導致對方的生存腦覺得更不安，對方的反應程度甚至會進一步升高。

然而，如果我們待在身心容納之窗裡，並且能夠以覺知和客觀的好奇心進行互動，那就可以塑造形勢，有利改變情況。生存腦只要發覺自己的訊息沒有傳達出去，就總是會放大壓力反應程度和情緒強烈度。如果能詢問對方的感覺，不評斷、不羞愧，不怪罪，那麼對話雙方的理性腦就都能理解實際發生的情況。只要雙方全神貫注在對話上，往往就等於是踏出了第一步，邁向有連結感、有建設性的互動。

既然大家都是凡人，肯定有過幾次這樣的經驗吧，超過壓力耐受度的臨界值，然後對外發洩出來，害對方心生恐懼或覺得不被尊重。然而，就算在這種處境下，還是可以採用互動式修復法。我們傷害了摯愛或同事，隨後為自己造成的傷害，向對方道歉，接著積極努力修復關係，這些都需要智慧和勇氣才能負起責任。就算這項簡單的技能並不容易，還是可以透過練習來增強。每經歷一回互動式修復法，腹側副交感神經系統迴路就會獲得強化，社會參與和復原的能力也隨之改善。互動式修復法有利身心容納之窗的拓展。

壓力感染和情緒感染作用也會影響我們的決策。第十四節討論過內在急迫感，也就是被施壓著現在就要開口說話或採取行動。如果發現自己對於立即做出決定一事，覺得壓力很大，請先注意，內在急迫感是不是別人的壓力造成的。有一句流傳已久的妙語是這樣說的：「你沒有事先計畫，就算不上是我的急事。」我們可以選擇處於安心的狀態，守住界線，不去吸收對方的壓力，不隨之起舞。如果自己能處於當下並調節良好，就可以幫助對方調降。

就算狀況真的很緊急，也就是說，急迫感是眼前的狀況造成的，那麼在做出決定以前，先花點時間盡量達到調節最良好、最處於當下、最穩定的狀態，這樣會很有幫助。就算只做三十秒的接觸點練習，也可以帶來莫大的改變。雖然短暫練習可能無法徹底達到調節良好的狀態，但是這樣做出的選擇，肯定好過於沒練習。除非是實際面臨生死攸關的迫切處境，否則總會有時間把壓力調降到一定程度。上洗手間的時候，就很適合做練習！

人類理性腦具備的許多功能，還有社會參與和自我調節的能力，要等到三十歲出頭才會完備，所以年輕人特別容易被別人的失調狀況影響，引發壓力。就像第六節和第七節提到的，家長打造出的社會環境，會影響到小孩的神經生物結構發育，大幅影響到小孩身心容納之窗的最初寬度，讓小孩的身心系統踏上這終生的軌道。由此可見，家長應擔負起這份特殊的責任，從自身經歷的慢性壓力與創傷中完全復原，這樣才能讓自己的身心容納之窗盡可能寬闊，有利養育小孩與青少年，跟他們互動交流。

進一步來看，某些職業會把自身的調節或失調程度轉移給他人，造成過大的影響。對學生、客戶、患者、教友的生存腦來說，教師、治療師、醫生、牧師、教練、導師等職業的人，全都有可能是潛意識依附人物。在前述的關係中，專業人士身心容納之窗的寬度，很有可能對他們服務及帶領的對象造成莫大的影響。很多人特別會在受苦或失調的時候，去找前述的專業人士，所以專業人士必須用最寬闊的身心容納之窗協助他人才行。專業人士特別有責任去運用本書提到的方法，讓自己盡量保持在安心、處於當下、調節良好的狀態。

## 領導者的身心狀態決定團隊的好壞

領導者會對社會環境產生特別強烈的影響。領導者可說是社會部落的主導者，為整個群體的社交和情緒定調，通常可以稱為「統帥風氣」。由此可見，領導者會對他人的調節或失調程度，造成特別強大的影響，最能左右集體身心容納之窗的寬度。

有些職場，領導者的身心容納之窗寬闊，打造出包容、合作、多樣化的環境，最終大家都能獲益；有些職場，風氣有害，容許歧視、騷擾、微冒犯事件惡化，最後大家都要付出代價。這兩種職場，我都親身經歷過。我之所以熱愛訓練人員，讓他們更懂得調節自身壓力，有一部分是因為自己曾經待過有害又排他的組織，親身面對過暴力和創傷。怪不得領導者失調或壓力很大的話，組織就會充斥以下的情況：逃避衝突、士氣低落、衝動型與反應型決策、不道德或踰越行為。

部屬在壓力、不確定、多變情況下的因應方式，會深受領導影響，這樣的影響起碼有兩方面。站在理性腦的角度來看，部屬對壓力與創傷經驗的解讀和理解方式，會受到領導者的影響。[10]然而，站在生存腦的角度來看，領導者可說是潛意識依附人物。只要部屬的神經感知到領導者會保護眾人並公平帶人，那麼就算是強硬的領導者，也可獲人喜愛。如果領導者被看成是稱職、誠實、值得信賴的，可以敏感察覺部屬在生理、智識、精神、社交、情感上的需求，那麼領導者就可以贏得部屬的信任，進一步增強部屬的韌性。

**在這種同調的情況下，追隨者會覺得領導者正在提供「安全的根據地」，這是典型的安全依附感**。於是，追隨者覺得可以自在地去探索、學習、創新、犯錯、成長。只要擁有安全的根據地，追隨者就會知道，自己可以冒險，可以說出心聲，可以充分參與團體決策，可以面對困境。身心容納之窗寬闊的領導者，有如早期的依附人物，可以幫助我們培養出一些特性，拓展個人的身心容納之窗和團體的集體身心容納之窗。只要領導者調節良好、充分休息、待在身心容納之窗裡，就能傳遞出沉著又有創意的影響力，幫助整個團體發揮好奇心、具備狀況警覺、創意解決問題、臨機應變、跟別人連結。

反之，領導者失調的話，領導者的壓力反應程度會擴散到整個團體。領導者可能會傳遞憤怒、恐懼等過度反應狀態，也可能會傳遞冷漠、失望、受害者心態、無力感等麻木狀態。在感染作用下，團體內的所有成員比較會訴諸於不安防衛策略和關係策略，例如暴力、逃避衝突、說閒話、防衛心態、不尊重、偏執、說謊、冷漠、退縮、猶豫不決等，而且比較會涉入不道德和踰越的行為。領導者的失調狀態，會磨損掉整個團體的合作、調整、學習能力。

不確定和多變的時期特別會這樣，大家會希望領導者能促使情勢好轉。大家倚賴領導者帶領方向，幫助大家面對困惑和疼痛，找出前進的途徑。大家希望領導者再三保證，儘管時局動盪艱困，還是往正確的方向前進。

然而，壓力和不確定的環境具備的某些特性，會導致領導者無法成為高成效的「救星」。在壓力下，大家往往會負面偏誤增加、感知窄化。壓力也往往會限縮領導者的決策範圍，領導者仰賴的意見少了，採納的角度也少了。領導者更容易受到偏見影響，特別偏好那些可加強自身觀點的資訊。失調的領導者也比較容易退縮、限制資訊流、減少參與決策的人數。領導者為了控管自身的焦慮感，更會每件小事都要干涉，塑造出其他的僵住控制結構。領導者做出這些行為，追隨者往往會產生冷漠感、無力感、不滿加劇。

我教過的資深領導者，有很多都表示，在時間壓力下，他們無法創造出必要的空間，所以無法留意生存腦發出的訊號，無法聆聽內在的智慧，無法讓身心系統待在身心容納之窗裡頭。進取的高成就者，還有許多這類的領導者，都是努力逼迫自己和屬下，才取得成果，也因此獲得獎賞。他們承認，為了在追隨者的面前樹立榜樣，經常會無視自己的極限，也就是說，他們沒有充分的睡眠，還會以人為方式透過壓力反應週期習慣來調動能量。做出這樣的選擇，身心容納之窗只會進一步窄化。

結果導致決策蒙受其害。他們過度專心撲滅短期的火勢，忽視了長期的計畫。每個人都追隨領導者的腳步，重視緊急事物，輕視重要事物，而這樣的注意力焦點就由上而下地遍及整個組織。或者，他們會說，為了達到組織提出的要求，他們已經筋疲力盡，身心俱疲。他們承認，自己忽略了行程需要「空白時段」，也沒優先照顧自己。

然而，等他們了解身心容納之窗，尤其是領會到領導者的身心容納之窗扮演關鍵角色，可以為組織裡的其他人提供安全的根據地，此時就會終於理解到，領導者照顧自己，是幫助組織壯大的必備要件。

簡單來說，**領導者優先照顧自己，保持在調節良好的狀態，就可以稱作是優秀的領導者。**這類領導者有充分的睡眠，持續進行體適能和心智健身訓練法，對親密關係投注心力，照顧自己在智識、情緒、生理、精神上的需求，所以身心容納之窗比較寬闊，而自己和所屬的組織面對挑戰，也能順利度過難關。

在定下意圖及展現私人願景和事業願景方面，這類領導者顯得更有成效，也更審慎。他們更善於協助所屬團體看清大局，並設立共同的使命。他們比較會去培養所屬團體的能力，讓團體試試看做生意的新方法，以客觀的態度評估結果，一起學習，並據此調整。他們比較會任由事件展現，然後當下做出有成效的因應，不會試著塞進不適當的應變計畫或腳本。

這類領導者比較會去看清並承認全局，就算是不快層面，也不妨礙，還會說出全局的真貌。就算正確的事情很困難或不受歡迎，他們也比較會做出正確的事情。他們比較會看清自己和部屬的毅力、缺陷、極限，有利打造出技能互補的團隊。對於別人提出的意見，他們比較不會有防衛心，比較會開放心胸接納。他們打造出的職場，更茁壯、更包容、更多樣化，充滿尊重心、幽默感、連結感、創造力。他們比較會打造出空間，所以團體對於理性腦和生存腦在挑戰和變化下產生的反應，就能有效處理。

也許最重要的是，領導者優先照顧自己，保持在調節良好的狀態，就等於是向追隨者表示，在工作使命上，自我調節是關鍵必要的層面。其實，**假如整個組織裡，只有一個人能持續保有拓展身心容納之窗的習慣，那麼理想上那個人最好是領導者**。領導者把口中所說的「韌性」付諸實現，就有助於瓦解社會的矛盾訊息及其有害的後果，有助於實行全新的社會價值觀。結果，整個團體都會重視這類行為，並拓展集體的身心容納之窗。

## 提升適應力，應對複雜多變的環境

軍中有句格言：「敵軍情況不明，後備要更多。」後備多，就能調度所需的部隊進行反擊，或利用突如其來的機會。

這句格言可以更廣泛應用在今日的我們身上。尤其在不確定、混亂、多變的時期，我們需要的後備（個體和集體的適應力）就要更多才行。既然不受歡迎的事件發生，是我們永遠無法預期及防止的，那麼最佳的因應之道，就是發展自己的能力，用韌性和機智去面對眼前的情況。

我期望本書已清楚闡述，個人的身心容納之窗越寬闊，越容易彈性因應逆境和突發事件，社會參與系統越容易有效運作，這樣我們就能相互連結，彼此支援。理性腦功能也越容易保持活躍狀態，這樣我們就能以清晰的目光評估處境，創意地解決問題，做出有道德又有成效的決定。就算是在極端高壓的處境下，也還是會越容易運用主導權。碰到了有挑戰性的事件，當然就比較不會經歷創傷，比較會經歷壓力。

就像我們可以拓展個人的身心容納之窗，做出更堅韌的反應，而不管發生什麼情況，我們也能增強適應力，拓展集體的身心容納之窗。

人類這物種之所以能處於支配地位，或許是因為人類能夠站在社群角度去思考及行動，可以想像出創意的解決方案，應對那些看似難以克服的挑戰，然後共同合作，落實想法。由此可見，**集體適應力的關鍵層面，就在於關係的強度**，比如家庭、職場、學校、社群、國與國之間的關係。在相對穩定的時期，培養人際關係，以後碰到挑戰和危機，就能仰賴人際關係。

適應力具備的特性，例如創造力、臨機應變、適應力、跟別人的連結感，多半可透過持續又守紀律的練習來刻意培養。舉例來說，爵士樂手強調音樂的適應力，在和弦進程和基本旋律上發展共同知識，透過練習來磨練自己，讓樂手之間能夠讀懂彼此。[11]然後，在表演期間，樂手就能根據前述基礎和彼此的默契，臨場發揮。

創新的組織構思出全新的技術或產品，往往有賴於嚴守紀律的實踐，新知識的編碼、複製、產生也因此可以提高水準。同樣地，高可靠性組織會持續練習某些情境，而理想上，這不只是為了更善於那些操練，也是為了培養團體的能力，在壓力下，還是能快速思考、調整、合作。

如果你在沒有壓力的情況下，沒有持續練習本書的概念和方法，那麼等你處於高壓狀態時，你（及所屬的組織）就無法運用這些概念和方法。身心容納之窗要寬闊，無法抄捷徑，也無法吃顆藥丸或週末閉關臨時抱佛腳。

所以起初才會有武士文化存在，這樣就有了一些練習，可以持續訓練自己，發展適應能力，以後碰到危機，就能隨時應用。**不要突然密集練習，要每天持續練習，就算每天十分鐘也好。只要持續不斷練習，就能訓練自己，用寬闊的身心容納之窗去面對生活，相信自己能以智慧和勇氣**

**去應對眼前的處境**。練習的價值是無關乎成果的。練習是一種生活方式，不是某件有明確回報的工作。個人或團體練習的內容，可顯現出他們認為什麼事很重要，什麼事值得花時間精進。

只要有夠多的人去落實某個理想或某個習慣，就會讓文化習俗產生變化。從二十世紀的變化就可以看見了，比如，體能鍛鍊的制度化，抽菸人數急遽衰減，公民權運動。只要透過意向性和持續不斷的練習，社群團體就能更精進自身，變得更包容、更調節、更勇敢、更聰明。

綜上所述，運用集體意向性與持續不斷的練習，就能調解目前的分歧、增強集體適應力，從而拓展集體的身心容納之窗。

在我們居處的這個時代，社會、文化、政治、經濟，甚至地球，都面臨著莫大的不安和變化。國內經濟不平等和全球化市場愈趨擴大，造成經濟失調。氣候變遷引發重大環境變化，導致美國乾旱加劇，極端氣象事件頻率增加。在排斥移民的政策下，有些美國人覺得更安全，也有些美國人覺得更受到威脅。文化和社會愈趨兩極化，有「黑人的命也是命」、#MeToo 等社會運動，讓大眾更意識到長久的種族不平等、性別歧視、性騷擾，也有反制運動強烈反對。

我們的集體生存腦當然有可能感受到威脅。就算是我們集體評估，某些變化是「正面」的，但生存腦總是覺得變化帶有威脅性。此外，個人和集體的身心容納之窗越窄，對於自己即將置身在不確定的混亂時刻，越無法寬容對待。我們集體上比較會堅持己見不去改變，會試圖長久維持及仰賴先前的解決方案、準則、權力結構、理解世界的方式，但那些已經不適合應用在現實情況。也許最重要的是，先前的解決方案、結構、計畫不合乎現實，而被中斷的話，那麼身心容納之窗就會變得越窄，生理上、情緒上的反應程度，就會變得越高。

第十五節探討哪些處境需要轉變，有時甚至需要瓦解。這類處境是兩種對立能量造成的，一方面無視一些極限，一方面又因局限信念而達不到一些極限。今日的美國就出現了類似的情況，那些覺得現況日益不穩的人，會加倍維護原有結構，而支持改變的人，會以全新的方式，集體說出心聲。

這兩種群體的生存腦都感受到威脅，但兩者面對的實際威脅不見得相等。

就像第二節提到的，我們習慣了權威的文化模式，會去否定疼痛和創傷。在這類的文化模式當中，最常見的一種模式就是男性會把他們否定的痛苦外化，並施加在別人的身上，而男性從事刺激腎上腺素的行為，在社會裡對女性、對小孩、對邊緣化的群體、對彼此所犯下的暴行，男性的人數也是多得不成比例。反之，女性在文化上習慣把痛苦內化，為獲得「不惜代價的和平」，美國社會的女性無視痛苦，而出現內化行為障礙症的女性人數，多得不成比例，很多女性患有冒牌貨症候群、憂鬱症、焦慮症、飲食失調、自體免疫疾病。

今日，我們跟壓力與創傷的關係及其有害的影響，造就出這類長久的文化模式，進而集體意識到，我們必須重新考量、重新調整、做出改變才行。在過去，這類文化模式導致美國長久存在性別歧視、異性戀中心主義、種族歧視、偏執、根深柢固的經濟不平等。現在，我們作為個人，作為社會，面臨了以下的選擇：一種是利用這個機會，承認身在美國社會的我們先前否定了壓力、創傷、疼痛，然後療癒；一種是繼續讓前述情況長久存在，導致更多的個體再度受到創傷，同時增強文化上的壓力，致使美國人對於那些給自己、給別人創造出的問題，繼續採取否定態度。

美國現今，集體的身心容納之窗肯定是變得狹窄或窄化了。從不文明的現象、加深的不信任感、公民論述的兩極化就看得出來，領導者和追隨者都離開了相互合作又有建設性的社會參與狀態，「回到」不安的防衛策略和關係策略（戰、逃、僵）。很多群體都覺得自己遭受攻擊，根據皮尤研究中心（Pew Research Center）前陣子發表的調查結果，六四%的美國人表示，他們認為自己所屬的群體多數時候都很失敗。[12]當群體感受到威脅，就比較容易不把其他群體的人當成人看，還會做好訴諸暴力的心理準備。[13]領導者利用黨派暗語和「另類事實」，刻意迫使支持者進入失調激動的狀態，煽動這種被圍困的心態。舉例來說，布雷特・卡瓦諾法官（Justice Brett Kavanaugh）出席最高法院的大法官提名聽證會期間，川普總統刺激基本盤，他揶揄克莉絲汀・布萊希・福特（Christine Blasey Ford），還做出毫無根據的人身攻擊，這是失調的戰鬥反應，在情緒感染作用下，擴散到歡呼的全體群眾。

就像本書說的，不用親身經歷歧視、偏見、騷擾，身心系統也會受到有害的影響。除非懷抱正念，否則只要讀到或看到新聞在報導我們認同的群體有人被邊緣化，生存腦承受的壓力反應程度就會激增。當我們想起自己邊緣化自己的事情，當我們預期這類事情的發生，那麼生存腦的神經也會感知到危險，並觸發壓力反應。由此可見，**在目前分歧的美國文化中，大部分的生存腦只要受到日常的關係創傷，就很容易被觸發，我們的系統會因此啟動，永遠不關閉，導致集體的身心容納之窗窄化**。

今日的美國人追求資訊和經驗，多半是為了證實自己的信念，至於無法證實自身信念的資訊和經驗，則是一律避開，由此可知，集體的身心容納之窗已經變得狹窄。就像第十七節提到的，等到長大成人，對於不合乎自己內部體系的資訊，往往會忽略、忘記、重新詮釋或不採信，由此可見，人尋求的是跟自己想法一致的人和資訊來源。然而，數位時代有個令人遺憾的缺點，我們創造出的世界，讓我們太容易活在各自的壁壘裡。美國文化的急迫性質，更導致這種情況加劇，資訊有如消防水帶，無止盡朝人噴水，大多數的美國人無法徹底消化資訊，還收到錯誤資訊和陰謀論。此外，政界不公正劃分選區數十年後，也造就出壁壘分明的政治地貌，這樣一來，客觀地聆聽並以尊重態度溝通彼此差異，這種集體的韌性已隨之降低，怪不得二〇一八年八月的皮尤研究中心會有這樣的結果，七八％的美國人表示，民主黨和共和黨不僅在「計畫與政策」上有所分歧，在「基本事實」上也是截然不同。[14]

從減退的理性腦功能就看得出來，集體的身心容納之窗已經變得狹窄或窄化，比如，對他人行為的感知有所扭曲，無法調降自己的壓力和情緒等。有壓力的話，注意力會出現負面偏誤，比較會誤以為中性的訊號是有威脅性或負面的，所以比較容易進入防衛狀態，出現戰、逃或僵的反應。比如說，大眾對美國足球明星柯林・卡佩尼克（Colin Kaepernick）的反應，就可反映出前述的情況，他在美國國歌播放時「單膝跪地」，抗議警察暴力。單膝跪地，其實是中性的非暴力行為，用來吸引大眾注意創傷被否定的面向，但在集體壓力的狀態下，很多人的生存腦都認為，單膝跪地的舉動不尊重或有威脅性。

從我們集體否認及漠視極限和界限，就可得知集體的身心容納之窗已經變得狹窄或窄化，不只對我們自己是這樣，對其他國家，甚至是對地球也是這樣。就算跨國合作能最有效應付美國面對的最大潛在威脅，但美國人還是繼續提倡美國優越論的迷思，實施美國優先政策。美國人消耗地球大部分的資源，美國人的立場，跟他人、地球本身的福祉相互扞格。根據二〇一八年蓋洛普調查結果，大部分的美國人都認為，氣候變遷對他們個人不會造成影響。就算近來有份聯合國報告推斷，最嚴重的影響會在二〇四〇年開始發生，但只有四五％的美國人認為，全球暖化會在他們這輩子產生重大威脅。[15] 要避免氣候變遷造成預期發生的損害，就必須跟其他國家攜手合作，以史無前例的規模和速度，進行全球經濟轉型。然而，今日的美國還在推廣煤炭，煤炭釋放的溫室氣體比任何其他能量來源還要多，生產的石油量更是一九七〇年代以來最高，燃料相對低效的貨車與休旅車，在銷量上更是特別高漲，二〇一七年的美國新車銷量當中，有六五％是貨車和休旅車。[16]在集體高壓狀態下，我們專注於迫切事物，卻否認及忽略最重要的事物——一顆富含生機的星球，我們和後代都能安全活著的地方。

與此類似，為了讓美國最長的作戰時期長久維持下去，基本上就是要倚賴全志願役部隊，[17]而在部隊裡頭，福音派、鄉村地區、少數族群、低社經的群體，多得不成比例。就像第七節說的，美國全志願役有過負面童年經驗的機率，比平民高出許多。在美軍服役人員當中，八〇％的人有親戚也在軍中服役，由此可見，我們實際上造就出的獨立的武士階層，過度承受著美國過分擴張的外交政策造成的代價，也使得軍眷家庭容易產生跨世代創傷。

這種情況不只突顯美國軍民之間的差異，也突顯了我們集體疏離的實際極限。二〇一一年，美國平民約有三分之二表示，九一一後，美國部隊扛起的過重負擔「就只是軍中生活的一部分」。[18]反之，九一一後退伍的軍人當中，有八四％覺得，平民不理解軍人和軍眷面臨的問題。伊拉克和阿富汗戰爭的退伍軍人難以重新適應平民生活的人數，是其他戰爭退伍軍人的將近兩倍。美國社會在永世之戰一直在化圓為方，無視軍方服役人員的極限，軍人身心健康承受的長期代價才剛要開始。同時，戰爭衝突的成本已超過兩兆美元，靠國家的信用卡提供資金。[19]美國沒有徵兵，也沒有戰爭稅，把美國大眾與美國外交政策之間的一些重大責任關係給排除了。在美國人長久維持的這個民主社會，公民權的權利和責任日益脫鉤，逐漸損害了集體的身心容納之窗。

軍隊外也有很多美國人承受大量的調適負荷量，[20]由此就會知道，集體的身心容納之窗已經變得狹窄或窄化。截至二〇一〇年，美國有七〇％的人過重或肥胖，有四千萬人罹患慢性睡眠障礙。集體上，我們經歷了很多的慢性發炎相關症狀，內分泌和免疫系統失調，迷走神經煞車失去功能，例如：高血壓（一億三百萬人）、慢性疼痛（一億人）、心血管疾病（六千萬人）、過敏（五千萬人）、類風溼關節炎（五千萬人）、自體免疫疾病（兩千四百萬人）、憂鬱（兩千一百萬人）、糖尿病（一千四百萬人）。就像第一節說的，心理健康問題也日益增加，尤其是焦慮症（四千萬人）、憂鬱症（兩千一百萬人）、藥物濫用、激增的自殺率。二〇一七年，美國死於酒精、藥物、自殺的人數達到最高峰，是一九九九年聯邦政府開始蒐集這類死亡率資料起的最高峰。美國現在的人均大規模射殺率是全球第二高，僅次於國界消失又捲入內戰的葉門。美國的藥物致死率是全球最高，有三分之二的藥物死亡，是鴉片類藥物的流行造成的。

最後，從許多美國人仰賴的壓力反應週期習慣，也可得知集體的身心容納之窗已經變得狹窄或窄化。除了外化的暴力和成癮，有很多美國人對壓力的處置失當，比如說，沒有充分的睡眠和運動，飲食不良，依賴各種藥物調升及調降壓力，忍不住從事自殘或刺激腎上腺素的行為。美國人越來越常採用的因應之道，就是靠電視、電影、電玩遊戲、網際網路、社群媒體，讓自己分心麻木，而就像第十七節提到的，社交互動會因此受到有害的影響。

在前述的因應機制當中，電子裝置的癮頭或許最是引人擔憂，畢竟這各癮頭會妨礙我們加深關係的能力，而我們需要加深關係，才能拓展集體的身心容納之窗。前陣子有項研究顯示，電玩遊戲玩家玩非暴力的沉浸式遊戲，疼痛敏感度會大幅降低，不管是玩家本人，還是跟他人的共感，敏感度會大幅降低。[21] 相較於完成非電子的益智遊戲的控制組，沉浸式電玩遊戲玩家從冰水裡取出的迴紋針數量多出許多。電玩遊戲玩家看到別人疼痛或愉悅的相片，也比較會冷淡地判定別人的疼痛程度（也就是疼痛程度較低）。從該項研究就會知道，科技會導致社交迴路變得非常遲鈍。

大局難以承受，很容易感到無助。問題看來如此棘手，而我們每個人好像都那麼無足輕重又無力。

那麼，要幫助我們的國家增強適應力並拓展集體的身心容納之窗，該怎麼做呢？

首先，對於現實當中棘手、痛苦或創傷的部分，我們集體上如果繼續去否認、否定、壓抑、劃分、抹殺，那就無法察知整個處境。我們集體上越是能容忍全局，甚至容忍當中最不快的部分，那麼對於實際處境，我們就越是清楚，越是能共同創造出可行途徑，繼續往前邁進。

雖然認清真貌非常痛苦，但長久來說，用否認的態度過日子，才更痛苦，比如，闡述一個符合自己舒適度的幻想世界，或在事實不合乎自身傾向的時候，說那是「假新聞」。

就像第十五節說的，**我們越是強烈否認，越是長久地以人為方式支撐日益不穩且其實需要轉變的現況，那麼現實及集體理性腦意圖間日益加大的落差，所引發的張力就越強**。還有一點更重要，路線需要越多修正，張力才能釋放出來，處境也才能回到合乎現實的狀態。這種情況也出現在冷戰結束時，華沙公約組織的內爆，那是數十年的漠視造成的後果。

其次，我們可以謹記軍中的那句格言，專心累積更多的後備，那是我們個體和集體的適應力。不受歡迎的事件的發生，是我們永遠無法預期、預測、防止的。我們頂多能做的，就是增強國家的能力，無論將來發生什麼情況，都能堅韌因應。

為了增強集體適應力，身為國民的我們，可以幫忙打造出什麼呢？身為選民的我們，在選出領導者並要領導者負起責任的時候，又可以提出什麼主張呢？

我們可以培養危機時期所需的關係，可以重新努力在社群裡，增進誠實、信任、尊重的溝通。我們可以投資在全民都負擔得起的健保上，讓全體美國人都能享有，這樣就能幫助大家把調適負荷量給調降，並鍛鍊出堅韌的身心系統。我們可以處理收入不平等的問題，[22]讓更多的美國人在生病及因應其他突發緊急狀況時也負擔得起，讓第一線救援人員和公僕負擔得起住在他們服務的社區裡。我們可以推廣藥癮復原計畫，教導疼痛處理技能並資助療法，這樣一來，鴉片類藥物的流行，對我們社區與商界造成的破壞，就可以告終。

我們可以投資在美國基礎設施的安全和韌性上，將來的災難級天氣或者可能發生的網路攻擊所造成的影響，就可以抑制下來。我們可以降低驚人的國債金額，這樣就能擁有必要的經濟資源，應對將來全球經濟不穩定的情況。美國國債現在首度超過二十一兆美元，美國家庭債務自二〇一二年起就穩定成長，現在達到十三點五兆美元。[23]

我們可以用尊重的態度對待盟友、貿易關係、國際夥伴關係、全球機構，以便有效應對跨國的難題。我們可以處理自身對化石燃料的熱愛，並積極保護環境，以期大幅減少氣候變遷造成的影響，並且負責管理好地球有限的資源。

也許最重要的是，我們可以教育及訓練小孩，讓小孩發展出寬闊的身心容納之窗，因應前方的眾多挑戰。

## 無法改變過去，但可以選擇迎接未來

我們選擇留意自己和周遭環境的哪些部分，就能因此塑造出自己在個體上和集體上的樣貌。要突破自己慣用的濾鏡，就必須先願意放下理性腦那虛假的必然感。除非自己有所覺察，否則就無法學習並做出改變。

憑藉覺知和客觀的好奇心，就能突破制約。覺知與好奇心，有如煉金術的藥劑，可以帶來痊癒和轉變，而且總是隨時可供取用。覺知與好奇心，不屬於理性腦，也不屬於生存腦，所以有利理性腦和生存腦結為盟友關係。就算身體正在經歷強烈疼痛、情緒或壓力，只要置身於有覺知、有好奇心的身體裡，就能做出重大的轉變，引領身心系統邁向復原、痊癒、轉變。

還有一點更重要，制約的習慣也可以忘掉、重新制約、消滅。雖然制約的結構和程式具有強大的慣性，但是我們總是有選擇的。要落實那樣的選擇，必須先願意面對自身的習慣、情緒、疼痛、癮頭、弱點，不要去否認它們。

我們所能掌控的，就是我們當下做出的選擇。是要有自覺地引導注意力，還是要在習慣、衝動、情緒或壓力下，不自覺地被劫持；是要讓結盟的理性腦和生存腦幫忙選出最恰當的做法，還是要任由理性腦凌駕作用或生存腦劫持作用推動自己的行為；是要透過社會參與、同調、互動式修復法培養關係，還是要習慣採用不安的關係策略；是要選擇發揮最大潛力並為最大利益著想，還是要選擇讓短期滿足感或狹隘的自我利益勝出。

我們選擇多加留意、展現風度並自我調節，然後做出成熟的行為，而累積這樣的時刻夠多次，一段時間過後，就能對自己的神經生物結構重新制約。我們可以轉變自己的人生、關係、社群的整體樣貌。雖然這不是線性的進展，但是一段時間後，變化確實會變得顯而易見。

近來的腦神經學研究顯示，我們每個人都為集體的身心容納之窗出了一份力。我們是幫助身心容納之窗拓展還是窄化？我們的調節、風度、創造力、智慧、勇氣、跟別人的連結感，是不是有所增長？還是說，增長的是失調、恐懼、憤怒、困惑、暴力、否認、不合？

**我們無法回到過去，對於身心系統至今經歷的多起攻擊，也無法奇蹟般消除。我們只能從自己現在所處的地方開始。**

我們可以選擇破除跨世代創傷的循環，方法是去治療自身的癮頭和內在分裂，去重組自身不安的防衛策略和關係策略，去培養出更寬闊的身心容納之窗。我們可以藉由全新的拓展身心容納之窗的習慣，關閉有害的表觀遺傳變化，免得傳給下一代。我們可以幫助小孩發展出盡量寬闊的身心容納之窗，讓小孩依循終生的軌道，邁向堅韌。

我們可以選擇把調適負荷量降低，只要有充足的睡眠和運動，透過健康飲食讓微生物群系達到平衡就行了，這樣就沒那麼容易罹患許多的疾病。我們可以憑藉堅韌的規畫，優先處理真正重要的事情。我們可以每天積極培養寧靜，打造出空間，讓見解、靈感、創造力、愛、慈悲心、喜悅展現出來。

我們可以憑著客觀的好奇心，選擇去探究自身拙劣的習慣、自我挫敗行為、外化的暴力、癮頭，並且了解背後的推動因素，然後用更成熟的習慣取而代之。

我們可以選擇培養家庭、職場、社群的關係，這樣就能強化人際網絡，而我們在混亂和危機期間，需要仰賴人際網絡。我們可以落實互動式修復法。我們可以去找那些跟自己意見不同的人，客觀地由衷努力聆聽並了解對方的觀點。我們可以每次跟別人相遇，都展現出風度、自律、尊重、和善的態度。

我們可以選擇展現出身而為人最好的一面，讓我們碰到的人獲得啟發，不只能讓有意義的改變成真，而健全自身，也是我們人類與生俱來的權利。

這些都是我們可以掌握的事情。

附錄

# 正念心智健身訓練的基本練習和技巧

本書提出的建議是用來簡要介紹正念心智健身訓練教導的概念和技能，然而並不是完整的正念心智健身訓練課程，更不是用來取代正規的醫療或精神醫療。如果有健康問題或強烈的失調症狀，請詢問醫生，本書的建議是否適合自己，也要討論是否該根據自己獨有的情況進行適當修正。

如果面對的是嚴重失調，在開始做心智健身訓練時，所找的治療師務必要接受過身體經驗技巧的訓練。在這類治療師的幫助下，你就能調整生存腦由下而上的處理步調，漸進又安全地進行練習。極力建議你請訓練有素的專業人員，幫助你順利進行整個過程，這樣一來，就不會無意間導致身心系統崩潰，不會讓生存腦再度受到創傷，導致失調加劇。

我撰寫本書，為的是分享一些基本的練習與技巧，讓你能好好處理自己的壓力和失調症狀。然而，本書並不是要讓你進行必要訓練或學會任何能力，把正念心智健身訓練技能教給別人，深層的身心處理過程會受到這類練習和技巧影響，所以務必先取得額外的訓練與認證，才能嘗試把正念心智健身訓練或任何其他正念訓練計畫教給別人。所以，如果你打算教導或協助的個案，是處於高壓環境或有過慢性壓力或創傷，那麼這裡提出的提醒就特別重要，這樣才不會不經意造成傷害。

其實，要最有效地教導或協助別人，尤其是對方正在應付重大失調的時候，我們本身必須要先深入參與過該過程，接受密集的練習，懂得處理身心系統裡可能會出現的各種經驗。我們要加深自己的心智健身訓練，並拓展自己的身心容納之窗。

## 正念心智健身訓練的基本方針

如果做得到的話，請找一處安靜的地方，不會被一堆活動或噪音打斷或分心。如果你正處於高壓下，請坐在穩定的椅子上，背對實心的牆壁，不要背對門、窗或開放的空間，這樣也會特別有幫助，生存腦會因此感到更穩定、更安全。

每天在同一個地方練習，就能養成練習的習慣，將特定的地方跟練習聯想在一起，那麼在練習時間，回到那個地方，就會想起自己要留意心智健身的特質，尤其是覺知和客觀的好奇心。

每天在固定時間練習，也能養成習慣。很多人會覺得，早上練習的成效特別高，因為在整夜的休息以後、在一天的忙碌開始以前，往往會更願意練習；有些人會覺得，鍛鍊體能後立刻練習，最有成效。根據研究顯示，**練習可促進腦部的神經可塑作用產生變化，所以有氧運動後，立刻做心智健身訓練，特別有成效**；也有人覺得，在一天的過渡期間做練習，會很有幫助，這樣就能先稍微休息並復原，再從事下一個活動。過渡時間可以是睡醒時、午餐後、練習後、下班後、入睡前。

練習的時候，最好使用計時器，這樣就不會想著過了多少時間、想看手表或提早結束練習，理性腦和生存腦也能放鬆，專心練習。另外，在計時器的幫助下，你在預定練習期間內就能全神貫注，巧妙度過你可能會有的抗拒感。

要發展健全心智具備的特質，最大的支柱就是經常練習。經常去做，就會產生練習的動力，就算有時候想偷懶也會去做。每天做一遍接觸點練習，就算只練習五分鐘，也都比一時狂練習又突然放棄還要好多了。

就算覺得某個練習對自己沒效，但是堅持做下去的話，還是能從中獲益，就算不喜歡練習，但只要堅持做下去，就能瓦解自身的習慣模式，不會推開不喜歡的經驗。然而，如果接觸點練習會讓自己覺得很沮喪，最好先放棄，向治療師尋求協助，治療師最好接受過身體經驗創傷技巧（例如感覺動作心理療法或體感療癒法）的訓練。

## 培養智慧和勇氣

就像第十一節提到的，智慧就是有能力看清全局的真貌，什麼也不遺漏，然後根據這些資訊，選出最恰當的反應。要在心智健身訓練期間喚醒智慧，只需要問一個問題：「現在出現了什麼情況？」

勇氣就是有能力承受自己的經驗，不用去改變那個經驗。如果可以先讓現實如實展現，就比較能採取明智的行動，對自己所能改變的現實層面，做出改變。要在心智健身訓練期間喚醒勇氣，只需要問一個問題：「我能不能如實置身於這個經驗，不用去改變這個經驗？」

比如說，有時候你會抗拒練習，此時就讓抗拒感成為練習的一部分，並在過程中培養智慧和勇氣。

要做到這點，可以用覺知和客觀的好奇心，處理自己正在經歷的抗拒感。請探究以下問題：在你的體內，抗拒感是怎麼化為壓力？你目前的能量程度高低？身體有沒有緊繃的地方？在你的理性腦內，抗拒感是怎麼化為念頭、故事線，或者變成現在無法練習的「藉口」？你有沒有留意到任何情緒或衝動隨著抗拒感出現？舉例來說，也許會留意到自己有焦慮感、時間壓力，在規畫著其他需要完成的事情，也許會留意到自己很無聊，想要看電視。試試看自己能不能以客觀的好奇心，花幾分鐘探究一下，抗拒感現在是用什麼形式出現，這樣做的話，就會喚醒智慧。

然後，再往前邁進一步，看看自己能不能跟抗拒感共處，不要去改變它。你可以任由抗拒的念頭和感受流經身心系統，同時也留意你底下的椅子和地板帶來的支撐感與穩定感。如果抗拒感帶有大量的壓力，可以改成做一回的躺平放鬆練習，如果沒帶有大量的壓力，可以改成做幾分鐘的接觸點練習。依照前述步驟，往前邁進，就可以喚起勇氣。這樣也能徹底避開抗拒感，並完成每天的心智健身訓練！

## 正念心智健身訓練的時長建議

第一週：一節五分鐘的接觸點練習，最好一天練習兩次到三次。

第二週：一節八分鐘至十分鐘的接觸點練習，最好一天練習兩次。

第三週：一節十分鐘至十五分鐘的接觸點練習，最好一天練習兩次。在這週，如果閱讀本書前，就已經習慣做正念練習，那也可以在低度或中度的壓力反應後，例如做完有氧運動、完成緊繃的企畫、做了惡夢，或跟摯愛吵架後，開始做躺平放鬆練習練習。

第四週：做十五分鐘的接觸點練習，最好一天練習兩次。在這週，可以在低度或中度的壓力反應後（例如做完有氧運動後、完成緊繃的企畫、做了惡夢，或跟摯愛吵架後），開始做躺平放鬆練習練習。

持續不斷的練習一個月後：一節的練習時間可以增加到二十分鐘到三十分鐘。也可以開始納入本書提出的、以躺平放鬆練習為基礎的其他技巧，例如用來處理慢性疼痛與強烈情緒的技巧（隨即於後文摘述）。

你或許也想要納入其他類別的正念練習，例如，覺知呼吸法或正念步行。練習期間，如果留意到自己經歷一陣壓力，例如恐慌或憤怒，那總是可以改成做一回的躺平放鬆練習，把活化的壓力排解出去。接著，就可以很容易回到其他類別的正念練習。

記住，日常練習具備的價值，跟你觀察到的有益成果無關，所以武士文化才會有所演進，提供一些練習，可以讓我們持續訓練自己，發展適應能力，以後碰到危機和挑戰，就能隨時應用。如果你在沒有壓力的情況下，沒有持續練習本書的概念和方法，那麼等你處於高壓下，就更是無法運用這些概念和方法。身心容納之窗要寬闊，是無法抄捷徑的。

## 接觸點練習的重點整理

找個舒服的地方坐下來，最好是坐在椅子上，背對實心的牆壁，不要背對門、窗或開放的空間。坐著的時候，雙腳距離與肩同寬，平踩在地上。如果閉眼會覺得自在，就閉上眼睛；閉眼不自在的話，目光請望向前方的地面。坐著的時候，脊椎要挺直但放鬆。

請留意椅子和地面支撐自己的感覺。請用身體去感受這種支撐帶來的深感，不要去思考也不要去分析這種支撐感。請留意雙腿後面、臀部跟椅子之間的接觸點，腳底跟地面之間的接觸點。如果感受雙腳有困難的話，可以輕輕扭動腳趾，或雙腳用點力，踩地面。

留意周遭環境所給的支撐感的時候，請短暫觀察身體有沒有緊繃的地方。特別要留意眉毛、下巴、脖子、肩膀。不要試圖迫使特定的事情發生，請注意緊繃的地方，看看緊繃感有沒有起變化。也許會有變化，也許沒有，但是無論結果如何，都很好。

現在，重新注意身體與周遭環境之間的接觸點帶來的體感。也許會留意到壓力、硬、軟、熱、涼、麻刺感、麻木感、出汗、潮溼的感覺。留意以下三個地方的接觸點帶來的體感：

1. 雙腿、臀部、下背跟椅子之間。
2. 雙腳跟地面之間。
3. 雙手碰到雙腿的地方，或雙手互相觸碰的地方。

觀察各接觸點帶來的體感以後，然後請選出你最注意到哪個體感。這一個接觸點現在就是你關注的目標物體。如果根本沒留意到任何感受，請試著脫下鞋襪，坐在堅硬的平面上，或者雙手沿著大腿緩緩移動。選了接觸點以後，請把注意力引導至這個接觸點，並維持注意力。請仔細留意這個接觸點帶來的體感。對這件事不去思考，只以客觀的好奇心，去留意及觀察體感。

如果留意到注意力飄走了，就承認注意力飄走了，客觀地把注意力慢慢重新引導回到接觸點帶來的體感。每次把注意力重新引導回到接觸點帶來的體感，就是在打破舊有的心理峽谷，增強注意力的控制。就把它想成是在反覆進行神經可塑作用。

在練習的結尾，把注意力放大到坐在椅子上的整個身體。留意身心系統在做了練習以後，有沒有什麼地方發生了變化。以客觀的好奇心，觀察以下地方：身體變得更放鬆還是更焦慮？肌肉緊繃程度變高還是變低？能量程度提高還是降低？是更想睡還是更警覺？腦袋是更專心還是更分心？是更沉著冷靜還是更緊張煩躁？也許會發現身心系統在練習後有了變化，也許沒發現，無論怎樣都好，總之目標是留意身心系統現在的狀態。

## 躺平放鬆練習

假如你剛跟摯愛吵架，或做惡夢醒來，現在正處於壓力下，想做躺平放鬆練習。

請到安靜的地方，可以獨自一人。想想要怎麼建構外在環境，幫助生存腦的神經感知到安全。舉例來說，找的地方應該要能舒服安全地坐下來，最好背對實心的牆壁，不要背對門、窗或開放的空間。

保持內在感受的覺察力和客觀的好奇心，注意自己出現哪些壓力症狀（見圖表附1）。一留意到壓力的生理部分，就會有自覺地認清自己處於壓力狀態，有利注意到自身的狀態，例如：「我現在處於壓力狀態。」不過，不用詳盡列舉所有的症狀。也不用細心專注在症狀上，免得壓力變嚴重。只要用更全面的角度，去留意體內的現況就行了。

要是留意到自己躁動不安，比如說抖腳，或想逃走，就試試看能不能坐著不動。能坐著不動的話，躁動呈現的壓力反應，肯定會變得活躍，必須採取這種形式，才能排解壓力。

有自覺地認清自己處於壓力狀態，然後請找出身體有哪個地方是你覺得最結實、穩定、安心、強壯的，把注意力重新引導到那裡。這個地方通常是接觸點，也許是接觸到椅子的臀部、下背、雙腿後面，也許是接觸到地板的雙腳，也許是互相觸碰的雙手或碰到雙腿的雙手。自身接觸到椅子或地板的感覺，如果感受不到的話，請有自覺地把臀部往後靠椅子，雙腳踩穩地板，讓自己感受到支撐感。

留意腳踏實地帶來的感覺，還有椅子和地板的支撐感。正如接觸點練習，**你的目的是去感受自己身體的支撐帶來的深感，而不是讓理性腦嘗試去思考或分析這種支撐感**。舉例來說，你可能會留意到這些接觸點的壓力、硬、軟、溼、熱、涼、麻刺感。持續觀察接觸點或體內另一個最穩定、最舒適、最安全、最腳踏實地的部位。

| | |
|---|---|
| • 呼吸變急促<br>• 呼吸困難<br>• 胸部或腹部緊繃<br>• 心率變快、心跳加速<br>• 反胃<br>• 胃部不適<br>• 嘴乾<br>• 咬緊牙根<br>• 皮膚蒼白又涼<br>• 掌心出汗<br>• 流汗<br>• 彎腰駝背<br>• 暈眩 | • 視野縮小、視野狹隘<br>• 寒毛直豎<br>• 無法控制膀胱、大腸<br>• 思緒奔騰<br>• 緊張的念頭<br>• 反芻思考、念頭不斷重複<br>• 焦慮或恐慌<br>• 不耐、煩躁或憤怒<br>• 悲傷<br>• 羞愧<br>• 難以承受<br>• 躁動不安、動來動去 |

**圖表附 1　常見的壓力症狀**

你的注意力當然有可能會回到壓力的體感，或回到那些引發壓力的故事、畫面、瞬間重歷其境、情緒、念頭。發生這種情況的話，請把注意力重新引導回到接觸點或體內另一個結實的部位。持續這樣重新引導注意力，直到自己覺得更放鬆或更安定為止，或者直到自己留意到有一個減壓跡象出現了。

只要留意到減壓症狀出現（見圖表附2），就不用設法去控制或中止減壓。你在留意減壓症狀時，可能會留意到症狀增強了，承受得了，就完全沒問題。舉例來說，把注意力放在打呵欠上，可能很快就會再連續打好幾個呵欠；把注意力放在雙手的顫抖上，顫抖的情況可能會加劇。

一留意到減壓過程帶來的感覺，就能在減壓感跟選定的接觸點之間來回注意。這樣來回注意，就能在減壓過程期間，獲得更大的穩定感。如果釋出作用相當強烈，或者覺得來回注意不太自在，那麼注意接觸點就可以了。對於減壓反應，確實可能會覺得陌生，不熟悉，甚至害怕。請提醒自己，排解壓力，是復原過程本來就具備的環節。如果發現自己陷入的論調、畫面或念頭，會觸發壓力，請把注意力重新引導到接觸點帶來的體感。只要留意到減壓跡象，就會置身於減壓過程。減壓跡象一停止，就表示已完成一回的復原週期。做躺平放鬆練習時，

| | |
|---|---|
| • 發抖、顫抖 | • 哭泣 |
| • 抽搐 | • 大笑、咯咯笑 |
| • 呼吸變慢變深 | • 打呵欠 |
| • 心率變慢 | • 嘆氣 |
| • 胸部或腹部放鬆 | • 胃部咕嚕叫 |
| • 麻刺感、嗡嗡聲 | • 打嗝 |
| • 一陣陣暖意、熱感 | • 放屁 |
| • 寒顫 | • 咳嗽（有痰） |
| • 皮膚發紅、流汗 | • 發癢 |

**圖表附 2　神經系統的排解壓力和復原跡象**

務必只完成一回復原週期，然後停止練習。

如果察覺身心系統週期再次回到壓力狀態，或者從未經歷任何減壓跡象，請重新引導注意力，不去注意壓力反應。注意力要回到接觸點帶來的體感上，並維持注意力。也可以睜開眼睛；移動頭部和脖子；留意周遭的景象、聲音、味道；在心裡說出自己注意到哪些東西。透過前述感官，定向至周遭環境時，也請留意椅子和地板帶來的腳踏實地感和支撐感。在獲得更放鬆的感覺前，請持續這樣引導注意力，支持生存腦，免得壓力更大。

如果前述所有步驟都試過了，卻還是毫無一絲減壓跡象，可能是因為經歷的壓力反應程度超出身心容納之窗。在這種處境下，要排解過多的壓力才行，最好從事有氧運動至少十五分鐘到二十分鐘，要運動到稍微喘不過氣的程度。要達到這種狀態，每個人需要的練習程度和種類各有不同。然後，在體能鍛鍊後的冷卻期，可以試試再次做躺平放鬆練習。

## 好好處理念頭

一開始做正念心智健身訓練，會馬上觀察到自己經常沉浸在念頭中。這種現象完全正常，只不過就是理性腦在做的事情。心智健身訓練的目標，並不是努力中斷思緒，而是留意思緒。

不要把念頭看成是敵人。努力壓抑念頭的話，反而馬上就會筋疲力盡、灰心氣餒。其實，你可能會留意到一點，努力壓抑念頭，反而會導致念頭擴散出去！

當你留意到自己沉浸在念頭當中，只要以客觀的態度，承認自己思緒漫遊就行了。請留意到自己不久前雖是沉浸在念頭當中，但現在已經再次集中注意力了。留意到念頭的時候，就當成是看到事件流過覺知範圍就行了。

可以把念頭貼上標籤，用來形容你留意到的某種思緒，例如規畫、擔憂、幻想、記憶、比較、敘述、預期，這樣會很有幫助。有了這類標籤，就可以開始觀察理性腦的一些既定習慣。然後，再看自己能不能別把能量和注意力放在那些念頭上。每當留意到自己的心思游移不定，請選擇把注意力重新引導回到練習的目標物體上，這樣就等於是在增強注意力的控制。心智健身訓練的重點在於重新開始，留意到心思游移不定，就慢慢重新引導注意力，像這樣反覆去做。

## 好好處理情緒

如果有強烈的情緒浮現，看看自己能不能利用簡單的標籤，承認情緒的存在。情緒可說是培養智慧和勇氣的大好機會，一開始可以提出以下兩個問題：「現在發生了什麼情況？」「我能不能如實置身於這個經驗，不用去改變這個經驗？」

每種情緒各有「小動作」，從小動作就能辨識各種情緒。你可以憑藉覺知和客觀的好奇心，探究各種情緒都具備的三個部分：

1. 特定的體感、身體姿勢、反應程度模式。
2. 心智的特定風格。
3. 特定的「聲音」和信念結構，通常會以故事線、論調、思考模式的形式表現出來。

把情緒分成這三個部分，就可經由三條不一樣的途徑，認出某種情緒的存在。

在情緒還處於輕微程度時，越快留意到情緒的存在並釋放，就越有可能運用成熟處理情緒的能力，以及採用最高成效的反應能力。待在身心容納之窗外，經歷強烈情緒時，也就是在理性腦凌駕作用或生存腦劫持作用下，只要把情緒拆解成三個部分，就能掌握主導權。

對於情緒相關的任何念頭或故事線的內容，盡量不去注意，留意到念頭的時候，就當成是看到事件。承受壓力、疲累或待在身心容納之窗外的時候，理性腦型的技巧，例如重新評估認知、正向思考或運用感激之情，特別有所不足。原因就在於執行功能能力太過枯竭或降低，無法支援理性腦做出這類認知上的努力。

所以，只要待在身心容納之窗外，就特別要設法脫離內心念頭的內容，而且任何的決策、問題的解決、規畫，一律都要延後，等回到身心容納之窗內再進行。

注意力請只放在體感上，立足於當下。讓情緒的浪潮沖刷過意識，同時追蹤體感。可以做躺平放鬆練習，排解及釋放情緒，也可以來回注意接觸點帶來的體感，以及體內流動的情緒帶來的感受。盡量讓情緒在覺知範圍內充分釋放，然後沖刷過去。練習以後，就會懂得安全度過情緒的浪潮，讓情緒通過身心系統，不壓抑情緒，也不沉溺於其中。在這個過程，就能運用生存腦試圖傳達的資訊。

有時，情緒浪潮會強烈得無法忍受，碰到這種情況，懂得逃避應該會是正確的選擇。這種時候，打電話給朋友尋求支持、在大自然裡散步、做溫和的伸展運動、在浴缸裡泡澡，都會很有幫助。此時不該發洩情緒，不該把情緒寫在日誌本，這樣只會加強情緒的強度。如果遭遇的情緒強烈度跟目前處境不對等，通常是跟早年情緒模式有關。如果情緒強烈度經常大到承受不了，請找治療師處理，應該也會有所幫助。

如果很難認清情緒，如果容易陷入沮喪念頭的內容，如果仰賴情緒壓抑，如果覺得否認某些情緒經驗會有用，那麼寫日誌本就特別有幫助。理想上，強烈的情緒消退後，一回到身心容納之窗裡頭，就可以開始寫日誌本。舉例來說，**留意到自己心神不安或不開心的時候，可以寫一寫某件尚未解決的事情。留意到情緒相關的念頭、信念、體感時，可能會把筆放下，改成做一回躺平放鬆練習，方便情緒浪潮通過身體**。寫日誌本和躺平放鬆練習持續輪流進行，做到情緒浪潮完全消失為止。

## 好好處理強烈體感與慢性疼痛

正念心智健身訓練期間，找出哪個姿勢可以在警覺與輕鬆之間取得平衡，這樣會很有幫助。此外，身體保持靜止不動，抗拒想動的衝動，有利思緒冷靜下來。

然而，坐著不動的話，肯定會不時經歷不舒服的體感。體感夠強烈的話，有可能會很難留意到練習的目標物體。

在頭幾週的練習期間，不自在的感受一出現，就刻意不去注意，把注意力重新引導到接觸點帶來的體感。

然而，制定注意力的控制基準以後，生理上的不適，可以是培養智慧和勇氣的另一個良機。首先，承認不自在的感受，會讓自己無法專心在關注的目標物體上。然後，把注意力放在感受上。提出以下問題：「現在發生了什麼情況？」以覺知和客觀的好奇心，觀察自身的感受，看看你能不能區分你對感受所產生的念頭和感覺，以及你經歷到的感受本身。

舉例來說，你可能會有這樣的念頭：「我癢到快崩潰了，一定要抓才行。」請認清這是念頭，然後，以客觀的好奇心，直接針對癢的感受，探究一番。那是持續存在的還是會改變的？那是一種純粹的感受還是混合了各種感受？看看自己過一段時間後，能不能追蹤那種感受，觀察那感受是怎麼改變、最後消失。感受結束或沒那麼強烈的時候，可以讓注意力回到練習的原本目標物體上。

當你觀察及追蹤體內不自在的感受，也可以這麼問：「我能不能如實置身於這個經驗，不用去改變這個經驗？」很多時候，這個問題的答案是肯定的，而我們會有機會去培養勇氣。然而，有些時候，這個問題的答案是否定的，感受變得太過強烈，無法觀察。在這種情況下，可能會承認那種感受有多令人不快，讓人好想動一動。然後，以非常緩慢又謹慎的方式移動，緩解不適感。你會留意到，自己動一動以後，不由得鬆了一口氣。接著，讓注意力回到練習的目標物體上。繼續練習的時候，也可以留意自己動一動以後，輕鬆感實際上持續了多久。

除了坐著不動可能會引發的強烈感受，很多人還會有慢性疼痛。就像第十四節提到的，有其他方法可以處理慢性疼痛和肌肉緊繃：

1. 如果正在經歷慢性疼痛，請謹慎處理疼痛，必須先培養注意力的控制，例如做接觸點練習。一開始培養注意力的控制時，務必要用比較不會引發疼痛的姿勢做練習。舉例來說，背痛者多半會覺得躺著做接觸點練習，膝蓋彎曲併攏，就能大幅減輕練習時的疼痛。把注意力一再放在接觸點帶來的體感上，用來提醒生存腦很安全、穩定、安定。生存腦的神經感知到安全，就有利疼痛消退。

請先認清一點，**待在身心容納之窗外，疼痛會惡化**。所謂的外頭，就是睡眠不足、難以承受、經歷強烈情緒的時候。**慢性疼痛是一種失調症狀**。所以，請運用一些方法（例如充分的睡眠與運動、飲食良好、做躺平放鬆練習），把壓力排解掉，並回到身心容納之窗裡，那麼疼痛緩解的速度也會加快。

2. 你可以對躺平放鬆練習稍作更改，處理緊繃和疼痛的部位。例如，脖子痛的話，可以練習非常緩慢地轉動脖子，慢慢轉到你要處理的部位。伸展動作務必要夠緩慢，這樣才不會不小心略過該部位。伸展到疼痛部位邊緣時，請停住動作，把注意力放在該處。動作停住時，疼痛可能會暫時加劇，但接著會緩解。也可以運用同樣的原理，把網球或高爾夫球按壓在酸疼或疼痛的部位上。如果可以承受不適感約九十秒，疼痛通常就能緩解。這類的躺平放鬆練習伸展運動，也可以用來補足身體經驗創傷療法或肢體療法。

3. 養成注意力的控制後，就可以開始直接處理疼痛，增強自己容忍痛感的能力。在這裡要說清楚，最好在充分休息、調節良好、平衡的狀態下進行練習，比如說，早上第一件事就是做練習。

一開始要把注意力放在中性的目標物體上，例如聲音或接觸點帶來的體感。然後，把注意力引導到疼痛部位的邊緣。直接注意最疼痛部位的中間，並沒有幫助，這樣只會觸發更強的壓力反應程度和疼痛。

留意疼痛部位邊緣的感覺時，務必把實際體感（例如抽痛、灼熱、刺痛或發熱）以及理性腦對疼痛的描述給區分開來。盡量不去注意任何跟疼痛有關的念頭，注意力集中在體感上。

如果把注意力放在疼痛部位邊緣，實在是力不從心的話，請把注意力重新引導回到中性的目標物體。練習的時候，可以多次來回注意中性的目標物體和疼痛部位邊緣。

注意疼痛部位邊緣時，可能會留意到壓力，例如心率增加、呼吸淺、反胃、嘴乾、掌心出汗、胸悶等。慢性疼痛往往涉及尚未解決的記憶膠囊，還有尚未排解的不完整防衛策略，而把注意力放在疼痛部位邊緣，有時就能深入了解兩者之一。沒問題的，發生這類情況的話，**請勿注意疼痛，注意力應重新引導回到接觸點帶來的體感，然後做一次躺平放鬆練習。**

然而，這種情況經常發生的話，極力建議你去找治療師，而且治療師要受過身體經驗技巧的訓練，例如感覺動作心理療法或體感療癒法。在治療師的幫助下，你就能安全度過及排解這些記憶膠囊，這樣也更有效率，好過於自行處理。

因為情緒痛苦和生理疼痛都是依循同一條的神經迴路，所以也可以利用前文提出的情緒處理法，直接處理潛藏的情緒。也可以在日誌本書寫自己的疼痛，請那疼痛傳達出它帶來的訊息：使用非慣用手寫下問題，然後讓「疼痛」寫出答案，而那答案往往會把內心的批評者給趕出去。這樣做的話，可能會引發情緒，然後你可以順利改成做一回躺平放鬆練習。

最後，想想自己對疼痛抱持哪些自我局限信念，例如設想自己身體做得到、做不到的事，全都寫在日誌本，然後進行一些小實驗來檢驗這些信念。這些信念是真的嗎？在這個過程中，你可能會把一些事情從「做不到」的類別改成「做得到」，而疼痛對日常生活造成的負面影響會大幅減少。

## 拓展身心容納之窗的習慣

### 堅韌的規畫之原則——規畫2.0

1. 一週開始前，在調節良好、充分休息、不慌不忙的情況下，撥出時間，為即將到來的一週，擬定計畫。
2. 在生理、情緒、精神、智識的領域，定下明確的意圖。
3. 確保週計畫符合當週的意圖和目標，合乎時空連續性。
4. 符合長期職場目標和私人目標的工作要先排定，例如，安排時間從事可拓展身心容納之窗的習慣、為了復原而安排休假時間。每週至少安排一天時間，不處理任何的工作、雜務或家務。
5. 最好每天安排一些時間，從事可拓展身心容納之窗的活動，並促進長期目標。
6. 把大量的空白時段排進行程裡，以便應付突如其來的挑戰和機會。
7. 每週保留幾小時的時間，處理周遭環境的「顯著問題」。
8. 把能量程度類似的工作都安排在一起，盡量根據自己一整天不同時段通常會有的能量高低，從事能量程度類似的工作。

### 覺知與反思練習

1. 早上第一件事，盡量練習十五分鐘到三十分鐘。
2. 有規律地做至少一回覺知練習和一回反思練習，比如早上一回、晚上一回。

## 健康的飲食

1. 如果有食物和藥物會導致微生物群系失調，請一律避免或限制攝取量。
2. 攝取營養的食物和活性益生菌，重新促進微生物群系成長；可服用益生菌補充品和／或攝取富含益生菌的食物和飲料，最好是每天服用攝取。
3. 如果出現發炎相關症狀，例如慢性疼痛，也可以試試看抗發炎飲食，六週不吃那些常會引發敏感或過敏的食物。開始復原正常飲食時，務必要寫症狀日誌。
4. 如果經常脹氣、抽筋、放屁、消化不良或心口灼熱，或者有腹瀉或便祕問題，請留意食物組合原則。要讓身體更容易消化食物，綠葉和非澱粉類蔬菜，應該要搭配以下其中一種食物：動物蛋白質、蛋、乳製品、堅果；穀物、義大利麵、麵包、豆類、豆莢類、澱粉類蔬菜（例如馬鈴薯、玉米、南瓜類）。
5. 盡量選擇有機食物，而十二大最髒蔬果列出的項目最好選用有機品。
6. 每天要喝一公升至兩公升不含咖啡因的花草茶或水（不含碳酸）。可以放一點檸檬汁或生蘋果醋，讓茶水變得更好喝。
7. 檢視咖啡因攝取量。如果難以入睡，或者目前正在服用抗憂鬱藥、ＡＤＨＤ藥物或抗焦慮藥物，那麼咖啡因攝取量就格外要降低（或不攝取）。

## 睡眠

1. 每天都固定時間上床睡覺及起床，最好晚上十一點前上床睡覺，起床時間不要晚於早上七點。

2. 消夜減量。如果是輪晚班，試著避開垃圾食物。請改吃營養密度高的食物，也就是富含健康脂肪、蛋白質、抗性澱粉的食物。
3. 規律運動，但心血管體能鍛鍊至少要在睡前三小時做完。如果已經處於過度反應的狀態，二十分鐘的有氧運動做完後，要做躺平放鬆練習，這樣才有助於入睡。
4. 下午兩點後，避免攝取咖啡因，至少要在睡前三小時避免進食及飲用酒精。
5. 完成工作、看新聞、進行有刺激作用的對話或爭論，請在睡前幾小時處理完畢。睡前一小時，關閉所有的電子裝置。
6. 如果做惡夢或緊張地反芻思考，半夜醒來，請下床，做一回躺平放鬆練習。

## 運動

1. 從事有氧活動來提高心率，每次至少運動三十分鐘，一週至少三次。
2. 目標是每個肌群一週至少要重訓兩次，但核心肌肉要每天訓練。
3. 做伸展運動、瑜伽或太極拳，增加身體的彈性，釋放緊繃感。
4. 前述三種運動要做四十五分鐘到六十分鐘，一週至少做四次。

## 社交關係

1. 至少要有幾個人是你覺得可以傾訴心聲或請求協助的。
2. 如果連這幾個人都沒有，就該擴展社群支持網，請利用第17節提到的具體訣竅，安排週計畫。

3. 如果覺得自己很獨立，或很難開口求助並倚靠別人支持，那麼一開始培養關係，應該是主動幫助別人，而不是接受別人的幫助。幫助別人就跟接受幫助一樣，可以提高韌性。

# 謝詞

當我細想著幫忙催生本書的人脈，內心總是充滿感激。我刻意不提身分頭銜，因為我要感謝的是人。

這本書的起源是我本人邁向健全之旅，所以本書的問世，可以說是有成千上萬人直接間接促成，他們在我那經歷壓力與創傷的人生，在我那經歷療癒、成長、連結的人生，扮演著一定的角色。紙頁有限，無法逐一指名道謝。在我眼裡，他們每個人都是老師，而我們之間的交流互動，在我心裡留下了不可磨滅的感動。沒有那些經驗，本書就不可能出版。由衷感謝他們幫忙塑造出本書最後的樣貌。

本書深受我學生的影響，謝謝喬治城大學決策課程和其他正念心智健身訓練課堂的學生。對我而言，教書實在是最開心的一種學習方法。為顧及隱私，在此無法說出姓名，但我深感榮幸，能有機會目睹並幫助促使他們踏上身心容納之窗的拓展旅程。感謝他們展現勇氣、好奇心、誠實、努力成長，我從中獲得啟發，汲取他們免費給予我的，並分享出去。謝謝他們提出無數的問題，往往促使我構思出全新方式，來闡述特定的概念或技能；謝謝他們大方分享人生故事，當中有許多故事更是有助於說明本書的題材。還要謝謝各個研討會、工作坊、會議、媒體訪談的眾多學員，多年來，我在這些場合介紹的概念，構成了本書的部分內容，而前述的介紹還引起聽眾提出意見和問題，本書從中獲益良多。

深切感激約翰・夏達（John Schaldach）對正念心智健身訓練的重要貢獻。他努力練習，通曉所有專業事宜，願意協助我消化正念心智健身訓練前導研究引發的見解，然後以此為基礎，跟我一起構思出修訂妥善、手冊化的課程，而這個關鍵環節促成了正念心智健身訓練的誕生。

謝謝正念心智健身訓練的教師同儕，他們每個人都付出大量時間與資源，才成為正念心智健身訓練講師。他們努力拓展自己的身心容納之窗，同時在學會了方法以後，也幫助別人拓展身心容納之窗，這點實在叫人深受鼓舞。謝謝露安・巴倫特（Luann Barndt）、梅格・坎伯-道林（Meg Campbell-Dowling）、珍・康明斯（Jeanne Cummings）、凱薩琳・卡修（Kathleen Cutshall）、馬克・戴維斯（Mark Davies）、珍妮特・德費（Janet Durfee）、克莉絲汀・弗拉吉塔（Christine Frazita）、珍・葛拉夫頓（Jane Grafton）、瓦拉・葛林納（Vajra Grinelli）、麥可・黑達克（Michael Hayduk）、妮內特・哈普（Ninette Hupp）、索瓦吉・強森（Solwazi Johnson）、韋恩・金德（Wynne Kinder）、山姆・列文（Sam Levy）、瑞茲・梅森（Raz Mason）、柯琳・米祖奇（Colleen Mizuki）、伊莉莎白・蒙弗（Elizabeth Mumford）、派特・羅屈（Pat Roach）、圖艾爾・薩拉（Tuere Sala）、吉姆・薩夫蘭（Jim Saveland）、約翰・夏達（John Schaldach）、賈德・史邁塞（Jared Smyser）、艾倫・崔特（Erin Treat）、朱蒂絲・范德萊恩（Judith Vanderryn）。特別感謝柯琳和艾倫付出心力訓練其他講師；特別感謝約翰、柯琳、索瓦吉擔任正念心智健身訓練調查研究的講師。

深切感激許多大方的朋友同事，他們為了非營利的心智健身訓練學院，都出一份心力。除了前文提及的講師外，還要謝謝喬・波頓（Joe Burton）、米拉拜・布希（Mirabai Bush）、蘭迪・柯恩（Randi Cohen）、米莉卡・柯錫克（Milica Cosic）、凱莉・蓋辛格（Carrie Getsinger）、丹・艾德曼（Dan Edelman）、鮑伯・葛魯齊（Bob Gallucci）、艾絲拉・哈德森（Esra Hudson）、瑪夏・強斯頓（Marcia Johnston）、布萊恩・凱利（Brian Kelly）、夏儂・金恩（Shannon King）、弗雷・庫拉恰克（Fred Krawchuk）、崔佛・麥瑟史密斯（Trevor Messersmith）、惠妮・普林（Whitney Poulin）、安迪・鮑威爾（Andy Powell）、提姆・羅森伯（Tim Rosenberg）、荷莉・羅斯（Holly Roth）、克莉絲汀・西班納卻（Kristin Siebenacher）、珍妮佛・西姆斯（Jennifer Sims）、勞勃・史基莫（Robert Skidmore）、馬克・威廉斯（Mark Williams）、克莉絲汀・蔡瑟（Cristin Zeiser）。特別感激任職最久的不支薪執行理事，詹姆斯・吉米安（James Gimian）、勞勃・莫瑟（Robert Moser）、譚美・舒茲（Tammy Schultz）、艾倫・舒瓦茲（Alan Schwartz），還有公益顧問羅伯・畢格蘭（Rob Begland）。言語筆墨無以表達他們的傑出貢獻。

也深切感激以下人士在ＭＦＴＩ的諮詢委員會任職期間，以多種方式大方分享智慧、人脈、好評、支持：理查・戴維森（Richard Davidson）、查克・海格、理查・賀尼（Richard Hearney）、朱蒂絲・理查茲・賀普（Judith Richards Hope）、傑克・康菲爾德、彼得・列文、理查・史楚齊哈克勒、提姆・萊恩、羅莉・薩頓、貝塞爾・范德寇。我擁有一群如此聰明勇敢的良師益友，何其有幸。ＭＦＴＩ也承蒙一四四〇基金會與無數捐款者的慷慨之舉，長年支持我們的工作。

在促進正念心智健身訓練效能的研究上，有幾位個人和組織扮演關鍵角色。假如沒有二〇〇八年的前導研究，這一切就不會發生。該項前導研究是由以下三件事情促成：我與阿米希・賈（Amishi Jha）共同從事研究；第四海空砲火連絡組（ANGLICO）無畏參與；約翰・克隆格和杜曦・克隆格（John and Tussi Kluge）夫妻在我們初期資金不足時，資助了前導研究，還提供了他們在棕櫚灘的住所，讓我在研究期間有一段時間有個地方可以住，也引領海軍陸戰隊在那裡從事為期一日的禁語修行。

在那之後，還有無數的人，用各種方式支持正念心智健身訓練研究。特別感謝以下參與調查研究的學員：謝謝第四海空砲火連絡組參與前導研究；謝謝美國陸軍第二十五步兵師的士兵參與二〇一〇年研究；謝謝第一海軍陸戰隊遠征軍的海軍陸戰隊參與二〇一一年研究；謝謝美國海軍陸戰隊步兵學校西校區課程的海軍陸戰隊參與二〇一三年至二〇一四年研究。還要謝謝艾咪・艾德勒（Amy Adler）、馬克・貝茲（Mark Bates）、凱莉・畢可（Kelly Bickel）、傑夫・巴羅（Jeff Bearor）、麥可・布朗米吉（Mike Brumage）、馬里安・凱恩（Marion Cain）、卡爾・卡斯楚（Carl Castro）、凱伊・柯可（Kaye Coker）、傑夫・戴維斯（Jeff Davis）、克里斯・德慕洛（Chris Demuro）、法蘭克・狄喬凡尼（Frank DiGiovanni）、珍妮特・哈金斯（Janet Hawkins）、黃米蓮（譯音，Mylene Huyhn）、湯姆・瓊斯（Tom Jones）、萊恩・基廷（Ryan Keating）、道格・金恩（Doug King）、肯・柯納（Kenn Knarr）、保羅・萊斯特（Paul Lester）、克拉克・拉辛（Clarke Lethin）、派特・馬汀（Pat Martin）、比爾・麥諾提（Bill McNulty）、妮夏・馬尼（Nisha Money）、史考特・諾曼（Scott Naumann）、山姆・紐蘭（Sam Newland）、艾瑞克・舒梅克（Eric Schoomaker）、傑森・史皮塔列塔（Jason Spitaletta）、彼得・史奎爾（Peter Squire）、道格・陶德（Doug Todd）、吉姆・托斯（Jim Toth）、艾爾・維吉蘭特（Al Vigilante）、史蒂芬・澤納基斯（Stephen Xenakis）。特別感謝喬瑟夫・鄧弗德（Joseph Dunford）、瑞奇・賀尼（Rich Hearney）、戴夫・何內（Dave Hodne）、華特・皮亞特（Walt Piatt）、提姆・萊恩、梅爾・史皮斯（Mel Spiese）、羅莉・薩頓提供關鍵支援與指導。

我與腦神經學者、臨床醫生、壓力研究員在這類研究上共同合作，從中獲益良多。謝謝莎拉・艾高（Sara Algoe）、托比・艾利曼（Toby Elliman）、羅莉・海斯（Lori Haase）、阿米希・賈（Amishi Jha）、克里斯・強森（Chris Johnson）、安娜塔夏・基友那嘉（Anastasia Kiyonaga）、布萊恩・萊基（Brian Lakey）、湯姆・麥諾（Tom Minor）、亞歷珊卓・莫里森（Alexandra Morrison）、蘇珊・帕克（Suzanne Parker）、馬汀・鮑盧斯（Martin Paulus）、崔西・普朗（Traci Plumb）、妮娜・羅斯楚普（Nina Rostrup）莎拉、史戴雷斯・（Sarah Stearlace）、內特・湯姆（Nate Thom）、東尼・扎內斯柯（Tony Zanesco）。

正念心智健身訓練相關研究的經濟支援來源：美國國防部心理健康和創傷性腦損傷卓越防護中心；美國陸軍醫研與醫材司令部；美國海軍研究署；美國海軍健康研究中心；美國海軍部軍醫局；約翰克魯格基金會。我得以暫時放下教職，進行正念心智健身訓練研究及／或撰寫本書，是有幸獲得以下單位的經濟支援：喬治城大學；史密斯李察森基金會；威爾森國際學者中心，提供獎助金，我在此與多位友人度過多姿多采的一年。喬治城的安全研究計畫也提供經濟支援來補助研究，謝謝凱莉・蓋辛格（Carrie Getsinger）、齊浩天（Haotian Qi）、馬特・史都華-史密斯（Mart Stewart-Smith）、琳賽・溫索（Lindsay Windsor）。

其實言語筆墨也無法表達我對眾多出色人士的感激之情，有教師、療癒師、臨床醫師，還有這一路上的同行者，他們以各種方式協助我拓展自身的身心容納之窗，支持我的訓練，而我經歷的兩種流派，就是正念心智健身訓練的源頭。我在這群人當中，獲得眾多友誼，實在很有福氣。除了前文已提及姓名的友人（你們都知道自己有功勞，無須我再提），還要謝謝阿迪亞香提

（Adyashanti）、阿利亞那尼（Ariya ani）、蓋伊・阿姆斯壯（Guy Armstrong）、帕斯卡・歐克萊（Pascal Auclair）、露易絲・貝斯（Lois Bass）、琳恩・布爾波（Lynn Bourbeau）、莎拉・波文（Sarah Bowen）、貝瑞・博伊斯（Barry Boyce）、塔拉・布萊奇（Tara Brach）、琳達・布萊德利（Lynda Bradley）、潔西卡・布里斯柯-柯曼（Jessica Briscoe-Coleman）、威洛比・布萊頓、賈德・布魯爾（Jud Brewer）、包爾伯・嘉吉（Barb Cargill）、伯恩斯・嘉洛韋（Berns Galloway）、喬瑟夫・高斯汀（Joseph Goldstein）、布莉・葛林伯-班哲明（Bree Greenberg-Benjamin）、艾莉森・阿奎斯特（Alicen Halquist）、丹・哈里斯（Dan Harris）、史蒂夫・何斯金森（Steve Hoskinson）、傑洛米・杭特、菲莉絲・賈可布森-克蘭（Phyllis Jacobson-Kram）、蓋瑞・卡普蘭、莎拉・拉札（Sara Lazar）、艾瑞卡・勒巴倫（Erika LeBaron）、蘿莉・雷奇（Laurie Leitch）、蘇珊・勒馬（Susan Lemak）、布萊恩・勒薩吉（Brian LeSage）、娜拉揚・李本森（Narayan Liebenson）、伊蓮・米勒-卡拉斯（Elaine Miller-Karas）、南西・納皮爾（Nancy Napier）、瑪莉蓮・歐哈拉（Mariellen O'Hara）、蓋瑞・皮亞傑（Gerry Piaget）、克里絲汀・奎利（Kristin Quigley）、伊凡・拉賓諾威茲（Evan Rabinowitz）、雷金納・瑞伊（Reginald Ray）、雪倫・索茲伯（Sharon Salzberg）、薩奇・桑托雷利（Saki Santorelli）、克里夫・薩倫（Cliff Saron）、娜歐蜜・施維索（Naomi Schwiesow）、馬汀・史柯布（Martin Skopp）、羅尼・史密斯（Rodney Smith）、薩亞道・烏・印達卡（Sayadaw U Indaka）、薇拉娜妮（Vira ani）、喬・威斯頓（Joe Weston）、卡蘿・威爾森（Carol Wilson）。

特別感激亦師亦友的喬・卡巴金與貝塞爾・范德寇。喬很早就督促我要明確傳達正念心智健身訓練奠基的道德準則，我們倆一起教書的時候，我有機會從他的教書天賦中獲益，而我在這一路上幾次的成長期，他更是向我提出聰明的忠告。貝塞爾除了任職於ＭＦＴＩ諮詢委員會，還大方分享臨床見解，協助我更深入理解正念在消除創傷記憶上扮演的角色，他還主動提議撰寫本書前言。

承蒙我與美國國家教師發展多樣化中心的淵源，使我得以克服那種一時狂熱又突然放棄的寫作習慣（還把鍵盤嘔吐物的事給永遠拋在腦後）。謝謝ＮＣＦＤＤ大家庭，尤其要謝謝同儕教練和我的小組學員，我從他們身上獲得鼓舞，得以持續每天寫作。特別謝謝我目前的寫書教練團，塔瑪拉·博包弗（Tamara Beauboeuf）、瑪塔·羅伯森（Marta Robertson）、伊洛娜·伊姆（Ilona Yim），我撰寫本書，時好時壞之際，是她們握住我的手，提出絕佳的建言。

我也受益於慷慨的朋友與同事，他們就章節初稿或相關原稿，提出詳細的意見。謝謝米莉嘉·柯席克（Milica Cosic）、泰·弗林頓（Ty Flinton）、吉姆·吉米安（Jim Gimian）、布莉·葛林伯-班哲明（Bree Greenberg-Benjamin）、勒那亞·黑澤（LeNaya Hazel）、布魯斯·賀夫曼（Bruce Hoffman）、查爾斯·金恩（Charles King）、蘿莉·雷奇（Laurie Leitch）、羅絲·麥德莫（Rose McDermott）、柯琳·米祖奇（Colleen Mizuki）、伊莉莎白·蒙弗（Elizabeth Mumford）、馬特·史都華-史密斯（Mart Stewart-Smith）、羅莉·薩頓、亞莉安·塔巴塔拜（Ariane Tabatabai）、坎頓·提博（Kenton Thibaut）、凱特·漢翠克斯·湯瑪斯（Kate Hendricks Thomas）、客來兒·溫斯（Claire Wings）、珍妮佛·伍拉德（Jennifer Woolard）、伊洛娜·伊姆（Ilona Yim）。深深感謝史蒂芬妮·泰德（Stephanie Tade）的和善，以及她在本書概念成形初期扮演的特別角色。多半拜我那有趣的研究內容所賜，加上我跟凱爾西·拉森（Kelsey Larsen）在幾項相關專案的共同寫作過程，才得以磨練出本書的論點。

特別感謝艾利（Avery）編輯凱洛琳．薩頓（Caroline Sutton）及整個艾利團隊熱情支持這項專案。在出書的過程中，凱洛琳深具洞見的指導、坦率、耐性，是本書以此樣貌面世的關鍵所在。此外，羅倫．夏普（Lauren Sharp）肯定是宇宙賜給我的，她是出色的經紀人，更是難得的摯友。深切感謝羅倫以及整個艾利團隊對本書的信任，幫助我找出本書的聲音，支持我度過寫書期間的眾多迂迴曲折。最後，我對摯友貝絲．布勞弗斯（Beth Blaufuss）的編輯才華與幽默感的欣賞，言語筆墨也無法盡述，靈巧的她協助我以愛促使本書成形並完成。

我何其有幸，擁有真正的財富，也就是擁有朋友、鄰居、特殊的存在、特殊的地方，在背後支撐著我（與克蘿），還支持著我的心，促成本書誕生，尤其感謝艾倫、阿里、奧黛麗、貝絲、貝西、鮑伯、布莉、布魯斯、克萊兒、丹尼斯、艾里斯、珍妮佛、潔西卡、喬、朱蒂、凱爾西、坎頓、克莉絲汀、麗茲、羅莉、馬蒂、梅拉、梅芮迪絲、米莉嘉、娜歐蜜、菲莉絲、朗達、羅伯、羅絲、譚美。深切感激我與藍脊牧場的淵源，本書有些十分有趣的內容是在牧場寫的，感謝牧場的植物、動物、居民提供的深切支持，尤其要謝謝萊斯利與麥可。特別感謝忠誠的朋友克蘿，我在本書中最愛的其中一篇故事，因她而得以存在，她還讓我學著怎麼去消除動物的創傷記憶，並進一步應用在人類身上。

最後，我想表達我對家人的愛，本書獻給家人，獻給爸媽狄恩與西西，獻給妹妹艾莉森和凱洛琳。雖然阿茲海默症讓西西無法理解本書終於完成，而我也為此感到傷心，但還是由衷感謝我們一家人共同走過這趟旅程。我懷著深切的尊重與感激，向家族背負的武士精神與跨世代創傷，鞠躬致意，然後放開手，任它們飄散在風中。

采實文化

HEART
心視野

# 線上讀者回函

心智就像肌肉一樣，
久了不用會萎縮！
無論你是上班族、
主管、老闆、學生、
軍人、警消、醫療人員、
律師、家庭主婦……
只要會面臨壓力，
都該學會這套正念心智訓練！

https://bit.ly/37oKZEa

立即掃描 QR Code 或輸入上方網址，

連結采實文化線上讀者回函，

歡迎跟我們分享本書的任何心得與建議。

未來會不定期寄送書訊、活動消息，

並有機會免費參加抽獎活動。采實文化感謝您的支持 ☺

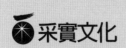

HEART
心|視野 心視野系列 104

# 減壓、療傷、自癒的正念調節法

美軍、政壇、商業界、心理治療師……各界菁英都在用的心智鍛鍊，
幫你克服人生難關，潛能發揮 100%

Widen the Window: Training Your Brain and Body to Thrive During Stress and Recover from Trauma

作　　　者　伊莉莎白．A．史丹利（Elizabeth A. Stanley, Ph.D.）
譯　　　者　姚怡平
封 面 設 計　張天薪
內 文 排 版　黃雅芬
責 任 編 輯　袁于善
行 銷 企 劃　陳豫萱．陳可錞
出版二部總編輯　林俊安

出　版　者　采實文化事業股份有限公司
業 務 發 行　張世明．林踏欣．林坤蓉．王貞玉
國 際 版 權　鄒欣穎．施維真
印 務 採 購　曾玉霞
會 計 行 政　李韶婉．簡佩鈺．許俽瑀．謝素琴
法 律 顧 問　第一國際法律事務所　余淑杏律師
電 子 信 箱　acme@acmebook.com.tw
采 實 官 網　www.acmebook.com.tw
采 實 臉 書　www.facebook.com/acmebook01

I S B N　978-986-507-971-0
定　　　價　580 元
初 版 一 刷　2022 年 10 月
劃 撥 帳 號　50148859
劃 撥 戶 名　采實文化事業股份有限公司
104 台北市中山區南京東路二段 95 號 9 樓
電話：(02)2511-9798　傳真：(02)2571-3298

國家圖書館出版品預行編目資料

減壓、療傷、自癒的正念調節法：美軍、政壇、商業界、心理治療師……各界菁英都在用的心智鍛鍊，幫你克服人生難關，潛能發揮 100% / 伊莉莎白．A．史丹利 (Elizabeth A. Stanley) 著；姚怡平譯．-- 初版．-- 台北市：采實文化事業股份有限公司，2022.10

480 面；17×21.5 公分．--（心視野系列；104）

譯自：Widen the window : training your brain and body to thrive during stress and recover from trauma.

ISBN 978-986-507-971-0（平裝）

1.CST: 壓力 2.CST: 創傷後障礙症 3.CST: 情緒管理

176.52　　111012257



采實出版集團
ACME PUBLISHING GROUP

HEART

心視野

HEART

心視野